해외 유학생이 반드시 알아야 할 어휘
물리·화학 핵심용어사전

Dictionary
of Physics & Chemistry for studying abroad

김창호 지음

SIGONGSA

물리·화학 핵심용어사전

초판 1쇄 발행일 2003년 1월 30일
2 판 7쇄 발행일 2025년 1월 30일

지은이 김창호

발행인 조윤성

발행처 ㈜SIGONGSA **주소** 서울시 성동구 광나루로 172 린하우스 4층(우편번호 04791)
대표전화 02-3486-6877 **팩스(주문)** 02-598-4245
홈페이지 www.sigongsa.com / www.sigongjunior.com

이 책의 출판권은 ㈜SIGONGSA에 있습니다. 저작권법에 의해
한국 내에서 보호받는 저작물이므로 무단 전재와 무단 복제를 금합니다.

ISBN 978-89-527-4200-1 91740

*SIGONGSA는 시공간을 넘는 무한한 콘텐츠 세상을 만듭니다.
*SIGONGSA는 더 나은 내일을 함께 만들 여러분의 소중한 의견을 기다립니다.
*잘못 만들어진 책은 구입하신 곳에서 바꾸어 드립니다.

WEPUB 원스톱 출판 투고 플랫폼 '위펍' _wepub.kr
위펍은 다양한 콘텐츠 발굴과 확장의 기회를 높여주는
SIGONGSA의 출판IP 투고·매칭 플랫폼입니다.

preface

왜 과목별 용어 사전인가?

영어권 국가에서의 해외 유학은 선진 교육을 직접 누리고 영어를 확실히 숙달할 기회를 얻는 장점이 있지만, 일반적인 언어 장벽 외에도 극복해야 할 또 하나의 험난한 과제가 가로 놓여 있다는 사실을 분명히 인식해야 한다. 바로 과목에 따라 익혀야 할 수많은 과목별 용어다. 이는 물리, 화학, 수학, 생물, 국어(영문학) 등 여러 과목을 한꺼번에 배워야 할 경우는 물론이고, 자신의 전공으로 공부해야 할 때도 마찬가지다. 아무리 영어에 능숙하다 하더라도 과목별 전문 용어를 이해하지 못하면 학업을 소화해내기가 그만큼 더디고 어려워질 수밖에 없기 때문이다.

따라서 이 책에서는
- 용어 사전을 만들되, 핵심 용어를 한꺼번에 공부할 수 있는 코너 Key Word Preview를 마련하고,
- 용어 풀이편에서도 우리말 풀이 사이에 요긴한 영어 표현을 삽입하여, 원서 독해력 향상에 큰 도움을 받을 수 있도록 애썼다.

과목별 용어 사전은 유학 시 특히 문제가 되는 용어가 많은 5과목(생물, 수학, 국어, 사회, 물리·화학)을 선정하여 시리즈로 구성했다. 책의 수준은 대학 전공자들은 물론 그보다 아래 과정을 이수하는 학생들도 충분히 소화할 수 있도록 꾸며졌기에 매우 효율적이고 활용도가 높다. 유학을 통해 세계의 인재들과 어깨를 겨룰 많은 학생들에게 이 책은 든든하고 친절한 가이드가 되어줄 것이다.

일러두기

- 본 「해외유학 물리·화학 핵심 용어사전」은 우선 해외유학생을 대상으로 편찬되었으나, 국내의 원서 강의, 원어 시험 대비에 좋은 반려서가 될 수 있음을 물론이다.

- 본 사전의 체제는 '알파벳순 배열'을 지양하고 '주제별 배열'을 채택하였다. 따라서, 모르는 용어를 찾을 때 먼저 책 뒷부분의 INDEX를 경유하여야 한다. 그러나, 일단 그 용어를 찾았을 때, 그와 연관된 많은 주요 용어들을 인접한 곳에서 바로 참조할 수 있는 장점이 있음을 독자들은 발견할 것이다.

- 본 사전에서 표제어는 풀이의 제목인 「주표제」와 풀이 중에 굵은 글자로 부각시킨 「부표제」로 나뉜다. 이 둘은 INDEX에 차별없이 수록되어 있으며, 같은 용어가 「주표제」와 「부표제」로 함께 쓰인 경우는 「주표제」의 페이지를 앞에, 「부표제」의 페이지를 뒤에 배열시켰다.

- 「Key Word Preview」는 원서를 읽을 때 가장 중요하고 기본적인 용어들을 모은 목록이다. 용어의 범위는 뒤의 용어풀이부와 공통되는 부분과 용어풀이부에서 다루기 적합치 않은 더욱 기본적인 부분에 걸쳐 있다.

Key Word Preview

핵심용어 한번에 공부하기

- 일반적인 기본 용어들 (물리·화학 통합)
- 물질의 구조 (물리·화학 통합)
- 운동, 일 그리고 에너지
- 힘
- 진동과 파동
- 열 (물리·화학 통합)
- 전기와 자기
- 전자기파와 빛
- 상대성 이론
- 화학반응
- 기체, 액체, 고체
- 산화, 환원 및 전기화학
- 유기화학, 물, 환경

과목별 핵심어 한번에 공부하기

KEY WORD PREVIEW

일반적인 기본 용어들 (물리 화학 통합)

☐ matter	물질 (物質)
☐ mass	질량 (質量) 비 weight
☐ force	힘
☐ motion	운동
☐ attraction	당기는 힘, 인력 (引力) 동 attract
☐ repulsion	미는 힘, 척력 (斥力) 동 repel, repulse
☐ interaction	상호작용
☐ formulate	공식화하다 비 formula (공식)
☐ postulate	가정 (假定) (= hypothesis)
☐ experiment	실험
☐ object	물체 비 body (물체, 천체, 몸체)
☐ component	성분 (成分)
☐ relative	상대적인
☐ reciprocal	상호적인; 역수 (逆數)
☐ simultaneous	동시에 일어나는
☐ potential	잠재적인
☐ equilibrium	균형 (均衡)
☐ proper	고유의
☐ constant	일정한, 불변의; 상수 (常數)
☐ uniform	균일한

KEY WORD PREVIEW

☐ maintain	유지하다
☐ retain	잃지 않다, 보유하다
☐ regulate	조절하다, 조정하다
☐ transform	변형[변환]시키다
☐ transfer	옮기다, 이동하다
☐ transmit	전달하다, 보내다
☐ interfere	간섭하다, 방해하다
☐ emit	방출하다
☐ absorb	흡수하다
☐ effective	효과적인, 유효한
☐ magnitude	크기
☐ direction	방향
☐ axis	축
☐ scalar	스칼라(방향을 고려하지 않은 크기)
☐ vector	벡터(방향을 고려한 크기)
☐ dimension	차원(次元)
☐ plane	평면
☐ volume	부피
☐ equivalent	동등한, 같은; 동등물(同等物)
☐ proportion	비율, 비례
☐ ratio	비율, 비 (= rate)
☐ perpendicular	수직의
☐ opposite	반대(쪽)의

☐	intensity	세기, 강도(强度)
☐	density	밀도(密度)
☐	relative density	비중(比重)
☐	elasticity	탄성
☐	error	오차(誤差)
☐	negligible	(적어서) 무시할 수 있는
☐	standard state	표준상태(표준온도와 기압의 상태 = STP)
☐	vacuum	진공
☐	SI base units (Basic SI units)	SI 기본단위(측정의 국제 표준단위)
☐	oxygen	산소
☐	hydrogen	수소
☐	nitrogen	질소
☐	carbon dioxide	이산화탄소

물질의 구조 (물리 화학 통합)

원소(元素), 원자(原子) 그리고 분자(分子)

☐	mixture	혼합물(소금물=소금+물)
☐	compound	화합물(소금=Na+Cl)
☐	molecule	분자(소금이 소금으로서 성질을 잃지 않는 최소 단위. 즉, NaCl)
☐	element	원소(화학결합으로 물질을 구성하는 근본 단위. 예컨대 Na 혹은 Cl)

KEY WORD PREVIEW

☐ atom	원자 (낱개의 입자로 본 원소)
☐ atomic weight	원자량
☐ isotope	동위원소 (종류는 같지만 무게가 다른 원소)
☐ elementary particle	소립자
☐ periodic table	주기율표 (週期律表)

원자의 구조

☐ nucleus	원자핵 (原子核)
☐ electron	전자 (電子)
☐ orbital	전자 궤도, 오비탈
☐ shell	껍질
☐ electron cloud	전자구름
☐ proton	양성자 (陽性子)
☐ neutron	중성자 (中性子)

양자물리학과 핵

☐ quantum physics	양자물리학 (量子物理學)
☐ ground state	바닥상태 ⑪ excited state 들뜬 상태
☐ incident	(빛이나 광선 등을) 쪼인, 입사 (入射)한
☐ coherent	결맞은
☐ nuclear	핵 (核)의
☐ radioactivity	방사능 (放射能)
☐ radioactive decay	방사성 붕괴

☐ half-life	반감기 (半減期)	
☐ nuclear fission	핵분열	
☐ nuclear fusion	핵융합	

운동, 일 그리고 에너지

운동

☐ mechanics	역학 (力學) (물체의 운동을 다루는 학문)
☐ velocity	속도 (速度) 비 speed (속력)
☐ instantaneous	순간적인
☐ acceleration	가속도 (加速度)
☐ projectile motion	포물체 운동, 투사체 운동
☐ circular motion	원운동
☐ translational motion	병진 (竝進) 운동 비 rotational motion 회전운동
☐ momentum	운동량
☐ torque	토크, 돌림힘
☐ collide	충돌하다 명 collision (충돌)
☐ elastic	탄성이 있는
☐ impulse	충격량

일과 에너지

☐ work	일

KEY WORD PREVIEW

☐ power	일률
☐ kinetic energy	운동에너지
☐ potential energy	퍼텐셜에너지
☐ conservation	보존(保存) 통 conserve

힘

☐ inertia	관성(慣性)
☐ reaction	반작용(反作用)
☐ gravitation	중력(重力) (= gravity)
☐ drag force	끌림항력
☐ frictional force	마찰력 비 friction (마찰)
☐ tension	장력(張力) (= tensile force)
☐ centripetal force	구심력(求心力)
☐ centrifugal force	원심력(遠心力)
☐ net force	알짜힘
☐ superposition	중첩
☐ free fall	자유낙하

진동과 파동

☐ oscillate	(진자처럼) 움직이다
☐ vibrate	떨리다, 진동하다

☐ pendulum	진자	
☐ frequency	진동수, 주파수	
☐ resonance	공명(共鳴), 울림	
☐ wave	파동	
☐ wavelength	파장	
☐ transverse wave	횡파 ㊉ longitudinal wave (종파)	
☐ standing wave	정상파(定常波) ㊉ travelling wave 진행파(進行波)	
☐ propagate	(빛·소리 등을) 전파하다	
☐ medium	매질(媒質)	

열 (물리 화학 통합)

☐ thermal	열(熱)의
☐ absolute temperature	절대온도
☐ conduction	전도(傳導)
☐ convection	대류(對流)
☐ radiation	복사(輻射)
☐ heat capacity	열용량
☐ specific heat	비열 (= specific heat capacity)
☐ atmospheric pressure	대기압
☐ entropy	엔트로피
☐ enthalpy	엔탈피

KEY WORD PREVIEW

☐ exothermic reaction	발열반응(發熱反應)	반 endothermic reaction 흡열반응(吸熱反應)
☐ bond energy	결합에너지	
☐ bond dissociation energy	결합해리(結合解離) 에너지	
☐ heat of combustion	연소열(燃燒熱)	

전기와 자기

☐ electricity	전기(電氣)
☐ charge	전하(電荷) (= electric charge)
☐ conductor	도체(導體)
☐ insulator	절연체(絶緣體)
☐ semiconductor	반도체(半導體)
☐ resistance	저항(抵抗)
☐ current	전류(= electric current)
☐ static electricity	정전기(靜電氣)
☐ capacitor	축전기(蓄電器)
☐ dielectric	유전체(誘電體)
☐ parallel connection	병렬연결 비 series connection (직렬연결)
☐ magnetic force	자기력(磁氣力)
☐ magnetic pole	자극(磁極)
☐ electromotive force (emf)	기전력(起電力)
☐ induction	유도(誘導)

☐ alternating current (AC)	교류(交流) 반 direct current (DC) (직류)
☐ discharge	방전하다

전자기파와 빛

☐ isotropic	등방성(等方性)의
☐ electromagnetic wave	전자기파
☐ infrared wave	적외선
☐ ultraviolet	자외선
☐ visible light	가시광선
☐ reflection	반사(反射)
☐ refraction	굴절(屈折)
☐ diffraction	회절(回折)
☐ interference	간섭

상대성이론

☐ aberration	광행차(光行差)
☐ theory of special relativity	특수상대성이론
☐ rest mass	정지질량
☐ length contraction	길이수축
☐ time dilation	시간팽창(시간지연)

KEY WORD PREVIEW

화학반응

☐ chemical reaction	화학반응
☐ reactant	반응물
☐ product	생성물
☐ yield	수득량 (收得量)
☐ chemical formula	화학식 (化學式)
☐ chemical equation	화학반응식
☐ anion	음이온 반 cation (양이온)
☐ electron affinity	전자친화도 (電子親和度)
☐ lattice	격자 (格子)
☐ chemical bond	화학결합
☐ ionic bond	이온결합
☐ covalent bond	공유결합 (共有結合)
☐ coordinate bond	배위결합 (配位結合)
☐ metallic bond	금속결합
☐ electron configuration	전자배치
☐ lone-pair	비공유전자쌍 (= unshared electron pair)
☐ electronegativity	전기음성도 (電氣陰性度)
☐ complex	착물 (錯物)
☐ reaction rate	반응속도
☐ catalyst	촉매
☐ chemical equilibrium	화학평형 (平衡)
☐ reversible reaction	가역반응 (可逆反應)
	반 irreversible reaction (비가역반응)

기체, 액체, 고체

☐	gas	기체
☐	liquid	액체 비 fluid 유동체 (기체와 액체)
☐	solid	고체
☐	liquify	녹이다, 녹다, 용해시키다, 액화하다
☐	vaporization	증발, 기화 (= evaporation)
☐	sublimation	승화 (昇華)
☐	association	회합 (會合)
☐	viscosity	점성
☐	surface tension	표면장력 (表面張力)
☐	capillarity	모세관 현상
☐	osmotic pressure	삼투압 (滲透壓)
☐	solution	용액
☐	solvent	용매 (溶媒)
☐	solute	용질 (溶質)
☐	aqueous solution	수용액 (水溶液)
☐	dilute	희석하다
☐	soluble	가용성 (可溶性)의 반 insoluble
☐	saturate	포화시키다
☐	concentration	농도

산화, 환원 및 전기화학

☐	reduction	환원 (還元)

KEY WORD PREVIEW

☐ electrolysis	전기분해	
☐ electrolyte	전해질 반 nonelectrolyte (비전해질)	
☐ dry cell	건전지	
☐ acid	산 (酸)	
☐ base	염기 (鹽基)	
☐ sulfuric acid	황산	
☐ hydrochloric acid	염산 (염화수소산)	
☐ sodium hydroxide	수산화나트륨 (가성소다)	
☐ neutralize	중화하다 명 neutralization	
☐ chemical equivalent	화학당량 (當量)	
☐ hydrolysis	가수분해	

유기화학, 물, 환경

☐ organic compound	유기화합물 (有機化合物)
☐ hydrocarbon	탄화수소
☐ polymer	중합체 (重合體)
☐ hydrate	수화 (水化)하다, 수화시키다;
	수화물 (水化物) 명 hydration
☐ light water	경수 (輕水) 반 heavy water 중수 (重水)
☐ distill	증류 (蒸溜)하다 명 distillation 증류
☐ leaching	침출 (浸出), 우려냄

DICTIONARY OF PHYSICS & CHEMISTRY FOR STUDYING ABROAD

MAIN PART

Physics

물리편

☞ Refer to INDEX for an alphabetical search.

1. 물리학의 기초	20
2. 운동의 기본 개념들	31
3. 힘과 운동의 법칙	41
4. 일과 에너지	63
5. 운동량	77
6. 진동과 파동	91
7. 열과 열역학	110
8. 전기	130
9. 자기	159
10. 전자기파와 빛	178
11. 상대성 이론	190
12. 양자물리학	200
13. 핵	221

1 Basis of Physics
물리학의 기초

(1) Physics and Fundamental Interactions
물리학과 기본상호작용

physics   물리학 (物理學)

물리학은 19세기 이전까지만 하더라도 자연철학 natural philosophy 과 동일한 말로, 그 어원은 그리스어의 physika (natural thing)에 두고 있다. 자연철학 natural philosophy 은 19세기에 이르러 과학 science (원 뜻은 지식 knowledge) 으로 대치되었다. 따라서 물리학이라는 말이 갖는 원래의 의미는 모든 종류의 과학 science 전체를 일컬었다. 과학의 분야가 점차 세분화됨에 따라 물리학은 물질 matter 과 에너지 energy 의 상관관계를 다루는 분야에 국한되어 운동 motion, 열 heat, 빛 light, 소리 sound, 전기와 자기 electromagnetism, 중력 gravitation, 핵력 nuclear force 등의 분야를 다룬다.

물리학의 주된 연구 대상은 물질의 구조 structure of matter 및 관측 가능한 우주 observable universe 의 기초 구성물질들 사이의 기본상호작용 fundamental interactions 이다. 물리학의 목표는 광범위한 원리들 principles 을 한데 묶어 공식화 formulation 함으로써 인식 가능한 모든 현상들을 설명하려 한다.

fundamental interactions   기본상호작용

기본힘 fundamental forces 이라고도 한다. 현재까지 알려진 기본상호작용에는 **중력** gravitational force, **전자기력** electromagnetic force, **약력** weak force, **강력** strong force 의 4가지가 있으며, 이들 상호작용을 하나로 묶어 설명하는 것이 물리학의 궁극적인 목표인 **통일장이론** unified theory of field 이다.

자연에는 여러 가지 상호작용(힘)이 알려져 있으나, 대

부분 같은 힘이 모양만 달리해서 나타나게 되므로, 중복 되는 경우를 제외하고 알려진 모든 힘을 정리해 보면 중력, 전자기력, 약력, 강력의 4가지로 귀결이 된다. 중력에 의해 생기는 무게 weight 이외의 눈에 띄는 대부분의 힘은 전자기력으로 설명이 가능하다. 명백하게 전기나 자기에 의한 것임을 알 수 있는 정전기력 electrostatic force 이나 자기력 magnetic force 외에도 마찰력 friction, 수직력(바닥이 받쳐 주는 힘) normal force, 끌림항력 drag force, 줄의 장력 tensile force (tension) 등은 모두 원자 단위 atomic scale 에서 작용하는 전자기력으로 설명이 가능하다.

약력과 강력은 원자 핵 내부에서만 작용하고 핵 영역 밖에서는 소멸하는 힘이어서 직접 경험할 수는 없다. 방사성 붕괴 radioactive decay 를 일으키는 힘이 약력이며, 양성자들 protons 과 중성자들 neutrons 을 묶어 stick together 원자핵 nucleus 을 유지시키는 힘이 강력이다.

핵력 nuclear force 이라고도 하는 강력 strong force 은 원자핵 내부의 핵자들 nucleons(양성자 proton, 중성자 neutron) 사이에 존재하는 강력한 인력 attraction 이다. 핵 내부에서의 핵력은 전자기력 electromagnetic force 에 비해 수백배 강하여 양성자들 protons 의 척력 repulsion 을 이겨내고 핵자들을 결합시킨다. 그러나 핵의 표면이나 밖에서는 핵력이 거의 사라지고 전자기력이 주 역할을 하게 된다. 또한 핵력은 쿼크 quark 들을 결합시켜 양성자나 중성자를 만드는 강한 상호작용 strong interaction 이다.

fundamental constants of physics 물리학의 기본상수들

물리학의 가장 기본적인 상수에는 중력상수 gravitational constant G, 빛의 속력 speed of light c, Planck 상수 Planck's constant h, 기본전하 elementary charge e의 4가지가 있다.

gravitational constant 중력상수

Newton의 중력법칙 Newton's law of gravitation 의 중력상수 $G = 6.27 \times 10^{-11} m^3 / kg \cdot s^2$는 Newton의 중력이론과 Einstein의 일반상대성이론 theory of general relativity 에서 핵심적인 역할을 하며, 우주의 거시적인 구조 large-scale structure 에 관한 연구에 필수적인 상수 central constant 이다.

speed of light 빛의 속력

빛의 속력 $c = 3 \times 10^8 m/s$는 맥스웰방정식 Maxwell's equations 에서 전자기파 electromagnetic wave 의 속력과 같음이 알려졌다. 진공에서의 빛의 속력이 일정한 사실은 Einstein의 특수상대성이론 theory of special relativity 의 기본 공리 basic postulate 가 된다. 빛의 속력은 아주 큰 값이기는 하지만 무한대 infinitely great 는 아니다. 만일 빛의 속력이 무한대라고 하면 상대성이론은 Newton 역학 Newtonian mechanics 으로 돌아간다.

Planck's constant Planck 상수

Planck 상수 $h = 6.63 \times 10^{-34} J \cdot s$는 양자역학 quantum mechanics 의 중심적인 상수 central constant 이다. Planck 상수는 매우 작은 숫자이지만 0은 아니기 때문에 양자역학적인 현상들이 일어난다. 만일 이 상수가 0이라면 양자역학은 고전물리학 classical physics 으로 환원된다.

elementary charge 기본전하

기본전하 $e = 1.60 \times 10^{-19} C$는 전자 electron 의 전하량 amount of charge 이며, 전하량은 양자화 quantized 되어 있다. 기본전하를 가진 전자, 양성자 proton 등의 입자 particle 의 움직임에 의해 전자기학 electromagnetism 의 현상들 phenomena 이 일어난다.

(2) Measurement 측정

error   오차
측정도구가 부정확 incorrect design or calibration of the instrument 하거나 눈금을 잘못 읽어서 incorrect reading 생기는 오차 error 가 **계통오차** systematic error 이다. 계통오차가 생기면 측정값 measured value 이 참값 true value 보다 계속해서 크게만 나오거나, 계속 작게만 나오게 된다. 계통오차가 생기는 측정 measurement 을 부정확 inaccurate 하다고 하며, 계통오차에서 오는 참값과 측정값 차이의 범위 extent 를 **정확도** accuracy 라고 한다. 계통오차는 정밀한 기구를 만들어 주의를 기울여 측정하면 기구의 정밀도 한계 limit of precision 보다 정확도를 높일 수 있다.

측정을 여러 번 반복하면 측정값이 조금씩 달라지면서 fluctuate 생기는 오차를 **우연오차** random error, 또는 **통계오차** statistical error 라고 한다. 통계오차는 온도 temperature 나 기압 gas pressure 등 물리적 성질의 변화에서 어쩔 수 없이 발생하기 때문에 이를 없애기는 불가능하지만, 여러 번 반복 측정해서 통계오차의 영향을 줄일 수 있다.

SI base units (Basic SI units)   SI 기본단위

SI 단위는 국제표준단위 Le Systeme International d'Unites의 준말로 미터계 metric system 라고도 한다. SI 단위는 전 세계적으로 사용되는 기본적인 단위체계이며, 과학적인 기술(記述)에 표준적으로 사용되고 있다. 현재 미국은 선진국 가운데 SI 단위계를 사용하지 않는 유일한 나라이다.

모든 물리적인 측정 measurement 에 필요한 기본적인 물리량 physical quantity 은 질량 mass, 길이 length, 시간 time, 온도 temperature, 전류 electric current, 입자수 number of particles 및 빛의 세기 luminous intensity 의 7가지이다. 이들은 서로 독립적인 mutually independent 물리량이라는 의미에서 각각 하나의 차원 dimension 을 형성한다고 말한다. 서로 독립적이라는 말은 예를 들어 질량을 가지고 전류나 길이를 만들 수 없고, 시간으로 온도를 유도할 derive 수 없다는 뜻이다.

속도 velocity 나 힘 force, 에너지 energy, 엔트로피 entropy, 자기장 magnetic field 등 그 밖의 모든 물리량은 이들 7개의 기본 물리량에서 유도가 가능하다. 가령 기본 단위를 사용하여 $1 watt = 1W = 1 kg \cdot m^2/s^2$ 같은 SI유도단위 derived unit 를 만들어 사용한다. SI 기본단위 SI base units 는 다음과 같이 구성된다.

Dimension 차원	Mass 질량	Length 길이	Time 시간	Temperature 온도	Electric current 전류	Number of particles 입자수	Luminous intensity 빛의 세기
Unit 단위	Kilogram	Meter	Second	Kelvin	Ampere	Mole	Candelda
Symbol 표시	kg	m	s	K	A	mol	cd

그 밖에 **SI 보조단위** SI supplementary units 로 평면각 plane angle 과 입체각 solid angle 을 사용한다. 입체각은 빛이나 소리가 원뿔 cone 모양으로 퍼져나가는 것처럼 각이 입체적으로 변하는 경우에 사용한다. (평면)각과 입체각의 단위는 각각 radian(rad)과 steradian(sr)을 사용한다. 각은 기본단위에 속하지 않

으므로 **차원이 없는 양** dimensionless quantity 이다. 지나치게 크거나 작은 물리량을 표기하기 위한 방편으로 kilo(10^3: k), mega(10^6: M), giga(10^9: G)등과 함께 centi(10^{-2}: c), milli(10^{-3}: m), micro(10^{-6}: μ), nano(10^{-9}: n), pico(10^{-12}: p) 등의 접두사 prefix 가 흔히 쓰인다.

dimension **차원 (次元)**

차원은 물리량이 변화할 수 있는 가능성을 말한다. 가령 길이라는 물리량을 하나의 차원으로 본다는 말은 어떤 선 line 위에서는 mile, km, cm 등의 특정단위에 관계없이 앞뒤로만 움직일 수 있다는 뜻이다. 흔히 앞뒤로만 움직일 수 있는 선 line 을 1차원, 전후좌우로 움직임을 주는 면 plane 을 2차원, 전후, 좌우, 상하로 움직이는 부피 volume 를 3차원 등으로만 알고 있으나, 보다 포괄적인 입장에서의 차원은 독립적으로 움직일 수 있는 가능성의 가짓수 degrees of freedom 이다.

기본물리량들은 서로 독립적인 양이므로 각각 하나의 차원 dimension 으로 다룬다. 일반적으로 질량의 차원 dimension of mass 은 M, 길이의 차원 dimension of length 은 L, 시간의 차원 dimension of time 은 T로 표기한다. 가령 길이의 2차원인 넓이는 L^2, 속력은 (길이/시간)이므로 LT^{-1}, 에너지인 watt는 ML^2T^{-2}의 차원을 가진다. 차원에 대한 분석 dimensional analysis 은 복잡한 문제를 풀 때, 단위나 숫자에 상관없이 개괄적인 파악을 할 때 유용한 방법이 되기 때문에 매우 중요하다.

(3) Scalar and Vector 스칼라와 벡터

scalars **스칼라**

눈금 또는 척도 등의 뜻을 가진 scale에서 온 말인 스칼라 scalar (영어로는 '스케일러'로 읽는다) 는 단순히 숫자로 표시되는 양 quantity 라는 의미를 가진다. 질량 mass, 온도 temperature, 길이 length, 시간 time, 속력 speed, 에너지 energy 등과 같이 크기 magnitude 만으로 정의되어 보통의 사칙연산 방법 rules of ordinary algebra 으로 계산할 수 있는 물리량 physical quantity 을 **스칼라량** scalar quantity 이라고 한다.

vectors 벡터

스칼라와는 달리 벡터 vector 는 크기 magnitude 와 방향 direction 을 동시에 simultaneously 가지고 있는 경우에 사용한다. 따라서 스칼라와는 달리 계산할 때 크기와 방향을 동시에 고려해야 하므로 벡터의 연산은 규칙에 따라서 주의 깊게 해야한다. 벡터로 표현할 수 있는 물리량에는 변위 displacement, 속도 velocity, 가속도 acceleration, 힘 force, 전기장 electric field, 자기장 magnetic field 등이 있다.

벡터는 스칼라와 구분하기 위하여 굵은 문자 bold face 를 써서 **a**, **A** 로 나타내거나, 문자 위에 화살표 arrow 를 붙여 $\vec{a}$, $\vec{A}$ 로 나타낸다. 단, $\vec{a}$ 의 화살표는 벡터의 표시 symbol 일뿐, 실제 벡터의 방향을 나타내지는 않는다. 즉, 왼쪽 방향의 벡터라고 해서 화살표를 ← 로 그리거나, 위쪽방향의 벡터를 ↑ 로 그리지는 않는다.

addition of vectors 벡터의 덧셈

자동차로 동쪽으로 10km를 달리고 다시 방향을 바꾸어 북쪽으로 10km를 달리면, 자동차의 거리계에는 단순히 20km 달린 것으로 기록된다. 즉 스칼라량 scalar quantity 인 거리 distance 는 단순한 덧셈으로 충분하지만, 여기에 방향을 고려한 위치의 변화 change of position 를 나타내는 변위벡터 displacement vector 는 피타고라스 정리 Pythagorean theorem 를 적용하여 북동쪽 14km를 가리키게 된다. 벡터의 덧셈 vector addition 은 움직인 경로 path 전체를 따지는 스칼라의 경우와 다르게 운동의 시작점 initial point 과 끝점 final point 에만 의존한다.

products of vectors 　벡터의 곱셈

두 개의 숫자 a와 b를 곱하는 곱셈 product 을 나타내는데 여태까지는 ab, $a·b$, 또는 $a×b$ 등의 세 가지 표시 방법을 별 차이 없이 써왔다. 그러나 벡터의 곱셈은 이 세 가지를 엄격하게 구분하여 사용한다. 만일 연산기호 symbol 를 함부로 섞어 쓰면 전혀 다른 의미가 되니 특히 주의를 기울여야 한다. 스칼라량과는 달리 벡터의 나눗셈은 정의되지 않는다. 따라서 연산의 분모 denominator 에 벡터가 들어가는 일은 있을 수 없다.

스칼라에 벡터를 곱하면 단순히 그 벡터의 길이가 달라진다. 가령 힘 force 벡터를 **F**라고 하면 벡터의 크기 magnitude 가 2배가 되는 경우에 2**F** 와 같이 쓴다. 이때 숫자와 벡터기호 가운데에 점을 찍거나 곱하기 기호 (×)를 쓰지 않는다. 벡터와 벡터의 곱셈 product 은 다시 스칼라곱 scalar product, 벡터곱 vector product 으로 나누어진다.

scalar product 　스칼라곱

벡터와 벡터의 곱으로 답이 스칼라인 경우로서, 이를 스칼라곱 scalar product 라고 한다. 가령 물체 body 에 어떤 힘 force **F**를 주어 일정거리 **d** 만큼 옮겨놓으면, 일 work 을 한 것이 된다. 일이나 에너지는 분명히 방향성이 없는 스칼라량이어서, 이 연산은

$$W = \mathbf{F} \cdot \mathbf{d}$$

로 나타낸다. 스칼라곱은 벡터와 벡터 사이에 점 dot 을 찍어 구분하므로 dot product라고도 한다. → **work-energy theorem　p.66** vector product 벡터곱

벡터와 벡터의 곱이 벡터로 나타나는 경우의 연산을 벡터곱 vector product 이라고 한다. 팽이 top 를 돌리면 회전축 rotating axis 을 중심으로 도는 모습을 볼 수 있다. 팽이가 얼마나 안정되게 도는가 하는 것은 팽이의 반지름 radius r 과 돌리는 힘 force F 에 의존하며, 팽이는 회전축이 바닥을 가리키며 도는 방향성을 가진다. 이를

$$\tau = \mathbf{r} \times \mathbf{F}$$

로 나타낸다. 벡터곱은 ×(cross)를 넣어 구분하기 때문에 cross product라고도 한다. → torque p.79

unit vectors 단위벡터

단위벡터는 크기 magnitude 가 1 unit 이고, 방향 direction 만 가진 벡터이다. 가령 어느 특정 방향을 가리키는 단위벡터를 $\hat{u}$(u-hat이라고 읽는다)라고 하면, 이와 방향이 같고, 크기가 다른 임의의 arbitrary 벡터는 단순히 크기만을 곱해 $\mathbf{U} = k\hat{u}$로 쓸 수 있다. 만일 k가 음의 값 negative value 이면 반대방향 opposite direction 의 벡터가 만들어진다. 단위벡터의 편리함은 좌표계 coordinate system 를 사용할 때 나타난다. 좌표계의 각 축 axis 에 대한 단위벡터를 정의하면, 이들을 합성하여 임의의 벡터를 만들 수 있다.
→ coordinates p.28

coordinates (coordinate system) 좌표계

어떤 사물의 위치 position 를 나타내기 위해서 좌표계 coordinates 를 사용한다. 우리는 모눈종이를 사용하여 좌표축이 서로 직각으로 교차하는 x-y좌표계를 익숙하게 사용해 왔다. 이 좌표계를 **직각좌표계** rectangular coordinate system (Cartesian coordinate system)

라고 한다.
Cartesian이라는 말은 좌표의 개념을 처음으로 도입한 프랑스의 학자 데카르트 Descartes 에서 나왔다.
직각좌표계 rectangular coordinate system 의 축들 axes 은 x, y, z 로 구성되며, 각각의 축 axis 에 대한 단위벡터는 **i**, **j**, **k** 로 나타낸다. 삼차원 공간 three-dimensional space 에서 입자 particle 의 위치를 나타내는 위치벡터 position vector **P**의 좌표 coordinates 를 (x, y, z)라고 하면, **P**는 단위벡터를 이용하여

$$\mathbf{P} = x\mathbf{i} + y\mathbf{j} + z\mathbf{k}$$

로 쓸 수 있다. 여기서 좌표 x, y, z는 각각 해당 축에 대한 성분 component 라고 부른다.

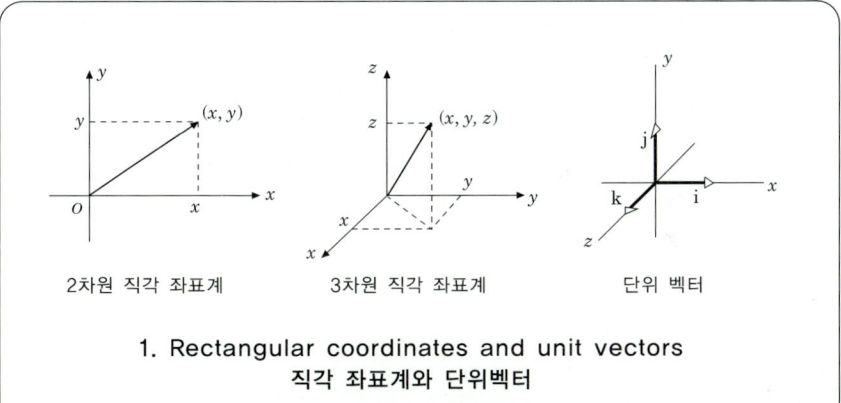

1. Rectangular coordinates and unit vectors
직각 좌표계와 단위벡터

평면 plane 이나, 평평한 공간 flat space 에서는 직각 좌표계가 편리하지만, 회전운동 rotational motion 하는 입자는 반지름 radius 과 회전각 angle 으로 기술하는 것이 더 편리하다. 이러한 좌표계를 극좌표계 polar coordinates 라고 한다. 이 외에도 주어진 상황에 따라 **원통좌표계** cylindrical coordinates 나 **구좌표계**

spherical coordinates 등 다른 좌표계를 사용할 수 있다.

algebraic equation 대수식

물리학에 자주 나오는 대수식 algebraic equation 은 다음과 같다.

(1) 1차식 linear equation: $ax+b=0$
(2) 2차식 quadratic equation: $ax^2+bx+c=0$, 여기서 x^2은 x-square 로 읽는다.
(3) 연립방정식 simultaneous equations, 미지수는 unknown 이라고 한다.
(4) 1차 비례식 linear proportionality: $y=ax+b$
(5) 2차 비례식 quadratic proportionality: $y=ax^2+bx+c$

2 Basic Concepts of Motion
운동의 기본 개념들

motion 운동
물체 body 에 힘 force 이 가해져 움직이는 것을 운동 motion 이라 한다. 운동은 병진운동(선운동) translational motion(translation) 이나 회전운동 rotational motion(rotation), 또는 이 둘의 혼합으로 이루어진다. → translational motion 병진운동 p.81, rotational motion 회전운동 p.81

mechanics 역학 (力學)
물체 body 의 운동 motion 을 다루는 분야이다. **운동학 kinematics** 에서는 운동을 정량적으로 묘사하며 quantitatively describe, **동역학 dynamics** 은 운동을 일으키는 원인들 causes 을 탐구한다.

(1) Velocity and Acceleration 속도와 가속도

position vector 위치벡터
물체가 존재하고 있는 위치 position 를 벡터로 표기한 것이 위치벡터 position vector 이다. 일반적으로 좌표 coordinates (coordinate system) 의 원점 origin 은 O로, 물체의 위치 position 는 P로 표기한다. 위치벡터는 원점 O와 입자의 위치 P를 연결해서 만든다.

displacement vector 변위벡터
변위벡터 displacement vector 는 물체의 위치가 변화된 상태를 나타낸다. The displacement from a point P_1 to a point P_2 is a vector quantity: its magnitude is the straight line distance from P_1 to P_2 and its direction is that of an arrow that points from P_1 to P_2. (변위는 점 P_1에서 점 P_2로 가는 벡터량

이다: 변위의 크기는 P_1에서 P_2를 연결하는 직선의 길이이며, 방향은 P_1에서 P_2를 가리키는 화살표 방향이다.)
입자가 P_1에 있을 때의 위치벡터 position vector r_1에서 P_2의 위치벡터 r_2로 움직인다면 변위벡터는 $\Delta r = r_2 - r_1$로 쓸 수 있다.

변위벡터는 물체가 실제로 움직여간 중간 과정 intermediate steps 에는 상관없이 항상 시작점 initial point 과 끝점 final point 사이의 거리 distance 와 방향 direction 만을 나타내기 때문에 실제로 움직여간 길 path 에 대한 정보는 알 수 없으며, 이동한 실제 거리와도 다를 수 있어서 주의해야 한다. 또한 벡터의 특성상 시작점 initial point 을 임의의 arbitrary 위치로 옮겨 놓아도 같은 물리량을 표시해야 하므로 변위벡터가 놓여 있는 곳이 실제로 운동을 한 지점이 아닐 수 있다.

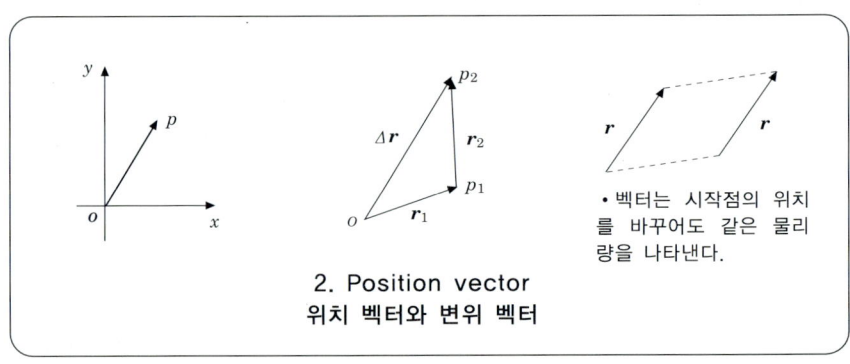

2. Position vector
위치 벡터와 변위 벡터

average speed 평균속력 (平均速力)

단위시간당 움직인 거리로 정의되는 속력 speed 은 물체가 얼마나 빨리 움직이는가를 보는 것이다. 평균속력 average speed s_{avg}는 운동의 방향에는 상관없이, 물체가 움직인 전체 거리 total distance 를 걸린 시간

time interval 으로 나누면 된다:

$$s_{avg} = \frac{\text{움직인 거리 distance traveled}}{\text{걸린 시간 time taken}} = \frac{\Delta x}{\Delta t}$$

일상생활에서 **속력** speed 이나 **속도** velocity 라는 말은 별 차이 없이 쓰이고 있으며, 둘 다 SI단위는 meter/second(m/s)이다. 그러나 물리학에서는 이들을 엄밀하게 구분하여, 속력 speed 은 s로, 속도 velocity 는 **v**로 표시한다. 기호에서 알 수 있듯이 속력은 스칼라량 scalar quantity, 속도는 벡터량 vector quantity 이므로 주의해서 다루어야 한다.

average velocity 평균속도 (平均速度)

평균속도 average velocity $\mathbf{v}_{avg}$는 물체의 변위벡터 displacement vector $\Delta \mathbf{r} = \mathbf{r}_2 - \mathbf{r}_1$을 시간으로 나눈

$$\mathbf{v}_{avg} = \frac{\mathbf{r}_2 - \mathbf{r}_1}{t_2 - t_1} = \frac{\Delta \mathbf{r}}{\Delta t}$$

이다. 속도 velocity 에서는 속력 speed 과는 달리 변위(위치의 변화)가 문제이므로 움직인 전체 거리가 아닌 처음과 끝점만 계산에 들어온다.
따라서 평균속도의 크기 magnitude $\mathbf{v}_{avg}$ 는 평균속력 s_{avg}와 같을 수도 있으나, 중간에 움직인 방향을 바꾼 경우에는 차이를 보인다. 가령 동쪽으로 2km를 간 다음, 방향을 바꾸어 북쪽으로 2km를 한시간 동안에 가면 평균속력은 시속 4km 또는 4km/h가 된다. 그러나 평균속도의 크기 magnitude of average velocity 는 2.8km/h에 불과하다.

instantaneous velocity 순간속도

평균속도의 식에서 시간간격 Δt를 줄이면 속도가 순간적으로 변하는 순간속도를 얻을 수 있다.

$$\mathbf{v} = \lim_{\Delta t \to 0} \frac{\Delta \mathbf{r}}{\Delta t} = \frac{d\mathbf{r}}{dt}$$

일상 생활에서는 단순히 평균속력 또는 평균속도 만으로도 충분하지만, 정밀한 물리학상의 문제를 다루기 위해서는 순간순간 속력과 방향이 바뀌는 순간속력 instantaneous speed 이나 순간속도 instantaneous velocity 를 알 필요가 있다. 움직인 전체거리 total distance 를 계산한 평균속력의 경우와는 달리, 순간속력은 단순히 순간속도의 크기 magnitude 인

$$v = \frac{d\mathbf{r}}{dt}$$

이다. 일반적으로 속도나 속력이라고 하면 순간속도, 순간속력을 일컫는다. 속도가 변위의 미분형태로 주어지기 때문에 **미분방정식** differential equation

$$d\mathbf{r} = \mathbf{v}\,dt$$

를 얻는다. 양변을 적분해서 미분방정식을 풀면 변위를 구할 수 있다.

acceleration

가속도 (加速度)
자동차를 타고 갈 때 흔히 '속도감'이라는 말을 하는데, 이는 속도의 크고 작음이 아닌, 속도의 변화율, 곧 가속도를 의미한다. 비록 낮은 속도라도 짧은 시간 동안 time interval 에 급가속을 한다든가, 급격히 제동을 걸어 속도를 떨어뜨릴 때 우리는 짜릿한 속도감을 느끼게 되며, 단순히 속도가 빠르다고 해서 속도감을 느낄 수 있는 것이 아니다.

가속도벡터 acceleration vector 는 $\mathbf{a}$ 또는 $\vec{a}$ 로 표기하며, 단위 시간 동안에 속도 velocity 가 변하는 변화율이므로 SI단위는 m/s^2이다. 속도의 변화가 크거나, 시간

간격이 짧으면 가속도의 크기가 커진다. 속도가 점점 빨라지면 increase 가속도는 양 positive 의 값을, 반대로 느려지면 decrease 가속도는 음 negative 의 값을 가진다. 가속도가 음의 값이라고 해서 반대방향 opposite direction 으로 움직이는 것이 아님에 유의해야 한다.
평균가속도 average acceleration $\mathbf{a}_{avg}$는 단순히

$$\mathbf{a}_{avg} = \frac{\text{속도의 변화}}{\text{경과 시간}} = \frac{\Delta \mathbf{v}}{\Delta t}$$

로 정의된다.

instantaneous acceleration   순간가속도

순간가속도 instantaneous acceleration $\mathbf{a}$는 말 그대로 순간적으로 변하는 것이므로 경과시간 time interval 이 0으로 가는 극한 limit 에서의 속도 velocity 의 변화이다. 따라서 순간가속도는 속도의 시간에 대한 미분 differential 으로 나타난다:

$$\mathbf{a} = \lim_{\Delta t \to 0} \frac{\Delta \mathbf{v}}{\Delta t} = \frac{d\mathbf{v}}{dt}$$

일반적으로 가속도라고 하면 평균가속도가 아닌 순간가속도를 의미한다.

만일 속력 speed 이 일정하면 constant 물론 가속도는 0 ($a = dv/dt = 0$)이다. 그러나 속력이 일정하더라도 방향이 달라지면 속도벡터 velocity vector 는 더 이상 일정하지 않고, 이에 따라 가속도가 생긴다. 원운동하는 circular motion 입자의 경우에 속도벡터는 원주 circumference 에 접선방향 direction of tangent line 으로 움직이며, 이때 생기는 가속도는 중심을 향하게 되어 구심가속도 centripetal acceleration 라고 한다.

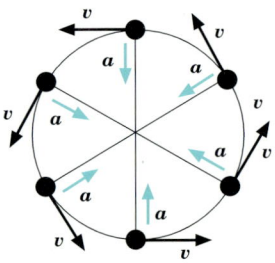

• 원운동의 속력이 일정하더라도 가속도는 없어지지 않는다.

3. Centripetal acceleration
구심 가속도

constant acceleration   일정가속도

중력가속도 g와 같이 운동하는 물체의 가속도가 일정하게 constant 주어지는 경우에는 이 조건 condition 을 가속도의 정의 $a=dv/dt$ 와 결합하면 운동 motion 을 쉽게 풀어낼 수 있다:

$$g = \frac{dv}{dt}, \qquad dv = g\,dt$$

중력가속도 g 가 상수 constant 이므로 양변을 적분하면 integrate,

$$v = gt + v_0$$

가 되어 속도 velocity 를 알아낼 수 있다. 초기속력 initial velocity v_0는 적분상수 constant of integration 로서, 처음 출발할 때의 속도이다. 마찬가지로 입자의 위치 position 은 $v=dr/dt$ 을 넣어 풀면

$$r = \frac{1}{2}gt^2 + v_0 t + C$$

를 얻는다. 적분상수 C 는 초기조건 initial condition 에서 결정되는 출발할 때의 위치이다.

projectile motion 포물체 운동, 투사체 운동

어떤 물체를 지상에서 일정 각도를 주어 던지거나 project, 포로 발사하면 launch 중력 gravitation 의 영향을 받아 포물선 parabola 을 그리는데, 이는 수평 운동과 수직 운동 (공기의 저항 무시)의 2차원 운동을 하는 move in two dimension 것으로 볼 수 있다. 이를 포물체 운동, 혹은 돌이나 창 같은 투사물 projectile 을 던진것으로 보아 투사체 운동이라고도 한다.

앞서 말한 바와 같이 일정 각도를 가지고 던진 물체의 운동은 x-축 x-axis 의 수평 성분 horizontal component 과 y-축 y-axis 의 수직 성분 vertical component 으로 분해하여 생각할 수 있다.

공기의 저항 air resistance 을 무시하면, 수평 방향으로의 운동은 중력가속도 gravitational acceleration 의 영향을 받지 않으므로 던진 초기 속도의 수평 방향 성분 horizontal velocity component v_x를 그대로 유지하면서 날아갈 것이다.

그러나 수직방향으로의 속도 성분 vertical velocity component v_y는 물체를 똑바로 위로 던진 것과 같이 움직여 계속 변한다 change continuously. 처음에는 곧바로 올라가면서 중력가속도 g의 영향으로 아랫 방향으로 가속도를 받아 accelerated downward 올라가는 속도가 점점 느려지다가 정점에 이르러 속도는 0이 되고, 이내 운동의 방향을 바꾸어 자유낙하 free falling 를 하기 때문에 낙하속도는 점점 빨라지게 된다.

$v_x = \text{constant} = $ 처음 투사 속력 $= v_{ox}$
$v_y = v_{oy} + gt$

(수직운동과 수평운동은 서로 영향을 끼치지 않는다.)

일정한 속도로 날아가는 수평방향의 운동과 중력의 영향을 받는 수직방향의 운동을 결합하면 포물선의 공식 equation of a parabola 에 따르는 궤도 trajectory 를 얻는다.

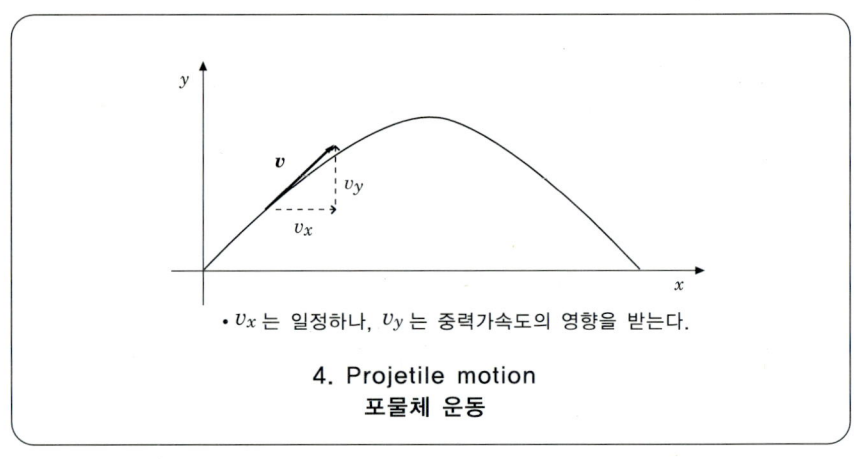

• v_x 는 일정하나, v_y 는 중력가속도의 영향을 받는다.

4. Projetile motion
포물체 운동

(2) Angle and Radian 각과 라디안

angular displacement 각변위 (角變位)

각변위는 회전운동 rotational motion 에서 돌아간 각의 변화를 말하며, θ로 나타낸다. 회전의 방향은 관습적으로 반시계방향 counter-clockwise 으로 돌 때를 양의 방향 positive direction, 시계방향 clockwise 으로 돌 때를 음의 방향 negative direction 으로 잡는다. 따라서 각변위 θ는 방향성을 갖는 벡터량 vector quantity 이다.

angular velocity 각속도

각속도는 각이 변하는 속도이며, 보통 ω로 나타낸다:

Motion

$$\omega = \frac{d\theta}{dt} \quad \text{각속도 angular velocity}$$

각속도에서 방향을 무시하고 단순히 크기만을 생각하면 각속력 angular speed 이 된다.

angular acceleration 각가속도

각가속도는 각속도의 시간에 대한 변화율에 해당하는 vector이다:

$$\alpha = \frac{d\omega}{dt} = \frac{d^2\theta}{dt^2} \quad \text{각가속도 angular acceleration}$$

이들을 병진운동(선운동) translational motion 과 비교해서 나타내면 다음과 같다:
→ translational motion 병진운동 p.81, rotational motion 회전운동 p.81

	displacement 변위	velocity 속도	acceleration
translation 병진운동	$\mathbf{r}$ (m)	$\mathbf{v}$ (ms^{-1})	가속도 $\mathbf{a}$ (ms^{-2})
rotation 회전운동	angular displacement 각변위 θ	angular velocity 각속도 ω (s^{-1})	angular acceleration 각가속도 α (s^{-2})

많이 쓰는 각의 단위에는 라디안 radian(rad), 도 degree(deg), 회전 revolution(rev) 등이 있으나, 각이 SI 기본단위에 속하지 않아 차원이 없는 양 dimensionless quantity 이다. 따라서 회전운동에는 병진운동에 비하여 길이의 차원 dimension of length L 이 빠져있는 데 주의해야 한다.

radian 라디안

도 degree 와 라디안 radian 의 관계는 반지름 radius

이 1인 단위원 unit circle 의 원주 circumference 가 2π 임을 기억하면 된다. 즉 $360°$ 가 2π rad이므로

$$1° = \frac{2\pi}{360} \text{ rad} = \frac{2 \times 3.14}{360} \text{ rad} = 0.017 \text{ rad}$$

이다. 사실 radian이란 말 자체가 반지름 radius 에서 왔다. 1 radian은 반지름과 원호 arc 의 길이가 같아지는 각도로 정의되며, 대략 $57.3°$ 정도이다. 여기서 각이 라디안과 맞아떨어지지 않는 이유는 π 가 무리수이기 때문이다.

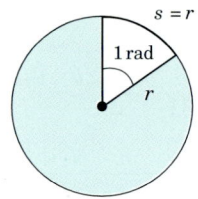 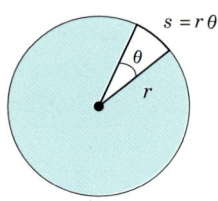

- 단위원 unit circle 은 $r = 1$ 이므로 $s = r\theta = \theta$ 가 성립한다.

5. Radian
라디안

3 Forces and Laws of Motion
힘과 운동의 법칙

(1) Force, Mass and Motion   힘, 질량 그리고 운동

force

힘

질량 mass m을 가진 물체를 밀거나 당겨 속도의 변화 (가속도 acceleration)를 일으키는 것이 힘이다. 일단 운동을 시작한 물체는 힘을 받지 않아도 영구히 같은 속도로 움직이는데 (저항 무시) 이를 **관성의 법칙** law of inertia 이라 한다. 이 때, 지속적으로 작용하는 힘은 운동하는 물체에 가속도가 붙게 한다. 힘은 **F** 또는 **f**로 표기하며, 그 단위는 newton(N)이다. 1 newton은 질량 1kg의 물체 object 를 $1m/s^2$의 가속도 acceleration 로 움직이게 하는 힘으로 정의된다. 따라서 지속적으로 1 newton의 힘을 받고 있는 물체는 속력 speed 이 매 초당 1m씩 점차 빨라져서, 1분이 지나면 속력이 초속 60m에 이를 것이다. 힘을 가하는 행위는 방향성을 가지고 있으므로 힘은 벡터량 vector quantity 이 되며, 질량과 가속도의 곱 **F**=m**a**로 나타난다. → Newton's laws of motion   p.47

force를 power와 혼동해서 쓰는 경향이 있으나, 물리학에서는 일률로 번역되는 power와는 구분되는 개념이다. → power   p.66

net force

알짜힘

양쪽에서 같은 크기 magnitude 의 힘 force 으로 서로 밀거나 당기는 경우에 분명히 힘은 작용하여도 실질적인 운동에는 영향을 미칠 수 없다. 동시에 작용하는 여러 힘을 모두 합해서 상쇄된 부분을 제외하고 남아 실제로 운동에 작용하는 힘 effective force 을 알짜힘 net force 이라고 한다.

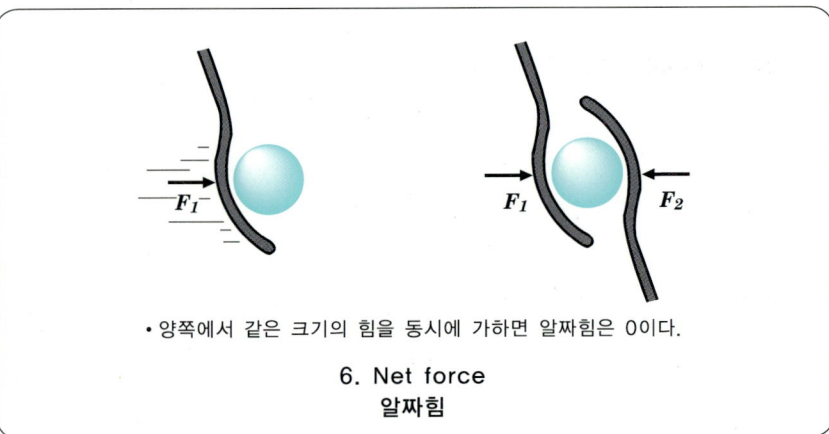

- 양쪽에서 같은 크기의 힘을 동시에 가하면 알짜힘은 0이다.

6. Net force
알짜힘

mass

질량 (質量)
질량은 물질을 구성하는 원자의 속이 얼마나 꽉 들어차 있는가, 즉 원자핵 nucleus 안에 얼마나 많은 양성자 proton 와 중성자 neutron 가 있는가의 척도로 m 으로 표시하며, 그 SI단위는 kg이다. 흔히 질량을 무게 weight 와 혼동해 쓰나, 무게는 중력 gravitational force 하에서 질량이 받는 힘 force $F=mg$ 로 질량에 중력가속도가 곱해진 물리량이다. 따라서 중력가속도 g가 달라지면 무게는 달라지지만, 질량은 변하지 않는다.
→ weight p.44

가령 볼링공과 축구공을 손바닥에 올려놓으면 무게가 다름을 누구나 쉽게 알 수 있다. 그러나 만일 이 두 공을 지구 궤도 orbit 를 돌고 있는 인공위성 artificial satellite 으로 가져가면 무중력 상태 zero gravity 가 되어 무게의 차이를 전혀 느끼지 못할 것이다.
그러나 무중력상태라 하더라도 두 공의 차이는 밀어보면 확연히 드러난다. 즉 축구공은 쉽사리 앞으로 밀리는 데 반하여, 볼링공은 훨씬 큰 힘을 주어야 밀린다. 또한 날아오는 축구공을 받기는 그다지 어렵지 않지만, 볼링공

Force & Motion

을 받아내려면 더 큰 힘이 필요하다. 여기서 우리는 볼링공이 축구공보다 질량 mass 또는 관성 inertia 이 더 큼을 알 수 있다. → Weightlessness p.45

inertial mass 관성질량 (慣性質量)

관성의 크고 작음의 척도가 곧 질량의 차이이며, 둘은 정확히 비례관계에 있다. 이렇게 관성의 차이로 정의한 질량을 관성질량 inertial mass 이라고 한다. 관성질량은 Newton의 제2법칙으로 쓸 수 있다

$$m = \frac{F}{a}$$

관성질량을 측정하려면 알고 있는(기준이 되는) 힘 reference force 을 물체에 작용시켜 가속도 acceleration 를 재서 결정한다.

gravitational mass 중력질량 (重力質量)

볼링공과 축구공을 각각 용수철지울 위에 올려놓으면 용수철이 늘어나는 길이 stretch 가 달라진다. 이는 두 공이 받는 중력의 크기가 다르기 때문인데, 이처럼 용수철의 늘어나는 길이로 정의하는 질량이 중력질량 gravitational mass 이다. 중력질량은 Newton의 중력법칙으로 결정된다.
→ Newton's law of gravitation p.50

$$m = \frac{F}{g}$$

실험적으로 관성질량과 중력질량은 거의 1조분의 1의 정밀도 precision of 1 part in 10^{12} 까지 같음이 알려져 있다. 이 사실은 Newton 역학 Newtonian mechanics 으로 보면 놀라운 우연의 일치 coincidence 이나, Einstein의 일반상대성이론 theory of general relativity 에서는 등가원리(等價原理) principle of equivalence 로 자연스럽게 설명이 된다.

weight

무게

물체를 이웃한 neighbouring 천체 celestial body (예, 지구)가 잡아당기는 힘 attractive force 이 무게 weight 이다. 무게 weight 는 힘의 일종이므로 벡터량 vector quantity 이 되어 **W**로 표기하며, SI단위는 힘의 단위인 newton(N)을 사용한다. kg은 무게의 단위가 아닌 질량 mass 의 단위이므로 주의해서 사용해야 한다.

무게가 힘의 일종인 사실은 저울을 힘껏 손으로 눌러보면 안다. 즉 무게를 단 것이 아니라 단순히 손으로 눌러 힘을 주었는데도 저울의 눈금은 올라간다. 무게를 주는 힘은 주로 물체 사이의 인력 – 중력 gravitation – 에 의한 것으로, 질량 mass 이 m(kg)인 물체의 무게 **W**는

$$\mathbf{W} = m\mathbf{g}(\text{N})$$

이고, 방향은 아래를 downward 가리킨다.

지구상에서 중력가속도 gravitational acceleration g는 9.8m/s^2이므로, 질량 mass 이 60kg(무게가 아니다)인 사람의 몸무게 weight 는 $W = 60 \times 9.8 \text{N} = 588\text{N}$ 이다. 다만 중력가속도 g는 지구 표면상에서 어디서나 똑같은 상수 constant 로 다룰 수 있으므로 단순히 g를 1로 환산하여 질량과 혼용하여 쓰더라도 그다지 불편하지 않다. 몸무게를 단순히 60kg, 또는 경우에 따라서는 질량과 구분하기 위해 특별히 60kg중 이라고도 한다.

따라서 질량은 변하지 않는 기본적인 물리량 physical quantity 이나, 중력가속도가 달라지는 다른 천체(가령, 달이나 화성)에서나 부력 buoyant force 이 중력을

상쇄하는 물 속에서는 무게 weight 가 당연히 달라진다. 지구상에서도 높은 산에 올라가면 약간 몸무게가 줄어든다. 이는 등산을 한 때문뿐만 아니라, 산 위에서는 지구 중심과의 거리가 더 멀어지기 때문에 중력을 덜 받기 때문이다.(즉, 산 위에서는 중력가속도 g의 값이 약간 작아진다) → mass 질량 p.42

weightlessness 무중력 (無重力)

번지점프 bungee jump 를 할 때 발바닥에 저울을 달고 뛰어내린다고 하자. 이때 우리 몸은 자유낙하 free fall 상태가 되며, 발에 단 저울도 같이 낙하하므로 우리 몸을 받칠 수 없다. 따라서 눈금 scale 은 0이 되며 우리는 무중력 상태를 경험하게 된다.

초음속 supersonic 전투기가 5g, 6g의 급가속을 한다고 말하는데, 이는 전투기의 큰 가속도에 따라 지상에서 자기 몸무게의 5배, 6배 되는 힘을 받는다는 뜻으로, 실제로 저울로 재 보면 몸무게가 5배, 6배의 눈금 scale 을 가리키는 것을 알 수 있다. 이렇게 저울의 눈금이 가리키는 무게를 물체의 **겉보기 무게** apparent weight 라고 한다. 자유낙하와 같은 무중력 상태는 겉보기 무게가 사라지는 상태를 뜻한다.

지구를 선회하는 orbiting 인공위성 artificial satellite 은 구심력 centripetal force 인 중력에 의해 지구 쪽 방향으로 끊임없이 당겨지지만 attracted, 구심력의 반작용 reaction 인 원심력 centrifugal force 과 균형을 이루어 무중력 weightless 이 된다. 흔히 지구 궤도 바깥으로 단순히 멀리 나가기만 하면 무중력이 된다고 생각하고 있으나, 이는 중력법칙을 잘못 이해한 것으로 중력은 거리의 제곱에 반비례하여 inverse square proportionality 약해지는 것일 뿐, 결코 사라지지 않는다.

(2) Laws of Motion 운동의 법칙

inertia 관성 (慣性)

변화에 저항하며 resist, 운동을 지속하려고 maintain 하는 물질 고유의 성질을 관성 inertia 이라고 한다. 정지해 있는 at rest 물체는 외부에서 알짜힘 net force 이 작용하지 않는 한 계속 제자리에 있을 것 remain at rest 이다. 또한 일정한 속도 constant velocity 로 움직이는 물체는 외부의 알짜힘이 없어도 계속 일정한 속도로 제 갈 길로 가게 된다. Newton은 이를 제1법칙 (또는 관성의 법칙) first law of motion (law of inertia) 으로 정리하였다. → Law of inertia 관성의 법칙 p.47, 41

볼링공과 축구공이 똑같이 정지해 있더라도 볼링공은 들어올릴 때 묵직함을 느끼고, 축구공은 가볍게 들린다. 또한 두 공이 똑같은 속도로 굴러오더라도 정지시키는 데는 볼링공 쪽에 힘을 더 들여야 한다. 즉 정지해 있는 상태에서 또는 움직이고 있는 상태에서 운동의 변화를 일으키는 데 저항하는 정도가 다르며, 이를 관성의 크고 작음으로 구분한다. 관성은 물질의 질량 mass 에 의해 나타나며, 질량에 비례한다. linearly proportional to mass. → mass 질량 p.42

moment of inertia 회전관성

Newton의 관성의 법칙 law of inertia 에 의하면 운동의 변화에 저항하는 성질이 관성 inertia 이라면, 회전운동 rotational motion 에서 변화에 저항하는 성질이 회전관성이다. 회전관성은 rotational inertia라고도 하며, I로 표시한다. SI단위는 $kg \cdot m^2$이다. → inertia 관성 p.46

병진운동에서의 관성은 질량 mass m에 비례한다. 그러나 축구공은 손가락 끝에 올려놓고 돌릴 수 있어도 야구공은 돌리기 어려운 것처럼, 또는 반지름 radius 이 큰 팽이 top 가 오래 도는 것처럼 회전관성은 물체의 질량 뿐 아니라 반지름의 길이에도 의존한다. 또한 질량이 어디에 몰려 있는가(질량의 분포 distribution of mass), 회전하는 축 rotating axis 이 어디에 있는가 등에 따라 달라져서, 회전관성 I는

$$I = \Sigma m_i r_i^2 \quad \text{또는} \quad I = \int r^2 \, dm$$

로 정의된다. 가령 질량 m과 반지름 R은 같아도 속이 고르게 uniform 찬 공 sphere 과 속이 빈 공 spherical shell 의 회전관성은 각각 $\frac{2}{5}mR^2$과 $\frac{2}{3}mR^2$가 되어 속이 빈 공의 회전관성이 더 크다. 이는 속이 빈 공은 질량이 전부 껍질 shell 에 몰려 있기 때문이다. 곡예사가 무겁고 긴 막대기를 들고 줄을 타는 것도 길이가 길면 회전관성이 크게 되어 옆으로 쉽게 쓰러지는 것을 막기 위함이다.

Newton's laws of motion   Newton의 운동 법칙

사물의 운동 motion 을 다루는 역학 mechanics 의 기본을 담은 원리 principle 가 Newton의 운동법칙이며, 질량 mass 과 힘 force, 운동량 momentum 에 대한 개념 concept 이 여기서 비로소 정립된다. Newton의 운동법칙은 관성의 법칙 law of inertia, 힘의 법칙 law of force, 작용과 반작용의 법칙 law of action and reaction 의 3가지로 구성된다.

Law of inertia   관성의 법칙

A body in motion tends to remain in motion, or to remain stopped if stopped, except insofar as acted on by an outside net force. (외부의 알짜힘이 작용하지 않는 한 움직이고 있는 물체는 계속 움직이려 하고, 정지해 있는 물체는 계속 정지해 있으려 한다.)

얼음판 위에 서 있는 스케이터는 일부러 힘을 주어 얼음을 지치지 않는 한 전진하지 않는다.
한편, 일단 얼음판 위에서 미끄러지기 시작하면 일부러 힘을 주어 멈추기 전에는 계속 미끄러질 것이다. **뉴턴의 제1법칙** Newton's first law of motion 이라고도 불리는 이 법칙은 Galileo가 부분적으로 파악한 관성에 관한 좀 더 정확한 설명이다. 움직임의 변화에 저항하는 resist 관성은 질량의 크기 amount of mass 에 정확히 비례한다.

Law of force

힘의 법칙
The rate at which a body's momentum changes is equal to the net force acting on the body. (물체가 가진 운동량의 변화 비율은 물체에 작용한 알짜힘과 같다.)
이를 수학적으로 표현하면

$$\mathbf{F}_{net} = \frac{d\mathbf{p}}{dt}$$

이다.
운동에 대한 통찰력 insight 을 담은 이 법칙은 **뉴턴의 제2법칙** Newton's second law of motion 이라고도 한다. 운동을 유지하는 maintain 성질이 운동량 momentum p라면 운동을 변화시키는 것은 힘 force 이다. 방향성을 가진 힘은 동시에 여러 힘이 작용하여 상쇄될 수도 있으므로, 실제로 작용하는 힘을 알짜힘 net force 으로 구분한다. 운동하는 물체가 알짜힘을 받으면 운동이 느려지거나, 빨라지기도 하고, 방향이 바뀌기도 하여 운동량에 변화가 일어난다. 따라서 위의 식으로 쓸 수 있다.
→ Linear momentum 선운동량 p.77
질량 mass 이 일정한 constant 경우에는 힘은 질량과

가속도의 곱 product of mass and acceleration 의 꼴

$$F_{net} = ma$$

가 된다.

그러나 연료를 소모하여 내뿜으면서 날아가는 로켓은 시간에 따라 질량이 계속 가벼워지므로, 분사하는 thrust 비율 rate 은 일정하더라도 속도는 점점 빨라지게 된다. 이처럼 질량이 시간에 따라 변하는 경우에는 원래의 식을 사용해야 옳은 답을 얻을 수 있다.

Law of action and reaction   작용과 반작용의 법칙

For every action there is always an equal and opposite reaction. (모든 작용에는 항상 크기가 같고 방향이 반대인 반작용이 있다.)

뉴턴의 제3법칙 Newton's third law of motion 이라고도 하는 이 법칙은 단순한 듯 하지만 많은 물리적 원리를 담고 있다. 몇 가지 예를 들어보면, 자동차를 타고 커브를 돌 때 밖으로 쏠리는 원심력 centrifugal force 에 대한 반작용 reaction 으로 좌석의 마찰력 friction 이 안쪽으로(구심력 centripetal force) 작용하여 몸이 밖으로 퉁겨 나가지 않는다. 따라서 좌석을 인위적으로 매끈한 인조가죽으로 바꾼다든지 하여 마찰력을 줄이면 구심력이 줄어들어 심각한 상황에 처할 수 있다. 지구가 우리에게 중력을 미쳐 끌어당긴다고 (작용) attracting 생각되지만, 우리도 그만큼 지구덩어리를 끌어당기고 (반작용)있다 (만유인력의 법칙 Newton's law of gravitation). 우리가 땅을 박차고 뛰어오르면(작용) 아주 조금이지만(질량 비율의 역수 reciprocal 만큼) 지구도 반대방향으로(반작용) 밀린다.

equation of motion   운동방정식

우리는 Newton의 제2법칙 $F = ma$를 구체적인 상황에

적용하여 운동방정식 equation of motion 을 세워서 풀 수 있다. 운동방정식의 풀이 solution 를 구하면 비로소 그 운동을 제대로 이해한 것이 된다. 가령 용수철 상수 spring constant 가 k인 용수철에 질량 m인 물체가 매달려 진동하는 vibrating 계(block-spring system)를 생각하자. 우리가 용수철을 잡아당기면 반대 방향으로 용수철이 당기는 힘 곧 복원력 restoring force 이 작용한다. 만일 두배의 힘을 주면 용수철이 잡아당기는 힘도 두배가 될 것이다. 따라서 용수철의 복원력은 Hooke의 법칙 Hooke's law 에 따라 $F=-kx$가 된다. 여기서 음의 부호 minus sign 는 용수철이 저항하는 힘의 방향이 우리가 주는 힘의 방향에 반대임을 뜻한다.

한편 힘 F는 힘의 법칙에서

$$F = ma = m\frac{d^2x}{dt^2}$$

이므로 우리는 2차 미분방정식 quadratic differential equation

$$m\frac{d^2x}{dt^2} + kx = 0$$

을 얻는다. 이 식을 풀기는 그리 어렵지 않다.
→ simple harmonic motion 단조화운동 p.95

(3) Various Motions and Forces 여러가지 운동과 힘

gravitational force 중력 (重力)

중력은 gravitation 이라고도 하며, 질량 mass 과 질량이 서로 끌어당기는 attract 성질이다. 지구와 사과는 서로 당기고 있기 때문에 사과는 땅으로 떨어진다. 마찬가지로 땅은 사과를 향해 떨어진다. **뉴턴의 중력법칙(만**

유인력의 법칙) Newton's law of gravitation(law of universal gravitation) 에 따르면, 모든 입자는 다른 입자를 잡아당기며 every particle attracts every other particle, 그 세기 magnitude 는

$$F = G\frac{Mm}{r^2}$$

이다. 여기서 M과 m은 두 입자의 질량 mass, r은 입자 사이의 거리 distance 이며, 중력상수 gravitational constant G는 다음과 같은 값을 갖는다

$$G = 6.67 \times 10^{-11} \text{N} \cdot \text{m}^2/\text{kg}^2 = 6.67 \times 10^{-11} \text{ m}^3/\text{kg} \cdot \text{s}^2$$

태양-지구 sun-earth, 또는 지구-달 earth-moon 의 중력을 계산할 때는 물체의 크기 size 에 비해 사이거리가 충분히 크기 때문에 far apart 단순히 점입자 point particle 로 간주해도 treat 된다. 그러나 지구-야구공의 경우나 지구-인공위성 같은 예에서는 떠 있는 높이에 비해 지구의 크기(반지름 $\approx 6{,}300$km)를 무시할 수 없기 때문에 어려움을 겪게 된다. 그러나 이런 경우에도, 지구의 전 질량 entire mass 이 지구의 중심에 모여 있는 concen-trated at the center 하나의 점입자 point particle 로 다루면 된다는 사실이 알려져 있다. 일반적으로 크기를 무시할 수 없으나, 질량이 균일하게 분포한 경우에 물체들 사이의 중력을 계산할 때, 사이거리는 두 물체의 중심에서 중심까지의 거리로 계산하면 된다.

빙빙도는 지구 - 왜 어지럽지 않나?

지구의 자전속도는 약 450 m/s, 공전속도는 약 30 km/s 이다. 이렇듯 빠른 원운동에도 불구하고 우리가 속도감을 느끼지 못하는 이유는 회전 반지름이 커서 방향전환이 아주 서서히 이루어지기 때문이다.

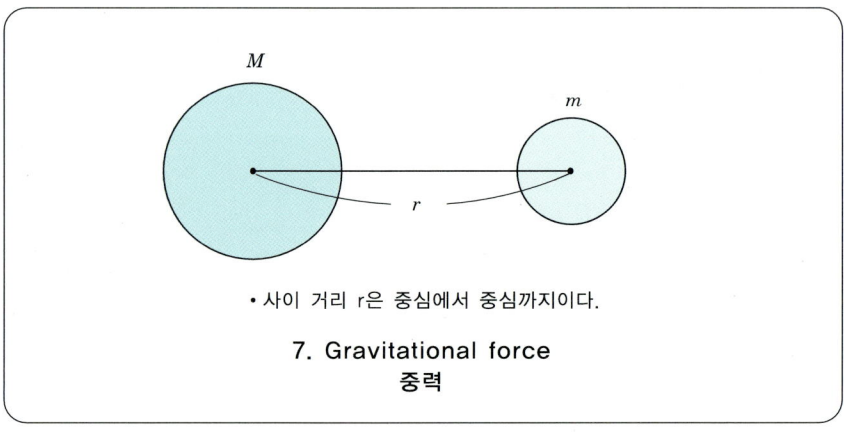

• 사이 거리 r은 중심에서 중심까지이다.
7. Gravitational force
중력

gravity   중력 (重力)
보통 gravitation과 같은 뜻으로 쓰이나, 때로는 행성 planet 표면 근처에서의 겉보기 apparent 중력을 뜻한다. gravity와 지구자전 때문에 생기는 원심력 centrifugal force 의 벡터합 vector addition 이 gravitation이다.

gravitational acceleration   중력가속도
자유낙하 free falling 하는 물체가 중력에 의해 받는 가속도 acceleration due to gravity 가 중력가속도이며, g로 표시한다. 지구 earth 의 질량을 M, 입자 particle 의 질량을 m이라고 하면, 지구가 입자를 잡아당기는 힘 attractive force 의 크기 magnitude 는 Newton의 제2법칙에 의해

$$F = ma = mg = G\frac{Mm}{r^2}$$

이므로 지구의 중력가속도 gravitational acceleration g는

$$g = \frac{GM}{r^2}$$

이 된다. 지표면 근처에서 r은 거의 지구의 반지름과 같을 것이므로 중력가속도 g를 계산해 보면 약 9.8 m/s^2이 된다.

또한 중력은 거리의 제곱에 반비례하는 reciprocal proportion **역제곱의 법칙** inverse square law 을 따르므로 지구가 물체에 작용하는 인력 attraction 은 물체와 지구 중심 사이의 거리가 멀어짐에 따라 약해진다. 지구는 적도 the equator 쪽이 지축 axis of the earth 에 비해 약간 부풀어 있기 때문에 중력가속도도 약간 작은 값을 가진다. 따라서 인공위성 artificial satellite 은 적도 근처에서 발사하는 launch 것이 가장 효율적 most effective 이다.

지구의 반지름과 맞먹는 고도 altitude 6,300km에 떠 있는 인공위성 artificial satellite 이 있다고 하면 사이 거리 distance 는 표면에 비해 2배가 되어 인공위성에 미치는 지구의 중력가속도는 1/4로 줄어든다.

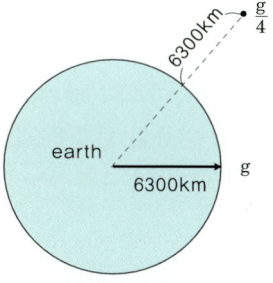

8. Gravitational acceleration
중력 가속도

principle of superposition　중첩의 원리

여러 개의 입자 particles 가 동시에 simultaneously 힘을 작용하고 있을 때 하나의 입자에 미치는 알짜힘 net force 은 단순히 그 입자에 다른 입자가 작용하는 힘들을 벡터 vector 적으로 합하면 된다는 원리를 **중첩의 원리** principle of superposition(superposition principle) 라고 부른다. 단순한 원리 같지만 한 물체에 동시에 두 개의 서로 다른 힘이 작용할 때, 상승작용이나 부수적인 효과 side effect 가 일어나지 않는다는 뜻을 가진다.

가령 태양계 solar system 에서 태양과 기타 다른 행성들 planets 이나 위성들 satellites 이 지구에 미치는 중력의 효과는 태양-지구, 달-지구, 금성-지구 등 각각의 중력을 따로 계산해서 더하면 된다. 화성-달의 중력 효과 때문에 지구에 생기는 다른 영향은 없다. 즉 여러 개의 힘이 작용하더라도 힘들끼리의 영향으로 단순 벡터합 이외의 다른 작용은 일어나지 않는다. 일반적으로 알짜 효과는 개별적 효과를 더하면 된다.

중첩의 원리는 파동 wave 현상에도 적용된다. 여러 개의 파동이 동시에 지나갈 때 한 점에서 파동들의 상호작용 interaction 을 구하려면, 그 지점에서 파동들의 진폭 amplitude 을 단순히 더해주면 된다. 이에 따라 간섭현상 interference 이 일어난다. 중첩의 원리에서 벡터인 힘 force 은 벡터합 vector sum 을, 스칼라 scalar 인 파동의 진폭은 단순합을 구한다.

→ interference 간섭 p.185

free fall　자유낙하

공기의 저항 drag 이나 부력 buoyant force 의 영향 없이 지상으로 떨어지는 물체의 운동을 자유낙하라고 한다. 순수한 중력가속도 gravitational acceleration $g = 9.8 m/s^2$만을 받으며 자유낙하하는 물체의 속력은 매 초당 9.8m 씩 빨라지므로 구름에서 떨어지기 시작한

빗방울이 자유낙하 한다고 하면 10초 후에는 무려 초속 98m에 이르게 된다. 이렇게 빠른 빗방울을 맞아도 다치지 않는 이유는 공기의 저항에 의한 끌림항력 drag force 을 받아 속력이 어느 한도 이상으로는 커지지 않기 때문이다. 달 표면은 공기가 없는 진공 vacuum 이므로 운석 meteorite 이 자유낙하하여 표면에 많은 분화구 crater 가 생긴다. 그러나 지구에 떨어지는 운석의 대부분은 공기의 저항에 의한 마찰력 friction 을 받아서 타버린다. → drag force 끌림항력 p.55

질량이 큰 물체와 작은 물체를 자유낙하 free fall 시키면 어느 쪽이 먼저 떨어지는가 하는 질문에 대한 대답은 다음과 같다. 먼저 관성 inertia 의 입장에서 살펴보면, 질량이 크면 관성도 크다. 따라서 질량이 큰 물체는 정지한 상태에서 움직이는 데 저항을 보이므로 늦게 떨어져야 옳다. 그러나 질량이 크면 중력을 더 많이 받으므로 지구가 당기는 힘도 세져서 빨리 떨어지려고 한다. 이 둘은 서로 모순 contradiction 을 보이므로 자유낙하하는 free falling 두 질량은 정확히 같이 떨어진다.
→ inertia 관성 p.46, mass 질량 p.42

drag force
끌림 항력 (抗力)
물체가 기체 gas 나 액체 liquid 같이 흐르는 물질(유체 fluid) 안에서 움직이거나, 반대로 유체가 물체를 지나가는 경우에 물체가 유체의 상대운동 relative motion 과 반대 방향 opposite direction 으로(즉 상대운동을 방해하는) 받는 저항력이 끌림 항력이다.

terminal velocity
종단속도
물체가 높은 곳에서 떨어질 때 중력가속도 때문에 속도가 점점 빨라지는 대신 어느 정도 시간이 지나면 일정한 속도로 떨어지게 되는데, 이때의 일정한 속도를 종단속도라 한다. 아리스토텔레스는 무거운 것이 가벼운 것보다 빨리 떨어진다고 생각하여 그 예로 돌과 깃털의 낙하를 들었다. 그러나 공기의 끌림항력 drag force 이 깃털 쪽이 크기 때문에 깃털이 늦게 떨어지는 것이다. 실제로, 깃털을 떨어뜨리면 중력 가속도를 받아 점점 빨리 떨어지다가 곧 일정한 속력 constant speed 에 이르러 더 이상 빨라지지 않고 팔랑팔랑 떨어지는 모습을 관찰할 수 있다.

일반적으로 물체가 어느 정도 내려온 후에는 끌림항력이 물체의 무게 weight 에 의한 힘을 상쇄하여 가속도 acceleration 가 0이 된다. 주의해야 할 점은 가속도가 0이라고 해서 속도도 0이 되는 것은 아니며 다만 똑 같은 속도로 with constant velocity 떨어질 뿐이다.

개미는 무게 weight 에 비해 단면적 cross-sectional area 이 넓으므로 공기의 끌림항력을 크게 받는다. 따라서 높은 곳에서 떨어지는 개미는 곧바로 종단속도에 이르러 일정한, 그리고 별로 빠르지 않은 속도로 떨어지기 때문에 다치지 않는다. 스카이다이버 sky-diver 는 공기의 저항을 최대로 하기 maximize the air drag 위하여 몸을 활짝 편 자세 spread eagle 를 취한다. 이 때의 종단속도는 사람의 무게 weight 에 따라 달라지나, 약 150km/h~200km/h에 달한다. 잠시 후에 낙하산을 펴면 더 큰 공기의 끌림항력을 받게되어 착륙하는 데 안전한 속도인 15km/h~25km/h 정도로 종단속도가 낮아진다.

friction force

마찰력

면과 면이 맞닿아 contact 운동을 방해하는 힘 opposing force 이 마찰력으로, frictional force 또는 줄여서 friction 이라고도 한다.

정지마찰 static friction 은 물체가 미끄러지는 것을 막는 방향으로, 닿아있는 면과는 평행하게 parallel to the surface in contact 작용한다.

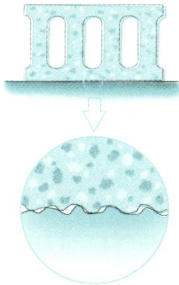

• 수직항력과 마찰력은 물체가 맞닿은 표면에 있는 분자들 사이의 상호작용에서 온다.

9. Friction force
마찰력

우리는 경험적으로 정지한 물체를 움직이게 하는 데에 많은 힘이 들고, 일단 움직이기 시작하면 힘이 덜 든다는 사실을 알고 있다. 물체가 미끄러져 움직이려면 **최대정지마찰력** maximum static friction force 보다 큰 힘으로 밀어야하며, 일단 미끄러지기 시작한 다음에 작용하는 **운동마찰력** kinetic friction force 은 최대정지마찰력보다는 작다. 마찰력은 힘의 일종이므로 벡터량 vector quantity 이 되어 크기와 방향 magnitude and direction 을 가진다.

The direction of the friction force is always parallel to the surfaces, but the magnitude of the force is proportional to the magnitude of the force of compression perpendicular (normal) to the surfaces. (마찰력의 방향은 항상 표면에 평행하지만, 그 크기는 표면을 수직으로 누르는 힘의 크기에 비례한다.)

normal force   수직힘

물체의 표면을 누를 때 press against a surface 누르는 힘과 반대방향으로 물체의 표면이 받치는 supporting surface 힘이 수직힘 normal force 이다. 우리가 바닥을 딛고 서 있을 수 있는 것은 땅바닥이 우리를 직각 normal 으로 받치고 있기 때문이다. 아래에서 받치고 있다는 뜻으로 **수직항력**이라고도 한다. 물 속에서는 받쳐주는 수직힘이 없기 때문에 아래로 가라앉게 된다.

어떤 물체가 수평면 horizontal surface 에 놓여있다고 하면, 물체의 무게 weight $W=mg$ 는 아래방향 downward 으로 표면에 힘을 미친다. 수직힘 **N**은 위쪽 upward 으로 표면이 받치는 힘이므로 수직힘의 크기 magnitude 는 $N=mg$ 이다. 만일 물체의 무게가 받치고 있는 수직힘 보다 크다고 하면 표면을 부수고 아래로 내려앉게 된다.

centripetal force 구심력 (求心力)

중심을 향하는 toward the center 힘이라는 뜻이다. 가령 줄에 돌을 매달아 돌릴 때 당기는 힘이 너무 세면 돌은 안으로 끌려 들어와 운동을 계속하지 못하게 되며, 반대로 너무 느슨하게 줄을 잡아당기면 돌은 밖으로 퉁겨 나갈 것이다. 줄을 적당한 힘으로 당기면서 돌려야 회전을 계속할 수 있으며, 이때 줄이 중심방향으로 당기는 장력 tension(tensile force) 에 의한 적당한 힘이 구심력이다.

질량 mass 이 m인 물체 object 가 반지름 radius 이 r 인 원궤도 circular orbit 를 돈다고 하자. 물체가 속도 velocity v로 회전할 revolve 때 등속원운동 uniform circular motion 하는 물체가 받는 구심가속도 centripetal acceleration 의 크기는 $a=v^2/r$이다.

Newton의 제2 법칙 Newton's second law of motion 에 따라 질량에 가속도를 곱하면 중심방향으로 당기는 힘 attractive force 곧 구심력이 나온다.

$$F = \frac{mv^2}{r}$$ 구심력의 크기 magnitude of centripetal force

구심력의 또 다른 예로는 지구의 주위를 회전하는 revolve around the earth 인공위성 artificial satellite 의 운동을 유지하는 중력 gravitation, 자기장 magnetic field 안에서 회전하는 전하를 띤 입자 electrically charged particle 가 받는 자기력 magnetic force 등이 있다.

centrifugal force 원심력 (遠心力)

구심력과 반대로 회전운동하는 물체가 중심에서 멀어지려고 하는 힘이 원심력으로 구심반작용 centripetal reaction 이라 할 수 있다. 어른이 어린아이의 손을 잡고 제자리에서 빙빙 도는 회전 운동을 한다고 하자. 회전속도가 빨라짐에 따라 처음에는 땅바닥에 닿아있던 아이의 발바닥이 곧 지면에서 떠오르며 회전한다. 어느 정도의 속도에 이르면 어린아이는 회전의 중심축 axis 이 되는 사람에 수직으로 떠올라 밖으로 떨어져 나가려는 힘을 받으며 궤도운동을 하게 된다. 이때 손으로 잡고 안으로 잡아당기는 힘이 구심력이며, Newton의 작용과 반작용의 법칙 law of action and reaction 에 의해 나타나는 구심력의 반작용 reaction 이 곧 원심력이다.

중심방향으로의 구심력과 함께 바깥방향으로 튕겨 나가려는 힘인 원심력 centrifugal force 이 균형을 이룰 때 비로소 안정한 stable 원운동의 궤도 circular orbit 를 유지할 수 있다. 만약 안쪽으로 더 세게 잡아당겨서 구심력을 크게 하면 물체는 나선형 궤도 helical trajectory 를 따라 안으로 빨려 들어온다. 반대로 줄이 늘어져서 당기는 힘이 느슨해지면 구심력이 작아지므로 물체는 나선을 그리며 원운동의 반지름 radius 이 점점 커져 밖으로 나가게 된다. 만일 갑자기 구심력이 사라지면 (가령 돌을 매달고 있던 줄이 끊어지면) 그 물체는 더 이상 원운동을 유지하지 못하고 접선 방향 direction of tangent line 을 따라 등속으로 with constant velocity 날아갈 것이다.

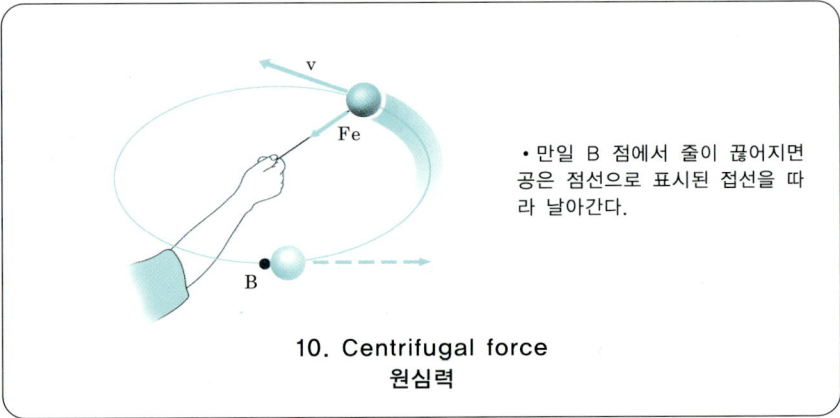

• 만일 B 점에서 줄이 끊어지면 공은 점선으로 표시된 접선을 따라 날아간다.

10. Centrifugal force
원심력

Coriolis force 코리올리의 힘

회전하는 계 rotating system 에서 계산을 간단하게 하기 위하여 사용되는 가상적인 힘 fictitious force 이다. 물이나 대기 atmosphere, 포물체의 운동 movement of projectiles 등에 대한 지구의 자전 rotation of the earth 의 영향을 계산하는 데 사용된다. 지구 자전축 rotating axis 을 기준으로 볼 때 적도 equator 에서의 반지름 radius 이 가장 크기 때문에 자전속력이 가장 빠르고, 위도 latitude 가 올라갈수록 회전반지름이 줄어들어서 자전속력의 차이가 생긴다. 이에 따라 힘이 발생하는 것처럼 느껴지며, 이 가상적인 fictitious 힘이 코리올리의 힘이다.

태풍이 북반구 northern hemisphere 에서는 시계방향 clockwise 으로 소용돌이가 생기고, 남반구 southern hemisphere 에서는 반시계방향 counter-clockwise 으로 도는 현상이나, 어떤 지점에서 자유낙하 free fall 하는 물체는 북반구에서는 그 지점보다 동쪽으로 쏠리고, 남반구에서는 서쪽으로 빗나가는 것도 지구 자전에 따르는 코리올리의 힘으로 설명된다.

buoyant force 부력 (浮力)

물체가 물 속에 있으면 위쪽 방향으로 밀려 올라가는 부력 upward buoyant force 이 작용하여 중력 gravitational force 에 의해 똑바로 아래로 끌리는 힘 downward force 인 무게 weight 의 일부를 상쇄시킨다. 다음 페이지의 그림처럼 어떤 모양의 물체가 액체 속에 잠겨 있으면, 물체는 화살표처럼 액체의 압력 pressure 에 의한 힘을 받는다. 수영장에서 잠수할 때 얕은 곳으로의 잠수는 그리 어렵지 않으나, 깊이 들어가서 바닥까지 잠수하기는 어렵다. 이는 아래로 내려갈수록 물의 압력이 더 세지기 때문이며, 따라서 물체는 위로 작용하는 힘 곧 부력을 더 크게 받는다.

이번에는 물체 대신 같은 부피 volume 의 같은 액체 liquid 로 바꾼다고 하면, 액체는 가라앉지 않고 부력과 대체된 액체의 무게에 해당하는 하향 중력 downward gravitation 사이에 평형 equilibrium 을 이룬다. 따라서 부력은 물체가 잠겨 있을 때 밀어낸 액체의 무게 w_l 과 같아지므로

$$\begin{aligned}\text{buoyant force} &= w_l \\ &= \text{액체의 질량} \times g \\ &= V\rho g\end{aligned}$$

이다. 여기서 V는 밀어낸 액체의 부피 volume, ρ는 액체의 밀도 density 이다. 액체에 잠긴 물체의 무게는 원래의 무게 mg에 부력 w_l만큼 상향력 upward force 을 받아서

$$w = mg - w_l$$

로 가벼워진다. 이를 **아르키메데스의 원리** Archimedes' principle 라고 한다. Archimedes가 목욕탕에서 부력의 원리를 깨닫고 뛰어나와 외쳤다는 "Eureka!"는 "I have found!"의 뜻이다.

만일 물체의 밀도가 액체의 밀도보다 작으면 부력 w_t이 mg보다 커져서 물 속에서의 무게 w는 음의 값 negative value 을 갖게되고, 결과적으로 물체는 떠오른다. 물체가 액체의 표면 surface 위로 떠오르기 시작하면 물체가 밀어내는 액체의 부피도 감소하여 부력 역시 감소한다. 따라서 부력과 중력이 정확히 같아져서 평형 equilibrium 을 이룰 때까지 물체는 떠올라 일부는 액체 속에 잠기고, 일부는 액체 밖으로 노출된다. 가령 얼음의 밀도는 대략 $0.9g/cm^3$이므로, 빙산 iceberg 에 의해 밀려난 물의 부피는 빙산 전체 부피의 90%에 해당하여, 빙산은 전체 부피의 10% 만 수면 위로 나온다.

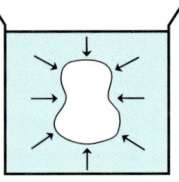

• 임의의 모양을 한 물체가 액체 속에 있다.

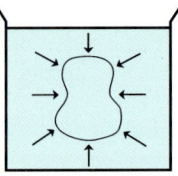

• 액체 속의 물체를 같은 부피의 액체로 바꾸어 놓았다. 주변의 액체에 의해 표면이 받는 압력은 두 경우 모두 같다.

11. Buoyant force
부력

4 Work and Energy
일과 에너지

(1) Work, Energy and Power 일, 에너지 그리고 일률

work 일

물체를 어떤 힘으로 일정 거리 만큼 움직였을때, 그 힘은 일을 하였다고 한다. 물체에 가한 힘의 크기 magnitude of force 를 F, 옮긴 거리 distance 를 d라고 하면, 힘을 주는 방향 direction 을 거리 d의 방향과 평행하게 parallel 해야 가장 효율적으로 일을 할 수 있다는 사실을 경험적으로 empirically 알고 있다. 만약 물체를 움직여야 하는 방향과 수직적인 perpendicular 힘을 준다면 이는 단순히 에너지의 낭비이지 일과는 관계없다. 일의 단위는 newton·meter이며, 이를 간단히 joule(J)로 표기한다.

지상에 놓인 물체를 끌고 가기 위하여 줄을 매달아 당긴다고 하자. 물체를 이동시키려는 방향에 평행하게 줄을 당기면 한 일은

$$W = Fd$$

가 된다. 만일 물체가 너무 작아서 평행하게 끌 수 없으면, 부득이하게 줄을 이동 방향과 사잇각 θ를 이루고 끌게된다. 이때 실제로 일에 투입되는 힘의 양은 힘의 가로성분 horizontal component 인 $F\cos\theta$가 될 것이다. 일반적으로 힘 **F**가 한 일은

$$W = (F\cos\theta)d$$

이다. 만일 θ가 0이면 $\cos\theta = 1$이 되어 $W = Fd$와 같아지고, $\theta = \pi/2 = 90°$이면 $\cos(\pi/2) = 0$이므로 $W = 0$이다. 일은 힘 **F**와 변위벡터 displacement vector **d**의 스칼라곱 scalar product 으로 나타난다:

$$W = (F\cos\theta)d = \mathbf{F}\cdot\mathbf{d}$$

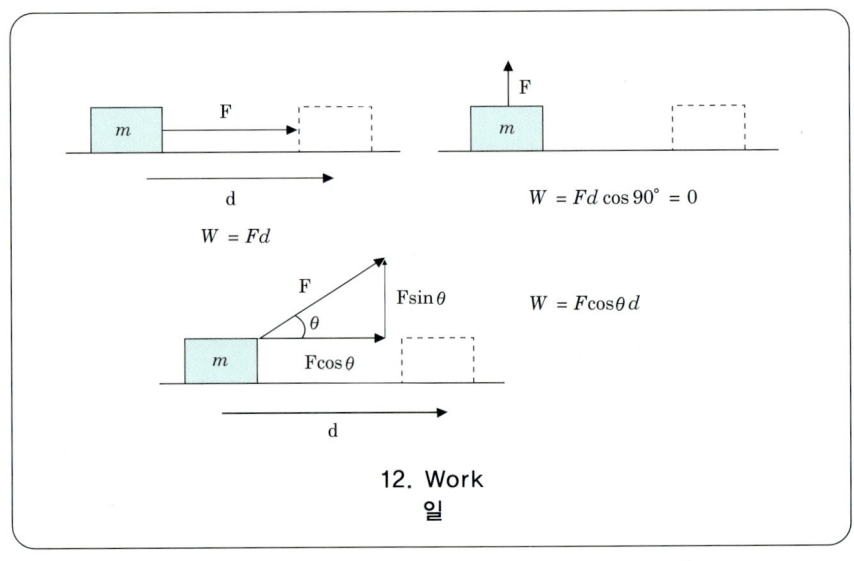

12. Work
일

물체가 운동하는 방향으로 힘을 주어 밀면 속력이 빨라져서 운동에너지가 증가한다. 반면에 마찰력과 같은 저항력 drag force 은 운동의 방향에 반대로 작용하므로

$$W = Fd \cos 180° = -Fd$$

가 되어 운동에너지를 감소시킨다. A net force in the direction of motion increases the kinetic energy of an object, whereas a net stopping force decreases it. (물체가 움직이는 방향으로 가하는 알짜힘은 물체의 운동에너지를 증가시키는 반면 알짜 저항력은 운동에너지를 감소시킨다.)

energy 에너지

에너지는 일 work 을 할 수 있는 능력을 양 quantity 으로 나타낸 것이다. 따라서 일과 마찬가지로 단위는 joule(J)을 사용한다. 특히 운동에너지 kinetic energy 와 퍼텐셜에너지 potential energy 를 합하여 역학적에너지 mechanical energy 라고 한다.

joule

줄

일 work 의 단위이자, 역학적 mechanical, 열적 thermal, 전기적 electrical 에너지 등 모든 형태의 에너지의 SI단위이며, J로 표시한다. 1J란 물체를 1 newton(N)의 힘으로 1m 움직이는데 필요한 일 또는 에너지로 정의된다.

$$1\text{joule} = 1\text{J} = 1\text{N} \cdot \text{m}$$

보통은 joule을 일률 power 과의 관계로 나타낸

$$1\text{J} = 1\text{watt} \cdot \text{second} = 1\text{W} \cdot \text{s}, \quad 1\text{W} = 1\text{J/s}$$

의 관계가 더 편리하게 쓰인다. 1 calorie의 열량 amount of heat 은 약 4.2J 에 해당하며, 이를 **열의 역학적당량** mechanical equivalent of heat 이라고 한다.

영국 단위계 British unit system 에서 힘의 단위는 파운드(lb) pound, 거리의 단위는 피트(ft) foot 이므로 일의 단위는 foot·lb이다. 다음의 변환관계는 편리하게 사용된다:

$$1\text{J} = 0.7376 \text{ ft·lb}, \quad 1\text{ft·lb} = 1.356\text{J}$$

electron-volt

전자볼트

원자나 그 보다 작은 영역에서 입자의 운동을 다루는데 적합한 에너지 또는 일의 단위는 전자볼트(eV) electron-volt 로,

$$1\text{eV} = 1.60 \times 10^{-19}\text{J}$$

이다. One electron-volt (eV) is an energy equal to the work required to move a single elementary charge e, such as that of the electron or the proton, through a potential difference of exactly one volt. (1eV는 전자나 양성자의 전하 같은 하나의 기본전하 e를 정확히 1 volt의 퍼텐셜 차이를 건너 움직이게 하는 일과 동등한 에너지이다.)

전자볼트(eV)는 아주 미세한 크기라서 보통 keV, MeV, Gev 등을 쓴다. 여기서 k(kilo)는 1000, M(mega)는 백만, G(giga)는 10억(10^9)을 뜻하는 접두사 prefix 이다.

work-energy theorem   일-에너지 정리

물체 object 에 알짜힘 net force F_{net} 를 주어 일을 하면, 외부에서 에너지를 얻은 물체는 속력이 변화하게 되므로 운동에너지 kinetic energy 가 달라진다. 일이 운동에너지로 전환되는 관계를 알짜힘에 대한 **일-운동에너지 정리** work-kinetic energy theorem 또는 간단히 일-에너지 정리라고 한다.

운동에너지의 변화량은 한 일의 양과 같아야 할 것이므로

$$W = K_f - K_i = \Delta K \quad \text{또는} \quad K_f = K_i + W$$
work-kinetic energy theorem

여기서 아래첨자 f 와 i 는 각각 마지막 final 과 처음 initial 을 의미한다.

power   일률

일률은 시간당 하는 일의 양이다. 일반적으로 power와 force는 둘 다 '힘'으로 번역되고 있으나, 물리학에서는 이 둘을 다른 개념의 용어로 사용하므로 혼동하지 않도록 주의하여야 한다.

물리학에서 힘 force F 는 크기와 방향 magnitude and direction 을 가진 벡터 vector 로서 질량 mass 과 가속도 acceleration 의 곱이다. 이에 비해 일률 power 은 일정시간 amount of time 동안 일 work 이 행해진

비율 rate 을 나타내는 스칼라 scalar 이다. 만일 일정 시간 Δt 동안에 ΔW 의 일 amount of work 을 했다면 **평균일률** average power 은

$$P_{ave} = \frac{dW}{dt} \quad \text{average power}$$

이 될 것이다. 순간순간 변하는 **순간일률** instantaneous power P는 평균일률의 미분으로서

$$P = \frac{dW}{dt} \quad \text{instantaneous power}$$

로 쓸 수 있다. 일반적으로 일률이라고 하면 순간일률을 가리킨다.
일률의 SI단위는 watt(W)를 사용한다

$1\text{watt} = 1\text{W} = 1\text{joule/second} = 1\text{J/s}$

힘을 주어서 물체를 움직인다고 하면, 일률은 가한 힘 force 과 물체가 움직이는 속도 velocity 의 곱으로 나타낼 수 있다. 일정한 힘 constant force F에 의해 속도 v로 똑바로 움직이는 물체의 일률은 $P=Fv$가 되며, 좀 더 일반적으로 물체가 2차원이나 3차원에서 in two or three dimensions 움직인다고 하면 순간일률은 다음과 같다.

$$P = \mathbf{F} \cdot \mathbf{v} \quad \text{instantaneous power}$$

horsepower

마력

모터나 엔진의 일률은 보통 마력(hp) horsepower 으로 많이 나타내며

$1\text{horsepower} = 1\text{hp} = 746\text{w}$

이다. 전통적으로 영국의 광산에서 말이 하던 일을

James Watt의 증기기관이 대체하면서 증기기관의 일률을 마력으로 환산하여 표시하게 되었다.

(2) Various Kinds of Energy   에너지의 종류

kinetic energy   운동에너지

어떤 물체가 운동한다는 것은 그 물체가 움직이게 힘 force 을 주어 밀거나 당겨서 일을 했다는 뜻이다. 이때의 물체가 받은 에너지가 운동에너지이다. kinetic energy(운동에너지), kinematics(운동학), cinema(활동사진, 영화) 등의 말은 모두 그리스어 kinetikos (move) 에서 유래하였다. 속도 velocity **v**로 운동하는 질량 mass m인 물체의 운동에너지는 항상

$$K = \frac{1}{2}mv^2$$

이 된다. 여기서 v는 속도벡터 velocity vectorrm **v**의 크기 magnitude 이다. 운동에너지는 속도의 제곱 $(\mathbf{v})^2$ = **v**·**v** = v^2에 비례하기 때문에 양의 값 positive value 만으로 나타나며, 스칼라량 scalar quantity 이 되어 운동 방향에는 무관하게 된다.($-v$는 반대방향으로의 움직임을 의미한다.)
선운동(병진운동) translational motion 하는 입자의 운동에너지가 $K = (1/2) \ mv^2$이라면, 회전 운동 rotational motion 하는 물체의 회전운동에너지 rotational kinetic energy 는

$$K = \frac{1}{2}I\omega^2$$

이다. 여기서 I는 회전관성 moment of inertia, ω는 각속도의 크기 magnitude of angular velocity 이다.

potential energy   퍼텐셜에너지

고무줄을 잡아늘인다든지 stretch, 강의 상류 높은 곳에 댐을 지어서 물을 가둬 놓는 것처럼 물체나 계 system 의 위치나, 모양, 또는 상태가 달라지면서 그 안에 고이는 에너지가 퍼텐셜에너지이다. 퍼텐셜에너지는 잠재적인 potential 에너지란 뜻으로서 댐에 갇혀 잠재되어(저장되어) 있던 물의 퍼텐셜에너지는 수문을 열면 한꺼번에 운동에너지 kinetic energy 의 형태로 방출된다. 퍼텐셜에너지를 **위치에너지**라고도 하지만 원래의 의미와는 맞지 않아 점차 쓰이지 않게 되었다.

운동에너지가 어느 경우에나 $K=\frac{1}{2}mv^2$의 꼴인데 비해 퍼텐셜에너지는 다루는 계 system 에 따라 잠재되는 에너지의 모양이 달라지게 되어, 중력 퍼텐셜에너지 gravitational potential energy, 탄성 퍼텐셜에너지 elastic potential energy, 전기 퍼텐셜에너지 electrical potential energy, 핵에너지 nuclear energy, 화학에너지 chemical energy 등으로 나타난다. 물체의 내부에너지 internal energy 는 물체 내 분자들이 상호작용 interaction of molecules 하는 퍼텐셜에너지와 분자들이 움직이는 운동에너지의 합이다.

gravitational potential energy   중력 퍼텐셜에너지

중력이 잡아당기는 힘 attraction due to gravity $F=mg$에 거슬러 질량 mass m인 물체 object 를 높이 height h 만큼 들어올리면서 투입한 일 work 또는 에너지

$$U = mgh$$

가 중력 퍼텐셜에너지이다. 높이 h에 올려놓은 이 물체는 잠재적인 potential 에너지 mgh를 가지고 있으며, 다시 바닥으로 떨어지면서 운동에너지 kinetic energy 의 형태로 이 에너지를 방출한다.

5m의 높이에서 4m 높이에 떨어뜨린 돌보다 2m 높이에서 바닥에 떨어뜨린 돌이 두 배의 충격을 전달한다. 따라서 퍼텐셜에너지에서는 절대적인 높이가 문제가 아니라 떨어진 높이의 차이(낙차)에 따른 퍼텐셜에너지 차 potential energy difference 가 중요한 역할을 하므로 mgh의 h는 높이의 차 Δh로 쓰기도 한다.

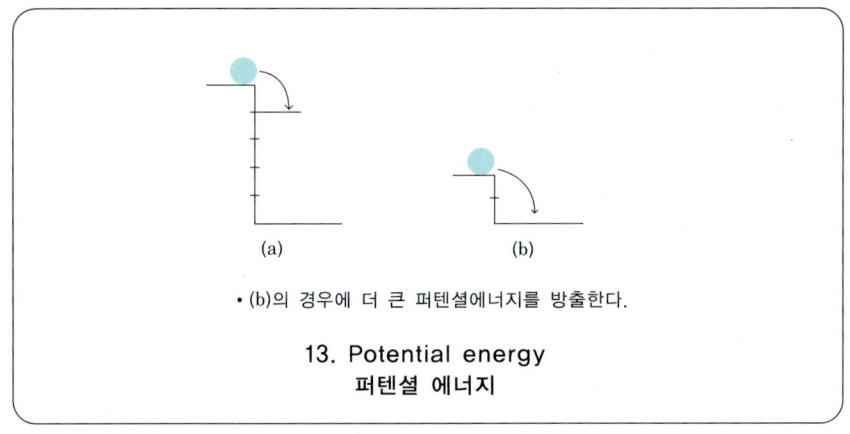

- (b)의 경우에 더 큰 퍼텐셜에너지를 방출한다.

13. Potential energy
퍼텐셜 에너지

elastic potential energy   탄성 퍼텐셜에너지

용수철 spring 과 같은 탄성체 elastic object 를 잡아당겨 늘이거나 stretch, 눌러서 압축시키면 compress, 용수철 코일 spring coil 은 반발력 repulsive force 의 형태로 에너지를 저장하며, 이를 탄성 퍼텐셜에너지라고 한다. 용수철의 반발력은 늘어나거나 줄어든 길이에 비례할 것이므로

$$F = -kx$$

가 된다. → Hooke's law 훅의 법칙 p.91
여기서 k는 용수철의 강도 stiffness of the spring 를 나타내는 용수철 상수 spring constant, x는 용수철이

변형된 길이이다. 이 때 용수철에 가한 힘 F는 길이 x에 저장되므로

$$-\int_0^x F dx = \int_0^x kx\, dx = \frac{1}{2}kx^2$$

용수철의 탄성 퍼텐셜에너지   eleastic potential energy

이다. 여기서 적분기호 앞에 붙은 음의 부호 minus sign 는 우리가 용수철에 하는 일이 아닌 용수철의 반발력에 의한 일을 의미한다. 즉 우리가 힘을 써서 일을 하는 만큼 반대로 용수철에 잠재되는 에너지는 커진다는 뜻이다. 길이 x는 제곱으로 나타나므로 용수철을 늘이거나, 압축에 관계없이 퍼텐셜 에너지의 값은 같아진다.

electrical potential energy   전기 퍼텐셜에너지

전하 charge q가 외부 전기장 external electric field $\mathbf{E}$ 안에 있을 때 전하가 받는 전기력이 저장된 에너지를 말한다. 가정용 건전지 battery 는 전기 퍼텐셜에너지를 저장했다가 사용하는 장치 device 이다.

전하의 전기력은 $\mathbf{F}=q\mathbf{E}$ 이므로, 전하를 거리 displacement $\mathbf{d}$ 만큼 이동시키는 일은

$$W = \mathbf{F}\cdot\mathbf{d} = q\mathbf{E}\cdot\mathbf{d}$$

가 된다. 전기장 $\mathbf{E}$와 일을 하여 이동시키는 $\mathbf{d}$의 방향이 일치하지 않을 수 있기 때문에 스칼라곱 scalar product 를 사용한다. 따라서 전기 퍼텐셜에너지는 우리가 해준 일에 반대라는 의미에서 여기에 음의 부호를 붙인 $-q\mathbf{E}\cdot\mathbf{d}$로 정의된다. 전기 퍼텐셜에너지는 힘에 거리를 곱한 양이므로 중력 mg에 대해 h 만큼 들어올리는 중력 퍼텐셜에너지의 경우와 유사하다.

→ electric field 전기장   p.142, gravitational potential energy 중력 퍼텐셜에너지   p.69

mechanical energy　역학적에너지

천장에 매달려 흔들리는 진자 pendulum 나 용수철 spring 의 운동에서, 질량 mass 의 위치에 따라 운동에너지 kinetic energy 와 퍼텐셜에너지 potential energy 가 주기적으로 periodically 변화함을 볼 수 있으며, 이 둘의 합을 역학적에너지라고 한다.

가령 혹의 법칙 Hooke's law $F=-kx$를 만족하는 용수철 spring 에 질량 m이 매달려 움직인다고 하자.

용수철이 진동하여 vibrate 생기는 운동에너지와 용수철이 늘어나거나 눌려서 stretched or compressed 저장되는 stored 퍼텐셜에너지를 더한 역학적 에너지 mechanical energy 는

$$E = K + U = \frac{1}{2}mv^2 + \frac{1}{2}kx^2$$

가 된다. 마찰 friction 을 무시하면 역학적에너지 E는 시간에 따라 변하지 않는다.

(3) Conservation of Energy　에너지 보존법칙

conservative force　보존력

오목한 사발에 구슬을 담고 흔들어 보자. 만일 사발과 구슬 사이에 마찰력 frictional force (friction) 이 없다면, 구슬은 사발 안에서 무한히 진동할 oscillate 것이며, 이렇게 없어지지 않고 유지되는 종류의 힘을 보존력 conservative force 라고 한다.

할아버지 팔자걸음

에헴! 할아버지들이 걸을 때 八자 모양으로 발을 약간 밖으로 내딛는 모습을 볼 수 있다. 이는 걸음을 내딛을 때 몸에 회전운동이 일어나며 팔 운동으로 이를 상쇄하는 것인데, 할아버지들은 뒷짐을 지기 때문에 팔자걸음이 되는 것이다.

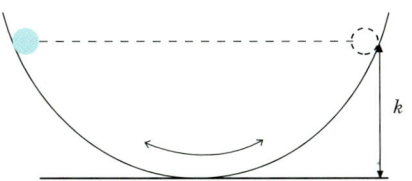

- 사발안의 구슬은 좌우로 올라갔다 내려왔다를 반복한다.
  (마찰로 소모되는 에너지를 무시할 때)

14. Conservative force
보존력

구슬이 사발 안에서 진동하는 oscillating 힘은 중력에서 오므로 명백히 중력 gravitational force 은 보존력이다. 구슬을 사발 윗부분(높이 h)까지 밀어 올리는 것은 구슬이 받는 중력(무게 weight=mg)을 이기기 위하여 에너지를 투입하여 일 work 을 한 것이 되므로 구슬은

$$U=mgh \quad \text{gravitational potential energy}$$

의 중력퍼텐셜에너지 gravitational potential energy 를 갖게 된다.

이는 마치 쇠구슬에 열을 가하면 따뜻해지는 형태로 쇠구슬에 에너지가 저장되는 stored 것처럼 구슬을 밀어 올리면 높이 h에 해당하는 만큼의 퍼텐셜에너지가 구슬에 고이게 된다. 그러나 구슬이 가진 열에너지는 시간이 지나면 주위 environment 로 빠져나가고 보존되지 않지만, 퍼텐셜에너지는 시간이 지나도 없어지지 않고 보존된다. 따라서 중력을 보존력이라고 하는 이유는 퍼텐셜에너지 potential energy 의 형태로 에너지를 보존할 conserve 수 있기 때문이다.

중력 gravitation, 정전기력 electrostatic force, 핵력 nuclear force, 용수철의 탄성력 elastic force of a spring 등은 보존력이다. 그러나 책상 위에서 책을 한쪽 끝에서 다른 끝까지 미는 경우에 구불구불한 경로 curved path 를 택하면 직선 경로 straight path 에 비해 일을 더 많이 해야 할 것이다. 즉 표면 surface 에 생기는 마찰력 friction force 등의 소모력 dissipative force 은 명백히 **비보존력** nonconservative force 이다. 비슷한 이유로 공기의 저항 drag force of air 도 비보존력이다.

conservation of mechanical energy 역학적에너지 보존법칙

일반적으로 어떤 계 system 에서 마찰을 무시할 때 운동에너지 kinetic energy 와 퍼텐셜에너지 potential energy 의 합은 일정하게 유지되며, 이를 역학적에너지 보존법칙이라고 한다. 가령 용수철의 역학적 에너지 mechanical energy

$$E = K + U = \frac{1}{2}mv^2 + \frac{1}{2}kx^2$$

의 시간에 따른 변화를 알기 위하여 미분하면

$$\frac{dE}{dt} = mva + kxv = 0, \ (F = ma = -kx)$$

이 되어 역학적에너지가 보존됨 mechanical energy is conserved 을 알 수 있다.

용수철 spring 을 탄성한계 내에서 within the elastic limit 최대길이 x_0 만큼 당기고 있으면 퍼텐셜에너지는 최대값 maximum 을 가지나, 운동에너지는 최소 minimum 인 0이다. 용수철을 놓으면 저장되었던 퍼텐셜에너지가 운동에너지로 전환되면서 convert 진동을 시작한다. 용수철이 원래의 평형점 equilibrium point 으로 되돌아오면 속력이 최대 maximum speed 가 되어 운동에너지가 최대, 퍼텐셜에너지는 최소가 된다. 원래의 평형점까지의 운동은 용수철의 복원력 restoring force 에 의한 것이며, 이어서 질량의 관성 inertia 에 의해 용수철은 속력이 점점 느려지면서 안으로 눌려 들어가 compressed 정확히 x_0 만큼 압축 compression 되기까지 다시 퍼텐셜에너지가 고이기 시작한다. 용수철이 진동을 계속하면 운동에너지와 퍼텐셜에너지는 계속 왔다갔다할 oscillate 것이나, 역학적에너지의 총량은 항상 일정한 값을 유지한다.

물론 실제의 용수철에서는 용수철 자체의 질량 mass 과 부피 volume 가 있기 때문에 그 만큼의 차이를 고려해야 한다. 여기서 말하는 block-spring system은 모든 질량이 용수철에 매달린 질량에만 집중되어 있고, 용수철 자체가 가지는 질량과 부피는 무시할 수 있는 negligible 이상적인 경우이다.

conservation of energy   에너지 보존법칙

에너지는 생성하거나 소멸시킬 수 없어서 energy is not created or annihilated, 한가지 형태의 에너지가 감소하면, 그 만큼의 에너지가 다른 형태로 나타난다는 물리학의 가장 근본적인 원리 principle 중의 하나이다. law of conservation of energy 라고도 한다.

번지점프 bungee jump 하는 사람에게는 중력 퍼텐셜에너지 gravitational potential energy 와 줄의 탄성에 의한 퍼텐셜에너지 elastic potential energy 가 운동에너지로 바뀌면서 진동 vibration 을 한다. 만일 역학적에너지가 보존된다면 이 사람은 영원히 아래위로 진동을 계속해야하나, 다행스럽게도 공기의 저항 drag force 과 줄에서의 마찰력 friction force 에 의한 일로 전환되어 역학적에너지는 보존되지 않는다.

마찰 friction 이나 공기의 저항 air resistance 같은 끌림힘 drag force 이 있는 경우에는 진자 pendulum 와 용수철의 진동 폭 amplitude of oscillation 이 점점 줄

어들어 역학적에너지의 손실이 있는 것처럼 보이나, 마찰로 소모되어 나타나는 열에너지 thermal energy 를 고려하면 총에너지 total energy 는 항상 일정하다.

mass-energy equation 질량-에너지 관계식

Einstein은 특수상대성이론 theory of special relativity 에서 질량 mass m이 에너지 E로, 또는 반대로 에너지가 질량으로 변환될 수 있다는 관계식

$$E = mc^2 \quad \text{mass-energy relation}$$

을 얻었다. 여기서 c는 빛의 속도로 $c = 3 \times 10^8$m/s이다. 가령 1kg의 질량을 전부 에너지로 전환할 수 있다고 하면

$$E = (1\text{kg}) \times (3 \times 10^8 \text{m/s})^2 = 9 \times 10^{16} \text{J}$$

의 엄청난 에너지를 얻게 된다. 일반적으로 연료 fuel 를 태우면 연료와 산소 oxygen 1kg 당 약 10^7J의 에너지가 나오며, 이를 질량으로 환산하면 약 1.1×10^{-10}kg 정도에 불과하다. 즉 물질을 태우는 화학반응 chemical reaction 의 에너지는 100억분의 일 정도의 질량이 에너지로 변환하는 것과 같으며, 실제로 그만큼의 질량결손 mass defect 이 일어나 가벼워진다.

5 Momentum
운동량

(1) Momentum and Torque   운동량과 토크

momentum   운동량 (運動量)

한번 움직인 물체는 계속 움직이려는 경향 (관성의 법칙 law of inertia)을 갖는데, 이 때의 크기를 측정한 것을 운동량이라 한다.

linear momentum   선 (線) 운동량

직선의 운동을 하는 물체의 운동량을 선운동량 linear momentum 이라 한다. 선운동량을 줄여서 단순히 **운동량** momentum 이라고도 하며 단위는 kg·m/s이다. 다음의 예를 생각해 보자. 달리는 자동차가 일정한 속도에 이르렀을 때 시동을 끄면 서서히 속도가 줄어들 것이다. 그러나 만일 노면과의 마찰 friction 이나 기타 손실 dissipation 이 없다고 가정하면 자동차는 속도가 늘지도, 줄지도 않고 계속 미끄러져 나갈 것이다. 엔진을 끈 상태이기 때문에 더 이상 힘 force 이나 에너지가 전달되지 않지만 미끄러져 가는 자동차는 분명히 운동을 지속하고 있다. 만일 외부에서 힘을 주어 강제로 이 자동차를 멈추려면 자동차가 무거울수록, 그리고 속도가 빠를수록 힘이 더 들어가야 할 것이다. 따라서 운동량은 자동차의 질량 mass m과 미끄러지는 속도 velocity **v**에 의존하는 벡터량 vector quantity 임을 알 수 있다. 이를 선운동량이라고 하며,

$$\mathbf{p} = m\mathbf{v} \quad \text{linear momentum}$$

로 정의된다. 만일 이 자동차의 속도를 변하게 하려면 힘 force 을 주어 밀거나, 당겨야 한다. 즉 힘은 선운동량의 시간에 따른 변화와 같다:

$$\mathbf{F} = \frac{d\mathbf{p}}{dt} \quad \text{Newton's second law of motion}$$

angular momentum 각(角) 운동량

물체의 회전운동 rotation 의 세기를 나타내는 양인 각운동량은 vector ℓ 이나 L 로 표시하며, SI단위는 $kg \cdot m^2/s$ 이다.

$$1 kg \cdot m^2/s = 1 joule \cdot second = 1 J \cdot s$$

가끔 손가락으로 연필을 돌리는 장난을 해보았을 우리는 경험상 몽당연필은 잘 돌리기 어렵다는 사실을 안다. 즉 연필을 잘 돌리는 요령은
① 긴 연필을 선택할 것: 회전반지름 radius r의 길이
② 같은 길이라면 묵직한 연필일 것: 질량 mass m
③ 처음에 강하게 돌릴 것: 속력 v등이다. 따라서 연필의 회전운동의 세기 곧 각운동량의 크기 magnitude of angular momentum 는

$$L = mvr$$

이 된다. 원운동 circular motion 하는 입자의 속력 speed v와 **각속력** angular speed ω의 관계는 $v = r\omega$ 이므로, 각운동량은

$$L = mr^2 \omega$$

로 쓸 수도 있다. 일반적으로 중심으로부터 변위 displacement $\mathbf{r}$만큼 떨어져 속도 velocity $\mathbf{v}$로 원운동 circular motion 하는 질량 mass m인 입자의 각운동량 벡터는 다음과 같다:

$$\mathbf{L} = \mathbf{r} \times m\mathbf{v} = \mathbf{r} \times \mathbf{p} = I\boldsymbol{\omega}$$

conservation of linear momentum 선운동량 보존법칙

운동을 하고 있는 물체 object 에 작용하는 외부에서의 힘이 0이면 물체는 일정한 속도로 운동을 지속한다. 이를 선운동량 보존법칙 conservation of linear momentum 이라고 한다. 수학적으로는 mathematically

Momentum

$$F_{ext} = \frac{d\mathbf{p}}{dt} = 0$$

이므로 선운동량 $\mathbf{p}=m\mathbf{v}$ 는 상수 constant 가 되어 $\mathbf{v}$가 일정한 운동을 하게된다. 가령 미끄러지고 있는 스케이터는 외부에서 힘을 주지 않으면 속도가 변하지 않고, 따라서 운동량은 일정하게 유지된다.

conservation of angular momentum   각운동량 보존법칙

외부에서 토크(돌림힘) torque 가 작용하지 않으면 각운동량 벡터 **L**은 일정한 값을 가지므로 그 계 system 전체의 각운동량의 크기와 방향이 일정하게 유지되는 각운동량 보존법칙 conservation of angular momentum 이 성립한다. → torque 토크 p.79

영화에서 오토바이가 출발할 때 앞머리가 번쩍 들리는 장면을 볼 수 있는데 이는 각운동량 보존법칙으로 설명할 수 있다. 우선 오토바이는 전체 질량 mass 에 비해 바퀴의 지름 diameter 이 비교적 크기 때문에 회전운동의 효과가 두드러진다. 차체의 질량에 비해 바퀴의 지름이 작은 일반 자동차에서는 이 효과가 눈에 띄게 나타나지 않는다. 정지해 있던 오토바이가 출발하면서 뒷바퀴가 급속히 돌기 시작하면 각운동량이 발생 한다. 이때 오토바이의 몸체는 뒷바퀴가 도는 것에 비하여 질량과 회전 반지름 rotating radius 이 크기 때문에 상대적으로 천천히 앞머리가 뒷바퀴의 회전방향과는 반대로 들리게 되어, 원래 0이던 각운동량이 일정하게 보존된다.

또한 사람이 걸을 때 손과 발이 엇갈려 나간다든지, 줄에 돌을 매달아 돌릴 때 줄의 길이가 늘어나면 회전 속력은 줄고, 길이가 짧아지면 회전속력이 빨라지는 현상 등도 각운동량 보존법칙으로 설명할 수 있다.

torque   토크 (돌림힘)

라틴어의 *torquere*(비틀리다)에 어원을 둔 토크는 힘

force 를 주어 돌리거나 비트는 힘을 의미하며, τ로 표시한다. 토크의 SI단위는 newton·meter(N·m)이다. 단 에너지나 일 work 의 단위도 N·m를 사용하며, 이를 간단히 joule(J)이라고 하지만, 명백히 일과는 다른 개념 concept 인 토크는 joule을 단위를 사용하지 않으므로 주의해야 한다.

여닫이문의 손잡이가 경첩에서 먼 쪽에 달려있는 이유는 문을 열기 위해 힘을 줄 때 경첩에서 먼 쪽을 밀거나 당겨야 힘을 덜 들이고도 열 수 있기 때문이다. 문이 돌아가 열리는 정도는 물론 가하는 힘의 세기에 비례하며 linearly proportional, 또한 경첩이 달린 회전축과 힘을 주는 점까지의 수직거리에 비례한다. 이때 회전의 중심 rotating axis 과 힘의 작용선 사이의 수직거리를 lever arm이라고 한다.

최대의 토크를 얻기 위해서는 문에 수직하게 힘을 주어야 하며, 비스듬한 방향으로 문을 밀면 더 많은 힘이 들어가야 열린다. 만일 수평으로 horizon-tally 힘을 주면 돌리는 효과를 전혀 기대할 수 없다. 회전축과 힘의 작용점 point of action 까지의 수직거리(lever arm의 길이)를 r, 문과 힘 F의 각도를 θ라 하면, 실제로 돌리는 작업에 투입된 힘의 수직성분 orthogonal component 은 $F \sin \theta$이므로 토크의 크기 magnitude of torque 는

$$\tau = rF\sin\theta$$

가 된다. 이때 힘의 수평성분 horizontal component $F \cos \theta$는 전혀 토크에 기여하지 못하는 양이다.

나사못을 돌리는 방향에 따라 나사못이 진행해 박히거나 빠져나오거나 하는 것처럼 회전운동에는 방향성이 있다. 각 θ가 커지는 방향인 반시계방향 counter-clockwise 으로 돌리는 경우에 토크는 양의 값을, 각 θ가 줄어드는 시계방향 clockwise 으로 돌리면 토크는 음의 값을 갖

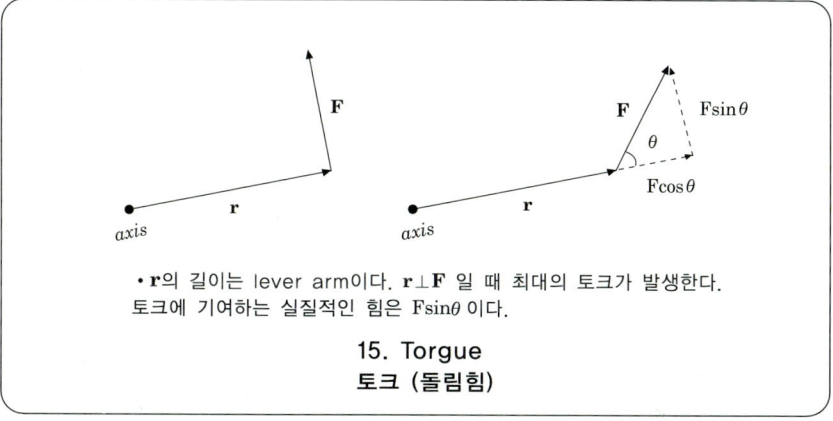

- **r**의 길이는 lever arm이다. **r**⊥**F** 일 때 최대의 토크가 발생한다. 토크에 기여하는 실질적인 힘은 F sinθ 이다.

15. Torgue
토크 (돌림힘)

도록 정한다. 토크의 크기와 방향을 고려하여 식으로 나타내면, 회전축과 힘의 작용점까지의 변위벡터 displacement vector **r**과 힘 **F**의 벡터곱 vector product 또는 회전관성 moment of inertia I와 각가속도 angular acceleration α의 곱이 된다:

$$\tau = \mathbf{r} \times \mathbf{F} = I\alpha$$

translational motion 병진운동

병진운동 translational motion (translation) 이란 크기 size 와 모양 shape 을 가진 물체 object 가 회전하지 rotate 않고 선을 따라 움직이는 운동, 즉 물체의 모든 점이 똑같이 평행이동하는 운동을 말한다. 특별한 언급이 없는 한 운동 motion 이라고 하면 병진운동을 일컫는다.

rotational motion 회전운동

크기와 모양을 가진 강체 rigid body 의 각부분이 서로 다른 방향이나 속력으로 움직이는 운동을 회전운동

rotational motion (rotation) 이라고 한다. 일반적으로 물체는 병진운동이나, 회전운동, 또는 이 두 가지가 혼합된 운동을 한다. 고정된 방향 fixed direction 으로의 순수한 병진운동 pure translation 과 고정된 축 fixed axis 에서의 순수한 회전운동 pure rotation 에 관한 중요한 물리량 physical quantity 들을 정리하면 다음과 같다

병진운동 translation		회전운동 rotation	
위치 Position	x	각위치 Angular position	θ
속도 Velocity	$v = \dfrac{dx}{dt}$	각속도 Angular velocity	$\omega = \dfrac{d\theta}{dt}$
가속도 Acceleration	$a = \dfrac{dv}{dt}$	각가속도 Angular acceleration	$\alpha = \dfrac{d\omega}{dt}$
질량 Mass(Inertia)	m	회전관성 Rotational inertia	I

병진운동 translation		회전운동 rotation	
힘 Force	$\mathbf{F}$	토크 Torque	τ
뉴턴의 제2법칙 Newton' 2nd law	$\mathbf{F} = m\mathbf{a}$	뉴턴의 제2법칙 Newton' 2nd law	$\tau = I\mathbf{a} = \mathbf{r} \times \mathbf{F}$
선운동량 Linear momentum	$\mathbf{p} = m\mathbf{v}$	각운동량 Angular momentum	$\mathbf{L} = I\boldsymbol{\omega} = \mathbf{r} \times \mathbf{p}$
선운동량보존법칙 Linear momentum conservation	$\mathbf{p} = $ constant	각운동량보존법칙 Angular momentum conservation	$\mathbf{L} = $ constant
일 work	$W = \int F dx$	일 work	$W = \int \tau d\theta$
운동에너지 kinetic energy	$K = \dfrac{1}{2}mv^2$	운동에너지 kinetic energy	$K = \dfrac{1}{2}I\omega^2$
일률 power	$P = Fv$	일률 power	$P = \tau\omega$

Momentum

(2) Collision and Impulse 충돌과 충격량

collision 충돌

충돌은 벽에 못박기, 축구의 슈팅, 권투의 가격, 자동차 충돌 등 일상 생활에서 항상 일어나는 현상으로, 그 범위는 극히 미세한 영역(소립자 사이의 충돌 collision between elementary particles)에서 우주적 규모의 거대 영역(은하들의 충돌 collision between galaxies) 까지를 아우른다.

충돌은 직접 볼 수 없는 물체의 물리적 상태를 알아내는 중요한 방법으로서, 충돌 실험의 주요 목적은 충돌 전후 before and after the collision 입자들의 상태와 여기 작용한 힘을 가능한 한 알아내는 것이다. 작은 입자 particle 를 쏘아대어 bombard 원자핵 nucleus 내부에 대한 정보(전자, 양성자, 중성자, 중간자, 쿼크 등 electron, proton, neutron, meson, quark, etc)를 파악하는 실험은 복숭아에 모형총으로 작은 탄환을 미친 듯이 발사하여 튀어나온 파편을 분석해서 복숭아의 내부 구조를 알아내는 것과 다를 바 없다. 목성 Jupiter 이나 토성 Saturn 같은 거대 행성 large planets 에 접근한 우주탐사선 space probe 이 중력에 이끌려 돈 swing around 후 가속되어 accelerated 더 큰 속도로 퉁겨 나가는 것(고무줄 총 효과 slingshot encounter)도 직접 부딪쳐 crash 접촉하지는 않지만 충돌현상으로 다룬다.

충돌하는 두 물체를 편의상 투사체 projectile 와 목표물 target 로 구분한다. 투사체와 목표물의 충돌 각도가 0일 때 **정면충돌** head-on collision 이라고 한다.

elastic collision 탄성충돌

충돌 전후의 선운동량 linear momentum 과 운동에너지 kinetic energy 가 모두 보존되는 conserved 경우

를 탄성충돌 elastic collision 이라고 한다. 공기분자 간의 충돌이나 당구공 cue ball and a colored ball 들의 충돌, 단단한 쇠구슬 끼리의 충돌 등은 완전탄성충돌 completely elastic collision 에 가까워서 충돌 후에도 거의 모든 운동량과 운동에너지를 가지고 퉁겨 나온다.

inelastic collision   비탄성충돌

당구공(백구) cue ball 과 막대 cue 의 충돌이나 태권도의 격파시범, 자동차의 충돌에서처럼 운동에너지가 보존되지 않는 경우를 비탄성충돌 inelastic collision 이라고 한다.

진흙덩어리를 벽에 던져 달라붙게 하는 것과 같이 충돌 물체들이 충돌 후에 달라붙어 stick together 다시 튀어 오르지 rebound 않으면 **완전비탄성충돌** completely inelastic collision 이라고 하며, 이때 운동에너지는 최소값 minimum value 을 가진다. 비탄성충돌에서는 손실된 lost 운동에너지가 열에너지 thermal energy 와 같은 다른 형태의 에너지로 전환된다.

impulse   충격량

날아오는 야구공을 배트로 받아칠 때, 또는 축구공을 차서 슈팅을 할 때처럼 두 물체의 충돌 collision 이 일어나는 동안 물체 사이(야구공–배트)에 전달되는 운동량 **p**의 변화 change of linear momentum 또는 충돌시간 동안 전달된(발–축구공) 힘 duration of the collision force 의 총량을 충격량 impulse 이라고 하며, **J**로 표시한다. 만일 야구공이나 골프공과 같이 상대적으로 단단한 물체라면 충동의 지속시간이 짧아질 것이나, 테니스공과 같이 물렁물렁하다면 충돌의 지속시간은 길어진다.

충격량이 같아도 힘을 전달하는 방식에 따라 결과는 크게 달라진다. 즉 짧은 시간 동안에 강력한 힘을 주거나,

아니면 긴 시간 동안 약한 힘으로 계속 미는 형식의 차이로서, 권투선수가 뻗는 주먹은 짧은 시간 간격에 강력한 힘을 전달하는 반면, 태권도의 격파는 힘을 전달하는 시간을 비교적 길게 하여 미는 방식으로 여러 장의 기왓장을 깨뜨릴 수 있다. 두 경우에 충격량이 같다고 하더라도, 권투선수는 상대방에게 강력한 충격을 줄 수 있는 반면에 격파에 성공하지 못하면 오히려 손의 뼈를 다치게 될 것이다.

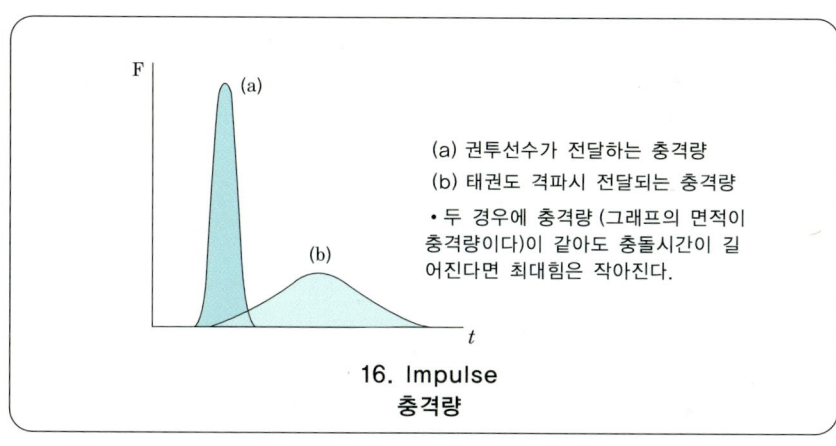

(a) 권투선수가 전달하는 충격량
(b) 태권도 격파시 전달되는 충격량
• 두 경우에 충격량 (그래프의 면적이 충격량이다)이 같아도 충돌시간이 길어진다면 최대힘은 작아진다.

16. Impulse
충격량

(3) Rigid Body 강체

center of mass 질량중심

입자계 system of particles 의 운동을 대표하는 지점을 질량중심 center of mass 또는 간단히 c.m. 이라고 한다. 가령 골프클럽 golf club 을 공중에 던지면 그 움직임은 골프공이 날아가는 단순한 궤적 simple trajectory 에 비해 클럽의 각 부분이 각각 다르게 움직여 복잡한 양상을 보이며 move in complicated paths 날아갈 것이다. 따라서 골프클럽은 단일입자 single particle 가 아닌 입자계로 다루어야 한다. 그러나 클럽의 특정한 한 점만은 골프공의 경우와 같이 투사체의 단순한 포물선 경로 parabolic trajectory of a projectile 를 따라 움직인다. 이 특별한 점이 골프클럽 전체의 운동을 대표한다고 represent 생각해도 좋으며, 이 점이 질량중심 center of mass 이다.

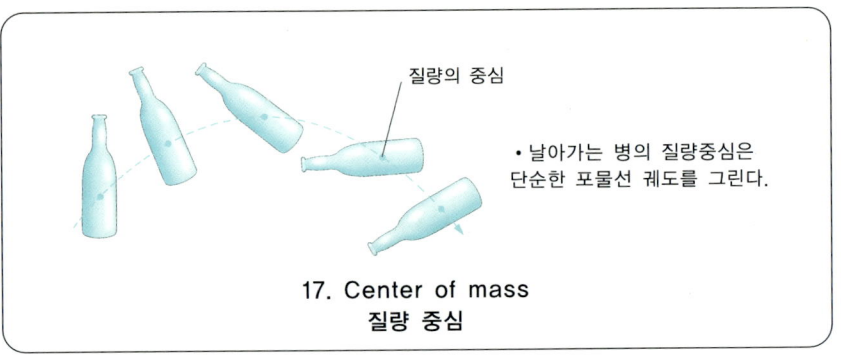

17. Center of mass
질량 중심

흔히 질량중심 center of mass 과 무게중심 center of gravity 을 혼동하여 사용하나, 질량중심과 달리 무게중심은 중력가속도 벡터 gravitational acceleration vector **g**의 크기와 방향 magnitude and direction 을 동시에 고려해야 한다. 대부분의 경우에 중력이 물체에 일정하게 가해지기 때문에 질량중심과 무게중심이 일치하여 크게 문제가 되지는 않지만, 근처에 무거운 질량이 있어서 부분적으로 **g**가 달라지면 질량중심과 무게중심은 더 이상 같지 않다.

center of gravity   무게중심

골프클럽을 가로로 놓고 적절한 점을 찾아 손가락으로 아래에서 받치면 클럽이 어느 방향으로 놓였든 떨어지지 않고 평형상태 equilibrium state 를 유지하게 할 수 있다. 이 점을 무게중심 center of gravity 이라고 하며, 손가락으로 받치는 데 드는 힘은 클럽의 무게 weight $W = Mg$와 같다.

오뚝이가 쓰러지지 않는 이유는 무게 중심이 거의 바닥에 닿을 정도로 낮기 때문이다. 물체는 무게중심이 낮을수록 안정하므로 stable equilibrium, 고층건물을 지을 때 지하 아주 깊은 곳에서 기초공사를 시작하여 무게중심이 사실상 지면 아래에 있도록 하면 건물이 넘어지지 않는다.

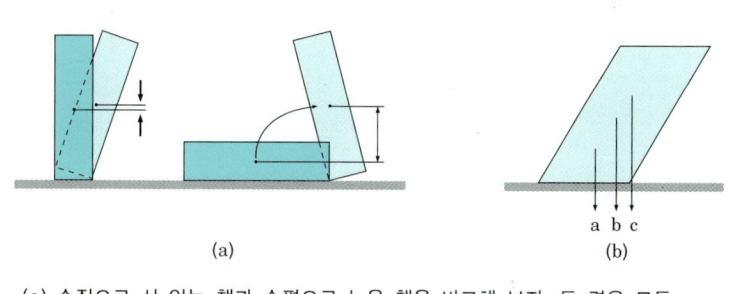

(a) 수직으로 서 있는 책과 수평으로 누운 책을 비교해 보자. 두 경우 모두 안정된 평형 상태이다. 수직으로 선 책을 약간만 기울여도 높아진 무게중심이 밖으로 벗어나 넘어진다.
(b) 물체가 기울어지면 무게중심이 높아진다. 물체의 무게중심이 c점이 되면 쓰러진다. 피사의 사탑이 넘어지지 않는 이유는 아직 무게중심이 밖으로 벗어나지 않았기 때문이다.

18. Center of gravity
무게 중심

물체의 무게중심은 가능하면 낮아지려는 경향이 있다. 크기가 다른 돌들을 상자에 넣고 흔들면 작은 돌들이 큰 돌들 틈으로 들어가 아래로 내려간다. 따라서 아래쪽의 밀도가 점점 높아져서 무게중심은 낮아지고, 큰돌들이 위쪽으로 올라오게 된다.

rigid body   강체

외부에서 힘을 가해도 모양과 크기 shape and size 가 변하지 않는 물체를 강체(단단한 물체) rigid body 라 한다. rigid라는 말은 라틴어의 *rigidus*(단단한)에서 왔다. 강체는 점질량 point mass (질량 mass 이 한 점에 집중되어 concentrated at one point 크기가 없는 가상적인 개념 hypothetical concept) 과 마찬가지로 역학 mechanics 에서 중요한 역할을 하는 가상적 물체이다. 강체는 물체 각 부분의 상대적 위치 relative position 가 변하지 않기 때문에 모든 운동은 질량중심 (c.m.) center of mass 의 병진운동 translation 과 회전운동 rotation 으로 나타낼 수 있다. 대부분의 고체 solid 는 큰 힘이 가해지지 않는 한 부서지거나, 변형되지 않으므로 근사적으로 강체로 볼 수 있다.

amorphous solid   비정질 (非晶質) 고체

원자 atom 가 불규칙적으로 배열되어 결정 crystal 을 이루지 못한 고체 solid 를 비정질 고체라고 한다. 비정질 amorphous 라는 말은 형태가 없다는 뜻의 그리스어 *amorphos*에서 왔다. 일반적으로 고체는 결정을 이룬 crystalline 원자가 격자구조 lattice structure 를 이루고 있어서 단단함을 유지하는 데 반해 유리나 플라스틱 같은 비정질 고체는 오랜 시간에 걸쳐 극히 천천히 흐를 수 있다. 중세 성당의 유리창 밑 부분이 위에 비해 두꺼운 원인은 유리가 비정질이기 때문이다.

equilibrium   평형

계 system 의 상태가 균형이 잡혀 그대로 유지되는 상태, 즉 물체 object 의 질량중심(또는 무게중심) center of mass (or center of gravity) 에 미치는 외부의 힘

external force $\mathbf{F}$나 토크(돌림힘) torque τ가 없을 때 평형상태 equilibrium 라고 한다. 이 조건에 의하면

$$\mathbf{F} = \frac{d\mathbf{p}}{dt} = 0, \quad \mathbf{p} = m\mathbf{v} = \text{constant}$$

$$\tau = \frac{d\mathbf{L}}{dt} = 0, \quad \mathbf{L} = I\boldsymbol{\omega} = \text{constant}$$

이 된다. 평형상태에서는 선운동량 linear momentum $\mathbf{p} = m\mathbf{v}$와 각운동량 angular momentum $\mathbf{L} = I\boldsymbol{\omega}$가 일정하게 보존되므로 conserved, 정지해 있는 at rest 물체뿐만 아니라 일정한 속도로 미끄러지거나($\mathbf{v}$=일정), 일정하게 회전($\boldsymbol{\omega}$=일정)하는 물체도 평형상태에 있다고 할 수 있다.

선운동량과 각운동량 자체가 0이어서 정지해 있으면 at rest 정적 평형 static equilibrium 이라고 한다. 사발 안에 있는 구슬처럼 정적 평형에 있는 물체를 약간 옮겨 놓아도 복원력 restoring force 을 받아 제자리로 돌아오면 안정된 평형 stable equilibrium, 뒤집힌 사발 위에 놓인 구슬과 같이 약간의 위치 이동 displacement 에도 제자리로 돌아오지 못하는 경우를 불안정한 평형 unstable equilibrium 으로 구분한다. 안정된 평형점 static equilbrium point 은 퍼텐셜에너지 potential energy 가 최소인 least 점이며, 불안정한 평형점은 퍼텐셜에너지가 최대 maximum 인 경우이다. 용수철이 힘을 받지 않아 늘어나거나 눌림이 없는 상태나 구슬이 평탄한 면 위에 놓여 있는 것처럼 정지 상태에서 힘을 받지 않는 경우는 중립평형 neutral equilibrium 이라고 한다.

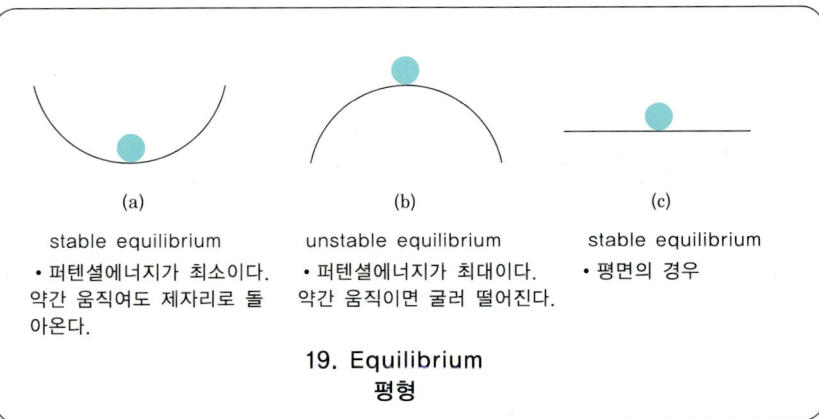

(a) stable equilibrium
• 퍼텐셜에너지가 최소이다. 약간 움직여도 제자리로 돌아온다.

(b) unstable equilibrium
• 퍼텐셜에너지가 최대이다. 약간 움직이면 굴러 떨어진다.

(c) stable equilibrium
• 평면의 경우

19. Equilibrium
평형

6 Vibrations and Waves
진동과 파동

(1) Hooke's Law and Elasticity 훅의 법칙과 탄성

Hooke's law **훅의 법칙**
탄성체 elastic object 가 탄성한계 elastic limit 내에서 늘어나거나 stretched 변형될 distorted 때, 그 변형의 정도 amount of distortion 는 변형력 distorting force 에 비례하는 linearly proportional 현상 phenomenon 을 훅의 법칙 Hooke's law 이라고 한다. 가령 용수철을 두 배의 힘으로 늘이면 길이도 두 배로 늘어나고, 세 배의 힘을 가하면 길이도 세 배로 늘어난다. 그러나 탄성한계를 벗어난 beyond elastic limit 힘을 주면 더 이상 비례관계 proportionality 는 성립하지 않으며, 가한 힘을 없애더라도 탄성을 잃은 용수철은 원래의 상태로 되돌아가지 retract 못한다. 탄성한계 내에서의 훅의 법칙을 식으로 나타내면

$$F = -k\mathbf{x} \quad \text{Hooke's law}$$

이다. 여기서 **F**는 가한 힘(변형력 stress), **x**는 늘어나거나, 압축된 길이(변형 strain)를 나타내는 벡터 vector 이며, k는 용수철의 단단함 stiffness 을 나타내는 용수철상수 spring constant 이다. 식에 있는 음의 부호 minus sign 는 가한 힘에 반대 방향 opposite direction 으로 작용하는 반발력 restoring force 을 의미한다.

stress **변형력**
강체 rigid body 를 늘이거나 압축할 stretch or compress 때에 가하는 act 힘이 변형력 stress 으로, SI단위는 면적당 가한 힘 즉 $newton/m^2 = N/m^2$이다. 어떤 막대 rod 의 탄성 elasticity 을 측정하기 measure 위하여 잡아당겨 늘이는 힘(장력 tension)을 가한

다고 하자. 이때 같은 재질 equal substance 의 막대에 같은 힘 equal force 을 가하더라도 막대의 굵기에 따라 늘어나는 정도가 다를 것은 명백하다. 즉, 고체 solid 가 변형되는 strain 정도는 힘(장력)을 받는 면적 cross-sectional area 에 반비례하며 inversely proportional, 면적 당 가한 힘 force per unit area 을 변형력 stress 이라고 한다:

$$변형력\ \text{stress} = \frac{힘}{면적} = \frac{\text{force}}{\text{area}}$$

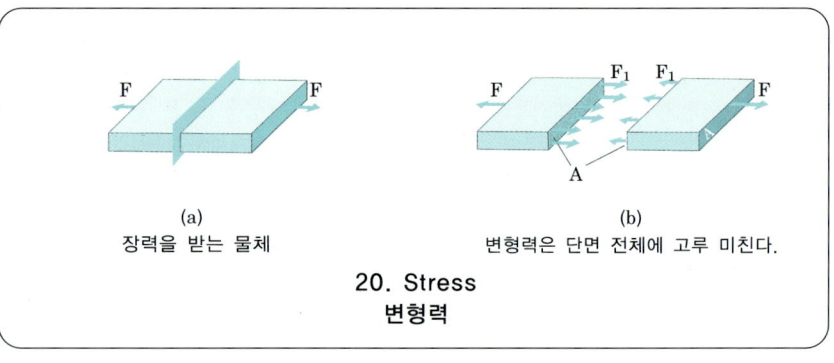

(a) 장력을 받는 물체
(b) 변형력은 단면 전체에 고루 미친다.

20. Stress 변형력

strain **변형**

변형 strain 은 막대의 길이가 원래의 길이에 대해 변한 비율 fractional change in length 이다:

$$변형\ \text{strain} = \frac{늘어난\ 길이}{원래의\ 길이} = \frac{\text{elongation}}{\text{original length}}$$

변형은 단순히 길이의 비율이므로 단위는 없다. 변형력과 변형은 비례관계에 있어서

변형력 stress = (물질의 단단함에 따른 상수)·(변형) = (stiffness)·(strain)

으로 쓸 수 있으며, 이것이 훅의 법칙 Hooke's law 이다. 여기서 물질의 단단함에 따른 상수 stiffness 를 탄성률 elastic modulus 이라고 한다. 훅의 법칙은 늘이는 경우 stretching 뿐만 아니라, 압축 compressing, 굽힘 bending, 비틀림 twisting 에도 적용된다.

elasticity   탄성

탄성이란 외부에서 힘 external force 이 작용하면 act 모양이 변하고 distorted, 힘이 없어지면 다시 원래의 모양으로 돌아오는 물체의 성질 property 을 말한다. 고체 solid 내에서 원자들은 각각의 평형 위치 equilibrium position 에서 안정되어 있다. 각 원자는 가장 가까이 있는 인접 원자들 neighbouring atoms 과 일정한 평형 거리를 유지하며, 이러한 구조가 계속 반복되는 3차원 격자구조 three-dimensional lattice structure 를 형성한다. 원자 사이의 힘 interatomic force 으로 연결된 격자구조는 아주 단단하여 강체 rigid body 라고 하며, 원자들 사이에 탄성 elasticity 이 있기 때문에 강체는 탄성을 가진다.

→ rigid body 강체   p.88

elastic modulus   탄성률

탄성률 elastic modulus 은 어떤 물질 substance 을 누르거나 잡아당겼을 때 그 물질의 단단한 정도 stiffness 를 나타낸다:

$$\text{탄성률 elastic modulus} = \frac{\text{변형력}}{\text{변형}} = \frac{\text{stress}}{\text{strain}}$$

탄성률은 훅의 법칙 Hooke's law $F=-kx$에서 상수 k에 해당한다.

탄성률은 변형력 stress 이 작용하는 방법에 따라 몇 가지로 구분할 수 있다. 고무줄이나 용수철 spring 이 늘어나는 것(변형 strain)과 같이, 단면 cross-section 에 수직 normal 으로 잡아당기거나(**세로 변형력** longitudinal stress) 누르면 단순히 길이가 늘어나거나 줄어드는 변형 strain 이 생긴다. 이러한 길이 변화에 대한 탄성률이 **영률** Young's modulus Y이다.

부피가 늘어나거나 압축되는 변화에 대한 탄성률을 **부피 탄성률** bulk modulus B라고 하며, 부피 탄성률의 역수 reciprocal of bulk modulus 는 **부피 압축률** bulk compressibility 이다. 일반적으로 기체나 액체의 부피 압축률은 고체보다 대단히 큰 값을 가지나, 가로 방향 transverse direction 으로의 탄성률은 거의 없다. 입체의 위와 아래에 밀리는 힘이 서로 반대 방향으로 작용해서 비스듬히 밀리는 경우를 **층밀리기 탄성률** shear modulus S라고 한다.

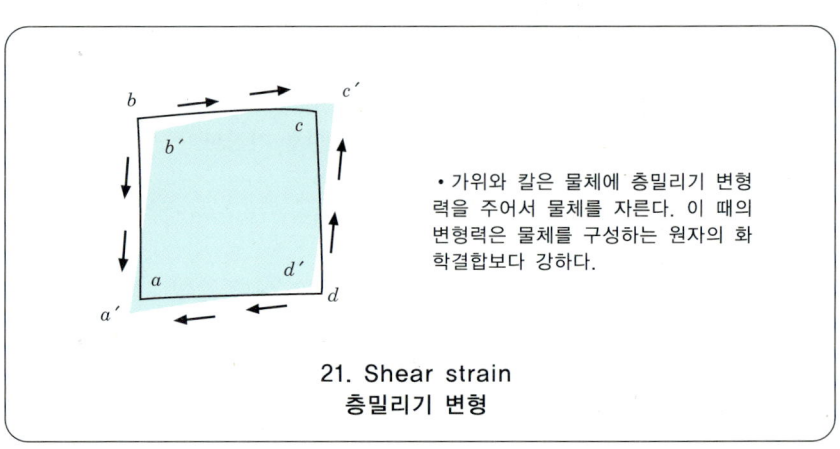

• 가위와 칼은 물체에 층밀리기 변형력을 주어서 물체를 자른다. 이 때의 변형력은 물체를 구성하는 원자의 화학결합보다 강하다.

21. Shear strain
층밀리기 변형

(2) Simple Harmonic Motion   단조화진동

frequency   진동수

물체나 파동 wave 이 단위시간 동안에 진동한 횟수

number of oscillations completed each second 를 진동수(주파수)라고 하고 f 로 표시한다. 진동수 frequency 는 단순히 진동회수가 아닌 매 초당 진동하는 회수를 뜻하므로 주의해야 한다. 진동수의 SI단위는 hertz(Hz)이다

$$1\,\text{Hz} = \frac{1\ \text{진동}}{\text{초}} = \frac{1\ \text{vibration}}{\text{Second}} = 1\,\text{s}^{-1}$$

period 주기

The period of vibration T is the time taken to make one complete vibration.(진동의 주기 T는 진동을 한번 완전히 하는 데 걸리는 시간이다.) 진동수는 진동의 횟수를 걸린 시간으로 나눈 것이므로

$$f = \frac{1\ \text{진동}}{\text{주기}} = \frac{1\ \text{vibration}}{\text{Period}} = \frac{1}{T}$$

의 관계를 만족한다.

simple harmonic motion 단조화운동

용수철을 당겼다가 놓으면 왔다갔다 진동하는 oscillating 모습을 보이며, 이 진동을 단조화운동이라고 한다 (마찰 friction 은 무시한다).
Simple harmonic motion is the motion that results when an object is subject to a restoring force proportional to its displacement from equilibrium. (물체가 평형상태에서 옮겨졌을 때 변위에 비례하는 복원력을 받아서 생기는 운동이 단조화운동이다.)
여기서 변위 displacement 란 용수철이 늘어난 길이 length 이다. 용수철은 두 배 twice 의 힘으로 잡아 당겨 늘이면 stretch 늘어나는 길이가 두 배가 되고, 세 배의 힘을 주면 세 배로 늘어나 복원력은 변위에 비례한

다. 역학 mechanics, 전자기학 electromagnetism, 양자역학 quantum mechanics 등 거의 모든 물리학의 영역에서 단조화운동의 개념은 상황을 단순화하여 simplify 이해하는데 필수적인 역할 essential role 을 한다.

단조화운동을 일으키는 복원력 restoring force 은 변위에 비례해야하므로 훅의 법칙 Hooke's law 으로 주어진다:

$F = -kx$ 복원력 restoring force

또한 힘은

$F = ma = m \dfrac{d^2x}{dt^2}$ Newton's second law of motion

이므로, 두 식을 결합하여 만든 운동방정식 equation of motion 은

$m \dfrac{d^2x}{dt^2} + kx = 0$

이 된다.

가속도 acceleration a는 변위 displacement x의 2차 미분이므로 이 운동방정식을 풀면, 시간에 따라 변하는 변위 x는 sine이나 cosine 함수의 꼴(**조화함수 periodic function**)을 가져야만 한다. 즉 두 번 연속 미분을 하였을 때 자기 자신의 꼴로 돌아오는 함수는 조화함수(또는 주기함수)이다. 또한 이 식을 푸는데는 두 번의 부정적분 indefinite integral 을 해야하므로 두 개의 적분상수 constant of integration 가 필요하게 된다. 따라서 이 식의 풀이 solution 는

$x = x_0 \cos(\omega t + \phi)$

가 된다. 변위 x는 주기운동 periodic motion (또는 조

화운동 harmonic motion)을 하므로 단조화운동 (SHM) simple harmonic motion 이라고 한다. 여기서 x_0는 처음에 주어지는 진폭 amplitude 이며, 변위 x는 $+x_0$와 $-x_0$ 사이에 있게된다.

angular frequency 각진동수

단조화운동 simple harmonic motion 하는 물체의 위치 position 는 주기함수 $x=x_0\cos(\omega t+\phi)$ 로 나타나며, 각 angle $(\omega t+\phi)$와 ϕ 는 각각 운동의 **위상** phase 과 **위상상수** phase constant 라고 한다. 위상과 위상상수의 단위는 라디안 radian 이다. 여기서 ω(omega)는 각진동수 angular frequency 이다. 주기 period T 및 진동수 frequency f 와의 관계는

$$T = \frac{1}{f} = \frac{2\pi}{\omega}$$

를 만족한다 obey.
용수철과 질량 mass-spring 으로 만들어진 단조화진동자 simple harmonic oscillator 에 대해 각진동수와 주기는 물체의 질량과 용수철 상수 spring constant 로 나타낼 수 있다.

$$\omega = \sqrt{\frac{k}{m}} \qquad T = 2\pi\sqrt{\frac{m}{k}}$$

pendulum 진자

고정점 fixed point 에 매달려 주기적으로 periodically 흔들리는 강체 rigid body 가 진자이다. 진자의 종류에는 단진자 simple pendulum, **비틀림진자** torsion pendulum, **물리진자** physical pendulum 등이 있다. 가볍고 늘어나지 않는 실에 질량 mass 을 가진 입자 particle 를 매달아 hang 진동하게 oscillate 한 것이 단진자, 좌우로 흔들리는 진동이 아닌 연결 실

의 꼬임 twisting of a suspension wire 에 따라 시계방향과 반시계방향으로 돌았다 풀렸다를 반복하는 기구가 비틀림진자, 실에 매달린 입자 대신 크기와 모양을 가진 강체가 흔들리는 진자가 물리진자이다.

simple pendulum 단진자

가볍고 massless 늘어나지 않는 실 unstretchable string 의 한 끝을 천장에 묶고, 다른 끝에 질량을 가진 물체 bob 를 매달아 앞뒤로 흔들리게 swing back and forth 한 것이 단진자이다. 단진자에서 주기운동 periodic motion(harmonic motion)을 일으키는 요소는 질량 mass 과 중력 gravity 이다.

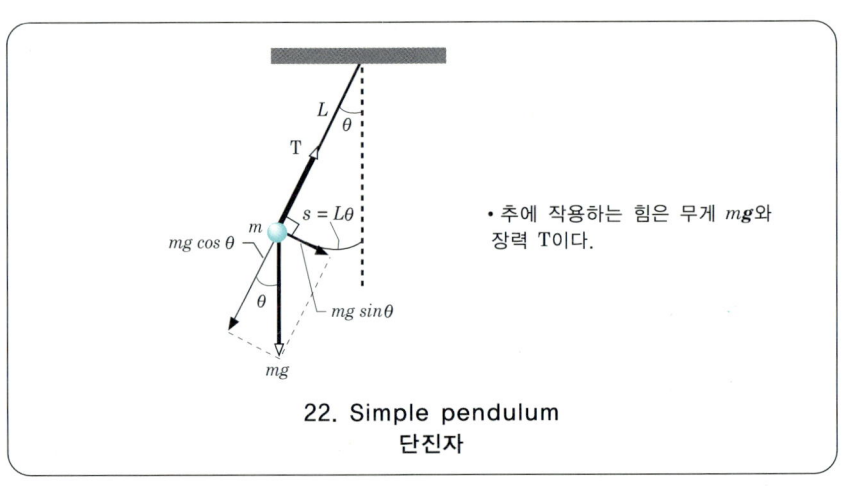

• 추에 작용하는 힘은 무게 mg와 장력 T이다.

22. Simple pendulum
단진자

흔들리는 oscillating 단진자에서 천장과 실이 이룬 각 즉 각변위 angular displacement 를 θ(radian)라고 하면, 질량이 받는 힘(중력 gravitational force)은

$$F = -mg \sin \theta$$

로 나타난다. 만일 흔들리는 각도가 그리 크지 않으면 sin θ는 근사적으로 approximately θ와 같은 값이 된다. 여기서 주의할 점은 각변위 θ를 반드시 radian으로 표기해야

$$\sin \theta \approx \theta = s/L$$

로 쓸 수 있다. 가령 진동각도 즉 각변위 θ가 5°정도(약 0.0873 rad)이면 sin 5°는 약 0.0872가 되어 sin θ는 θ와 거의 같은 값을 보인다.

질량이 받는 힘 force on the mass 은

$$F \approx -mg\theta = -(mg/L)s$$

이 되어 Newton의 제 2법칙 $F=ma$와 결합하면, 단조화운동 simple harmonic motion 의 식

$$\frac{d^2s}{dt^2} + \frac{g}{L}S = 0$$

이 된다. 용수철의 경우와 비교해 보면 k 대신에 mg/L이 들어갔으므로 단진자의 주기 period of the simple pendulum 는

$$T = 2\pi \sqrt{L/g}$$

가 된다. → simple harmonic motion   p.95
각변위 angular displacement 가 점차 커지는데 따라 sin θ와 θ의 차이도 커지므로 각변위가 15°(약 0.262 rad sin15°는 약 0.259) 이상 되면 더 이상 단조화진동으로 다룰 수 없게 된다.

resonance 공명 (울림)

흔들리는 그네 swing 의 진동 oscillation 에 잘 맞추어 구르거나, 밖에서 밀면 점차 진폭 amplitude 이 커지는 모습을 볼 수 있으며, 이를 공명 또는 공진이라고 한다.

일단 흔들리기 시작한 그네를 구르거나 외부에서 힘 external force 을 주지 않으면 자유진동 free oscillation 이 된다. 자유진동하는 free oscillating 그네의 진동수 frequency 가 f_0이면 각진동수 angular frequency 는 $\omega_0 = 2\pi f_0$이다.

그네의 자유진동은 마찰력 frictional force 때문에 시간이 지남에 따라 진폭 amplitude 이 차츰 줄어들게 되며, 이를 감쇠단조화진동 damped simple harmonic oscillation 이라고 한다. 진동의 감쇠 damping 를 막아 계속 흔들기 위해서는 외부에서 주기적으로 periodically 힘을 주어 밀거나, 굴러주는 강제진동 forced oscillation(driven oscillation) 이 필요하다. 일단 강제진동을 하기 시작하여 어느 정도 시간이 지나면, 자유진동은 감쇠되어 완전히 소멸하고 disappear, 외부에서 굴러주는 강제진동만 남아 강제진동의 각진동수 ω에 맞추어 흔들리게 된다. 이러한 강제진동자 forced oscillator 의 진동하는 변위 displacement 는

$$x(t) = x_0 \cos(\omega t + \phi)$$

이 된다. 여기서 x_0는 변위의 진폭 amplitude 이다. 그네를 구르거나, 외부 힘으로 밀 때, 그네의 자연진동의 주기 period of the free oscillation 와 잘 맞추면 진폭이 점점 커진다. 즉 $\omega = \omega_0$일 때 변위(근사적으로 approximately)와 속력 speed 의 진폭은 최대가 되어 공명 resonance 을 한다.

(3) Various Waves 여러 가지 파동

waves

파동

입자 particle 와 파동 wave 은 물리학의 두 가지 중요한 개념 concept 으로서, 물리학의 거의 모든 분야에서 중요한 역할을 한다. 물질 matter 이 한 점에 집중되어

concentrated 있는 개념인 입자와는 반대로 파동은 에너지가 넓게 퍼져서 distribute 공간 space 을 채우는 성질을 가진다. 파동은 크게 역학적 파동 mechanical wave, 전자기파 electromagnetic wave, 물질파 matter wave 등으로 나눌 수 있다.

mechanical wave 역학적 파동

물이 흔들리는 파도 water wave, 바이올린 현의 진동 vibration, 소리(음파) sound wave, 지진파 seismic wave 등 물질 matter 이 진동하여 vibrate 나타나는 파동을 역학적 파동 이라 한다. 이들은 물, 줄 string, 공기 air 등 물질을 매질 material medium 로 하여 전달되므로 transmit Newton의 운동법칙 Newton's laws of motion 으로 풀 수 있다.
전자기파 electromagnetic wave 는 빛 light, X-선 X-ray, 라디오파 radio wave 등을 일컬으며, 매질이 필요 없이 진공 vacuum 에서 움직인다. 전자기파는 전자기학 electromagnetism 에서 다룬다.
→ Electromagnetic waves 전자기파 p.179
양자물리학 quantum physics 에서는 전자 electron 나 양성자 proton 같은 물질 matter 도 파동성 wavelike property 을 가지고 있는 것으로 볼 수 있으며, 이 성질을 물질파 matter wave 라고 한다.
→ De Broglie's hypothesis 드브로이 가설 p.201

transverse wave 횡파

벽에 줄 string 을 매달고 잡아당겨 stretch 흔들면 jerk, 파동이 지나가는 줄(매질 medium)의 입자들이 파동의 진행방향 direction of travel 에 옆으로(수직방향) perpendicular 흔들린다 oscillate. 줄의 파동이 가로방향 transverse direction 으로 흔들리는 모양을 따서 이렇게 전달되는 파동을 횡파 transverse wave 라 한다.

기체 gas 나 액체 liquid 매질은 옆으로 흔들림에 대한 탄성 elasticity 이 없기 때문에 횡파는 전달되지 않으며, 횡파는 고체매질 solid medium 에서만 전달된다.
전형적인 sine파 sinusoidal wave 모양으로 진행하는 횡파는

$$y(x,t) = y_0 \sin(kx - \omega t)$$

의 꼴이 된다. 여기서 $k = 2\pi/\lambda$는 **파수** angular wavenumber 이며, SI단위는 rad/m이다. ω는 각진동수 angular frequency, λ는 **파장** wavelength을 나타내며, **파동수** wave number $\varkappa$(kappa)는

$$\varkappa = \frac{1}{\lambda} = \frac{k}{2\pi}$$

이다. 단위길이당 파동의 개수 number of waves in a unit length 인 $\varkappa$의 단위는 m^{-1} reciprocal meter 가 된다.

longitudinal wave 종파

공기를 통해 전달되는 음파 sound wave 는 공기가 압축 compression, 희박 rarefaction 을 반복하며 밀려가므로 종파 longitudinal wave 라고 한다. 종파는 파동의 진행방향 direction of travel 과 평행하게 parallel 매질 medium 내에서 진동하는 oscillating 파동이다. 고체 매질에서는 횡파 transverse wave 와 종파가 다 전달 transmit 될 수 있으나, 기체나 액체에서는 종파만 전달이 가능하다.

횡적 변형력 distorting force 에 대한 복원력 restoring force 때문에 좌우로 진동하면서 진행하는 횡파에 비해, 직접 밀려서 전달되는 종파의 속도가 빠르다.

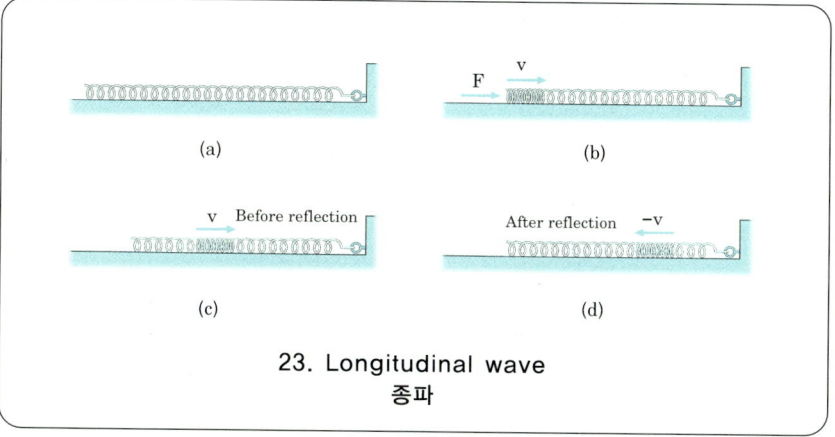

23. Longitudinal wave
종파

travelling wave 진행파

진행파는 파형이 움직여 나가는 travel 파동으로, progressive wave 라고도 한다. x축 axis 의 오른쪽 (양의 방향 positive direction) 으로 진행하는 일반적인 진행파의 꼴은

$$y(x, t) = g(kx - \omega t)$$

로서, 위치와 시간의 함수 function of position and time 로 주어진다. 여기서 ω의 부호가 반대가 되면 $-x$축으로 진행하는 파동을 의미한다. g는 임의의 함수가 되어도 괜찮으며, 대표적인 예는 사인파 sinusoidal wave 의 모양이다. 여러 가지의 사인파를 합성하여 combine 사각형의 펄스 pulse 나 기타 다양한 모양의 파동을 만들 수 있다. k는 파수 angular wave number, ω는 각진동수 angular frequency 로서 SI단위는 각각 radian/m, radian/s이다. 파동이 진행해나가는 속도는

$$v = \frac{\omega}{k}$$

가 된다.

standing wave 정상파

매질 내에서 정지해 있어서 stationary 진동 vibration 의 마디 node 나 배 antinode 등의 위치가 공간적으로 이동하지 move 않는 파동이 정상파이며, stationary wave라고도 한다. 정상파의 진폭 amplitude 이 항상 0 이거나 극소인 minimum 부분을 **마디** node 라고 하며, 반대로 마디와 마디 사이의 진폭이 최대인 maximum 부분을 **배** antinode 라고 한다. 기타 줄을 퉁길 때 손가락으로 누르는 점이나 양쪽 끝의 고정점이 마디이다.

정상파는 파장 wavelength 과 진폭 amplitude 이 같으면서 서로 반대방향으로 움직이는 move relatively opposite direction 두 개의 진행파 travelling wave(progressive wave) 를 합성하여 combine 만들 수 있다. 가령 두 진행파

$y_1 = a\sin(kx-\omega t)$ 와 $y_2 = a\sin(kx+\omega t)$

를 합성하면

$y = (2a\sin kx) \cos \omega t$

가 되어, 명백히 진행파의 모양이 아니므로 진행성을 잃은 정상파가 된다. 줄의 한 끝을 벽에 매달고 다른 쪽 끝을 흔들어 주면 **입사파** incident wave 와 **반사파** reflected wave 가 겹쳐져서 간섭 interference 현상에 의해 정상파가 만들어진다.

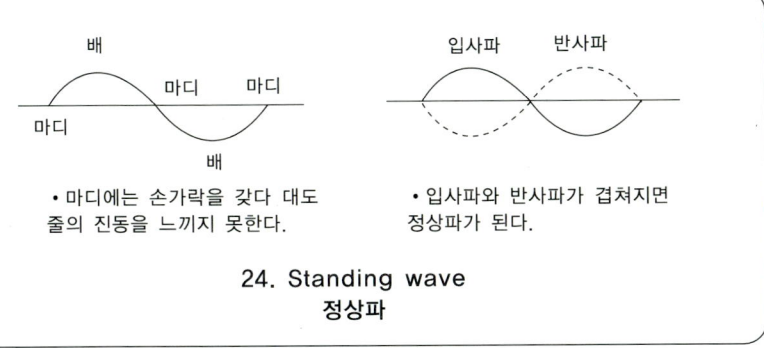

24. Standing wave
정상파

plane wave 평면파

둥근 파동이 아주 먼 거리까지 퍼져 나가서 파원 source 으로부터 멀리 떨어지면 파동의 앞면 wavefront 이 곧 바로 퍼져서 평면 plane 이 진행하여 나가는 모습이 되며, 이를 평면파라고 한다. 평면파는 파동의 평평한 앞선 길이가 더 이상 길어지지 않으므로 에너지의 감소가 없이 전달된다.

그러나 둥근 모양으로 진행하는 **구면파** spherical wave 는 중심인 파원에서 멀어지면 원주 circumference 가 길어지므로 그만큼 단위길이당 파동의 에너지가 감소하여 파동이 점점 약해진다. 구면파로 출발한 태양광선을 지구에서는 평행광선으로 다루는 것처럼 구면파도 충분히 멀리 진행하면 평면파로 볼 수 있다.

개는 목이 쉬지 않는다?

개가 목이 쉰 채로 짖는 소리를 들어본 적이 있는가? 사람이건 동물이건 성대를 혹사하면 목이 쉬게 된다. 그러나 개가 낼 수 있는 음폭(소리의 높낮이)은 인간의 음폭보다 상당히 좁아 소리가 상대적으로 적게 변하므로 개 목소리가 쉬어도 인간의 귀로는 잘 알아차리지 못한다.

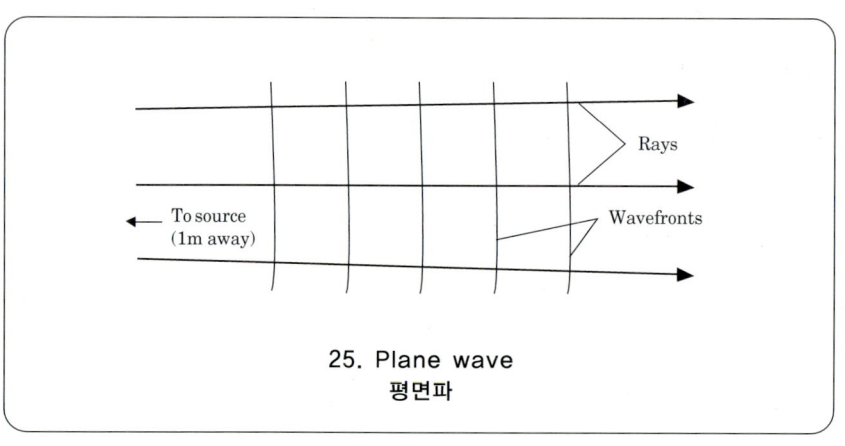

25. Plane wave
평면파

(4) Sound   소리

sound wave   음파

소리는 기체 gas, 액체 liquid, 고체 solid 등 거의 모든 물질 material 을 매질 medium 로 하여 통과하는 역학적 파동 mechanical wave 의 일종이다. 소리의 파동인 음파 sound wave 는 탄성 elasticity 을 가진 물체가 진동하여 vibrate 주위의 매질에 반복해서 압축 compression 과 팽창 rarefaction 을 주어 파동이 주위에 전달되는 propagate 종파 longitudinal wave 에 속한다.

보통 음파라 하면 가청주파수(可聽周波數) audio frequency 인 수십~2만 Hz 영역의 파동을 가리킨다. 가청주파수 이상의 음파를 초음파 ultrasonics, 가청주파수 이하를 infrasonics라 하며, 이들도 넓은 의미에서 음파로 분류한다.

음파는 매질에 따라 전파속도가 달라지며, 반사 reflection, 간섭 interference, 회절 diffraction 등 파동으로서의 성질을 보인다. 횡파 transverse wave

의 속력은

$$v = \sqrt{\frac{\text{복원력 restoring force}}{\text{밀도 density}}}$$

로 주어지나, 복원력이 없는 매질인 기체나 액체에서도 전달되는 종파는 복원력 대신에 매질의 탄성 elasticity 에 의존한다. 즉 종파는 매질이 밀리고, 반발하고를 반복하며 전파되기 때문에 종파인 음파의 속력은 다음과 같이 나타난다

$$v = \sqrt{\frac{\text{탄성률 elastic modulus}}{\text{밀도 density}}}$$

이 때 팽팽한 줄 tense string 이나, 철도 레일 같은 1차원 매질 one-dimensional medium 에서의 탄성률 elastic modulus 은 영률 Young's modulus Y를, 2, 3차원 매질에서는 부피탄성률 bulk modulus B를 대입한다.

이 식을 이상기체 ideal gas 에 대입하면

$$v \propto \sqrt{\frac{T}{M}}$$

의 관계를 얻는다. 여기서 T는 기체의 온도 temperature, M은 기체의 원자질량 atomic mass 또는 분자질량 molecular mass 이다. 따라서 대기 atmosphere 중에 전파되는 propagate 음파의 속력은 공기의 압력 pressure 이나 밀도 density 에는 무관하게 온도에만 의존함을 알 수 있다. 0℃의 대기에서 음속은 331.45m/s이며, 상온 normal temperature 근처에서 음속은

$$v = 331.45 + 0.61T \text{m/s}$$

이다. 여기서 T는 섭씨 온도 Celsius (centigrade)

scale 이다.

decibel

데시벨

데시벨은 귀에 들리는 소리의 크기를 정의하는 단위이며, dB로 나타낸다. 스피커의 거대한 지름 diameter 에도 불구하고 실제로 나오는 소리가 그다지 크게 들리지 않는 이유는 **소리의 세기** intensity of sound 가 10배, 100배로 증가한다고 해서 우리의 귀에 그대로 들리는 것이 아니라, 10, 20으로 증가하는 로그함수에 비례하기 때문이다. 이를 **소리 준위** sound level 라고 하며, 단위는 데시벨 decibel 이다.

소리의 세기 I는 파동에 의해 전달되는 transmit 단위 면적당 일률 power 로 정의되어

$$I = \frac{일률}{면적} = \frac{power}{area}$$

이며, SI단위는 $watt/m^2 = W/m^2$이다. 데시벨 decibel 은 귀로 들을 수 있는 최소한의 세기인 $10^{-12} W/m^2$을 기준 reference 으로 하여

$$dB = 10 \log \frac{I}{10^{-12}}$$

로 나타낸다. 따라서 최소의 음량 $I = 10^{-12} W/m^2$은 0dB가 되며, 이를 기준으로 나뭇잎이 살랑거리는 소리 $I = 10^{-11} W/m^2$은 10dB, 근처에서의 보통 대화 $I = 10^{-6} W/m^2$은 60dB 등이 된다.

beats

맥놀이

진동수가 약간 다른 두 음이 동시에 simultaneously 들어올 때 소리가 주기적으로 커졌다 작아졌다 하는 현상을 맥놀이 beats 라고 한다. 매 초당 일어나는 맥놀이의 수 beat frequency 는 두 음원의 진동수 차이와 같

기 때문에 이 현상을 이용하여 악기의 음을 정밀하게 맞출 tune 수 있다.

Doppler effect 도플러 효과

1842년 오스트리아의 J. H. Doppler가 제안한 이론으로 소리, 빛 등의 파동 wave 을 내는 물체에 대하여 움직이고 있는 관측자 observer 에게는 원래 파동과는 다른 진동수 frequency 의 파동이 관측되는 현상을 이른다. 관측자가 파동에 대해 멀어지면(다가가면) 더 낮은(높은) 진동수의 파동을 관측하게 된다. 이는 파동에 대해 다가가면 밀려서 촘촘한(따라서 고음 또는 고주파인) 파동을, 파동에서 멀어지면 늘어져서 느슨해진(저음 또는 저주파) 파동을 얻는다고 생각하면 쉽게 이해할 수 있다. 자동차나 야구공의 속력 측정에 사용되는 레이더 총 radar gun 은 이 효과를 응용한 것이다. 다만 정확한 측정을 하려면 자동차나 공에 대해 똑바로 radar 총을 겨누어야 한다.

Doppler 효과는 파동의 일반적인 성질로 음파 sound wave 뿐만 아니라 초단파 microwave, 단파 radio wave, 가시광선 visible light 등의 전자기파 electromagnetic wave 에도 성립한다. 천문학자들은 이 효과를 이용하여 별 star 이나 은하계 galaxy 들이 지구로부터 멀어지거나 가까워지는 상대속력 relative speed 을 결정할 수 있다.

7 Heat and Thermodynamics
열과 열역학

(1) Heat 열

heat 열

열은 Q로 표시하며, SI단위는 joule(J)이다. 일반적으로 heat는 명사로서의 열, thermal은 형용사로 사용한다. 온도 temperature 와 열 heat 에 대한 개념이 제대로 확립되지 않았을 때에는 열 heat 은 물체 안에 존재하며, 다른 물체로 아무 손실 없이 이동이 가능한 원소 element 인 열소 caloric 라는 유체 fluid 라고 생각되었다.

온도변화는 내부에너지 internal energy (thermal energy) 의 전달 transfer 에 의해 생기며, 이때 전달된 내부에너지를 열이라고 한다. 즉 열은 온도차 difference of temperature 에 의해 옮겨지는 에너지이다. 열에 관해서 joule 외에 관습적으로 쓰는 단위는

$$1J = 0.2389 cal = 9.481 \times 10^{-4} Btu,$$
$$1 cal = 4.186 J, \ 1 Cal = 1 kcal = 4186 J$$

이다. **Btu**는 British thermal unit의 약자 abbreviation 로서, 1 파운드(lb) pound 의 물의 온도를 63°F에서 64°F로 올리는데 raise 필요한 열량 amount of heat 으로 정의되어 있다. 1cal=4.186J을 열의 역학적당량 mechanical equivalent of heat 이라고 한다.

heat of transformation 변환열

물이 끓거나, 얼음과 물이 공존하는 경우처럼 온도는 변화하지 않고 상태 phase(state) 만 변화할 수 있으며, 물이 전부 수증기로 바뀌거나, 물이 전부 얼음이 되어 상태가 바뀌는데 필요한 열이 변환열 heat of transformation 이다. 변환열은 물질이 열을 흡수하거나

absorb 방출해서 release 물질의 전부가 상태변화 phase change 를 일으킬 때까지 전달해야하는 transfer 단위질량당 열량 amount of heat per unit mass 으로 정의된다.
액체 liquid 와 기체 gas 사이에서 상태변화 시키는 변환열을 **증발열** heat of vaporization, 고체 solid 와 액체 사이에서 상태변화를 일으키는 변환열을 **융융열** heat of fusion 이라고 한다.

transfer of heat 열전달

열이 다른 곳으로 옮겨지는 transfer 방식에는 전도 thermal conduction, 대류 convection, 복사 radiation 가 있다.

thermal conduction 열전도

Heat is transferred through a material by the collisions of neighbouring atoms or molecules.(열은 인접한 원자들이나 분자들의 충돌에 의해 전달된다.) 이렇게 에너지가 뜨거운 곳에서 차가운 곳으로 차츰 이동하는 과정을 열전도 thermal conduction 라고 한다. 차가운 국자를 국그릇에 담그면 국물의 열이 국자에 전달이 되고, 그쪽의 원자들이 내부에너지 internal energy 를 얻어 진동하게 vibrate 된다. 진동하는 원자들이 인근의 원자들과 충돌하여 collide 에너지를 손잡이 쪽으로 전달한다.

convection 대류

전도 conduction 에서는 분자들의 이동이 없이 열이 전달되나, 대류는 물질 material 내의 분자들이 직접 움직여 열을 전달하기 transfer 때문에 분자들의 이동이 가능한 공기 gas 나 액체 liquid 즉 유체 fluid 에서만 일어난다. 기상현상 weather phenomena 은 부분적으로 공기의 대류 convective air currents 에 의해 일어난다.

radiation 복사

전도나 대류가 불가능한 진공 vacuum 에서도 열전달은 일어난다. 텅 빈 공간 empty space 에서의 열전달은 전자기파 복사 electromagnetic radiation (주로 적외선 복사 infrared radiation)에 의한 것이며, 전자기파 electromagnetic wave 가 빛의 속력 speed of light 으로 공간을 이동하여 travel 전달하는 transmit 에너지이다.

thermal conductivity 열전도도

나무나 플라스틱 같은 물질 material 에 비해 금속 metal 의 열전도 thermal conduction 가 빠른 것처럼 재질에 따른 열이 전도되는 정도가 열전도도 thermal conductivity 이다. 금속에서 열이 전도되는 속도가 빠른 이유는 금속 내부에는 자유롭게 흐를 수 있는 free to move 자유전자들 free electrons 이 다량으로 있어서 쉽사리 열에너지를 옮기기 때문이다. 나무 같이 열전도도가 낮은 물질은 **열절연체** thermal insulator, 금속과 같이 열전도가 쉬운 물질을 **열도체** thermal conductor 라고 한다.

thermal expansion 열팽창

물질의 온도가 올라가면 temperature is raised 물질을 구성하는 원자나 분자들의 에너지가 증가하여 더 크게 진동 vibration 을 한다. 즉 원자(분자)들이 진동하는 진폭 amplitude 이 커짐으로써 인접 원자(분자)들 neighbouring atoms(molecules) 과의 평균거리 mean distance 가 멀어져서 열로 인한 팽창, 즉 열팽창 thermal expansion 을 하게 된다. 통상 온도가 올라가면 그 물질은 팽창하지만, 4℃의 물이 0℃의 물보다 오히려 부피가 줄어드는 예도 있다. It is because the structure of the ice crystal prevents water molecules in the solid state from coming as close as they do in the liquid state. (이는 고체 상태의 물 분자들은 액체 상태에 있을 때에 비해 사이 거리가 가까워지지 못하도록 얼음의 결정 구조가 막기 때문이다.)

heat capacity
열용량

특정 물체의 온도 temperature 를 1도 올리는 데 들어가는 열의 양을 열용량 heat capacity 이라고 하며, C 로 표시한다

$$Q = C(T_f - T_i)$$

여기서 T_i와 T_f는 각각 물체의 처음 initial 과 마지막 final 온도이다.

열용량의 SI단위는 joule/kelvin(J/K)이나, 때로는 cal/℃ 또는 cal/K를 쓰기도 한다. 용량 capacity 이라는 말은 열을 담거나, 담을 수 있는 한계 limit 를 연상시킬 수 있는 잘못된 용어이다. 온도차 temperature difference 가 있는 한 열의 전달 heat transfer 은 끝없이 without limit 이루어진다.

specific heat
비열

단위질량당의 열용량 heat capacity per unit mass 을 비열 specific heat (specific heat capacity) 이라고 한다. 돌로 만들어진 고기구이판과 철로 된 구이판을 비교해 보면, 물질에 따라 열용량 heat capacity 이 다를 것이며, 또 같은 돌판이라도 그 두께나 크기에 따라, 즉 같은 물질이라도 그 물체의 질량 mass 에 따라 열용량이 달라진다. 따라서 이러한 모호함 ambiguity 를 피하기 위해 비열을 사용한다. 비열을 c로, 질량을 m으로 표

기하면, $c = C/m$ 이므로

$$Q = cm(T_f - T_i)$$

이다.

비열은 모양이나 질량에 관계없이 특정 물질에 따라 일정한 값을 가지며, 단위는 J/kg·K이다. 가령 물의 비열은 4190 J/kg·K로서, 다른 물질에 비해 높은 값을 갖는다. 따라서 대기 atmosphere 의 온도가 올라가거나 내려가도 물의 온도는 상대적으로 쉽사리 변하지 않는다. 비열을 단위질량당이 아닌, 몰(mol) mole 단위(즉 분자 개수당)로 계산한 것을 **몰비열** molar specific heat 이라고 한다.

adiabatic process 단열과정

계 system 가 외부와 완전히 절연되어 insulated 주위와의 열전달 heat transfer 이 이루어지지 않는, 즉 외부에서 열을 받아들이지도 absorb, 방출하지도 evolve 않는 과정이 단열과정이다. 증기기관 steam engine 이나 내연기관 실린더 cylinder of internal combustion engine 내의 기체를 압축하거나 compress 팽창시키는 expand 과정이 단열과정에 가까운 예로서, 실린더를 압축하면 그 에너지 전부가 실린더 내부의 기체의 압축에 사용되어 기체가 뜨거워지고, 또한 뜨거워진 기체는 팽창하여 실린더의 피스톤 piston 을 밀어 올리는 일을 하게된다. 이때 실린더 밖으로 새는 열은 없다고 가정한다. 실제로 자전거 펌프를 압축하면 펌프 안의 공기가 뜨거워진다.

외부에서 힘을 주어 계에 일을 하여(즉 piston을 밀어 압축한다) **단열 압축** adiabatic compression 을 하면, 내부에너지 internal energy U가 증가하고 온도가 올라간다. 반대로 계가 외부에 일을 하는(뜨거워진 공기가 팽창하여 piston을 밀어 올린다) 과정을 **단열팽창**

adiabatic expansion 이라고 하며, 이때 일을 한 만큼 내부에너지가 감소하고, 온도는 내려간다.
절연 insulation 이외에 단열과정을 일으키는 또 다른 방법은 열전달이 미처 일어날 틈을 주지 않고 급속하게 진행시키는 것이다. 음파 sound wave 는 매우 빠르게 진동하므로 vibrate, 공기가 압축, 팽창하여 소리가 전달되는 과정은 단열과정이라고 볼 수 있다.

(2) Temperature 온도

absolute temperature 절대온도

온도는 일곱 개의 SI 기본단위 base units 중의 하나이며, SI단위는 kelvin(K) 이다. 온도를 측정하는 measure 섭씨 Celsius 나 화씨 Fahrenheit 가 아닌 제3의 눈금척도인 **절대눈금** absolute scale 으로 읽은 온도를 절대온도 absolute temperature 라고 한다. 국제도량형위원회에서는 모든 온도 측정의 기준으로 물질의 특별한 상태와 관계없는 절대온도를 채택하고 있다. 절대눈금은 **켈빈눈금** Kelvin scale 이라고도 한다.
1 kelvin (1 도 kelvin 또는 1°K로 쓰지 않음)의 간격은 1C° 와 같다. 특정 온도를 읽을 때는 ℃(degree centigrade), °F(degree Fahrenheit)를, 온도간격을 의미할 때는 C°, F°를 쓴다. 물의 어는점 freezing point 과 끓는점 boiling point 을 절대온도로 나타내면 각각 273.15K와 373.15K가 된다.
온도를 원자나 분자들의 운동, 즉 미시적인 관점 microscopic point of view 에서 보면,
Temperature measures the average kinetic energy associated with random translational motion of the molecules.
(온도는 분자들의 마구잡이 병진운동에서 오는 운동에

너지의 평균값을 측정한 것이다.)

absolute zero 절대영도

물체의 운동에너지 kinetic energy 에는 제한 limit 이 없으므로 온도는 무한히 infinitely 뜨거워질 수는 있으나, 온도가 내려가는 데는 한계가 있다. 열역학적으로 thermodynamically 생각할 수 있는 최저온도 lowest temperature 를 절대영도(0 K) absolute zero 라고 한다. 0 K는 $-273.15℃$에 해당한다. 절대영도는 분자의 열운동 thermal motion 이 완전히 정지되는 at rest 온도이다. 여기서 열운동이란 물질을 구성하는 원자나 분자들이 불규칙적으로 irregularly 움직이는 마구잡이 운동 random motion 을 말한다.

triple point 삼중점

특정 온도 temperature 와 압력 pressure 에서 물질 substance 의 액체 liquid, 고체 solid, 기체 vapor 상태가 열적 평형상태 thermal equilibrium 로 공존하는 점이 삼중점이다. 높은 산에서는 대기 atmosphere 의 압력이 낮아지기 때문에 물의 끓는점 boiling point 이 낮아지는 현상이 나타나지만, 압력이나 온도를 바꾸어 삼중점이 다른 곳에서 나타나게 할 수는 없으며, 물질에 따라 오직 하나씩만 존재한다.

국제협약에 의하여 물의 삼중점을 온도의 기준점 standard fixed-point temperature 으로 삼아 이 때의 온도를 273.16K(kelvin)로 정한다.

273.15K가 0℃에 해당하므로 물의 삼중점은 0.01℃, 이때의 압력은 611.2Pa(pascal)이다. 이산화탄소 carbon dioxide 의 삼중점은 $-56.5℃$, 5.11atm에서 나타난다.

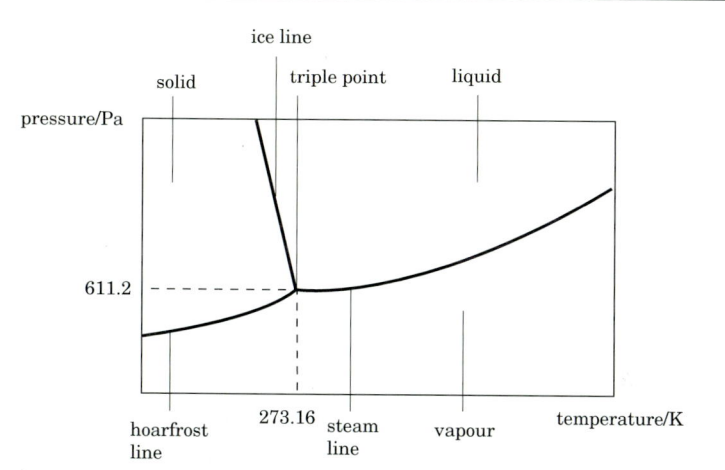

- 용어해설 : solid 고체, liquid 액체, vapour 증기, triple point 삼중점, ice line 융용곡선, hoarfrost line 승화곡선, steam line 기화곡선

26. 물의 삼중점을 그린 phase diagram

(3) Ideal Gas 이상기체

mole 몰

mole(약자로 mol)은 SI 기본단위 중의 하나로서, 탄소-12(질량수 12인 탄소^{12}C) carbon-12 12g에 들어있는 원자의 양(개수)을 1 mole로 정의한다. 이는 마치 장정 한사람이 양팔로 안을 수 있는 굵기를 한아름으로 정한다든지, 한 손에 쥘 수 있는 양을 한줌으로 정하는 것(실제로 한줌 안에 쌀알이 몇 개인지는 상대적으로 정하기 나름이다.)과 비슷한 개념이다.

Avogadro constant 아보가드로 상수

1 mole의 물질 안에 든 원자나 분자의 실제 개수를

Avogadro 상수 Avogadro constant 라고 한다. 이전에는 아보가드로 상수를 아보가드로 수 Avogadro's number 라고 하였다.

정밀한 실험으로 확인된 Avogadro 상수는 $N_A = 6.022 \times 10^{23}$/mol이며, 따라서 1mol은 6.022×10^{23}개의 입자로 이루어진 물질의 양이다. SI 단위로는

$N_A = 6.022 \times 10^{26}$/kmol Avogadro constant in SI unit

을 쓴다. 구슬 1mol이 6.022×10^{23}개의 어마어마한 양의 구슬을 뜻하는 것처럼 Avogadro 상수의 단위가 큰 것은 물질이 아주 많은 원자나 분자로 구성되어 있기 때문이다.

일정한 압력과 온도에서 같은 부피 volume 의 모든 기체는 같은 수의 입자(원자이든 분자이든)로 되어 있다는 가정을 Avogadro의 법칙 Avogadro's law 이라고 한다. 이 법칙은 이상기체 ideal gas 인 경우에만 성립한다. 자연계에 완전한 이상기체는 존재하지 않지만, 기체의 밀도 density 가 아주 낮아지면 모든 종류의 기체들은 이상기체에 가깝게 행동한다.

molecular mass   분자질량

어떤 물질의 분자질량 molecular mass 또는 원자질량 atomic mass M은 그 물질 1kmol에 대한 질량(단위 kg)이다. 즉 탄소-12 (^{12}C) 12g을 1mol로 정했기 때문에 SI단위로 쓰면 탄소-12의 원자질량 $M = 12$kg/kmol 이다.

relative molecular mass   상대분자질량

원자질량단위(amu) atomic mass unit 로 나타낸 분자(원자)질량을 상대분자(원자)질량 relative molecular (atomic) mass 또는 **분자(원자)량** molecular (atomic) weight 이라고 한다. 가령 ^{12}C의 원자

량은 12 amu, 산소(O^2)의 분자량은 32 amu이다. 분자량과 원자량을 각각 분자질량과 원자질량과 혼용하여 쓰는 경향이 있다. → atomic mass unit p.225

Pascal 파스칼

파스칼은 압력 pressure 의 SI단위로서 Pa로 표시한다. 1 파스칼은 제곱미터당 1 뉴턴 1 newton per square meter 의 힘으로 누르는 압력이다.

$$1Pa = 1N/m^2 = 10^{-5} bar$$

atmospheric pressure 대기압

대기압은 해수면에서 잰 대기 atmosphere 의 평균압력으로 atm으로 표시한다:

$$1atm = 1.01 \times 10^5 \, Pa = 760 \, torr$$

torr은 mmHg와 같으며, 수은 압력계 mercury barometer 를 만든 E. Torricelli의 이름을 딴 것이다. 기상학에서 사용되는 기압 atmospheric pressure 의 단위에는 바 bar 가 있으며,

$$1bar = 10^5 Pa$$

이다. 기압계는 barometer라고 한다.

ideal gas 이상기체

기체의 밀도가 극히 희박하여 thin 기체 분자 상호간의 작용을 무시할 수 있어서 **이상기체의 법칙** ideal gas law 을 따르는 가상적인 기체 hypothetical gas 를 이상기체 ideal gas 또는 **완전기체** perfect gas 라고 한다. 이상기체의 열역학적인 상태 thermodynamical state 는

$PV = nRT$ ideal gas law

로 간결하게 표현할 수 있으며, 이를 이상기체의 법칙 또는 단순히 **기체법칙** gas law 이라고 한다. 여기서 P는 절대압력 absolute pressure 으로 SI단위는 파스칼 pascal ($1Pa = 1N/m^3$)이며, 부피 volume V의 SI단위는 세제곱미터 cubic meter (m^3)이다.

기체의 양 amount of gas 을 mol수 number of moles 로 측정한 값인 n은

$n = m/M$

으로 쓸 수 있으며, m과 M은 각각 기체의 질량 mass 과 원자(분자)질량 atomic(molecular) mass 이다. R은 **기체상수** gas constant, T는 절대온도 absolute temperature 이다. 이상기체뿐만 아니라 모든 기체에 적용될 수 있는 기체상수는

$R = 8.314 \text{ J/mol} \cdot \text{K} = 8314 \text{ J/kmol} \cdot \text{K}$

이다. 이 식을 이용하여 표준대기압 standard pressure $1.01 \times 10^5 Pa$과 표준온도 standard temperature 0℃에서의 이상기체 1kmol의 부피를 구하면 $22.4m^3$이며, 이 값을 기억하고 있으면 편리하게 쓸 수 있다.

자연계에 완전한 이상기체는 존재하지 않지만, 기체 분자들의 사이 거리가 충분히 멀리 떨어져 있을 정도로 밀도가 아주 낮아지면 모든 종류의 기체들, 심지어 혼합기체 mixture of different types of gases 조차도 이상기체의 법칙 $pV = nRT$를 따른다.

internal energy   내부에너지

내부에너지는 열에너지 thermal energy 라고도 하며, 물체 내에서 마구잡이 운동 random motion 을 하는 수많은 원자와 분자들의 집단적 운동에너지 collective

kinetic energy 와 퍼텐셜에너지 potential energy 의 합을 말한다.
이상기체의 병진운동에너지 translational kinetic energy K_{trans}는 기체의 온도에만 의존하여 K_{trans} = (3/2) nRT가 된다. 만일 기체가 He, Ne 등과 같이 단일 원자로만 되어 있다면 병진운동 만을(회전 rotation 이나 진동 vibration 을 하지 않으므로) 할 것이다. 따라서 단원자 기체 monatomic gas 의 내부에너지는 병진운동에너지 자체가 되므로

$$U = \frac{3}{2} nRT$$

internal energy of monoatomic ideal gas

와 같아진다.
분자로 구성된 기체의 내부에너지 internal energy 는 병진운동 외에 회전운동 rotation 과 진동 vibration 까지를 고려하여

$$U = \frac{K}{2} nRT$$

이다. 여기서 비례상수 K는 항상 3 이상의 정수로서 기체의 종류와 온도에 따라 변하며, 결과적으로 내부에너지 U는 온도 T에만 의존함을 볼 수 있다. 따라서 이상기체에서의 내부에너지는 온도의 상태함수 state function 가 된다. 상태함수의 특성상 내부에너지는 처음 initial 과 나중 final 온도에만 의존하며, 중간과정 process 에는 무관하므로 중간에 여러 단계를 거친 내부에너지와 중간단계가 없이 바로 결과에 이른 내부에너지는 동일하다.

mean free path 평균자유행로

다른 분자와 충돌해서 collide 튕겨 나온 분자가 다시 다른 분자와 충돌할 때까지 움직여간 평균거리를 평균자유

행로 mean free path 라고 하며 λ로 표시한다. 단위부피당 분자의 수 number of molecules per unit volume N/V 가 많을수록, 또는 분자의 크기 size 가 클수록 충돌 가능성이 높아지므로 평균자유행로는 짧아지게 된다. 가령 해수면에서 공기분자의 평균자유행로는 약 십만분의 일 cm (10^{-7}m) 정도에 불과하나, 공기가 희박해지는 고도 altitude 100km와 300 km에서는 평균자유행로가 각각 약 16cm, 20km에 이른다.

(4) Thermodynamics 열역학

thermodynamics 열역학

열역학은 에너지의 이동 transfer 및 일 work 로의 전환 conversion, 열이 흐르는 방향 등을 압력 pressure p, 온도 temperature T, 부피 volume V 등의 양으로 기술하는 분야이다. 열역학에서는 다수의 입자들로 구성된 계 system of many particles 를 다루게 되므로, 원자나 분자 하나 하나의 움직임에 대해서는 관심이 없이 전체를 통계적인 관점 statistical point of view 에서 풀어낸다.

모든 고립계 isolated system 는 측정 가능한 내부에너지 internal energy U를 가지고 있다는 개념 concept 이 열역학의 바탕을 이룬다.

state function 상태함수

기체로 이루어진 계 system of gas 를 압력, 온도 및 부피로 명확하게 기술할 수 있는 경우에 그 계는 열역학적 상태 thermodynamic state 에 있다고 말한다. 만약 하나의 열역학적인 상태에 있던 계에서 압력이나 온도, 부피를 변화시켰다가 다시 원래대로 돌이키면 기체 입자 하나 하나의 상태는 변하나, 계의 전체적인 열역학적 상태는 처음과 같아진다.

압력 P, 온도 T, 부피 V처럼 계 system 의 성질을 기술하는 변수를 **상태변수** state variables 라고 하며, 상태변수 만으로 정의할 수 있는 물리량을 상태함수 state function 라고 한다. 변화의 중간과정 process 에는 상관없이 상태변수만으로 설명할 수 있는 내부에너지 internal energy 는 상태함수의 예이다. 반면에 열 heat 이나 에너지는 계에서 밖으로 빠져나오거나, 외부에서 계에 전달되는 transfer from environment to the system 중간과정에 의존하므로 depend on the process 상태함수가 될 수 없다.

isobaric process   등압과정

압력 pressure 을 일정하게 유지하는 열역학 과정 thermodynamic process 을 말한다. iso는 '같은'의 뜻을 가진 접두사 prefix 이다.

isochoric process   등적과정

부피 volume 를 일정하게 유지하는 열역학 과정. isovolumetric process라고도 한다. 기체에 열을 가하면서 부피를 일정하게 하면 그 계 system 는 일 work 을 하지 못한다.(부피의 변화가 있어야 피스톤 piston 을 밀거나 당겨서 일을 한다) 열역학 제1법칙 first law of thermodynamics 에 따라 일을 하지 못한 열은 내부에너지 internal energy 의 증가를 가져오고, 반대로 열이 빠져나가면 내부에너지가 감소한다.

isothermal process   등온과정

기체의 온도 temperature 를 일정하게 유지하면서 상태를 변화시키는 과정. 기체의 내부에너지 internal energy U는 온도에만 관계하므로 등온과정(T가 일정 constant)에서 내부에너지의 변화 ΔU는 0이다. 이 때 열역학 제1법칙 first law of thermodynamics 은

$$Q = W$$

이 되므로, 기체에 가한 모든 열 heat Q는 등온 팽창 isothermal expansion 시키는 일 W 에 사용된다. 반대로 등온 압축 isothermal compression 을 시키면서 가한 일은 주위 environment 의 온도를 높이는 데 소모된다. 이상기체 ideal gas 의 식 $pV=nRT$에서 등온 과정이면

$$pV = \text{constant} \ \text{또는} \ p = \frac{\text{constant}}{V}$$

를 의미한다. → first law of thermodynamics 열역학 제1법칙 p.125

(5) Laws of Thermodynamics   열역학의 법칙들

zeroth law of thermodynamics   열역학 제0법칙

열역학 제0법칙은 열적 평형 thermal equilibrium 에 있는 두 물체의 온도는 같다는 법칙이다. 우리가 차가운 체온계를 겨드랑이에 끼고 있으면, 잠시 후에 우리의 몸과 체온계가 열적 평형에 이르러 체온을 잴 수 있듯이 서로 온도가 다른 두 물체를 접촉시키면 열이 뜨거운 쪽에서 차가운 쪽으로 흘러 온도가 같아지는 상태가 되며 이를 열적 평형이라고 한다.

Two bodies or systems that are in thermal equilibrium with a third body are in thermal equilibrium with each other. (두 물체나 계가 제3의 물체와 열적 평형을 이루고 있으면 두 물체는 서로 간에도 열적 평형상태에 있다.)

이 말은 열적 평형상태에 있는 두 물체의 온도는 서로 같다는 의미로, 온도에 대한 정의 definition of temperature 이다. 열역학 제0법칙은 시기적으로는 제1법

칙과 제2법칙이 발견된 후에 알려졌으나, 온도에 대한 개념이 두 법칙보다 더 근본적이기 때문에 제0법칙으로 부르게 되었다.

first law of thermodynamics 열역학 제1법칙

열 heat 은 곧 에너지이며, 일로 전환될 converted to work 수 있는 물리량이다. 열과 내부에너지에 관한 법칙인 열역학 제1법칙은 고립되지 않은 계 unisolated system 에서 열에너지를 포함한 확장된 에너지 보존법칙 extended law of conservation of energy 이다:

(계의 내부에너지 증가 increase in internal energy of system)
=(계에 가한 열 heat added to the system)−(계가 외부에 한 일 external work done by the system)

이를 식으로 나타내면,

$$\Delta U = Q - W$$

이 법칙은 부호 sign 에 주의해서 적용해야 apply 한다. Q는 항상 계로 들어가는 열이므로, 열이 계에서 나오는 경우는 Q 대신 $-Q$를 넣어야 한다. ΔU는 증가된 내부에너지이며, W는 계가 한 일이다. 만일 실린더 안의 기체가 팽창하여 expand 피스톤을 밀어 올려 계가 외부에 일을 하면 W는 양의 값을 가지고, 따라서 내부에너지 ΔU는 감소한다. 반대로 외부에서 피스톤을 눌러 압축하면 compress 외부에서 일을 한 것이므로 W 대신 $-W$를 넣어 식은

$$\Delta U = Q + W$$

가 되고 내부에너지는 증가한다.

second law of thermodynamics 열역학 제2법칙

열역학 제1법칙만으로는 설명이 불가능하여 이를 보완하는 것이 '우주의 질서 order 는 무질서 disorder 로 진행 progess 한다' 는, 즉 엔트로피 entropy 는 증가한다는 열역학 제2법칙이다.

열역학 제1법칙, 곧 에너지보존법칙에 위배되지는 않더라도 실제로는 일어나지 않는 상황이 존재한다. 가령 쌀과 보리를 한 되씩 섞어서 흔들면 흔들수록 골고루 섞이고, 쌀과 보리가 따로 모이는 일은 결코 일어나지 않는다. 컵에 담긴 물의 얼이 힌쪽으로 몰려 일부는 얼고, 일부는 끓는 현상은 생각할 수 없다. 이러한 일들은 에너지보존법칙에는 어긋나지 않지만 실제로는 일어나지 않는다. 자연에는 사건의 시간적 순서 time sequence 가 정해져 있어 뒤로 돌이킬 수 없다.

Since it is not possible to change heat completely into work, with no other change taking place, there are no perfect engines.
(다른 변화 없이 열을 완전히 일로 바꾸기는 불가능하기 때문에 완벽한 기관은 존재하지 않는다.)
It is not possible for heat to be transferred from one body to another body that is at a higher temperature with no other change taking place. Thus there are no perfect refrigerators.
(열은 다른 변화 없이는 온도가 높은 물체로 옮겨가기 불가능하다. 따라서 완벽한 냉동기는 존재하지 않는다.)
In any thermodynamic process that proceeds from one equilibrium state to another, the entropy of the system and environment either remains unchanged or increases.
(하나의 평형상태에서 다른 평형상태로 진행하는 어떠한 열역학적인 과정에서도 계와 주변 환경의 엔트로피는 변하지 않거나 증가한다.) → Entropy 엔트로피

entropy

엔트로피

거시적 상태 macrostate 로 본 계 system 의 무질서 disorder 에 대한 척도를 엔트로피라고 하며, S로 표시한다. 거시적이라는 말은 많은 입자로 구성된 계 many particle system 에서 입자 하나하나의 움직임을 추적하는 것이 아니라 전체적인 움직임에 관심을 갖는다는 뜻이다. 엔트로피는 에너지나 온도 temperature 처럼 단순히 실험실에서 측정할 수 있는 물리적인 양이며, SI 단위는 joule/kelvin (J/K)가 된다.

외부에서 열이 흘러들어 오거나, 나갈 수 없는 닫힌 계 closed system 를 생각해 보자. 가령 신발 속에 모래가 한 움큼 들어갔다고 하면, 모래는 신발 안에서 저절로 한 구석에 모여 질서 order 를 높이는 것이 아니라 시간이 지날수록 신발 안에 골고루 퍼져서 더욱 더 큰 무질서 greater disorder 로 간다. 신발(system) 안의 모래를 제거하기 위한 유일한 방법은 외부 environment 에서 힘을 주어 털어 버리는 것이다. 닫힌 계에서 가장 질서가 있는 상태 highly ordered state, 따라서 가장 확률적으로 일어나기 힘든 상태 most unlikely state 의 엔트로피는 0이다. 사용할 수 있는 에너지가 감소하면(무질서해지면) 엔트로피가 증가한다. 즉 엔트로피는 그 계가 가진 에너지에서 일에 투입할 수 없는 척도이다.

The only changes that are possible for an isolated system are those in which the entropy of the system either increases or remains the same. Changes in which the entropy decreases will not occur. The energy of the universe remains constant; the entropy of the universe always increases. (고립된 계에서는 계의 엔트로피가 증가하거나 아니면 일정하게 유지되는 변화만이 가능하다. 엔트로피가 감소하는 변화는 생기지 않는다.) 열역학 제2법칙 second law of thermodynamics 에 따라 엔트로피는 감소하지 않으므로 신발 안의 모래가 저절로 다시

모이는 현상은 결코 일어나지 않는다. 다만 인위적인 방법을 써서 모래를 다시 모아 부분적으로 엔트로피를 감소하게 할 수는 있으나, 그러기 위해서 외부 environment 에서 투입한 에너지에 의한 엔트로피의 증가가 훨씬 더 크기 때문에 전체의(계+외부 system+environment) 엔트로피는 항상 증가한다.

Carnot engine 카르노 기관

프랑스의 학자 S. Carnot는 단열 adiabatic 과 등온 isothermal 의 팽창 expansion 과 압축 compression 만을 하는 이상적인 열기관 ideal heat engine 에서 효율 efficiency 이 최대가 됨을 발견하였다. 이 열기관을 카르노 기관 Carno engine, 이 순환과정 cycle process 을 카르노 순환과정 Carnot cycle 이라고 한다.
Carnot 기관의 효율은

$$e_{carnot} = 1 - \frac{T_c}{T_h}$$

로 주어지며, 첨자 h와 c는 각각 hot, cold의 온도를 가리킨다. 이상적인 경우 기관의 최대 효율은 가장 높은 온도 the highest temperature T_h와 가장 낮은 온도 the lowest temperature T_c의 비율에만 의존한다. 따라서 온도차가 커지면 커질수록 효율은 좋아진다.
그러나 실제의 열기관 real heat engine 에서는 가장 낮은 온도 T_c는 보통 주변 환경의 온도 ambient temperature of the environment 로 제한될 것이므로 열기관의 효율은 가능한 한 T_h를 높게 유지하는 데 달려있다. 또한 단열과정 adiabatic process 이 완전하게 이루어지지 않아 마찰 friction 과 열손실 등으로 효율이 훨씬 낮아진다. 이론적 효율이 56% 정도인 보통 자동차 엔진의 실제 효율은 약 25%(사용하는 휘발유의 75%는 열손실 등으로 사라지는 셈이다), 열효율 한계

60~65% 인 발전기의 증기터빈의 실제 열효율은 약 45%에 불과하다.

root-mean-square speed 제곱평균제곱근 속력

어떤 상자 안에 들어있는 기체 분자들의 평균속력 average speed 을 구한다고 하자. 여러 개의 입자 many particles 가 마구잡이 운동 random motion 을 하는 계 system 에서 입자들의 평균속력은 제각기 방향이 다른 운동의 속력이 마구 뒤섞여 실제적인 평균값을 구하기가 곤란해진다. 따라서 먼저 속력의 제곱을 하여 음의 값(반대 방향 opposite direction 의 속력)을 제거한 다음에, 평균을 내고 다시 제곱근을 취하여 평균속력을 계산한다. 이를 제곱평균제곱근 속력 root-mean-square speed 또는 rms 속력 rms speed 라고 하고, v_{rms}로 표시한다.

8 Electricity
전기

(1) Properties of Electric Charge 전하의 성질

charge 전하

일반적으로 charge라 하면 electric charge(전기를 띤 입자, 전하)를 일컬으며, 자석의 성질을 띠면 magnetic charge라고 한다. 전하는 보통 q 또는 Q로 표시하며, SI단위는 쿨롱 coulomb 으로 C로 나타낸다.

One coulomb(C) is the amount of charge that is transferred through the cross section of a wire in one second when there is a current of one ampere(A) in the wire. (1 coulomb(C)은 1초 동안에 1 암페어(A)의 전류가 흐르는 도선 wire 의 단면 cross section 을 통과하는 전하의 양이다.)

시간간격 time interval dt 동안에 흐르는 전류 I에 따른 전하량을 dq라 하면

$$dq = I dt, \text{ 또는 } I = \frac{dq}{dt} \quad \text{전하와 전류의 관계}$$

가 성립한다.

point charge 점전하

특정한 모양이나 크기가 없이 without a specific shape or a size 위치 position 만 갖는 전하 charge 를 점전하라고 한다. 전하에 의해 생기는 전기장 electric field 이나, 다른 전하가 받는 쿨롱힘 coulomb force 을 계산할 때, 전하가 크기를 가지고 있으면 상대 거리를 계산해서 적분해야 integrate 하는 어려움이 생긴다. 따라서 이런 복잡함을 피하기 위해 단순히 점전하인 경우를 생각한다. 실제로 전자 electron 는 실험적으로 크기가 나타나지 않는 점전하에 가까운 존재이다.
→ Coulomb's law 쿨롱의 법칙 p.141

Electricity

quantization of charge   전하의 양자화

지금까지 알려진 보통의 물질 ordinary matter 을 구성하는 기존 입자들의 전하량은 불연속적인 값 discrete amount e 또는 e의 정수 배 integer multiples 로 나타난다. 이를 전하는 양자화(덩어리로 나타난다는 뜻) 되어있다 charge is quantized 고 한다. 전하는

$0, \pm 1e, \pm 2e, \pm 3e \ldots$

의 전하량을 가지며 $\sqrt{2}e$ 또는 $3.2e$, $e/7$ 같은 값을 가질 수는 없다. 다만 기본 전하 elementary charge 의 값이 아주 작기 때문에 일상 생활에서는 전하의 불연속성을 느낄 수 없을 뿐이며, 연속적인 값으로 다루어도 된다.

최근의 연구에 의하면 양성자나, 중성자 neutron 같은 입자들은 더 이상 **기본입자** elementary particle 가 아니라 내부구조 internal structure 를 가지며, 분수 전하량 fractional charge $\pm e/3$, $\pm 2e/3$를 가진 **쿼크** quark 의 결합으로 이루어진 사실이 알려졌다. 그러나 이러한 입자들은 강력 strong force 에 의해 묶여있어 하나씩 떼어내기가 불가능하기 때문에 실험상 독립적으로 관측되지 않는다. 전자나 중성미자 neutrino 는 내부구조를 갖지 않는 기본입자이다. → Fundamental interactions 기본상호작용 p.20

conservation of charge   전하보존법칙

우주 안의 총 전하량은 항상 일정하게 유지된다는 원리를 전하보존법칙 conservation of charge 또는 law of conservation of charge 이라고 한다. 유리막대 glass rod 를 비단에 문지르면 rub, 유리막대에는 양전하 positive charge 가, 비단에는 음전하 negative charge 가 나타난다. 막대를 문질러서 전하가 생성되는 것이 아니라 한 물체에서 다른 물체로 옮겨갈 뿐으로 총

량은 일정하다.

전하보존법칙은 다량의 전하를 띤 물체에서뿐만 아니라 원자 atom 나 원자핵 necleus, 그리고 핵 내부의 기본 입자들 elementary particles 에 이르기까지 항상 성립하며, 예외는 발견되지 않는다. 이는 에너지보존법칙 conservation energy, 선운동량보존법칙 conservation of linear momentum, 각운동량보존법칙 conservation of angular momentum 과 함께 물리학의 기본이 되는 보존원리 중의 하나이다.

원자핵에서 일어나는 방사성 붕괴 radioactive decay 가 전하보존법칙의 전형적인 typical 예이다. 가령 우라늄-238 uranium-238 은 헬륨 helium 의 원자핵 nucleus 인 알파입자 alpha particle 를 방출하고 emit 토륨 thorium 으로 변환한다 transform :

$$^{238}U \rightarrow {}^{234}Th + {}^{4}He$$

어미핵 parent nucleus 인 $^{238}_{92}U$의 핵 nucleus 안에는 92개의 양성자 proton 가 있어서 전하량은 $92e$이다. 딸핵 daughter nucleus 토륨 $^{234}_{90}Th$과 방출된 헬륨 $^{4}_{2}He$에는 양성자가 각각 90개와 2개가 들어 있어서 붕괴 전후 before and after the decaying process 의 전하량은 양쪽이 $92e$로 전하보존법칙이 성립한다.

pair production 쌍생성

쌍생성 pair production(pair creation) 은 빛에너지인 gamma-선 gamma-ray 이 전자 electron 와 전자의 **반입자** antiparticle 인 양전자 positron 로 변환하는 transform 현상이다:

$$\gamma \rightarrow e^- + e^+ \quad \text{쌍생성 pair production}$$

전자 e^-의 전하량은 $-e$, 양전자 e^+의 전하량은 $+e$이므로 반응 전후의 전하량은 0이다. 전하는 반드시 양전하

positive charge 와 음전하 negative charge 가 짝을 이루어 생성되어 전하보존법칙을 만족한다.

pair annihilation   쌍소멸

쌍생성 과정의 역과정 converse process 이 쌍소멸 pair annihilation 현상이다. $-e$의 전하를 가진 전자 e^-는 양전자 e^+와 충돌하면 collide 강력한 에너지를 가진 두 줄기의 γ-선 gamma-ray 으로 변환되어 소멸한다:

$$e^- + e^+ \rightarrow \gamma + \gamma \quad \text{쌍소멸 pair annihilation}$$

여기서 γ-선은 고에너지 high-energy 의 빛이다. 쌍소멸, 쌍생성 현상에서는 전하보존법칙 conservation of charge 과, 에너지보존법칙 conservation of energy, 운동량보존법칙 conservation of momentum 이 항상 성립한다.

positron   양전자

양전자 positron 은 positive electron을 줄인 말이다. 양전자는 전자 electron 의 **반입자** antiparticle 로 음전하 negative charge 대신 양전하 positive charge 를 띠었을 뿐, 기타의 물리적 성질은 전자와 같다. 반입자는 입자와 질량 mass 과 스핀 spin 이 같으며, 전하가 반대인

$$+q \rightarrow -q \quad \text{또는} \quad -q \rightarrow +q$$

입자이다. 모든 기본입자 elementary particle 에는 짝 pair 이 되는 반입자가 존재한다. 1928년 Dirac은 전자의 짝이 되는 양전자의 존재를 예언하였으며, 1932년에 우주선 cosmic ray 관측에서 양전자의 실체가 발견되었다.
전자나 양성자 같은 보통의 입자 ordinary particles

를 **물질** matter, 양전자 positron 와 반양성자 antiproton 같이 물질의 짝이 되는 입자들을 **반물질** antimatter 로 구분한다. 또한 반양성자를 핵 nucleus 으로 하고 양전자가 궤도 orbit 를 도는 반수소 anti-hydrogen 도 만들 수 있다.

Millikan's oil drop experiment   밀리컨의 기름방울실험

1911년 영국의 Rutherford가 양의 전하 positive charge 를 가진 원자핵 nucleus 주위에 음의 전하 negative charge 를 가진 전자 electron 가 움직이고 있는 것을 발견하였다. 미국의 밀리컨(R. Millikan)과 그의 동료들은 유명한 기름방울실험 Millikan's oil drop experiment 을 통해 전자의 전하량 charge of an electron 을 정확히 측정하는 measure 데 성공하였다. 수소의 원자핵을 구성하는 양성자 proton 는 $+e$, 전자는 $-e$의 전하를 가지며, Millikan에 의해 측정된 e의 값은

$$e = 1.60218 \times 10^{-19} C$$

이다. 1 쿨롱(C) coulomb의 전하에는 무려 6×10^{18}개 이상의 전자가 들어있는 셈이다.

(2) Conductor and Resistor   도체와 저항

conductor   도체

전류 current 에 대한 저항 resistance 이 작아서 전류가 쉽게 흐르는 easy to flow 물질을 도체 conductor 라 한다. 금속 metal 이나 불순물 impurities 이 섞인 물 등이 도체의 예이다.

insulator   절연체

도체와는 반대로 고무나 종이, 증류수 distilled water, 플라스틱, 메마른 공기, 유리등과 같이 전하가 자유롭게

움직이지 못하여 전류가 흐르지 못하는 물질을 **부도체** nonconductor 또는 절연체 insulator 라고 한다.
절연체는 도체에서 전류나 전하의 손실을 막는데 사용한다. 절연체라 해도 아주 적은 양의 이온 ion 이 불순물 impurity 로 들어있기 때문에 약간이나마 전하를 띠고 있다. 따라서 저항 resistance 이 무한대 infinity 가 되지는 않으며, 겨울철에 발생하는 정전기 static electricity 와 같이 강한 전기는 순간적으로 절연성을 파괴하고 흐른다. 이 현상이 대규모로 일어나는 것이 번개이다.
전기적 절연과 비슷하게 열적인 절연 thermal insulation 도 유동전자의 부족으로 lack of mobile electrons 일어나므로, 전하 대신 열을 차단하는 물질도 절연체 thermal insulator 라고 부른다.

semiconductor 반도체

반도체 semiconductor 는 반 semi 와 도체 conductor 의 합성어이다. 실리콘 silicon 이나 게르마늄(영어로는 져마늄으로 읽는다) germanium 같은 물질은 도체 conductor 와 절연체 insulator 의 중간 intermediate 에 있다. 이들은 전도전자 conducting electron 의 수가 적어 절연체에 가까우면서도, 전도띠 conduction band 와 원자가띠 valence band 사이의 에너지 간격 energy gap 이 작은 물질이다. 여기에 약간의 특정 불순물을 첨가하여 비저항 reistivity 을 줄이면 전도가 일어나는 현대 전자공학의 핵심 물질인 반도체가 된다.

superconductor 초전도체

흐르는 전자가 물질 내의 원자와 충돌하면서 collide 생기는 물질의 비저항(물질에 따른 저항의 정도) resistivity 은 온도가 낮아질수록 감소한다. 따라서 온도를 절대영도 absolute zero 근처까지 낮추면 비저항이 사라지고, 전류에 대한 저항이 전혀 없는 물질인 초전도체 superconductor 를 만들 수 있다. 초전도체 회로고리 superconducting loop 에 전류를 흘리면 더 이상의 기전력 장치 emf device 나 에너지원 source of energy 이 없어도 계속 전류가 흐르는 것을 볼 수 있다. 1911년 네덜란드의 Onnes가 수은 mercury 을 점차 냉각하여 4.2K 이하의 온도가 되면 비저항이 급격히 사라지는 초전도 현상을 처음으로 발견하였다. 수은 뿐 아니라 대부분의 금속이나 합금 alloy 에서도 초전도 현상을 찾을 수 있으며, 이 때 상태 phase 가 급격히 변하는 온도를 **임계온도** critical temperature 라고 한다.

초전도 현상은 발견된 지 60여 년이 지나서야 John Bardeen, Leon Cooper, Robert Schriffer에 의해 이론적인 규명이 되었으며, 이 이론을 BCS 이론 BCS theory 라고 한다. 초전도체에서는 전류가 열적 손실 없이 흐를 수 있기 때문에 응용 가치가 무한히 크지만, 4K 정도의 극저온 extremely low temperature 을 얻기 위해서는 값비싼 액체 헬륨 liquid helium 을 써야만 했다.

1980년대 중반에 비교적 고온인 77K에서도 초전도 현상을 보이는 세라믹 물질 ceramic material 이 발견되었다. 실온 room temperature 에서도 작동하는 초전도체를 만드는데 성공하면 좋겠지만, 그렇지 못하더라도 끓는점 boiling temperature 이 77K인 액체질소 liquid nitrogen (생수보다 싸다)를 냉각제 coolant 로써서 고온 초전도체를 실생활에 활용할 수 있게 될 것이다. 저항이 작은 금속에서가 아닌, 절연체에 가까운 세라믹에서 일어나는 이러한 고온 초전도 현상은 기존의 전도과정 normal conduction process 과는 완전히 다른 현상이며, 아직 제대로 이해하지 못하고 있다.

Ohm's law

옴의 법칙

전도장치 conducting device 에 흐르는 전류 current I가 장치에 걸린 퍼텐셜 차 potential difference V에

정비례할 directly proportional 때

$$I \propto V$$

Ohm의 법칙을 따른다고 말한다.
흔히 말하는 $V=RI$ 나 $R=V/I$는 Ohm의 법칙이 아니라 저항 R의 정의 definition 일 뿐이며, 저항에 대한 정의는 저항이 일정하지 않은 경우에도 사용할 수 있다. 저항 R이 퍼텐셜 차 V나 전류가 흐르는 방향에 무관하게 일정한 경우에만 Ohm의 법칙이 성립된다. 이런 저항소자를 ohmic resistor, 그렇지 않으면 nonohmic resistor라고 한다.

resistance 저항

저항은 R로 표시하며, SI단위는 ohm(Ω)이다. 기전력 장치 emf device 에서 나온 퍼텐셜차(흔히 전압 또는 전위차라고 한다) potential difference V는 저항에서 소모되어 dissipate 열 heat 로 바뀐다. 저항의 양 단자 ends 에 걸리는 apply 퍼텐셜차가 V, 저항을 통과하는 전류 current 가 I라면 저항은

$$R = \frac{V}{I}$$

로 정의된다. → Ohm's law 옴의 법칙 p.136
따라서 저항의 SI단위 ohm은

$$1\text{volt/ampere} = 1\text{V/A} = 1\,\Omega$$

resistor 저항

저항(값)을 의미하는 resistance 이외에 저항장치를 뜻하는 resistor 도 저항이라고 부른다. 저항 resistor 은 회로 내에서 in a circuit 특정 저항 specified resistance 을 주는 도체를 말하며, 기호 ─/\/\/\/─ 로 나타낸다. 보통 음향기구에서 음량조절용으로 사용되는 볼륨

volume 은 저항 resistance 의 값을 연속적 또는 단계적으로 바꿀 수 있는 가변저항 variable resistor 을 사용한다.

resistivity

비저항 (比抵抗)

비저항 resistivity 은 특정 물질 material 에 따른 저항의 정도를 나타내며, SI단위는 ohm·m이다.
저항 resistance 은 도선 conducting wire 에서 전하의 흐름(전류 electric current)을 방해하는 성질이므로 도선을 만드는 재료 material 에 따라서 달라진다. 또한 같은 재료라 해도 도선이 굵으면 thick 전하가 통과할 pass through 수 있는 단면적 cross-sectional area 이 넓어져 당연히 전류가 흐르기 쉬워지므로 easy to flow 저항도 작아질 것이며, 반대로 도선의 길이가 길어지면 전하가 가야할 길도 멀어지므로 저항도 커질 것이다. 도선 wire 의 단면적을 A, 길이를 L이라 하면 저항은,

$$R = \rho \frac{L}{A}$$

로 쓸 수 있다. 여기서 비례상수 proportionality constant ρ(rho)를 비저항 resistivity 이라고 한다.
비저항은 물질을 이루고 있는 원자들 atoms 과 유동전자들 mobile electrons 과의 충돌 collision 에서 생겨난다. 은 silver 이나 구리 copper 같은 도체 conductor 는 비저항이 낮고 low resistivity, 나무, 종이 등 절연체 insulator 는 높은 비저항 값을 가진다. 또한 저항은 온도에 따라서도 달라진다 depends on temperature. 가령 백열전구 light bulb 안의 텅스텐 필라멘트 tungsten filament 의 저항은 실온(20℃) room temperature 에서보다 가열되면 10배 이상 커져서 빛과 열을 낸다.

conductivity 전도도
물질에 따라 전류 current 가 얼마나 쉽게 흐르는가 하는 데 대한 척도인 전도도 conductivity 는 γ(gamma) 또는 σ(sigma)로 표시한다. 전도도는 비저항 resistivity ρ(rho)과는 서로 역수 reciprocal 의 관계에 있어

$$\sigma = 1/\rho$$

이며, SI단위는 $(\Omega \cdot m)^{-1}$이다. → resistivity p.138

permittivity 유전율
매질 medium 내에서 전하의 흐름 flow of charges 이 억제되는 척도를 유전율 permittivity 이라고 하며, ε 로 표기한다. 진공 free space 에서의 유전율은 유전상수 permittivity constant ε_0 이라고 하며,

$$\varepsilon_0 = 8.85 \times 10^{-12} C^2/N \cdot m^2$$

이다.

(3) Electric Current and Electric Field 전류와 전기장

Hall effect 홀 효과
1879년 E. Hall은 실험에 의해, 도체 conductor 내의 전하운반체 charge carrier 가 음전하 negative charge 를 띠는 사실과, 단위부피당 전하운반체 charge carriers per unit volume 의 개수를 정확하게 알아낼 수 있었으며, 이를 Hall 효과라 한다.
이전까지 전하운반체가 양전하 positive charge 를 띤다고 생각하여 관습적으로 customarily 전류 electric current 의 방향을 양전하가 흐르는 방향으로 택했으나, 실제 전하운반체의 방향은 반대 opposite direction

임을 알게 되었다. Hall 효과를 써서 도체내부에서 전하 운반체가 흘러가는 유동속도 drift velocity 를 직접 측정할 수도 있다.

electric current 전류

일정한 시간에 흐르는 전하의 양 amount of charge 을 뜻하는 전류 electric current 는 i 또는 I로 표기하며, SI단위는 ampere(A)이다. 일반적으로 current라고 하면 전류를 의미한다. 전류는 방향성을 가지지 않는 스칼라량 scalar quantity 이지만, **전류밀도** current density **J**는 전류가 흐르는 방향성을 고려한 벡터 vector 이다.

홀 효과 Hall effect 에 의하여 실제적인 전하운반자 charge carrier 는 음전하 negative charge 인 자유전자 free electrons 임이 알려졌지만, 관습적으로 customarily 전류밀도 **J**의 방향은 양전하 운반자 positive charge carrier 가 흐르는 방향으로 택한다.

→ Hall effect 홀 효과 p.139

일반적으로 전류밀도의 방향에 따라 전류는 +에서 −로 흐른다고 말한다. 전류밀도의 크기 J는 단위면적당 흐르는 전류의 양으로 정의된다:

$$J = I/A$$

여기서 A는 전류가 흐르는 도체의 단면적 cross-sectional area of the conductor 이며, 전류밀도의 SI단위는 제곱미터당 암페어 ampere per square meter(A/m^2)이다.

Ampere 암페어

전류의 단위인 암페어는 초당 도선의 단면 cross section of a wire 을 통과하여 흐르는 전하의 양 amount of charge 으로 정의되어 있다:

$1A = 1\ coulomb/second = 1C/s$

Coulomb's law 쿨롱의 법칙

제자리에 고정되어 움직이지 않는 전하를 **정전기** static electricity 라고 한다. 전하 charge 의 크기가 각각 q_1, q_2인 두 점전하 point charges 가 r만큼의 거리에 고정되어 움직이지 않는다고 하자. 움직이지 않는 두 전하가 서로 당기거나, 밀어내는 attractive or repusive 정전기력의 크기 magnitude of electro-static force 는

$$F = k \frac{q_1 q_2}{r^2} \quad \text{Coulomb's law}$$

이다. 여기서 k는 정전기 상수 electrostatic constant 이며, q_1과 q_2의 부호에 따라 F가 양 positive 이면 척력 repulsion, 음 negative 이면 인력 attraction 을 의미한다. 이 관계식을 쿨롱의 법칙 Coulomb's law, 움직이지 않는 전하 사이의 힘을 **정전기력** electrostatic force 또는 **쿨롱힘** Coulomb's force 라고 한다.

inverse-square law 역제곱의 법칙

쿨롱 Coulomb 의 법칙의 형태는 r^2에 반비례하여 inverse-square 외견상 Newton의 중력법칙 Newton's law of gravitation 과 유사한 모양을 하고 있다. 이는 역제곱의 법칙이 먼 거리에 적용되는 힘 long-range force 의 일반적인 방식이기 때문이다. 거리가 2배, 3배가 되면 힘이 작용해야하는 면적이 각각 4배, 9배가 되어야 한다.

그러나 두 힘의 유사성 similarity 은 여기까지이며, 정전기력 electrostatic force 은 중력에 비해 약 10^{39}배 - 1조의 1조의 1조 배보다 1000배나 더 큰 힘이다. 다만 중력은 항상 인력 attractive force 으로만 작용하므로

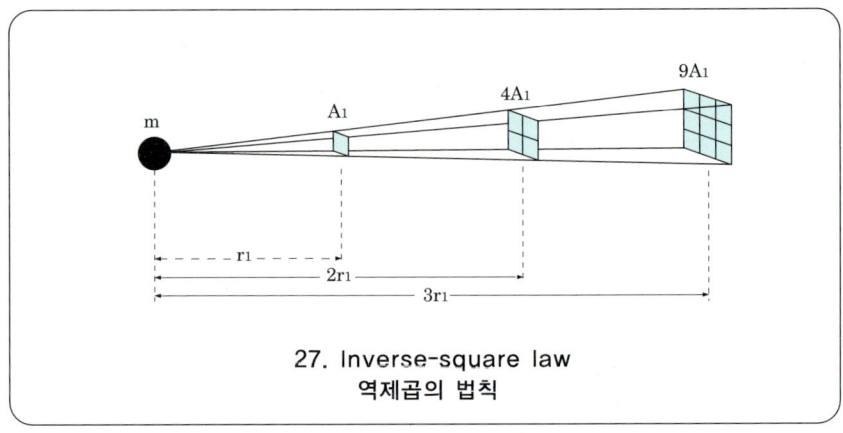

27. Inverse-square law
역제곱의 법칙

작은 입자들 tiny particles 이 서로 뭉쳐 커다란 질량 huge mass 을 만들 수 있다. 이에 따라 거대한 항성 large star 이나 행성 planet 을 형성하여 주위에 강력한 중력 gravitation 을 미칠 수 있다. 그러나 정전기력은 서로 같은 전하끼리는 척력 repulsive force 이 작용하므로, 양전하 positive charge 나 음전하 negative charge 를 한데 모아 accumulate 커다란 정전기력을 만들 수는 없다.

electric field
전기장
전하 charge 가 주변의 공간에 미치는 전기적인 영향이 전기장 E로, SI단위는 newton/coulomb(N/C) 이다. 방안 이곳 저곳에 온도계 thermometer 를 가져가 위치에 따라 다른 온도를 측정할 수 있듯이, 대전된 물체 charged object 의 근처 이곳 저곳에 시험전하 test charge q_t를 가져가 작용하는 정전기력 electrostatic force F를 측정하여 전기장을 정의할 수 있다:

$$E = \frac{F}{q_t}$$

electric field lines   전기력선

전기장의 크기와 방향 magnitude and direction 을 가상적인 hypothetical 그림 diagram 으로 나타낸 개념이 전기력선 electric field lines 이다. 편의상 전류 electric current 의 방향을 +전하에서 −전하 방향으로 잡는 것과 마찬가지로 전기장이 뻗어 나가거나 들어오는 전기력선의 방향은 양전하 positive charge 쪽에서 밖으로 나가고, 음전하 negative charge 쪽으로 들어가는 것으로 정한다.

① At any point, the direction of a straight field line or the direction of the tangent to a curved field line gives the direction of E at that point. (어떤 지점에서건 **E**의 방향은 직선으로 나오는 (전기)역선의 방향과 같거나, 또는 역선이 굽어 있을 때는 그 지점에서 접선 방향이다.)

② The field lines are drawn so that the number of lines per unit area, measured in a plane that is perpendicular to the lines, is proportional to the magnitude of E. (역선에 수직인 평면에서 센 단위 면적 당 역선의 개수가 **E**의 크기에 비례하도록 역선을 그린다.)

번개가 치면 자동차 안이 안전하다?

천둥 번개가 무섭게 치면 사람들은 본능적으로 피할 곳을 찾는다. 그럼 자동차 안에 앉아 있다면? 별로 다른 곳을 찾을 필요는 없다. 왜냐하면 금속으로 둘러싸인 물체 내부에는 전기장이 미치지 않기 때문이다.

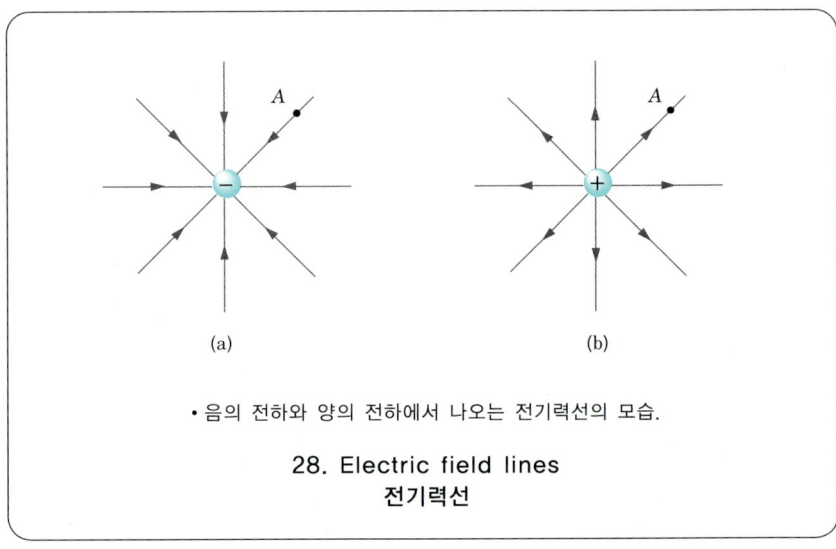

• 음의 전하와 양의 전하에서 나오는 전기력선의 모습.

28. Electric field lines
전기력선

flux

선속 (線束)
전기장 electric field 이나 자기장 magnetic field, 중력장 gravitational field 등이 일정 면 area 을 통과해 흐르는 양을 선속 flux 이라고 한다. 라틴어의 *fluxus*에서 온 flux는 흐름 flow 이라는 뜻을 가졌으며, Φ (Phi; F에 해당하는 그리스 알파벳)로 표기한다.

선속은 장 field 의 세기와 면의 넓이뿐만 아니라, 선속이 흐르는 방향과 면이 놓이는 방향에 따라서도 달라진다. 가령 선속에 대해 면이 비스듬히 있으면 통과하는 장 field 의 양은 줄어들게 된다. 따라서 면에도 방향성을 고려하여 크기 magnitude 가 면의 넓이와 같고 equal to an area, 방향 direction 은 면에 수직한 normal to the plane of the area 면벡터 area vector $\mathbf{A}$를 정의하여 사용한다.

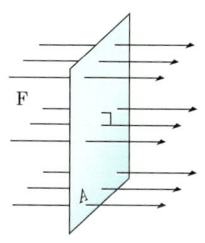
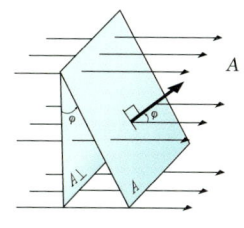

• 면적이 같아도 비스듬히 기울어진 면을 통과하는 선속 flux의 개수는 줄어든다. 이 때문에 겨울에는 햇빛의 선속이 적어서 온도가 낮아진다.

29. Flux
선속

electric flux

전기선속 (電氣線束)

어떤 면 surface 이 전기장 electric field E 안에 들어 있을 immerse 때 그 면을 통과해 흐르는 전기장의 양이 전기선속 electric flux 이다. 전기장 안에 들어있는 폐곡면 closed surface A를 생각하면, 일반적으로 면이 평평하지 않을 것이므로 전기선속 Φ의 정의는

$$\Phi = \oint E \cdot dA$$

폐곡면에서의 전기선속 electric flux in a closed surface

이다. dA는 선속이 흐르는 면적의 미분 극한 area vector approaching a differential limit 을, 적분기호의 원 circle on the integral sign 은 폐곡면 전체 entire closed surface 에서의 적분을 의미한다. 이때 적분이 수행되는 take over 폐곡면을 가우스면 Gaussian surface 이라고 한다.

두 벡터의 스칼라곱 scalar product 로 정의된 선속 flux Φ는 스칼라량이며, SI단위 SI unit 는 $N \cdot m^2/C$

(newton-square meter per coulomb)이다. 전기선속을 이용하여 전자기학의 기본적인 원리 중의 하나인 가우스 법칙 Gauss' law 을 끌어낼 수 있다.

Gauss' law 가우스 법칙

전하들 charges 을 어떤 면 surface 으로 둘러싸면, 그 표면 밖으로 뚫고 나오는(발산되는 divergent) 전기장의 양은 그 안에 둘러싸인 총 전하량 sum of all the enclosed positive and negative charges q_{tot} 에 비례한다는 법칙을 말한다.

$$\oint \mathbf{E} \cdot d\mathbf{A} = \frac{q_{tot}}{\varepsilon_0}$$ 가우스 법칙 Gauss' law

가우스 법칙은 사실상 쿨롱의 법칙 Coulomb's law 과 같으며, 이를 대칭성 symmetry 을 이용하여 달리 표현한 것이다. 그러나 전하가 구대칭 spherical symmetry 이나, 원통대칭 cylindrical symmetry 과 같이 일정한 대칭성을 가지고 분포하는 distribute 경우에 적절한 가우스 면 Gaussian surface 을 택하면 쿨롱의 법칙에 비해 훨씬 우아하고도 손쉽게 문제를 해결할 수 있게 해준다.

가우스 법칙은 전기장뿐만 아니라 일반적인 벡터장 vector field 에도 적용할 수 있어서 전기장과 자기장 magnetic field 에 관한 Gauss 법칙은 맥스웰방정식 Maxwell's equations 에 포함되어 전자기학의 근본을 이루고 있다.

electric dipole 전기쌍극자

크기가 같고, 부호는 반대인 equal and opposite sign 두 전하 $+q$와 $-q$가 일정 거리 d 만큼 떨어져 고정되어 있는 것이 전기쌍극자 electric dipole 이다. 서로 다른 두 di 개의 극(極) pole 으로 이루어진 물리량을 쌍극자 dipole 라고 하며, 극 pole 이 하나 mono 이면 홀극

monopole 이라고 한다. 쌍극자에는 두 전하 charge 로 이루어진 전기쌍극자 electric dipole 와 막대자석 bar magnet 과 같은 자기쌍극자 magnetic dipole 가 있다.

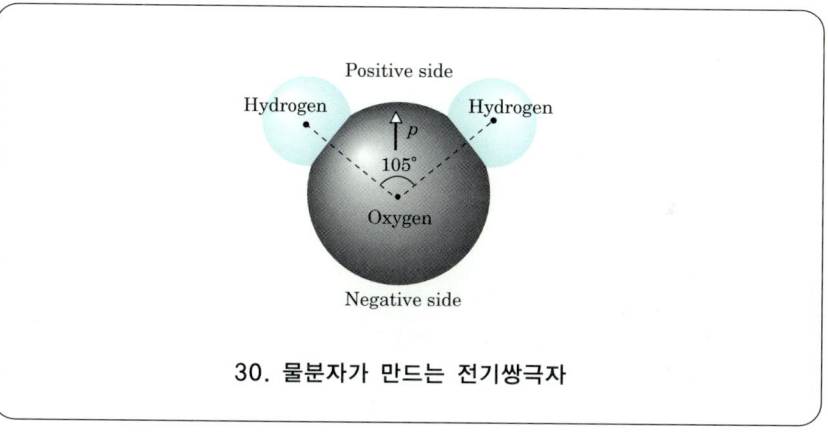

30. 물분자가 만드는 전기쌍극자

전자렌지 microwave oven 의 빠르게 진동하는 oscillating 마이크로파 microwave 는 급속하게 방향이 왔다갔다하는 전기장 electric field rapidly oscillating back and forth in direction 을 만든다. 전기쌍극자를 이러한 외부 전기장 external electric field 안에 놓으면 재빨리 회전하여 쌍극자의 $+q$는 전기장의 $-$극을, $-q$는 전기장의 $+$극 쪽을 향하여 정렬한다 align. 액체 liquid 상태의 물분자 water molecule 는 상대적으로 쉽게 움직일 수 relatively free to move 있으며, 또한 전기쌍극자를 형성하기 때문에 전자렌지의 전기장은 물분자를 계속 회전시켜, 이 과정에서 물의 온도가 올라간다. 분자들이 쉽게 움직이지 않는 얼음은 전자렌지 안에서 뜨거워지지 않는다.

electric dipole moment 전기쌍극자모멘트

전기쌍극자 electric dipole 의 고유한 성질들 intrinsic properties 인 전하의 크기 q와 사이거리 d의 곱

$$p = qd$$

를 전기쌍극자모멘트 electric dipole moment 라고 한다.

electric potential 전기퍼텐셜

흔히 전위(電位) voltage(volt) 라고 하는 양이 전기퍼텐셜이다. 전기퍼텐셜에너지 electric potential energy 는 전하의 크기 amount of charge 에 의존하여 달라지기 때문에 단위 전하 당 퍼텐셜에너지 potential energy per unit charge 를 도입하여 이를 전기퍼텐셜 electric potential 또는 간단히 퍼텐셜이라고 하고, V로 나타낸다. 이는 전하를 띤 물체의 존재 여부에는 무관한 순수한 전기장만의 성질이다. (전기)퍼텐셜의 SI단위는 joule/coulomb (J/C)이며,

$$1 \text{ J/C} = 1 \text{ volt} = 1 \text{ V}$$

이다.
전기퍼텐셜은 중력퍼텐셜 gravitational potential 의 경우와 같이 절대적인 값이 아닌 **퍼텐셜차** potential difference 가 중요하다. 퍼텐셜차는 전위차 또는 전압이라고도 한다. 가정용 전기의 전압이 220 volt라는 말은 지면에 접지 ground 한 곳을 0 volt로 하여 이를 기준으로 220 volt의 전위차를 유지한다는 뜻이다. 퍼텐셜에너지(단위 J)와 퍼텐셜(단위 V)은 혼동하기 쉬우나 전혀 다른 양이므로 주의가 필요하다. → electrical potential energy 전기 퍼텐셜에너지 p.71

equipotential   등퍼텐셜의
퍼텐셜차 potential difference 가 없이 같다는 뜻이다. 평평한 면 flat surface 위에 있는 구슬은 구르지 않고, 두 개의 battery를 같은 극끼리 연결하면(즉 같은 전압 voltage 사이에서는) 전기가 흐르지 않는다. 이러한 상태를 등퍼텐셜이라고 하며, 구슬이 구르지 않는 기울지 않은 선이나 평평한 면을 각각 일러 **등퍼텐셜선** equipotential line 과 **등퍼텐셜면** equipotential surface 이라고 한다. 지도의 등고선 contour line 은 중력 gravitation 의 등퍼텐셜선을 그린 것이다.

(4) Capacitor 축전기

capacitor   축전기 (蓄電器)
전기장 electric field 에 전기에너지를 저장하는 장치 device that stores electric energy 이며, 기호는 ┤├ 로 표시한다. 가장 기본적인 **평행판 축전기** parallel-plate capacitor 는 간격 distance d 만큼 떨어져있는 separated 면적 area 이 A인 두 평행 극판 parallel conducting plates 로 만든다. 축전기가 대전되면 capacitor is charged, 극판들은 크기가 같고, 부호가 반대인 equal and opposite sign $+q$와 $-q$의 전하를 띄게 된다. 자동차의 축전기가 12V라는 말은 12V의 퍼텐셜 차 potential difference 또는 전압 voltage 가 걸려 대전되어 있다는 말이다.

스위치를 꺼도 회로를 함부로 만지지 마세요

스위치를 끄면 전기가 모두 소멸된 줄 알고 회로를 만지다 감전될 수 있으니 주의할 일이다. 이는 특히 부품 중 축전기 (condenser)의 경우가 그러한데 이 안에는 축전된 전기가 남아 있기 때문이다.

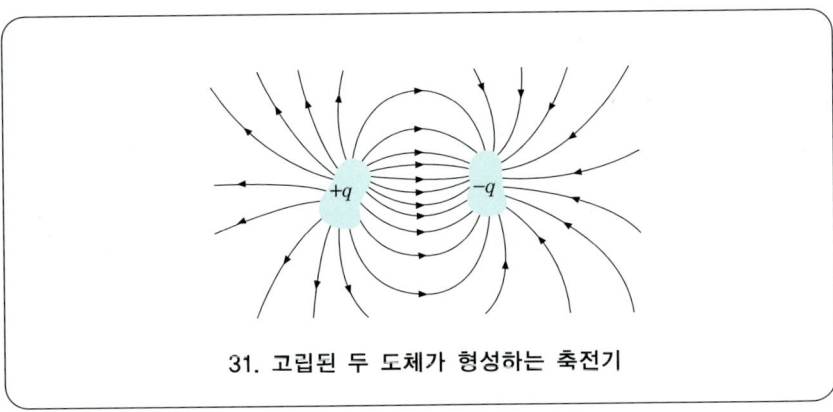

31. 고립된 두 도체가 형성하는 축전기

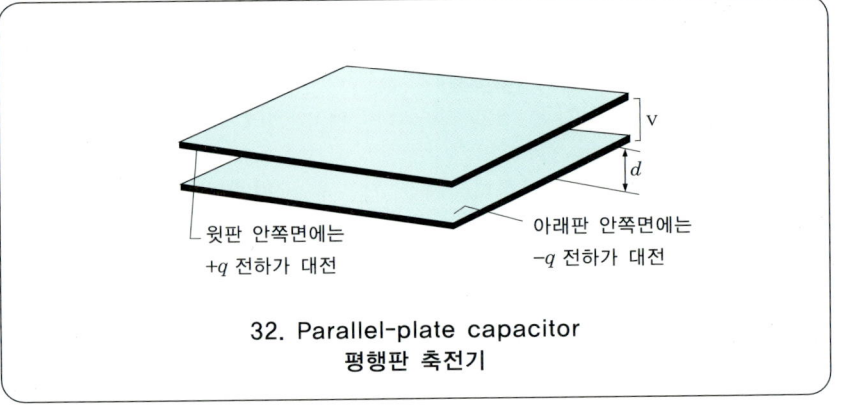

32. Parallel-plate capacitor
평행판 축전기

capacitance **전기용량**

축전기에 전기를 담을 수 있는 용량을 말한다. 축전기의 한 극판 conducting plate 에 대전되는 전하량 q (총 전하가 아님–두 극판에 대전되는 전하의 부호가 다르므로 opposite sign 총 전하는 0이다)는 극판에 걸어주는 퍼텐셜차 potential difference V에 비례하여,

$$q = CV$$

의 관계를 만족한다. 여기서 비례상수 C를 축전기의 전기용량 capacitance 이라고 하며, SI단위는 **패럿** farad 이다:

$$1\,\text{farad} = 1\text{F} = 1\,\text{coulomb/volt} = 1\text{C/V}$$

farad은 지나치게 큰 단위여서 실제로는 마이크로패럿 microfarad ($1\,\mu\text{F} = 10^{-6}\text{F}$)이나 피코패럿 picofarad ($1\,\text{pF} = 10^{-12}\text{F}$)을 사용한다. 가령 두 극판의 사이거리 distance 가 1.0mm인 평행판 축전기의 전기용량이 1.0F이려면 극판은 가로, 세로가 각각 10km가 넘는 엄청난 넓이가 되어야 한다. 전기용량은 극판의 넓이 area 와 모양 shape (평면, 구, 원통 등 plate, sphere, cylinder, etc)에 따라 달라진다.
축전기의 한 극판에 대전되는 전하량이 q이면, 전기장에 저장되는 에너지량은 다음과 같이 주어진다

$$U_E = \frac{q^2}{2C} = \frac{1}{2}CV^2$$

dielectric

유전체

광물성 기름이나 플라스틱 같은 절연체 insulating material 를 이른다. 유전체는 전기의 흐름을 방해하기 때문에 축전기 capacitor 의 내부에 유전체를 넣으면 전기용량 capacitance 이 증가한다. 대부분의 평행판 축전기 parallel-plate capacitor 에는 두 장의 얇은 금속막 metal foil 의 가운데에 절연물질 insulating material 인 유전체 dielectrics 의 막 thin layers 이 들어있고, 이렇게 층층이 겹쳐진 판을 간편한 원통모양으로 말아서 foil sandwich is rolled into a compact cylinder 사용한다. 전기용량이 커짐에 따라 축전기에 저장되는 에너지도 많아진다.

parallel connections of capacitors 축전기의 병렬연결

Battery처럼 축전기도 여러 개를 연결해서 사용할 수 있다. 축전기에서는 battery를 직렬 series connection, 또는 병렬연결 parallel connection 할 때의 계산법과는 반대의 꼴을 보인다. 축전기를 병렬로 연결하면 결과적으로 극판 conducting plate 의 넓이가 넓어지는 것과 같은 효과를 주므로 전하가 대전되는 총량이 더해진다. 따라서 병렬연결을 한 축전기의 등가 **전기용량** equivalent capacitance C_{eq}는

$$C_{eq} = C_1 + C_2 + \ldots + C_n$$

이 된다.

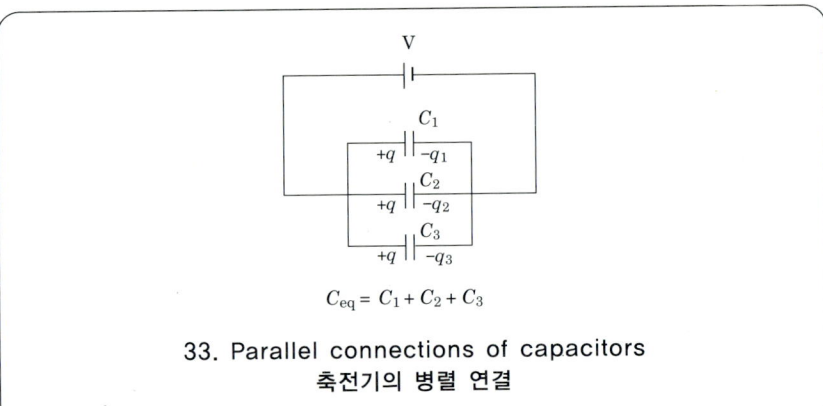

33. Parallel connections of capacitors
축전기의 병렬 연결

series connections of capacitors 축전기의 직렬 연결

축전기의 병렬연결과는 반대로 직렬연결을 하면 연결된 축전기의 극판에서 +와 −전하들이 서로 상쇄되어 전체적인 전하량은 줄어든다:

$$\frac{1}{C_{eq}} = \frac{1}{C_1} + \frac{1}{C_2} + \cdots + \frac{1}{C_n}$$

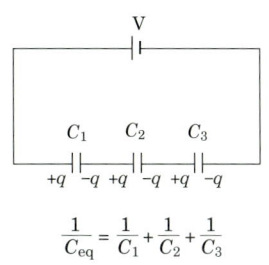

34. Series connections of capacitors
축전기의 직렬 연결

(5) Alternating Current 교류

alternating current 교류

사인파 sinusoidal wave 모양으로 흐르는 전류가 교류 (AC)이다. 교류는 한 주기 period 에서 양의 부분과 음의 부분이 같아 평균값 mean value 이 0이기 때문에 battery에 충전 charge 하려면 그대로 사용할 수 없으므로 **다이오드** diode 와 축전기 capacitor 를 써서 **직류** (direct current; DC) 로 바꾸어야 한다.
그러나 전류의 방향이 주기적으로 바뀜에 따라 회로 주위의 자기장도 주기적으로 변화하여 패러데이의 유도법칙 Faraday's law of induction 을 적용할 수 있는 장점이 있다. 따라서 변압기 transformer 를 사용하여 쉽게 퍼텐셜차(전압) potential difference(voltage) 를 올리거나 내릴 수 있어서 발전기나 전동기 같이 회전하는 기계에는 교류를 사용한다. 전구나 전열기 같은 전기기구는 전하의 운동방향에는 관계없이 전하의 실제 이동에 따른 에너지 전달 transfer of energy 에 의존하므로 교류를 사용할 수 있다.

reactance   리액턴스

인덕터 inductor 나 축전기 capacitor 가 포함된 회로에 사인파 모양 sinusoidal 의 교류 기전력 alternating electromotive force(emf) 이 흐를 때 발생하는 전류의 흐름을 방해하는 양이 리액턴스이다.

리액턴스는 X로 표시하며, SI단위는 ohm(Ω)이다. 리액턴스는 저항 resistance R과 함께 임피던스 impedance Z를 형성한다:

$$Z = \sqrt{R^2 + X^2}$$

capacitive reactance   용량성 리액턴스

축전기 capacitor 만의 회로 circuit 에 교류전류가 흐르면 축전기에 전하를 모으거나(충전 charging), 전하를 꺼내면서(방전 discharging) 시간 지연 효과를 낸다. 이를 용량성 리액턴스 capacitive reactance 라고 하며, 그 크기는 다음과 같다:

$$X_C = \frac{1}{\omega C} = \frac{1}{2\pi f C}$$

여기서 C는 축전기의 전기용량 capacitance, ω와 f는 각각 교류의 각진동수 angular frequency 와 진동수 frequency 이다.

inductive reactance   유도성 리액턴스

인덕턴스 L만 있는 회로에 교류가 흐르면 전류의 반대방향으로 유도기전력 induced emf 이 나타나 전류의 흐름을 방해한다.(렌즈의 법칙 Lenz's law) 이를 유도성 리액턴스 inductive reactance 라고 한다:

$$X_L = \omega L = 2\pi f L$$

impedance   임피던스

교류회로에서 전류 current 의 흐름을 억제하는 저항 resistance 과 리액턴스 reactance 가 결합한 양을 임피던스 impedance 라고 한다. 임피던스는 Z로 표시하며, 단위는 저항 resistance 과 같이 ohm(Ω)이다.

저항 resistor 과는 달리 축전기 capacitor 와 인덕터 inductor 는 에너지를 축적하는 형태로 전류의 흐름을 방해한다. 따라서 시간이 걸릴 뿐 잠시 후에 되돌려주므로 실질적인 평균전력 소모는 저항에서만 일어난다. 저항과 인덕터, 축전기가 직렬로 연결된 회로 series RLC circuit 에서 교류기전력 alternating emf 의 전압 volatge 과 전류는 위상 phase 이 90°앞서거나 뒤쳐지는 차이를 보인다. 위상차 phase difference 를 고려한 임피던스는

$$Z=\sqrt{R^2+(X_L-X_C)^2}$$

가 된다. 비슷한 관계가 음향 acoustic 이나 역학적 mechanical 인 계 system 에서도 성립한다.

electric power 전력

전력 electric power 은 단위시간 당 공급되는 전기에너지, 또는 단위시간 당 다른 형태(열, 빛 등)의 에너지로 변환하는 전기에너지를 말한다. 전력도 일률과 같이 P로 표시하며, SI단위는 watt(W)이다.

직류(DC) direct current 회로에서의 일률은

$$P=VI$$

이며, 교류(AC) alternating current 회로에서 평균전력 average electric power 은

$$\overline{P}=V_{rms}\,I_{rms}\cos\phi$$

이 된다.
교류의 전압 voltage 과 전류 current 는 주기적으로

periodically 변하는 사인파 sinusoidal 의 형태로 들어오므로 단순히 평균값 average value 을 계산하면 0이 될 것이다. 따라서 이러한 경우에는 제곱평균제곱근 (rms) root-mean-square 값을 사용한다.

흔히 전기를 "200kw 사용했다."는 식으로 이야기하지만, 이는 단순히 일률 power 일 뿐 사용한 전기에너지량을 표시하는 것은 아니다. 가정용 전기기구의 일률은 watt로 표기되어 있으며, 사용한 에너지(시간만큼의)에 대한 돈을 낸다. 전기에너지량은 보통 킬로와트시 (kWh) kilowatt-hour 를 사용한다:

$$1\text{kWh} = (1000\text{W})(3600\text{s}) = 3.60 \times 10^6 \text{J} = 3.60 \text{ MJ}.$$

power factor 전력인자

교류의 평균전력 average electric power $\overline{P} = V_{rms} I_{rms} \cos\phi$ 의 효율 efficiency 은 $\cos\phi$ 의 값에 따라 달라질 것이므로 이를 전력인자라고 부른다. 전력인자는 저항 resistance R과 임피던스 impedance Z의 비 ratio 로 주어진다:

$$\cos\phi = \frac{R}{Z} \quad \text{전력인자 power factor}$$

전력인자 $\cos\phi$ 를 1에 가깝게 유지하여야 평균일률 average power 의 값이 커져서 저항 resistor 에 들어가서 사용되는 에너지 효율이 높아진다.

root-mean-square 제곱평균제곱근

Root-mean-square는 줄여서 rms로 쓴다. 어떤 값의 평균을 구하는데 제곱 square 을 해서 평균 mean 을 낸 다음 다시 제곱근 square root 을 취한다는 뜻이다. 굳이 이렇게 복잡한 방법을 쓰는 이유는 sine 함수의 모양과 같이 양 positive 의 값과 음 negative 의 값이 주기적으로 나타나는 경우에 평균을 내면 무의미해지는 경우를 막기 위해서이다.

가정용 전기인 교류(AC) alternating current 는 사인파 sinusoidal wave 의 형태로 들어와, 그 값이 수시로 변하므로 교류전류와 교류전압 alternating voltage 의 평균값 average value 을 구할 필요가 있다. 그러나 한 주기 one cycle 에 대한 사인파는 양의 부분과 음의 부분이 같아 평균값은 0이 되어버린다.

저항 R에 걸리는 교류전류 $I=I_0 \sin \omega t$를 생각해 보면 공급된 전력 electric power P는

$$P = I^2R = I_0^2 R \sin^2 \omega t$$

이 되어 sine에 제곱한 항이 나온다. 여기서 I_0는 전류의 진폭 amplitude 이다. 교류전류의 1주기에 대한 per one period (cycle) $\sin^2 \omega t$의 평균값은 0.50이므로 평균전력은

$$P_{av} = (\frac{I_0}{\sqrt{2}})^2 R$$

이 된다. 이 값을 제곱평균제곱근값 rms value 또는 유효값 effective value 이라고 한다. 교류전류계 ammeter 나 교류전압계 voltmeter 등의 눈금 scale 은 이 유효값으로 표시된다.

전압과 전류의 rms 값은 각각

$$V_{rms} = \frac{V_0}{\sqrt{2}} = 0.707 V_0, \quad I_{rms} = \frac{I_0}{\sqrt{2}} = 0.707 I_0$$

이므로 rms 값이 220V, 15A인 전기의 최대값은 각각 311V, 21.2A이 된다.

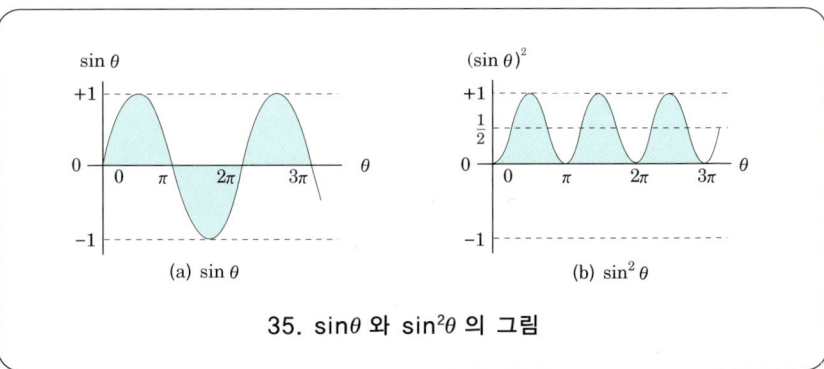

35. $\sin\theta$ 와 $\sin^2\theta$ 의 그림

$\sin^2\theta$ 나 $\cos^2\theta$의 한 주기에 대한 over one period 평균값은 물리학의 여러 분야에서 자주 나오므로 기억해 두면 유용하게 쓰인다. 먼저 $\sin^2\theta + \cos^2\theta = 1$의 공식 formula 에서 시작한다. 이를 한 주기 period 에 대해 정적분 definite integral 을 하고, 다시 주기로 나누어 평균을 내면

$$\frac{1}{2\pi}\int_{-\pi}^{+\pi}(\cos^2\theta+\sin^2\theta)d\theta = \frac{1}{2\pi}\int_{-\pi}^{+\pi}d\theta = 1$$

여기서 $\sin^2\theta$ 와 $\cos^2\theta$는 위상차 phase difference 를 제외하면 같은 모양이므로 이들의 평균값은 각각

$$\frac{1}{2\pi}\int_{-\pi}^{+\pi}\cos^2\theta\, d\theta = \frac{1}{2\pi}\int_{-\pi}^{+\pi}\sin^2\theta\, d\theta = \frac{1}{2}$$

이다.

9 Magnetism
자기

(1) Magnetic Force and Magnetic Field 자기력과 자기장

magnetic force 자기력

자석 magnet 의 자극 magnetic pole 들이 서로 밀거나 당기는 힘 repelling or attracting force 이 자기력이다. 두 자극 m_1과 m_2가 거리 r만큼 떨어져 있을 때의 자기력의 크기는

$$F \propto \frac{m_1 m_2}{r^2}$$

이다. 쿨롱의 법칙 Coulomb's law 과 비슷하게 서로 같은 자극은 척력 repulsion 을, 서로 다른 자극은 인력 attraction 을 미친다.

자석이 만드는 자기장 magnetic field 의 근처에 움직이는 전하 moving electric charge 가 있으면 자기력을 받는다. 만일 전하가 움직이지 않으면 자기력은 사라진다. 자기 magnetism 와는 관계없어 보이는 전하가 자기장 내에서 움직이면 자기력이 생기는 이유는 전하가 움직여 만드는 전류가 자기장을 형성하여 자극처럼 행동하기 때문이다. 전류가 흐르는 평행한 두 도선 two parallel wires 은 각각의 자기장을 만들어 서로 힘을 미친다.

팝콘과 강냉이

마른 옥수수를 튀기면 모두 팝콘이 되느냐 하면 그렇지 않고 수분 함량이 일정량 이상인 종류의 옥수수만이 팝콘이 된다. 수분 함량이 그 이하인 종은 열과 압력을 함께 가해야 하는데 그것이 우리 재래식 옥수수의 경우이다. 길가다 우리는 이런 모습을 아직도 본다. "뻥이요…"

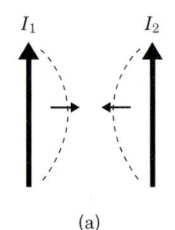
(a)
전류가 같은 방향으로 흐르는
두 도선은 서로 당긴다.

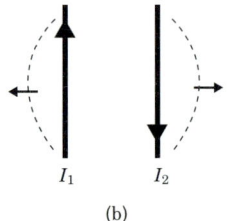
(b)
전류가 다른 방향으로 흐르는
두 도선은 서로 밀어낸다.

36. 전류의 흐름과 자기력의 발생

magnetic field   **자기장**

자극 magnetic pole 이 주위에 미치는 영향의 정도인 자기장은 **B**로 표시하며, SI단위는 테슬라 teslar 이다:

$$1 \text{ teslar} = 1 \text{ T} = 1 \text{ N/(A} \cdot \text{m)} = 10^4 \text{ gauss}$$

지구 표면에서의 자기장의 세기는 약 1 gauss (10^{-4}T) 정도이며, 작은 막대자석 bar magnet 은 약 $10^{-2\text{T}} = 100$ gauss 정도의 자기장을 보인다.
전하(실질적으로는 전자) charges 가 움직여서 발생하는 전류 electric current 는 자기장을 만들어낸다. 전자 electron 의 움직임에서 자기장이 생성되는 방식은

① 전자가 공간에서 운동하거나, 도선 conducting wire 안에서 흐르는 것처럼 전자가 움직이면 전류의 흐름으로 볼 수 있으므로 외부에 자기장을 형성한다.

② 고전적인 관점으로 볼 때, 하나의 전자는 $-e$의 전하가 자전하는 rotating 것처럼 움직여 전류흐름을 형성하므로 **스핀 자기모멘트** spin magnetic moment

를 만든다.

③ 궤도 운동 orbital motion 을 하는 원자 내의 전자들 electrons attached to atoms 은 전류가 원형으로 흐르는 것과 같은 효과를 주어서 **궤도 자기모멘트** orbital magnetic moment 를 발생시킨다.

magnetic field lines 자기력선

전기장 electric field 과 마찬가지로 자기장도 자기력선 magnetic field lines 으로 나타낼 수 있다. 막대자석에서 자기력선이 나오는 끝을 N극 north pole, 들어가는 쪽을 S극 south pole 이라고 한다.

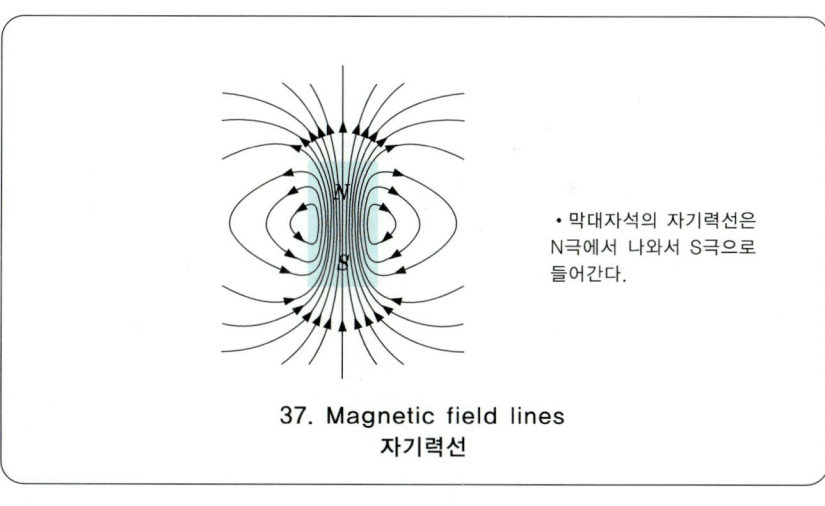

· 막대자석의 자기력선은 N극에서 나와서 S극으로 들어간다.

37. Magnetic field lines
자기력선

magnetism of earth 지구자기장 (지자기)

일반적으로 지구자기장 earth's magnetic field 은 S-극 south pole 에서 나와서 N-극 north pole 으로 들어간다. 따라서 자기장 magnetic field 의 정의에 따라

실제로는 남극 the Antarctic 에 자석의 N-극이, 북극 the Arctic 에 자석의 S-극이 있다. 여기서 말하는 자극 magnetic pole 은 지구 자전축 earth's rotation axis 에 맞춰져 있는 지리적인 극 geographical pole 과는 조금 어긋나 있다.

지자기가 생기는 원인은 지구 안쪽 깊은 곳에 있는 액체 핵 core 즉 녹아있는 상태의 금속 metal 이 지구의 자전에 따라 움직이면 자유전자 free electrons 가 흐르는 상태가 되어 전류 electric current 를 생성하기 때문이다.

permeability 자기투과율

자기투과율은 물질이 자기장의 흐름을 투과시키는 척도이다. **자기유도용량**이라고도 하며, μ로 나타낸다. 진공에서의 in free space 투과율을 **투과상수** permeability constant μ_0라고 하며,

$$\mu_0 = 4\pi \times 10^{-7} T \cdot m/A = 4\pi \times 10^{-7} H/m$$

이다. 전류가 미치는 자기장의 세기에 관한 상수 μ_0는 전기장 electric field 에서의 유전상수 permittivity constant ε_0와 비슷한 역할을 한다.

magnetic dipole 자기쌍극자

자석의 두 극이 일정 거리만큼 떨어져 있는 것이 자기쌍극자이다. 막대자석 bar magnet 이 자기쌍극자의 가장 간단한 예이며, 천연자석 외에 전자석 electromagnet 도 전기가 흐르면 자석의 역할을 하므로 자기쌍극자가 만들어진다. 전류고리 current loop 는 짧은 막대자석과 같은 자기장을 보이므로 자기쌍극자로 다룰 수 있으며, 회전하는 구전하 rotating sphere of charge 와 거대한 자석인 지구 자체도 자기쌍극자이다.

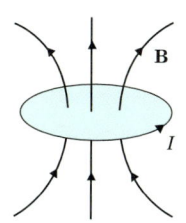

38. 전류 고리가 형성하는 자기 쌍극자

magnetic dipole moment 자기쌍극자모멘트

전류고리에서 코일이 감긴 회수 number of turns of the coil 를 N, 전류 current 를 I, 코일의 면적 area enclosed by the coil 을 A 라고 하면, 자기쌍극자모멘트 magnetic dipole moment 는 다음과 같이 정의된다 :

$$\mu = NiA$$

자기쌍극자 모멘트는 줄여서 **자기모멘트** magnetic moment 라고도 한다.
전자 electron, 양성자 proton, 중성자 neutron 등 대부분의 아원자 입자들 subatomic particles 도 일종의 전류고리를 형성하여 자기쌍극자모멘트가 존재한다. 전자 같은 기본입자 elementary particle 단위에 이르기까지 자기쌍극자모멘트가 존재하기 때문에 자석은 아무리 나누어도 쌍극자로서만 존재하고, **자기홀극** magnetic monopole 을 분리해 내기는 불가능하다. 다만 우주론 cosmology 인 관점에서 자기홀극의 존재가 예측되기도 했으나, 현재까지 찾아내는 데에는 성공하지 못하고 있다.

(2) Laws of Magnetism 자기장의 법칙들

magnetic flux 자기선속 (磁氣線束)

임의의 면을 지나가는 자기력선 magnetic field lines 의 수, 즉 어떤 면을 통과해 나가는 자기장의 총량이 자기선속이다. 전기선속 electric flux 을 Φ(또는 Φ_E)로 표시하는 데 비해 자기선속은 Φ_B로 표시하며 SI단위는 웨버(Wb) weber 이다. 자기선속 magnetic flux 은 자기장과 면적의 곱으로 정의되어

$$1웨버(Wb) = 1T \cdot m^2 (teslar-square\ meter)$$

이다.

electromotive Force 기전력

기전력은 emf로 표시하며, SI단위는 volt(V)이다. 전하 charge 에 일을 해준다는 뜻으로 기전력, 즉 힘 force 이라는 용어를 썼으나, 실은 잘못 사용하는 말이며 emf 는 전기퍼텐셜차 electric potential difference 즉 전위차 voltage 와 같은 개념이다. 전지 battery, 발전기 generator, 태양전지 solar cell, 연료전지 fuel cell 등과 같이 전기를 공급해주는 장치를 **기전력 장치** emf device 라고 한다.

전동기 electric motor 의 코일이 회전하면서 자체에서 유도된 기전력 induced emf 은 전동기를 돌리는 기전력과는 반대방향으로 만들어지므로 이를 **역기전력** back emf (counter emf) 이라고 한다.

Ampere's law 암페어의 법칙

도선 wire 에 전류 electric current I가 흐르면 도선 둘레에 자기장 magnetic field **B**이 발생한다. 이 자기장을 따라 선적분 line integral 을 하면 그 값이 전류에 비례한다는 법칙이다:

$$\oint \mathbf{B} \cdot d\mathbf{s} = \mu_0 I$$

적분기호의 동그라미 circle on the integral sign 는 적분이 폐곡선 closed loop 둘레를 감싸고 수행됨을 뜻한다. 이 폐곡선을 암페어의 고리 Amperian loop 이라고 한다.

Ampere의 법칙은 표현이 단순할 뿐만 아니라, 적절한 대칭성 symmetry 을 이용하면 전류에 의해 발생하는 자기장을 쉽고, 깨끗하게 풀어낼 수 있다. 자기장에서의 Ampere의 법칙은 전기장 electric field 에서의 Gauss의 법칙 Gauss' law 에 대응한다. 전자기학 electromagnetism 의 기본원리를 이루는 암페어의 법칙과 가우스의 법칙 Gauss' law 은 맥스웰방정식 Maxwell's equations 에 포함되어 있다.

electromagnetic induction   전자기유도

철사로 고리를 만들어 자석을 가까이, 혹은 멀리 움직이면 고리에 전류 current 가 흐르는 현상을 말한다. 움직이는 전하 moving charge 즉 전류가 자기장 magnetic field 을 만들어내는 현상 phenomenon 에 비하여 전자기유도는 움직이거나 변화하는 자기장이 전류를 흐르게 하는 현상이다. 이는 전류 current 에서 토크(돌림힘) torque 를 얻는 전동기 electric motor 의 원리와는 반대로 외부자기장 external magnetic field 에서 전류를 얻는 발전기 generator 의 원리를 설명한다.

전자기유도 electromagnetic induction 에 의해 회로 내에 생기는 기전력 electromagnetic force 을 **유도기전력** induced emf, 그에 따라 회로에 흐르는 전류를 **유도전류** induced current 라 한다. 전자기유도를 설명하는 원리에는 패러데이의 유도법칙 Faraday's law of induction 과 렌즈의 법칙 Lenz's law 이 있다.

Faraday's law of induction   패러데이의 유도법칙
The emf induced in a conducting loop is equal to the negative of the rate at which the magnetic flux through that loop is changing with time.
(도선 고리(회로)에 유도된 기전력은 그 고리를 통과하는 자기선속이 시간에 따라 변화하는 비율에 음의 부호를 붙인 것과 같다.)
따라서 변화하는 자기장에 의해 회로에 유도된 전류는 자기선속(자기장의 세기)의 증가나 감소를 막으려는 방향으로 흐른다.

Lenz's law   렌즈의 법칙
도선으로 만든 닫힌 고리 closed loop 에 유도되는 전류 induced current 의 흐르는 방향에 관한 법칙이다.
An induced current in a closed conducting loop will appear in such a direction that it opposes the change that produced it.
(도선으로 된 닫힌 고리에 유도된 전류는 그 전류를 발생시키는 변화에 거스르는 방향으로 나타난다.)
이는 자연계의 기본 원리인 뉴턴 Newton 의 관성의 법칙 law of inertia 이 전자기효과에도 적용됨을 보여준다. 렌즈의 법칙은 패러데이의 유도법칙에서 음의 부호 minus sign 에 해당하는 부분으로, 변화에 거스르는 유도전류의 방향을 나타낸다.

(3) Inductance   인덕턴스

inductor   인덕터
축전기 capacitor 의 양쪽 극판 conducting plates 에 대전된 전하들 charges 이 전기장 electric field 을 만드는 것처럼 인덕터 inductor 는 자기장 magnetic field 을 만드는 장치이다. 흔히 균일한 uniform 자기장

을 만드는데 긴 솔레노이드 코일 solenoid coil 의 가운데 부분을 사용하므로 코일 모양 (xxxxxx)을 인덕터의 기호로 사용한다.

inductance 인덕턴스

축전기의 전기용량 capacitance 에 대응하는 개념이 인덕터 inductor 의 인덕턴스 inductance 로서 코일에 흐르는 전류가 자기장을 만들어내는 비율이다. L로 표시하는 인덕턴스는 단위전류당 유도되는 자기장의 세기로 정의된다:

$$L = N\frac{\phi}{I}$$

여기서 N은 인덕터 코일을 감은 횟수 number of turns, ϕ는 자기선속 magnetic flux, I는 코일에 흐르는 전류 current이다. 인덕턴스의 SI단위는 henry(H)를 사용한다:

$$1\text{henry} = 1\text{H} = 1\text{T} \cdot \text{m}^2/\text{A}$$

축전기의 전기장에 에너지가 저장되는 것과 같이 인덕터가 만든 자기장 magnetic field 에도 에너지가 저장되며, 그 양은 다음과 같다:

$$U_B = \frac{1}{2}LI^2$$

self-inductance 자체인덕턴스

그림의 회로 circuit 에서 스위치를 닫으면 패러데이의 유도법칙 Faraday's law of induction 에 따라 배터리 battery 의 기전력 (전압 voltage)을 감소시키는 방향으로 인덕터 코일에 유도기전력 induced emf 이 발생한다.

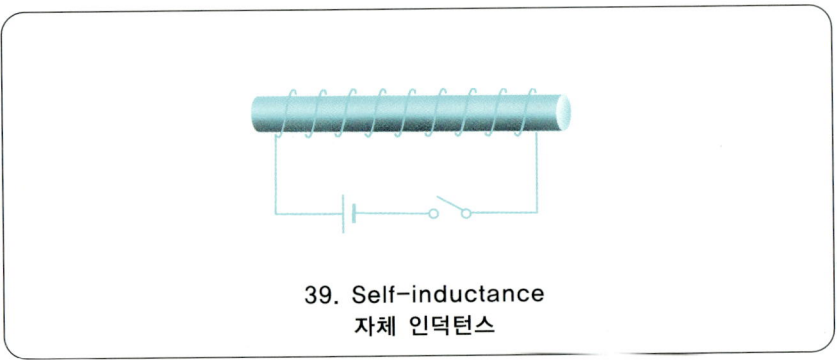

39. Self-inductance
자체 인덕턴스

즉 배터리에서 흐르는 전류의 방향과 반대방향 opposite direction 으로 유도기전력이 발생하는 이 현상을 자체유도 self-induction 라고 한다. 자체유도 기전력 self-induced emf 은

$$(emf)_L = -L \frac{dI}{dt}$$

가 되고, 비례상수 proportionality constant L이 자체인덕턴스 self-inductance 이다.
반대로 그림의 회로에서 스위치를 열면 흐르던 전류가 급격히 감소한다. 따라서 전류가 흐르던 방향으로 스위치의 접점에 큰 자체유도 기전력이 발생하여 불꽃 spark 이 튄다. 스위치를 닫거나, 열 때 전류의 증가, 감소를 방해하는 방향으로 나타나는 자체유도는 뉴턴의 관성의 법칙 law of inertia 과 유사하게 작용한다. 이러한 관점에서 볼 때 자체 인덕턴스는 질량 mass 과 마찬가지로 관성 inertia 의 크기에 해당한다.

mutual inductance　상호인덕턴스
두 인접한 side by side 인덕터 inductor 코일이 패러

데이의 유도법칙 Faraday's law of induction 에 따라 서로 유도기전력 induced emf 을 발생시키는 현상이 상호유도 mutual induction 이다.

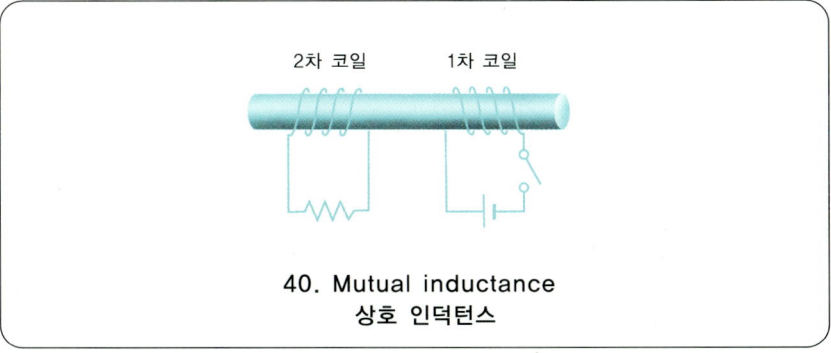

40. Mutual inductance
상호 인덕턴스

회로의 스위치를 닫으면 1차 코일 primary coil 은 전자석이 되어서 act as an electromagnet 자기장 magnetic field 을 만든다. 이 자기장은 2차 코일 secondary coil 에 영향을 주어서 기전력이 1차 코일에 흐르는 전류 current 에 반대방향으로 발생한다. 즉 2차 코일에 유도된 기전력은

$$(\text{emf})_2 = -M_{21}\frac{dI_{1차}}{dt}$$

가 되고, 비례상수 proportionality constant M_{21}이 상호인덕턴스 mutual inductance 이다. 이 과정을 반대로 하여 2차 코일의 스위치를 열거나 닫아 2차 코일에 흐르는 전류가 바뀌면 1차 코일에 기전력이 유도된다:

$$(\text{emf})_1 = -M_{12}\frac{dI_{2차}}{dt}$$

두 경우의 비례상수 M_{21}와 M_{12}는 사실상 같은 값을 갖는다.(상호인덕턴스 mutual inductance 의 mutual은 여기서 나온 말이다.) 따라서

$$M_{21}=M_{12}=M$$

이 되며 M을 상호인덕턴스라고 한다.

(4) Solenoid and Toroid 솔레노이드와 토로이드

solenoid 솔레노이드

용수철 spring 처럼 나선 helix 모양으로 길게 도선 wire 을 감은 것을 솔레노이드 solenoid 라고 한다. 균일한 자기장 uniform magnetic field 을 만들기 위하여 촘촘히 감긴 adjacent turns touching each other 긴 솔레노이드를 이용한다. 이상적인 경우 솔레노이드 외부의 자기장은 서로 상쇄되어 없어지고 내부에만 균일한 자기장이 남게 된다.

흐르는 전류를 I, 단위길이당 per unit length 감긴 회수 turns 를 n이라 하면, 양끝 부근 near ends 을 제외한 긴 솔레노이드 내부의 자기장은

$$B=\mu_0 nI$$

이다. 이 식에는 솔레노이드의 길이 length 나 도선이 감긴 지름 diameter 에 의존하는 항 term 이 없으므로 자기장 B는 균일함을 알 수 있다.

도선 wire 이 감긴 전체 회수를 N, 솔레노이드의 길이를 l이라 하면, 자기장은 다음과 같이 쓸 수 있다

$$B=\frac{\mu_0 NI}{l}$$

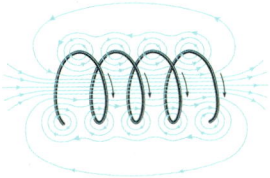

(a) 느슨히 감긴 솔레노이드

(b) 솔레노이드의 단면 (가장자리에서 멀리 떨어진 중심 부분만을 그렸다.)

41. Solenoid
솔레노이드

toroid

토로이드

솔레노이드를 구부려 양끝을 붙여서 도넛 doughnut 모양으로 만든 장치가 토로이드 toroid 이다. 솔레노이드와는 달리 토로이드 내부의 자기장은 균일하지 않다. 토로이드의 반지름 radius r에 따라 달라지는 자기장은

$$B = \frac{\mu_0 IN}{2\pi r}$$

이다.

러시아어로 toroidal magnetic chamber(동그란 모양의 자기 그릇)의 뜻인 토카막 tokamak 은 핵융합 nuclear fusion 원자로의 기본적인 장치이다. 토카막은 토로이드의 자기장 안에 뜨거운 플라즈마 plasma 상태의 전하들 charges 을 가두어 담는 역할을 한다. 사실상 토카막 이외의 어떤 방법으로도 핵융합에 쓰이는 플라즈마의 온도를 견디기는 쉽지 않다.

(5) Circuits Including R, L, C   R, L, C를 포함하는 회로

Kirchhoff's rule   키르히호프의 법칙

독일의 물리학자 G. Kirchhoff가 정리한 회로 circuit 에 관한 두 가지 규칙을 이른다. 키르히호프의 법칙은 접합점 법칙 junction rule 과 폐회로 법칙 loop rule 으로 구성되어 있다.

Kirchhoff's junction rule   키르히호프의 접합점 법칙

회로 내의 한 지점이 여러 갈래로 갈려있는 경우에 전류를 계산하는 규칙이다.
The sum of all currents entering a junction must equal the sum of all currents leaving the junction. (하나의 접합점에 들어오는 모든 전류의 합은 거기서 나가는 전류의 합과 같다.)
회로를 분석하는데 큰 도움이 되는 이 법칙은 전하보존법칙 conservation of charge 과 같은 뜻을 가진다.

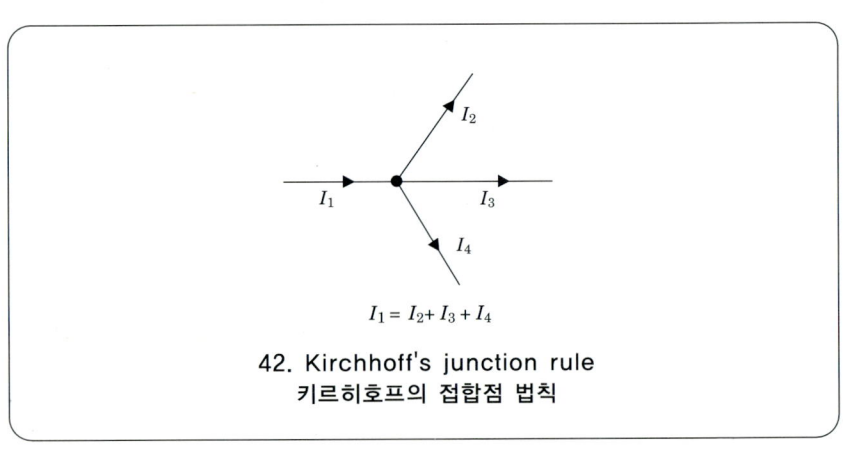

42. Kirchhoff's junction rule
키르히호프의 접합점 법칙

Kirchhoff's loop rule   키르히호프의 폐회로 법칙

회로를 흐르는 전류가 저항들을 지나면서 잃은 전위차

potential difference (voltage) 의 합은 기전력에서 공급되는 전위와 같으므로 전체 전위 변화의 합은 0이 된다는 원리이다.

The algebraic sum of the voltage changes around any closed loop in a circuit must equal zero.(닫힌 회로에서 한바퀴 돌면서 전위의 변화를 더하면 0이 된다.)

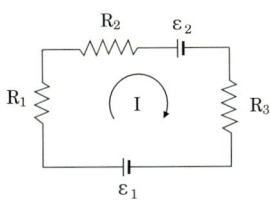

$\varepsilon_1 - IR_1 - IR_2 - \varepsilon_2 - IR_3 = 0$

43. Kirchhoff's loop rule
키르히호프의 폐회로 법칙

RC circuit

RC회로

RC회로 RC circuit 는 저항 resistor R과 전기용량 capacitance C의 축전기 capacitor 가 기전력 장치 electromotive force(emf) device 에 직렬로 연결된 회로 series circuit 이다. 축전기에 전하량 amount of charge q가 충전되거나 방전될 charge or discharge 때 지수형 exponential function 으로 증가하거나, 감소하는 모습을 보인다.

기전력 emf 에서 나오는 퍼텐셜차(전위차) potential difference(voltage) V는 저항에서 열로 전환되거나, 축전기에 저장되므로 store Kirchhoff의 폐회로 법칙 Kirchhoff's loop rule 에 따라

$$IR + \frac{q}{C} = V$$

를 얻는다. 이 식에 관한 미분방정식 differential equation 을 세워서 풀면 전류는

$$I = \frac{V}{R} e^{-t/RC}$$

가 된다. 회로에 흐르는 전류는 점차 감소하다가 충전이 완료되면 fully charged(equilibrium) 더 이상 전류는 흐르지 않는다. 물론 이 상태에서도 저항에서 소모되는 만큼 기전력에서 퍼텐셜차는 계속 공급된다.
회로가 열려 방전되는 discharge 경우에 전류는

$$I = -\frac{V}{R} e^{-t/RC}$$

를 얻는다. I의 음의 부호 minus sign 는 충전시와는 반대방향으로 흐르는 전류가 됨을 뜻하며, 전류는 최대값 V/R에서 지수적으로 감소하기 시작한다.

RL circuit

RL회로
저항 resistance R과 인덕턴스 inductance L의 인덕터 inductor 가 기전력 장치 emf device 에 직렬로 연결된 connected in series 회로가 RL회로이다.
인덕터에 의한 유도 전류 induced current 는 렌즈의 법칙 Lenz's law 에 따라 기전력에서 나오는 전류의 방향에 반대로 opposed 흐른다. 여기에 키르히호프의 폐회로 법칙 Kirchhoff's loop rule 을 적용하면,

$$L \frac{dI}{dt} + IR = V$$

를 얻는다. 이 식의 풀이 solution 는 RC회로와 유사하게

$$I = \frac{V}{R}(1-e^{-Rt/L})$$

가 된다. 한편 충분한 시간이 흐른 후 기전력 장치를 제거하면 remove 인덕터의 자기장에 저장되었던 stored in the magnetic field 에너지가 저항에서 열로 바뀌어 사라진다.

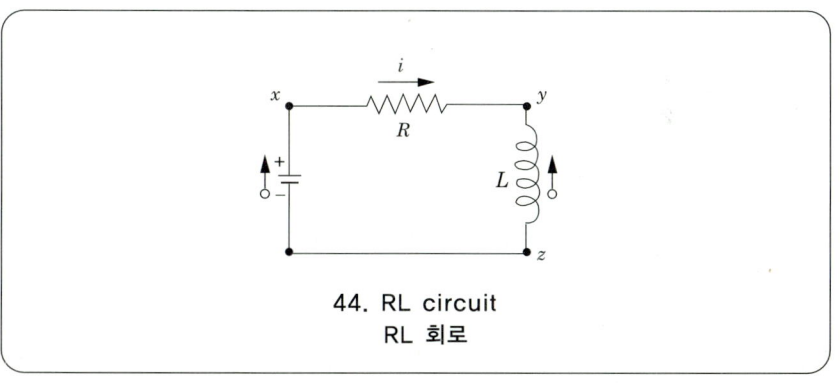

44. RL circuit
RL 회로

LC oscillator

LC 진동자

인덕터 inductor L과 축전기 capacitor C가 연결된 회로이다. LC회로 LC circuit 에서는 에너지가 인덕터의 자기장 magnetic field 와 축전기의 전기장 electric field 에 저장된다 stored. 저항 resistance 이 없으므로 에너지가 열 heat 로 소모되지 dissipated 않고 인덕터와 축전기 사이에서 진동하므로 LC 진동자 oscillator 라고 한다.

회로가 닫히기 closed 전에 축전기가 대전되어 charged 있다고 하면, 처음에는 흐르는 전류가 없기 때문에 인덕터의 에너지는 0이다. 회로의 스위치를 닫으면 축전기가 방전되면서 discharged 축전기에 저장되었던 에너지가 인덕터에 발생하는 자기장에 쌓이기 시작한다.

축전기가 완전히 방전되면, 렌즈의 법칙 Lenz's law 에 따라 인덕터에서 반대방향 opposite direction 으로 전류가 흐르기 시작한다. 이에 따라 이번에는 인덕터에서 에너지가 감소하면서 다시 축전기에 충전이 되기 시작한다. 따라서 일정한 총에너지가 전기장과 자기장 사이를 오가면서 진동하는 모습을 보인다.

LC진동자에서 에너지가 전기장과 자기장 사이에서 진동하는 모습은 용수철의 총에너지 total energy 가 운동에너지 kinetic energy K와 퍼텐셜에너지 potential energy U 사이에서 진동하는 것과 근본적으로 같은 식을 만족한다. 전자기적 진동과 역학적 진동의 관계는 다음과 같이 주어진다

spring 용수철	x	m	k	$v = dx/dt$	$\omega=\sqrt{k/m}$	$K=\frac{1}{2}mv^2$	$U=\frac{1}{2}kx^2$
LC oscillator LC 진동자	q	L	$1/C$	$I = dq/dt$	$\omega=1/\sqrt{LC}$	$U_B=\frac{1}{2}LI^2$	$U_E=\frac{1}{2C}q^2$

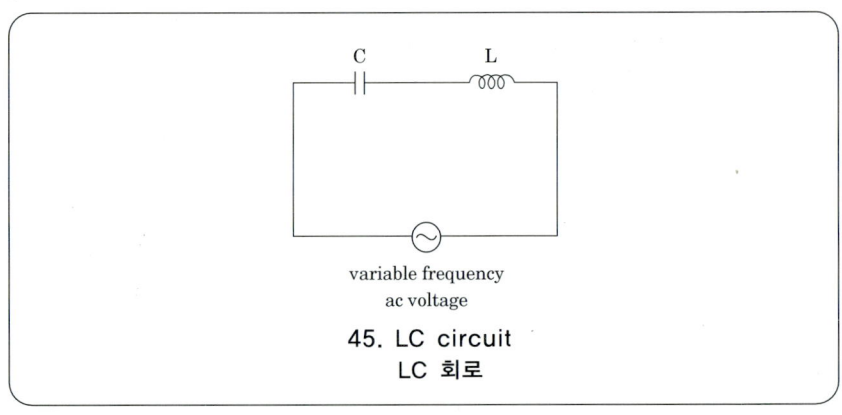

45. LC circuit
LC 회로

RLC circuit

RLC 회로
LC회로에서 진동하는 에너지계 energy system 에 저

항 resistor R을 추가하면 에너지가 열로 일정하게 소모되어 transformed steadily to thermal energy 어느 정도 시간이 지나면 없어질 것이다. 이런 경우를 RLC회로에서의 감쇠진동 damped oscillation in an RLC circuit 이라고 한다. 총에너지 total electromagnetic energy U는 더 이상 일정하지 않고, 시간에 따라 감소 decrease with time 하여 감소율은

$$\frac{dU}{dt} = -I^2 R$$

이다. 따라서 RLC 회로의 식은 다음과 같이 된다

$$\frac{d^2q}{dt^2} + \frac{R}{L}\frac{dq}{dt} + \frac{q}{LC} = 0$$

이 식의 풀이는 전류가 시간에 따라 감쇠하여 없어지는 모양을 보인다.

forced oscillation 강제진동

RLC 직렬회로에 교류기전력 alternating emf $E = E_0 \sin \omega t$을 공급하면 처음에 축전기에 들어있던 에너지는 곧 감쇠해 damped 없어지고, 외부에서 주어지는 교류기전력에 의한 강제진동 forced oscillation (driven oscillation) 만 남아 구동 각진동수 driving angular frequency ω에 따라 진동을 지속한다. 이를 강제진동자 forced oscillator 라고 한다.

10 Electromagnetic Wave & Light
전자기파와 빛

(1) Electromagnetic Waves 전자기파

isotropic 등방성 (等方性)의
물리적 성질이 모든 방향에 동등하다는 뜻이다. 가령 빛 (전파)이 공간에 퍼져 나갈 propagate 때 어느 특정 방향으로만 나가지 않고, 모든 방향으로 고르게 퍼져나가므로 등방적 isotropic 이라고 한다. isotropic의 명사형은 isotropy(등방성)이다. 물체 object 가 축의 방향 axis 에 따라 탄성 elasticity 등의 성질이 달라지는 것을 비등방성 anisotropic 이라고 한다.

Maxwell's equations 맥스웰 방정식
전기장 electric field 과 자기장 magnetic field 에 관한 4개의 미분방정식 differential equations 으로 전자기학 이론의 모든 것이 들어있다. Maxwell 방정식은 다음과 같이 정리할 수 있다

① $\oint \mathbf{E} \cdot d\mathbf{A} = q/\varepsilon_0$
전하 charge 와 전기장 electric field 의 관계를 나타내는 전기에 관한 가우스 법칙 Gauss' law for electricity

② $\oint \mathbf{B} \cdot d\mathbf{A} = 0$
자기홀극 magnetic monopole 은 존재하지 않는다는 자기에 관한 가우스 법칙 Gauss' law for magnetism

③ $\oint \mathbf{E} \cdot d\mathbf{S} = -\dfrac{d\Phi_B}{dt}$
변화하는 changing 자기장에서 만들어지는 전기장에 관한 패러데이의 유도법칙 Faraday's law of induction

④ $\oint \mathbf{B} \cdot d\mathbf{S} = \mu_\circ \varepsilon_\circ \dfrac{d\Phi_E}{dt} + \mu_\circ I$

변화하는 전기장과 전류 current 에 의해 생성되는 자기장에 관한 **Ampere-Maxwell 의 법칙** Ampere-Maxwell's law

맥스웰방정식의 의미는 서로 다른 힘으로 알고 있던 전기 electricity 와 자기 magnetism 를 하나로 묶어 전자기학 electromagnetism 의 체계로 이해할 수 있다는 점에 있으며, 이 방정식을 통해 빛이 곧 전자기파 electromagnetic wave 의 일종이라는 사실을 자연스럽게 받아들일 수 있게 되었다.

그 후 Einstein의 특수상대성이론 special theory of relativity 이 나오면서 맥스웰방정식은 상대론과 전혀 모순 없이 자연스럽게 어울렸을 뿐만 아니라, 전하운반체 charge carrier 의 움직임을 상대론적으로 풀어보면 자기장이 만들어짐을 확인할 수 있다. 즉 전기와 자기는 서로 다른 개념이 아니라 같은 물리적 성질이 보는 방식에 따라 달리 보이는 것이다.

displacement current 변위전류

축전기의 두 판 plates 사이처럼 서로 연결되어 있지 않은 경우에 실제 전류 current 는 흐르지 못한다. 그러나 실제 회로 circuit 에서는 각각 양과 음으로 대전된 charged 두 판 사이에 전기장 electric field 이 발생하여 단락 short 이 없이 전류가 이어진다. 맥스웰 Maxwell 은 이 현상에서 서로 간격이 있는 두 판 사이를 변위전류가 연결하여 전류가 연속적으로 흐른다고 보고, 암페어의 법칙 Ampere's law 에 변위전류에 관한 새로운 항 new term 을 첨가하여 맥스웰방정식을 완성하였다.

electromagnetic waves   전자기파

전기장 electric field 과 자기장 magnetic field 이 결합되어 사인파 sinusoidal wave 의 모양으로 진동하며 oscillating 진행해나가는 파동 progressive wave 이 전자기파이다. 맥스웰방정식 Maxwell's equations 에 따르면 전자기파의 진행속력은

$$v = \frac{1}{\sqrt{\mu_0 \varepsilon_0}} = \frac{1}{\sqrt{(4\pi \times 10^{-7} \text{T} \cdot \text{m/A})(8.85 \times 10^{-12} \text{C}^2/\text{N} \cdot \text{m}^2)}}$$
$$= 2.998 \times 10^8 \text{ m/s}$$

이 된다. 이는 전자기파의 속력이 빛의 속력 speed of light 과 정확하게 일치하는 놀라운 결과로서, 빛이 전자기파의 일종임을 뜻한다. 또한 빛의 속력이 기본적 상수인 투과상수 permeability constant μ_0와 유전상수 permittivity constant ε_0의 결합으로만 나타나므로, 빛의 속력 역시 기본물리상수 universal physical constant 의 하나가 된다.

electromagnetic wave spectrum   전자기파 스펙트럼

전자기파의 파장은 넓은 범위 wide range of wavelengths 에 걸쳐져 있으며, 이들 모두를 전자기파 스펙트럼이라고 한다. 우리가 빛이라고 부르는 가시광선 visible light 은 진동수(주파수) frequency 가 10^{15} cycles/s = 10^{15}Hz 정도로 전자기파 스펙트럼의 아주 좁은 영역에 불과하다. 모든 전자기파에 대하여 $f\lambda = c$가 항상 성립한다. 여기서 f는 진동수, λ는 파장, $c = 3 \times 10^8$m/s인 빛의 속력이다.

radio waves   라디오파

파장이 대략 1m($\approx 10^9$Hz) 정도 보다 긴 모든 파장의 전자기파 electromagnetic wave 를 라디오파로 분류한다. FM 라디오는 진동수(주파수) f = 88MHz에서

108MHz까지를 사용한다. 가령 진동수가 100MHz ($=10^8$Hz) 라면 $f\lambda=c$에서 파장 λ는 3m가 된다. 또한 진동수 1000kHz인 AM 방송 전파의 파장은 300m에 이른다.

microwaves / 마이크로파

파장의 범위 range 가 1mm($\approx 10^{12}$Hz)에서 수 cm($\approx 10^9$Hz) 정도인 전자기파로, 적외선 infrared waves 보다는 길고, 라디오파 radio waves 보다는 짧은 영역에 걸친다. 레이더 radar 나 장거리 전화 long-distance telephone message transmission 통신망 communications link, 전자렌지 microwave oven 등에 이용되는 영역의 전파이다.

infrared wave / 적외선

아래 infra 와 빨간색 red 의 합한 말이다. 글자 그대로 적외선은 가시광선 visible light 의 빨간색(가시광선 중 가장 파장이 길다) 보다 파장 wavelength 이 길어서 진동수 frequency 가 가시광선보다 적은 빛을 말한다.

빨간색 근처의 적외선을 **근적외선** near infrared, 좀 더 파장이 길어 마이크로파 microwaves 쪽에 가까운 영역을 **원적외선** far infrared 으로 구분한다. 적외선은 열 heat 을 가진 물체에서 복사 radiation 되기 때문에 열선 heat radiation 이라고도 하며, 이산화탄소 carbon dioxide 나, 물을 포함하는 분자에 잘 흡수된다. 일단 흡수된 적외선의 에너지는 열에너지 thermal energy 로 전환된다.

visible light / 가시광선

글자 그대로 인간의 눈으로 볼 수 있는 전자기파 스펙트럼의 일부로, 보통은 빛 light 이라고 한다. 가시광선(또는 백색광 whitelight)은 파장이 400 나노미터 nanometer (nm) 에서 700nm 인 영역에 있으며, 보라색에서 빨간색까지의 색깔을 가지고 있다. 여기서 $1nm = 10^{-9}m$ 로 백만분의 1 mm이다.

인간의 눈은 파장이 550nm 정도인 빛(연두색 light green)에 가장 민감하며 (peak sensitivity), 보라색 violet 이나 빨간색으로 갈수록 잘 보지 못하게 된다. 실제로 햇빛은 지구 대기 earth's atmosphere 중에서 보라색이 파란색보다 더 많이 산란되나 scattered, 우리 눈이 파란색에 너 민감하기 때문에 하늘이 파랗게 보인다.

ultraviolet

자외선

위 ultra 와 보라색(자색) violet 의 합성어이다. 자외선은 보라색보다 파장이 짧은 short wavelength 쪽의 빛이다. 파장이 보라색에 가까운 근자외선 near ultraviolet 은 대기 중의 오존(O_3) ozone 에 대부분 흡수된다. 대부분의 자외선은 보통의 유리 common forms of glass 를 통과하지 못한다.

X-ray

X-선

X-선은 파장이 원자 하나의 지름 diameter 과 비슷하거나 더 작은 약 1천만 분의 1mm(0.1nm)인 전자기파의 일종이다. 진공관 vacuum tube 속의 가열된 필라멘트 hot filament 에서 나온 강한 에너지를 가진 전자들의 다발 energetic stream of electrons 이 금속판 metal plate 에 충돌하면 bombard 금속판의 원자에서 X-선이 나온다. X-선은 부드러운 물질 soft material 에 침투할 penetrate 수 있어서 이 원리를 이용하여 X-선 사진을 찍는다.

gamma-ray

감마(γ)선

가장 짧은 파장 영역의 전자기파로서, 원자핵 nucleus 의 반지름 radius 정도인 10^{-15}m 정도의 아주 짧은 파장의 빛도 γ-선에 속한다. 핵이 들뜬 상태 excited state 에 있다가 바닥상태 ground state 로 내려가면서 높은 에너지를 가진 γ-선을 내놓는다. 들뜬 핵에서 나오는 에너지는 들뜬 상태의 전자가 바닥상태로 떨어지면서 방출하는 X-선보다 더 크기 때문에 γ-선의 파장은 X-선 보다 짧다. 일반적으로 원자의 들뜬 전자들 excited electrons 이 떨어지면서 나오는 빛입자(光子) photon 를 X-선, 핵에서 방출되는 emitted 빛입자를 γ-선으로 구분한다. γ-선은 주로 방사능 radioactivity 이나 우주선 cosmic ray 에서 온다.

background radiation 배경복사

1965년 A. Penzias와 R. Wilson이 발견한 우주 생성 초기에 생성되어 균일하게 homogeneously 우주공간을 채우고 있는 마이크로파 microwave 가 배경복사이다. 우주의 크기가 아직 작은 우주생성의 초기에 생긴 전파이기 때문에 공간의 모든 방향으로부터 같은 isotropic 강도로 수신된다. 배경복사는 대폭발 big bang 이후 약 300,000년 정도 지나 전자기파 복사 electromagnetic radiation 가 가능해지면서 생겼으며, 대폭발이론 big bang theory 의 중요한 증거이다.

(2) Optics   광학

optics   광학

빛에 연관된 현상들 phenomena 을 연구하는 물리학의 한 분야를 광학(光學) optics 이라고 한다. 특히 빛의 파동성 wave-like property 이나 물리적 성질 physical property 을 제외하고, 순수한 반사 reflection 와 굴절 refraction 현상에 한정하여 그림을 그래서 알기 쉽게 다루는 분야가 **기하광학** geometrical optics 이다.

chromatic aberration 색수차

광학 optics 의 용어로 한 점에서 나온 빛이 렌즈 등의 광학기구를 지난 다음, 상을 맺을 때 한 점에 모이지 않아 색깔이 있어 보이거나 일그러지는 현상이 수차 aberration 이다. 색수차(色收差) chromatic aberration 란 렌즈의 경계면에서 서로 다른 파장 wavelength 의 빛들이 하나의 초점 focus(복수형은 foci) 에 모이지 않는 현상이다. 원리적으로 색수차를 완전히 없애기는 불가능하나, 이를 부분적으로 보정한 렌즈가 **색지움 렌즈** achromatic lens 이다. aberration 은 광행차(光行差)로 번역되어 다른 의미로 사용되기도 한다. → aberration 광행차 p.191

index of refraction 굴절률

빛이 공기에서 물로 들어갈 때 쪼여준(입사된) 빛 incident light 의 일부는 **반사** reflection 가 되고, 나머지는 표면에서 **굴절** refraction 되어 들어간다. 빛이 굴절하는 원인은 진행하는 매질 medium 에 따라 빛의 속력 speed of light 이 달라지기 때문이다.

매질에 의해 빛의 속력이 느려지는 비율 fraction 이 매질의 굴절률 index of refraction 이다. 매질 내에서의 빛의 속력을 v라 하면, 굴절률 n은 다음과 같이 주어진다

$$n = \frac{c}{v} \quad \text{굴절률 index of refraction}$$

진공 vacuum 에서의 빛의 속력 $c = 3 \times 10^{-8} \text{m/s}$이 가장 빠르므로 굴절률은 항상 1이거나, 1보다 크다. 공기의 굴절률은 거의 1에 가깝기 때문에 근사적으로 approximately 1로 쓰기도 하며, 다이아몬드의 굴절률은

2.42로 가장 높은 값을 보인다.(다이아몬드 내에서의 빛의 속력이 가장 느리다.)
굴절률은 빛의 파장 wavelength 에 따라서도 약간 다르기 때문에 – 파장이 긴 빨간색 빛 보다 파란빛의 굴절률이 더 크다 – 색의 분산 chromatic dispersion 이 일어나 빛의 스펙트럼 spectrum 이 생긴다.

diffraction

회절

회절 diffraction 이란 파동이 장애물 뒤로 구부러져 돌아가는 bending around behind obstacles 현상으로, 장애물은 파동을 완전히 가로막지 못한다. 삼차원으로 전달되는 파동은 호이겐스의 원리 Huygens' principle 에 따라 예측이 가능하다. 파동이 진행하다가 작은 구멍이 뚫린 장애물에 부딪히면 구멍에 닿은 파동의 일부분이 새로운 파동의 근원이 되어 구멍 바깥으로 퍼져나가 장애물의 뒤 전체에 퍼지게 된다.

interference

간섭

2개 이상의 파동 waves 이 동시에 simultaneously 도달하여 파동이 합성되어 overlap 나타나는 현상 phenomenon 이 간섭 interference 이다. 간섭은 중첩의 원리 principle of superposition 에 따라 일어난다.

→ **principle of superposition** 중첩의 원리 p.54

파도 water wave, 음파 sound wave, 전자기파 electromagnetic wave 등 모든 종류의 파동은 간섭을 일으킨다.

constructive interference

보강간섭

동일한 모양의 파동들 synchronized waves 이 겹쳐져 overlap 파동의 효과가 더해지는 현상이 보강간섭 constructive interference 이다.

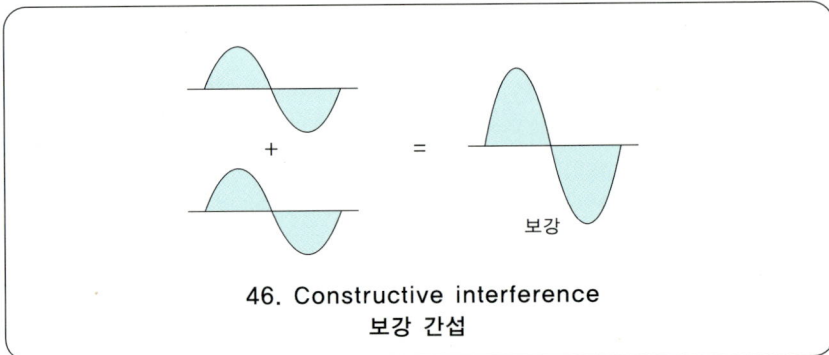

46. Constructive interference
보강 간섭

destructive interference 상쇄간섭
동일한 모양의 파동들이 경로차(같은 지점에 도달하기까지 진행해간 거리의 차) path length difference 에 따라 겹쳐져 파동이 상쇄되는 현상이다.

47. Destructive interference
상쇄 간섭

rainbow 무지개
무지개는 태양빛(백색광) sunlight(white light) 이 물방울을 통과할 때 각각의 파장들에 따라 굴절 refraction 의 정도가 달라서 여러 색깔의 빛으로 분리되기 때문이다. 그러나 비누거품 표면 surface of a soap bubble 에 나타나는 무지개 무늬는 반사된 빛의 보강 또는 상쇄간섭 constructive or destructive interference 으로 특정 파장의 빛이 잘 보이거나(보강), 보이지 않기(상쇄) 때문이다.

interferometer 간섭계

빛은 두 개의 slit을 통과해 나와 서로 보강, 상쇄간섭 constructive, destructive interference 을 반복하면서 밝고, 어두운 모양이 이어지는 간섭무늬 interference fringe 를 만든다. 이러한 광학적 optical 간섭무늬를 이용하여 짧은 길이를 재거나, 미세한 길이의 변화를 측정하는 기구가 간섭계 interferometer 이다. 1881년에 미국의 물리학자 마이켈슨 Michelson 이 만든 마이켈슨 간섭계 Michelson's interferometer 를 사용하면 극히 얇은 물체의 두께를 빛의 파동수 number of waves 로 정밀하게 셀 수 있다. 이에 따라 1962년 이후로는 길이의 단위 unit of length 를 빛의 파동수로 정의하게 되었다.

Young's double-slit interference 영의 이중 슬릿 간섭현상

동일한 모양의 synchronized 파동들이 보강간섭 constructive interference 이나 상쇄간섭 destructive interference 을 일으켜 파동의 진폭 amplitude 이 커지거나 작아질 수 있다. 이에 따라 밝고 어두운 영역이 교대로 alternating bright and dark regions 스크린 screen 에 나타나게 되는데 (이러한 무늬 pattern 를 줄무늬 fringe 라고 한다), 이를 영의 이중 슬릿 간섭현상 Young's double-slit interference 이라 한다.

Snell's law 스넬의 법칙

두 매질 사이에 굴절이 일어날 때 들어 갈 때의 각 θ_1을

입사각 angle of incidence, θ_2를 **굴절각** angle of refraction 이라 한다. 굴절률 index of refraction 과 굴절각 angle of refraction 의 관계는

$$n_1 \sin \theta_1 = n_2 \sin \theta_2$$

가 되며, 이를 스넬의 법칙 Snell's law 이라고 한다.

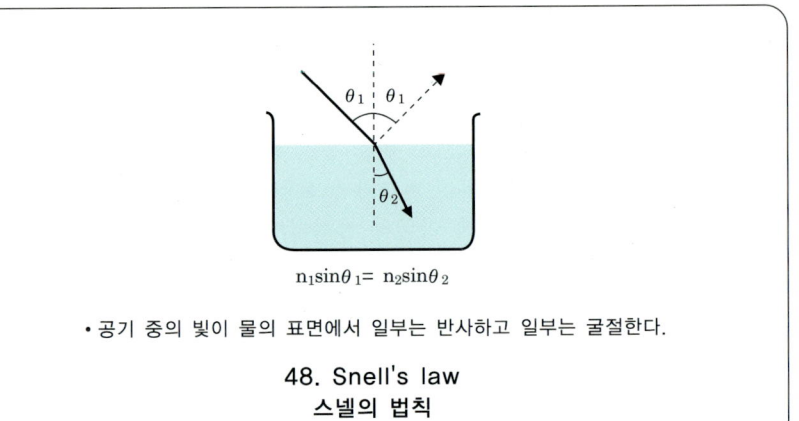

- 공기 중의 빛이 물의 표면에서 일부는 반사하고 일부는 굴절한다.

48. Snell's law
스넬의 법칙

Huygens' principle 호이겐스의 원리

호이겐스가 파동 wave 의 회절 diffraction 현상을 설명하기 위해 1678년에 내놓은 가정으로, 모든 파동의 맨 앞부분 wavefront 은 그 자체가 그 점에서 모든 방향으로 퍼져나가는 2차적 파동 wavelet 의 근원 source 이 된다는 원리이다.

호이겐스의 원리에 의해 처음으로 빛의 반사 reflection 와 굴절 refraction 을 파동의 개념으로 설명할 수 있었으며, 19세기 말에 이르러서야 비로소 맥스웰방정식 Maxwell's equations 으로 빛이 전자기파 electromagnetic wave 임을 좀 더 자세히 파악하게 되었다.

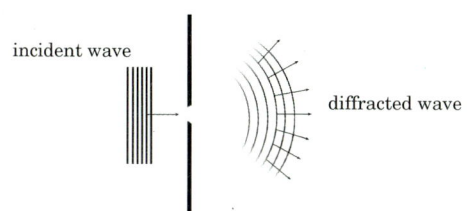

• 용어해설 : incident wave 들어가는 파동, diffracted wave 회절되어 나오는 파동

49. 파동이 회절하는 모습

11 Relativity
상대성이론

Michelson-Morley experiment 마이켈슨-몰리 실험

마이켈슨은 1881년에 마이켈슨 간섭계 Michelson's interferometer 를 직접 고안하여 빛의 매질 medium 이 된다고 여겨지던 가상적인 hypothetical 물질인 에테르 ether 를 찾아내고자 하였다. 이를 위하여 별빛의 광행차 aberration of starlight 를 측정하였으나, 빛의 속도 speed of light 에 미치는 에테르 ether 의 영향을 찾아내지는 못하였다. 결과적으로 진공에서의 in free space 빛의 속도가 일정함을 확인하여, 아인슈타인 Einstein 은 이를 특수상대성이론 special theory of relativity 의 기본 가정 postulate 으로 삼았다.

ether (aether) 에테르 (이써)

① 그리스어 *aither*에서 온 말로 blazing(빛나는)의 뜻이다. 고대 그리스의 4원소설 four-element theory 에서 유래하였다.

4원소설이란 지상의 모든 물체는 흙 earth, 물 water, 바람 air, 불 fire 의 네 가지 원소들 elements 의 조합으로 구성된다는 생각이다. 기원전 4세기에 아리스토텔레스 Aristotle 는 지상의 물체 earthy material 를 이루는 네 가지 원소에 대한 이론을 학문적으로 정립하였다. 그는 네 가지 원소 이외에 하늘의 물체 heavenly body 를 이루는 물질인 제5의 원소 quintessence 가 있다고 주장하여 태양, 달, 별 등이 빛나는 것을 따라 이 새로운 원소를 ether (일반적으로 에테르라고 하나 영어로는 이써로 읽어야 옳다)라고 불렀다.

아리스토텔레스 이후에 지상과 하늘의 구성원소가 다른 만큼 지상의 물체에 미치는 힘 terrestrial force 과 천체의 운동을 일으키는 힘 celestial force 은 서로 다르다고 생각해 왔으나, 뉴턴 Newton 은 이 두

Relativity

힘을 통합해서 unify 중력 gravitation 으로 파악하여 올바른 이론을 세웠다.

② 빛이 파동 wave 으로서 진공 중 in vacuum 에서 전달되려면 transfer 반드시 진공 중에 꽉 차 있어야 하는 매질 medium 이 있어야 하나, 매질을 찾지 못한 과학자들이 가상적으로 에테르라는 이름을 붙였다. 에테르의 성질은 전 우주 공간에 가득 차 있으면서도, 행성들 planets 이나 항성들 stars 이 자유롭게 움직일 수 있을 정도로 매우 희박해야 한다. 한편, 빛이 빠른 속력으로 전파되려면 탄성 elasticity 이 강한 매우 단단한 물질 very rigid substance 이어야 한다. 이 두 조건은 서로 모순 contradiction 처럼 보였으나 많은 학자들은 에테르의 존재를 믿었다. 에테르의 존재를 확인하기 위해 많은 노력을 했으나, A. A. Michelson과 E. W. Morley의 1887년 실험 결과와 Einstein의 상대성이론이 나옴으로써 결정적으로 부정되었다.

aberration 광행차

지구의 자전 rotation on its axis 이나 공전 revolution of the earth around the sun 에 의해 천체의 겉보기위치 apparent position 가 실제 위치와 차이를 보이는 현상을 말한다. 어떤 특정한 별 particular star 에 망원경 telescope 을 맞춘다고 하자. 육 개월 후에는 지구가 공전하여 정확하게 반대방향 exactly the opposite side 에 가 있게 될 것이므로, 그 별을 관측하기 위해서는 망원경을 약간 다른 방향으로 조준하여야 할 것이다. 이 현상 phenomenon 을 별빛의 광행차 aberration of starlight 라고 한다.

마이켈슨과 몰리는 광행차를 이용하여 빛의 매질 medium 이 되는 가상적인 물질 hypothetical matter 에테르 ether 를 찾아내고자 하였으나 확인에 실패하였다. 아인슈타인 Einstein 은 이 실험 결과에서 에테르는 존재하지 않으며, 빛의 속력 speed of light 은 일정하다는 착상을 하여 특수상대성이론 theory of special relativity 을 만들어내었다.

theory of special relativity 특수상대성이론

아인슈타인 Einstein 이 발표한 상대성이론은 두 부분으로 나뉘어져 있다. 1905년에 나온 특수상대성이론 special theory of relativity 은 **기준계** frame of reference 가 가속되지 않고 not accelerated, 일정한 속력 constant speed 으로 움직이는 경우를 다루고 있고, 이를 가속되는 계에까지 확장한 이론이 1915년에 발표한 **일반상대성이론** general theory of relativity 이다.

상대성이론의 기초를 이루고 있는 가설들 basic postulates 은 다음과 같다:

① The speed of light in free space is always measured to be the same($c=2.998 \times 10^8$m/s), no matter how fast the light source or observer may be moving. (진공에서의 빛의 속력은 광원이나 측정자가 얼마나 빨리 움직이고 있는 가에는 관계없이 항상 똑같은 값 $c = 2.998 \times 10^8$m/s로 측정된다.)

② One cannot determine absolute speeds. Only speeds relative to some other object can be measured. (절대속력은 측정의 대상이 아니다. 다른 물체에 대해 상대적으로 움직이는 속력만이 측정가능할 뿐이다.)

다시 말하면 진공 중 in vacuum 에서 빛의 속력 speed

of light 이상으로 가속될 수 있는 물체는 없다. 상대론의 가설 postulate 에서 출발하여 만들어진 상대성이론의 가장 근본적 특징은, 측정자의 운동 여부에 관계없이 절대적인 물리량 absolute physical properties 으로만 생각되어 오던 종래의 절대시간 absolute time 과 절대공간 absolute space 이라는 개념에서 벗어나, 시간과 공간이 각각의 측정하는 사람 observer 에 대해 상대적으로 relativistically 보일 수 있다는 점이다.

이 때문에 상대성이론에서 나오는 결과에는 길이수축 length contraction 이나 시간팽창 time dilation 과 같은 기존의 상식으로는 쉽게 받아들이기 힘든 내용도 포함되어 있으나, 빛의 속도에 가까운 고속으로 운동하는 입자의 움직임이나 소립자 elementary particle 의 소멸 annihilation 등 여러 현상에서 특수상대성이론의 타당성이 확인되었다. 또한 빛의 속도에 비해 충분히 작은 속도로 운동하는 경우에는 근사적으로 approximately 특수상대성이론을 기존의 뉴턴역학 Newtonian mechanics 으로 대치할 수 있다.

중력 gravitation 과 공간 space 에 관한 이론인 일반상대성이론은 천문학적인 관측에서 타당성을 인정받아 상대성이론은 양자역학 quantum mechanics 과 더불어 현대물리학, 특히 입자물리학 particle physics 이나 우주론 cosmology 의 근간을 이룬다.

proper 고유한

특수상대론 theory of special relativity 에서 고유길이 proper length 와 고유시간 proper time 은 한 기준계 reference frame 에 정지해서 at rest 잰 길이와 시간을 의미한다. 이들은 우리가 알고 있는 보통의 길이와 시간이라고 생각하면 된다.

그러나 빠르게 움직이고 있는 계 frame 의 길이와 시간을 측정하면 길이수축 length contraction 과 시간팽창

time dilation 효과가 일어난다. 이것은 단순히 빠른 속도에 따른 기계의 이상이나, 착시현상, 또는 속도가 측정에 영향을 주어 생기는 것이 아니라 실제로 나타나는 길이와 시간의 본질적인 현상이다. 다만 보통의 세계에서는 속도가 그리 빠르지 않으므로 나타나는 효과가 극히 미미하여 눈에 보이지 않을 뿐이다.

rest mass

정지질량

정지질량은 물체가 정지해 at rest 있거나, 비교적 느린 속력으로 움직일 때의 질량 mass 으로 우리가 보통 다루는 familiar 질량을 뜻한다. 속력에 따라 달라지는 depending on the speed 질량은 **겉보기 질량** apparent mass 이라고 한다.

→ relativistic energy 상대론적 에너지 p.197

length contraction   길이수축

빠르게 달리는 물체의 달리는 방향으로의 길이는 정지해 있을 때의 길이에 비해 줄어든다는 특수상대성 이론의 기묘한 효과 peculiar effect 이다.

L_0를 정지한 물체의 길이를 잰 고유길이 proper length, c를 빛속도 speed of light 라고 하자. Einstein에 의하면 상대속력 relative speed v로 움직이는 물체의 길이는

$$L = L_0 \sqrt{1-(v/c)^2}$$

로 되며, 상대론적 인자(로렌즈인자) relativistic factor (Lorentz factor) $\sqrt{1-(v/c)^2}$ 는 항상 1보다 작기 때문에 L은 L_0보다 항상 작아지는 길이수축 length contraction 이 일어난다. 속력 v가 커져서 빛속도에 접근하면 approaches to speed of light 상대론적 인자가 0에 가깝게 줄어들어서 길이도 0에 가까운 작은 값으로 축소된다.

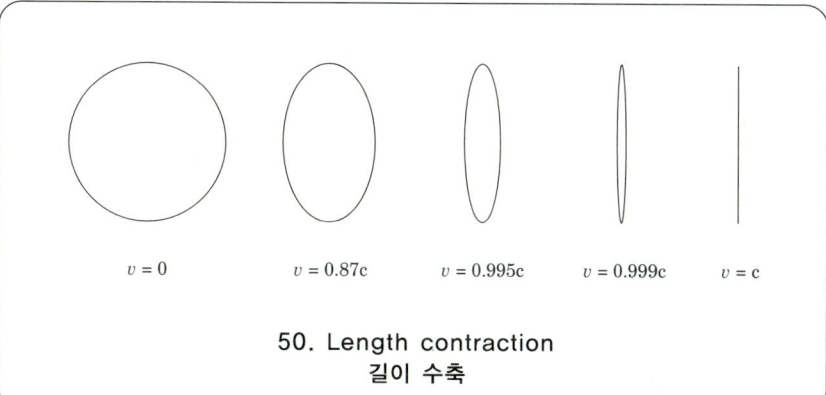

50. Length contraction
길이 수축

time dilation

시간팽창 (시간지연)
Any clock which moves relative to an observer will appear to tick out time more slowly than a clock that is stationary with respect to the observer.(관측자에 대해 상대적으로 움직이고 있는 어떤 시계라도 관측자에 대해 정지해 있는 시계에 비해 더 느리게 간다.) 이를 시간팽창이라고 하며, 길이수축 length contraction 과 마찬가지로 특수상대성이론 효과이다.

한 곳에 가만히 놓여 있는 시계 clock at rest 로 잰 시간인 고유시간 proper time 을 τ_0, 빛속도를 c라고 하면, 상대속력 relativistic speed v로 움직이는 **관성계** inertial frame 에서 잰 시간은 다음과 같다

$$\tau = \frac{\tau_0}{\sqrt{1-(v/c)^2}}$$

상대론적 인자 relativistic factor $\sqrt{1-(v/c)^2}$ 는 항상 1보다 작기 때문에 τ은 τ_0보다 항상 길어지는 dilate 시간팽창이 일어난다. 속력 v가 커져서 빛속도에 접근하면

$\sqrt{1-(v/c)^2}$ 는 0에 가깝게 줄어들어서 시계는 무한히 느리게 간다.

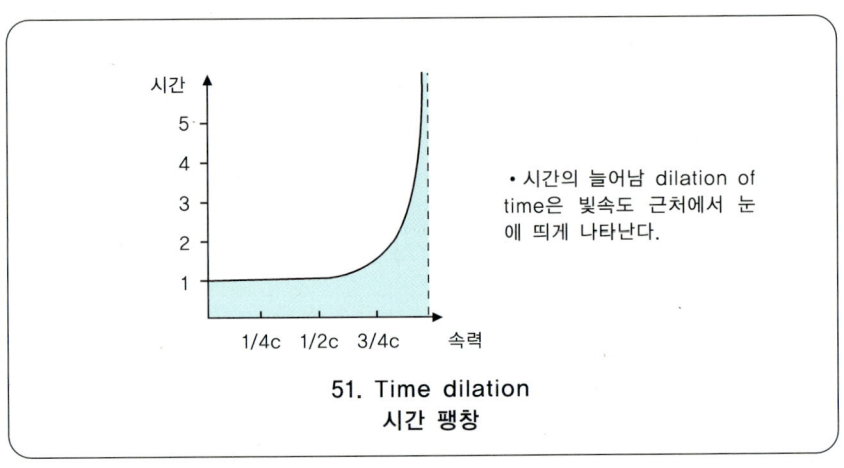

51. Time dilation
시간 팽창

그러나 빠르게 날아가는 우주선의 시계가 지상의 관측자에게는 느리게 갈지라도 우주선 안에 있는 사람에 대해서는 제대로 가고 있는 것이다. 관측자 observer 에 대해 정지하고 있는 시계가 가리키는 시간이 고유시간 proper time 이다.

relativistic mass 상대론적 질량

만일 어떤 입자 particle 를 무한히 infinitely 가속하면 accelerate 그 입자의 속력은 빛의 속력을 넘어설 수 있을까? 뉴턴역학 Newtonian mechanics 의 입장에서는 그럴 수 있으나, 상대성이론에서는 질량 mass 이 더 이상 일정하지 않고 속력에 대한 함수 function of speed 가 되어, 가속하는 힘 accelerating force 을 지속적으로 가하면 대부분의 에너지가 질량의 증가에 쓰인다. 따라서 점점 더 뚱뚱해지는 입자는 빛의 속력에 가까이 접근할 수 있을 뿐, 결코 넘어서지 못한다. 상대론

에서의 질량과 속력의 관계식은

$$m = \frac{m_0}{\sqrt{1-v^2/c^2}}$$ 상대론적 질량 relativistic mass

가 되며, m_0는 정지질량 rest mass 이다. 속력에 의존하는 depending on the speed 질량 m은 상대론적 질량 relativistic mass 또는 **겉보기 질량** apparent mass 이라고 한다.

만일 v/c가 1/10 정도이면 $(v/c)^2$은 1/100이 되어 겉보기 질량은 정지질량과 별 차이가 없으나, v가 c에 접근함에 따라 질량은 무한대 infinite 로 커진다. 실제로 정지질량이 0이 아닌 물체는 결코 빛의 속도에 이를 수 없으며, 정지질량이 0인 빛입자 photon 나 중성미자 neutrino, 중력자 graviton 같은 입자만이 빛의 속도로 움직인다.

relativistic momentum 상대론적 운동량

입자가 가속되어 속력이 빨라짐에 따라 질량이 늘어나므로 운동량의 정의는 겉보기 질량 apparent mass 을 사용하여 다음과 같이 나타난다:

$$\mathbf{p} = m\mathbf{v} = \frac{m_0 \mathbf{v}}{\sqrt{1-v^2/c^2}}$$

상대론적 운동량 relativistic momentum

relativistic energy 상대론적 에너지

빠르게 움직이는 입자의 운동에너지 kinetic energy 는

$$K = (m-m_0)c^2$$

상대론적 운동에너지 relativistic kinetic energy

가 되며, 총에너지 total energy $E=mc^2$에서 정지질량에너지 rest mass energy m_0c^2를 뺀 양이 운동에너지

이다. 총에너지와 운동량과의 관계는

$$E = mc^2 = \sqrt{p^2c^2 + m_o^2c^4}$$ 총에너지 total energy

로 주어진다. 정지질량이 없어서 zero rest mass 빛의 속도로 날아가는 빛입자 photon 의 에너지는

$$E = pc$$

가 된다.

우리는 상대성이론을 받아들임으로써 고전물리학의 질량 보존법칙 conservation of mass 과 에너지 보존법칙 conservation of energy 를 하나로 묶어 **총에너지 보존법칙** conservation of total energy 으로 이해할 수 있게 되었으며, 물질의 자기적 magnetic 성질은 전자 electron 의 상대론적 움직임 relativistic motion 의 결과임을 알게 되었다. 또한 시간과 공간을 묶어 **시공간** space-time 의 개념으로 파악하게 되었다.

black hole

블랙홀

1916년 독일의 물리학자 Schwarzchild는 Einstein의 일반상대성이론 theory of general relativity 으로부터 극단적으로 압축된 질량 condensed mass 에 의해 공간이 휘어져 curved space 아무 것도 빠져 나올 수 없게 되는 결과를 얻었다. 이러한 영역에서는 근처의 물체는 물론이고, 빛조차 빨려 들어가 보이지 않게 되어 블랙홀이라는 이름을 붙였다.

질량이 M인 물체가 압축되어 블랙홀이 되는 반지름은

$$R = 2\frac{GM}{c^2}$$

이며, 이를 **Schwarzchild 반지름** Schwarzchild radius 이라고 한다. 여기서 G는 중력상수 gravitational constant, c는 빛의 속력 speed of light 이다.

태양 정도의 질량을 가진 별이라면 R은 약 3km가 되므로, 만약 태양이 반지름 3km이하로 압축된다면 블랙홀이 될 것이다. 일반적으로는 태양 질량의 3배 이상이 되어야 블랙홀로 붕괴될 collapse 것으로 생각되며, 이 보다 작은 질량의 별들은 다른 진화과정 evolution process 을 겪게 된다.

중력 gravitation 과 공간 space 에 관한 이론인 일반상대성이론은 천문학적인 관측에서 타당성을 인정받아 상대성이론은 양자역학 quantum mechanics 과 더불어 현대물리학, 특히 입자물리학 particle physics 이나 우주론 cosmology 의 근간을 이룬다.

12 Quantum Physics
양자물리학

(1) Spectra 스펙트럼

spectrum 스펙트럼
스펙트럼 spectrum(복수형은 spectra) 은 전자기파 electromagnetic waves 를 파장 wavelength 이나 진동수 frequency 순으로 늘어놓은 것을 말한다.

band spectrum 띠스펙트럼
선스펙트럼 line spectrum 에서 선들이 촘촘하게 모여 띠를 형성한 것을 띠스펙트럼이라고 하며, 특정한 기체나 화합물 chemical compound 에서 볼 수 있다.
→ Emission spectrum 방출스펙트럼 p.200

continuous spectrum 연속스펙트럼
고체 solid 나 액체 liquid, 또는 압축된 기체 condensed gas 에서 나오는 스펙트럼은 상대적으로 넓은 영역 wide range 에서 끊기지 않고 나오기 때문에 연속스펙트럼 continuous spectrum 이라고 한다.

emission spectrum 방출스펙트럼
물질 substance 에 열을 가하거나 heated, 또는 전자 electron 나 이온 ion 으로 충돌시키면 collide, 그 물질은 빛입자 photon 를 흡수하여 에너지를 얻는다. 외부에서 에너지를 얻어 들뜬 excited 원자나 이온이 다시 낮은 에너지 준위 low energy level 로 떨어져 돌아갈 때 정확하게 특정 파장 specific wavelength 의 빛(전자기파)만을 내놓아 emit 방출스펙트럼 emission spectrum 을 만든다. 이때 생기는 불연속적인 선 discrete line 이 선스펙트럼(**방출 선스펙트럼**) line spectrum (emission line spectrum) 이다.

absorption spectrum   흡수스펙트럼

연속적인 스펙트럼 continuous spectrum 으로 된 빛을 기체 상태의 원자 atoms 나 분자 molecules, 원자핵 nucleus 등에 쬐인 다음, 분광기 spectroscope 로 조사해보면 스펙트럼에 선 line 이나 띠 band 로 된 검은 부분이 나타나 연속 스펙트럼이 끊기는 모습을 볼 수 있다. 이는 광선이 물질을 투과하는 동안 특정 파장의 빛이 흡수되어 생기며, 이 검은 띠를 흡수스펙트럼 absorption spectrum 이라 한다.

일반적으로 어느 파장 wavelength 의 빛이 흡수되어, 어느 부분에 검은 띠의 흡수스펙트럼이 나타나는가는 주위의 environment 자연조건과는 무관하게 그 물질의 화학구조 chemical structure 에 의해 결정되기 때문에 이를 자세히 분석해보면 analyze 물질의 구성원소 element 와 화학구조를 추측할 수 있다.

흡수스펙트럼은 그 물질을 가열할 때 방출되는 emit 빛의 스펙트럼(방출스펙트럼 emission spectrum)과 똑같은 배열이 된다. 물질 substance 에 따라 나오는 고유한 characteristic 방출스펙트럼 emission spectrum 과 흡수스펙트럼의 특정한 선 line 이나 띠 band 의 위치는 정확하게 일치하여, 물질 고유의 특성이 된다.

(2) Quantum Hypotheses   양자 (量子) 가설

de Broglie's hypothesis   드브로이 가설

파동 wave 으로만 생각하였던 빛이 파동–입자의 이중성 wave-particle duality 을 갖는 것처럼 물질 matter 도 파동성(波動性) wavelike property 을 가진다는 드브로이 de Broglie 의 제안을 말한다. 드브로이는 움직이는 입자를 파동으로 해석하여 그 입자의 파장 wavelength 은 빛과 마찬가지로

$$\lambda p = h$$

의 식을 따른다는 가설 hypothesis 을 내놓았다.
여기서 λ는 파장 wavelength, p는 운동량 momentum, h는 플랑크상수 Planck's constant 이다.

matter wave

물질파

드브로이 가설에서 물질을 파동으로 다루어 이를 물질파 matter wave 또는 **드브로이 파** de Broglie wave 라고 하며, 물질의 파장 wavelength $\lambda = h/p$를 **드브로이 파장** de Broglie wavelength 이라고 한다.

드브로이 de Broglie 의 물질파에 관한 개념은 자연계에 존재하는 기본적인 대칭성 symmetry 에 관한 물리학자의 신념에서 출발하였다. 물질도 파동으로 풀 수 있다는 혁신적인 생각은 양자역학 quantum mechanics 의 발전으로 이어졌다. 사람도 파동으로 다룰 수 있으나 Planck 상수($h = 6.62 \times 10^{-34} \text{J} \cdot \text{s}$)가 아주 작은 값이어서 파장이 지극히 짧아 파동성이 나타나지 않는다.

전자의 드브로이 파장을 실제로 측정함으로써 입자의 파동성 wavelike property 을 확실히 보인 실험이 **Davisson-Germer 실험** Davisson-Germer experiment 이다.

천왕성과 우라늄

원자번호 92의 우라늄 (uranium)은 당시 새로 발견된 천왕성 우라누스 (Uranus)를 따라 명명되었으며, 원자번호 93, 94의 원소는 천왕성 다음에 발견된 해왕성 Neptune 과 명왕성 Pluto 의 이름을 따 각각 넵투늄 neptunium 과 플루토늄 plutonium 이라고 명명되었다. 염라대왕의 뜻을 지닌 Pluto의 이름에 걸맞게 플루토늄은 가장 쉽게 핵무기를 만들 수 있으며, 또한 지상에서 가장 독성이 강한 원소이기도 하다.

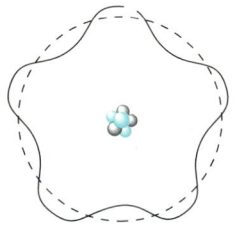
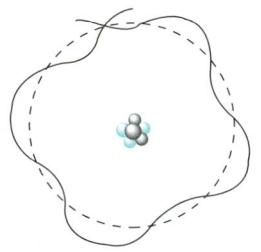

- 궤도 전자가 정상파를 이룬다.
- 위상이 맞지 않아 상쇄 간섭을 일으켜 물질파가 존재하지 못한다.

52. Matter wave
물질파

Bohr, Niels 보어

현대 양자물리학 quantum physics 의 기초를 닦은 덴마크의 물리학자. 보어는 러더포드 E. Rutherford 의 원자모델 atomic model 에 양자가설 quantum hypothesis 을 적용하여 apply 수소원자의 모델 Bohr model of hydrogen atom 을 세워 스펙트럼 계열 spectrum series 의 설명에 성공하였다. 보어가 예견한 들뜨지 않은 unexcited 수소원자의 반지름을 **보어반지름** Bohr radius, 안정된 궤도들 stable orbits 을 **보어궤도** Bohr orbits 라고 한다.

우주비행사의 머리카락

SF 영화에 보면 여성 우주비행사가 치렁치렁한 머리카락을 가지고 나오지만 무중력 상태의 우주에서 긴 머리카락은 금물이다. 작가 하인라인 (R. Heinlein)의 원작소설에서는 머리를 전부 깎은 모습으로 묘사된다.

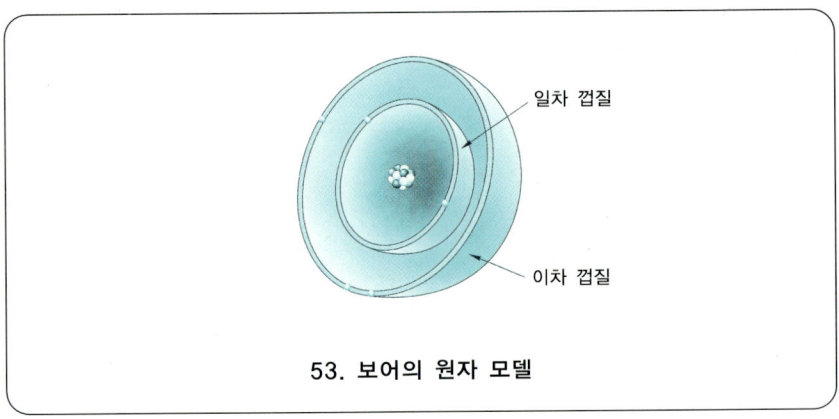

53. 보어의 원자 모델

correspondence principle   대응원리

고전물리학 classical physics 으로는 설명할 수 없는 미시적 microscopic 세계를 다루는 양자물리학의 법칙은 어떤 극한 limit 에서는 고전물리학의 법칙과 일치하여야 한다는 원리가 Bohr가 제안한 대응원리 correspondence principle 이다. 가령 빛입자 혹은 광자 photon 의 에너지 값은 불연속적 discrete 이어서 양자이론으로 다루어야 하지만 빛입자의 수가 충분히 많은 극한에서는 고전물리학으로 귀착되어 연속적인 continuous 양으로 다루어도 무방하다.

blackbody   흑체

흑체 black body 는 모든 쪼여준 복사선 incident radiation 을 전혀 반사 reflection 하지 않고 100% 흡수하는 absorb 가상적인 물질 hypothetical material 이다. 이상적인 흑체 ideal blackbody 는 복사선의 흡수율 absorptance 과 방출률 emissivity 의 비 ratio 가 1이다. 이상기체 ideal gas 와 마찬가지로 완전한 흑체는 실제로는 존재하지 않으나, 물체의 속을 파서 텅 빈 동굴 cavity 을 만들고, 벽을 균일한 온도로 유지하면 흑체에 가깝게 된다.

blackbody radiation 흑체복사

속이 빈 물체 cavity 의 벽에 작은 구멍 pin hole 을 내서 복사선 radiation 이 방출되게 하면 벽의 온도 temperature 에만 의존하는 매우 단순한 스펙트럼 spectrum 이 나온다. 흑체에서 나오는 전자기파 복사 electromagnetic radiation 를 흑체복사 blackbody radiation 라 한다.

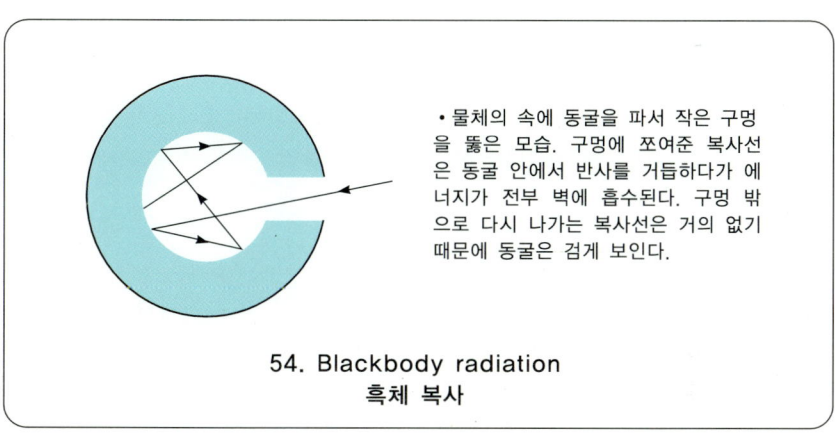

• 물체의 속에 동굴을 파서 작은 구멍을 뚫은 모습. 구멍에 쪼여준 복사선은 동굴 안에서 반사를 거듭하다가 에너지가 전부 벽에 흡수된다. 구멍 밖으로 다시 나가는 복사선은 거의 없기 때문에 동굴은 검게 보인다.

54. Blackbody radiation
흑체 복사

planck constant 플랑크상수

흑체복사의 파장 wavelength 은 전 영역에 걸쳐 있으며, 파장에 따른 에너지 분포 energy distribution 는 특정 온도에서 최고치 peak 에 이르는 특성을 가지고 있다. 에너지 분포곡선은 온도가 올라가면 더 짧은 파장에서 최고치가 나타난다. 플랑크 Max Planck 는 흑체복사를 설명하기 위하여 플랑크상수 Planck constant h를 도입하여 **플랑크 복사법칙** Planck's radiation law 을 만들었다. 플랑크상수의 값은 다음과 같다:

$$h = 6.626 \times 10^{-35} J \cdot s$$

아인슈타인 Albert Einstein 은 이를 에너지가 연속적인 continuous 값을 가지는 것이 아니라, 띄엄띄엄한 discrete 값으로만 나타난다고 하는 '양자화'(量子化) 의 개념을 받아들여 광전효과 photoelectric effect 를 설명하였다. 이는 현대의 양자역학 quantum mechanics 이 탄생하는 계기가 되었다. 재미있는 사실은 Planck 자신은 광전효과를 인정하지 않았으며, Einstein은 끝까지 양자역학을 받아들이지 않았다.

(3) Photon 빛입자 (광자)(光子)

light quantum 빛입자

photon 과 같은 뜻으로 사용된다. 빛에너지가 연속적으로 변하는 것이 아니라 불연속적인 discrete 덩어리 quantum 로만 나타난다는 의미이다.

photoelectric effect 광전효과

물질(금속판 metal plate)에 전자기파(빛) electromagnetic wave 를 쪼이면 shine 표면 surface 에서 전자 electron 가 튀어나오는 emit 현상 phenomenon 을 광전효과 photoelectric effect 라 한다. 이때 나오는 전자를 **광전자** photoelectron 라고 한다. 튀어나오는 전자의 수는 빛(전자기파)의 세기 intensity 에, 전자의 운동에너지 kinetic energy 는 전자기파의 파장 wavelength 에 의존한다.

빛이 연속적인 continuous 에너지 값을 가진다는 종래의 파동 wave 이론에 따르면 쪼이는 빛을 세게 하면 튀어나오는 광전자 photoelectron 의 에너지도 따라서 커져야 하나, 광전효과에서 에너지와는 관계없이 광전자의 수가 늘 뿐이다. 또한 충분히 강한 빛을 쪼이기만 하면 광전효과가 일어나야 하나, 실제로는 아무리 강한 빛이라도 특정 진동수 characteristic cut off frequency λ。

이하에서는 일어나지 않는다. 반대로 흐린 빛을 쪼이면 에너지가 축적될 때까지 어느 정도 기다렸다가 광전자가 나와야 한다고 생각되었지만, 실제로는 시간지연은 나타나지 않는다.

당시에 보편적으로 받아들여지던 빛의 파동이론으로는 이 현상을 제대로 이해할 수 없었기에 어려움에 빠졌다. 아인슈타인 Einstein 은 쪼여준 shine 빛을 불연속적인 에너지 discrete energy 를 가진 하나의 빛덩어리 light quantum 인 빛입자 photon 로 가정하고 이 빛입자와 금속 안의 전자의 충돌 collision 로 설명하여 이 문제를 해결하였다. Einstein은 가장 널리 알려진 업적인 상대성이론 theory of relativity 으로가 아니라, 광전효과에 관한 발견으로 1921년에 노벨상을 수상하였다.

photoelectric-threshold wavelength 광전문턱파장

광전효과 photoelectric effect 가 일어날 수 있는 최대 파장이 광전문턱파장 photoelectric-threshold wavelength λ_0 이다. 아무리 강한 빛 intense light 을 쪼이더라도 빛의 파장이 λ_0 보다 길면(진동수 frequency 가 적으면) 광전자 photoelectron 는 전혀 나오지 않는다. 그러나 아무리 약한 빛이라도 파장이 광전문턱파장보다 짧으면 광원 light source 을 켜는 순간 전자가 튀어나온다. 빛을 쪼이는 금속판의 종류에 따라 λ_0 는 달라진다.

photon 빛입자 (光子)

빛은 파동 wave 으로 설명이 가능하지만, 불연속적인 에너지 discrete energy 를 가진 하나의 입자 particle 처럼 행동하기도 하므로 이를 빛입자 photon 라고 한다.

빛입자는 전기적으로 중성인 neutral 입자이며, 수명이 무한히 길어서 다른 기본입자 elementary particle 로 붕괴되지 decay 않는다. 아인슈타인 Einstein 의 특수상대성이론 theory of special relativity 에 의하면 정지했을 때 잰 정지질량 rest mass 을 가진 물체는 결코 빛의 속력에 이를 수 없다. 그러나 빛은 정지질량이 0이어서 빛의 속력으로 달릴 수 있다.

운동하는 물체의 상대론적 에너지 relativistic energy 는 $E = \sqrt{(pc)^2 + m_0^2 c^4}$ 이다. 빛입자의 정지질량 m_0는 0 이므로

$$E = pc = hf$$

가 되어 운동량 momentum 은 다음과 같이 나타난다:

$$p = \frac{E}{c} = \frac{h}{\lambda}$$

빛입자의 운동량 momentum of a photon

빛입자의 에너지는 높은 에너지 highe energy 의 γ-선 gamma-ray 과 X-선 X-ray 에서부터 낮은 에너지 영역 range 의 적외선 infrared 과 라디오파 radio waves 의 영역에까지 걸쳐져 있다. 빛은 전자기장 electromagnetic field 을 실어 나르는 역할을 하기 때문에 전자기장 역시 빛의 속력으로 전달된다.

work function 일함수

고체 물질에 빛을 쪼여 전자 하나를 떼어내는 데 들어가는 최소의 일을 그 물질의 일함수라고 한다.

파장 wavelength 이 γ, 진동수 frequency 가 $f = c/\gamma$ 인 빛은 빛입자 photon 의 흐름으로 구성되어 있으며, 빛입자 하나가 운반하는 에너지는

$$E = hf$$ 빛입자의 에너지 photon energy

이다. 여기서 h는 플랑크상수 Planck constant 이다. 문턱파장 photoelectric-threshold wavelength 이 γ_0 인 빛입자가 가진 에너지는

$$\phi = \frac{hc}{\gamma_0} = hf_0 \quad \text{일함수 work function}$$

이며, 이를 일함수 work function 라고 한다.

coherent

결맞은

여러 파동들 waves 의 위상차 phase difference 가 일정한 경우를 결맞는다 coherent 고 한다. 파동의 파장이 모두 동일한 단색광 monochromatic light 일지라도 개개 원자에서 나온 파동의 위상 phase 은 각각 다르며, 이렇게 위상이 맞지 않는 상태를 결맞지 않다 incoherent 고 한다.

N개의 파동으로 구성된 빛이 결맞으면, 결맞지 않은 경우에 비해 N배 강한 빛이 나온다. 보통의 빛은 백만 개 정도의 파동의 다발 beam 로 되어 있으므로, 결맞으면 백만 배 더 강한 빛을 얻을 수 있다. 이러한 결맞는 빛의 예에는 레이저 빛 laser light 이 있다.

laser light

레이저 빛

laser라는 말은 light amplification by stimulated emission of radiation(유도 방출에 의한 빛의 증폭)에서 왔다. 레이저의 개념은 1917년 Einstein이 처음으로 제안하였다

Atoms in an excited state can be stimulated to jump to a lower energy level when they are struck by a photon of incident light whose energy is the same as the energy-level difference involved in the jump. The electron thus emits a photon of the same wavelength as the incident photon. The incident and emitted photons travel away from the atom in phase.

(들뜬 상태의 원자는 빛입자 photon 를 쪼여 충격을 주면 더 낮은 에너지 레벨로 뚝 떨어지게 자극할 수 있다.

여기서 쪼인 빛입자의 에너지는 그 들뜬 상태에서 뚝 떨어진 에너지 레벨의 차이 만큼이다. 따라서 전자(들뜬 원자의 전자)는 쪼여준 빛입자와 같은 파장의 빛입자를 방출한다. 원자에 들어간 빛입자와 나간 빛입자는 원자에서 위상이 같은 상태로 움직인다.)

이 과정이 그림에 나타난 유도 방출 stimulated emission 이다. 준안정적 상태 metastable state 의 들뜬 전자들 excited electrons 을 많이 만들어 모아서 일정 시간이 지난 다음에 자발적으로 spontaneously 낮은 상태로 한꺼번에 떨어지게 하는 장치가 레이저 laser 이다. 들뜬 전자들이 한꺼번에 떨어지면서 빛입자를 방출하기 emit 때문에 결맞는 상태의 강력한 빛을 얻을 수 있다. → excited states 들뜬 상태 p.215

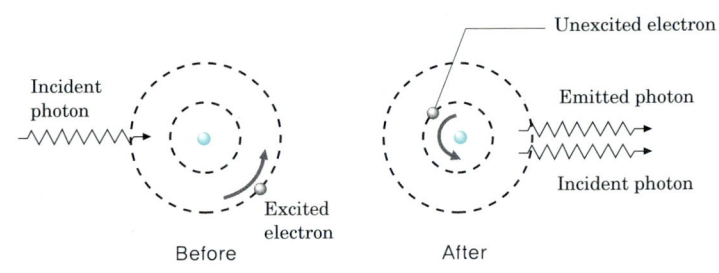

• 용어해설 : incident photon 쪼여준 빛입자, excited electron 들뜬 전자 unexcited electron 들뜨지 않은 전자, emitted photon 튀어나온 빛입자, indident photon 쪼여준 빛 입자

55. 유도방출에서 만들어진 결맞는 파동

Compton effect 콤프턴 효과

1923년 A. H. Compton이 발견한 현상으로 전자기파의 일종인 X-선 X-ray 이 빛입자 photon 라는 직접적인 증거이다. X-선을 흑연 벽돌 graphite block 에 쏘

면 두 종류의 X-선이 산란되어 나온다. 산란된 X-선의 두 성분 components 중 하나의 파장 wavelength 은 원래의 original X-선과 같고, 다른 하나의 파장은 더 길게 나온다. 이 산란을 **콤프턴 산란** Compton scattering 이라 한다.

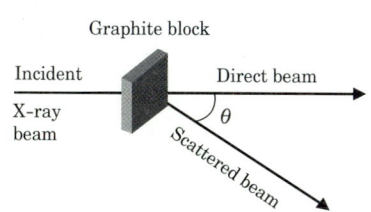

- 용어해설 : graphite block 흑연 벽돌, incident X-ray beam 쪼여준 X-선 다발, direct beam 바로 빠져나온 X-선, scattered beam 산란된 X-선

**56. Compton scattering
콤프턴 산란**

콤프턴 효과는 X-선의 파동성 wave picture 만으로는 설명이 불가능하며, X-선을 입자 particle 로 다루어 X-선 빛입자 X-ray photon 가 입사하여 흑연원자 안에 있는 전자와 탄성충돌 elastic collision 한 것으로 가정한다. 흑연 내의 전자들의 결합에너지 binding energy 는 X-선빛입자의 에너지에 비해 작기 때문에 충돌 시 전자들은 거의 자유입자 free particle 로 보아도 무방하다.
입자끼리의 탄성충돌에서는 에너지와 운동량 energy and linear momentum 이 보존되어야 하므로, 이를 적용해 풀어보면 콤프턴 효과를 제대로 설명할 수 있다. 이러한 결과는 전자기파(X-선)가 입자처럼 행동함 particle-like behavior 을 의미한다. 이 실험에서 빛입자 모델 photon model 이 광전효과 photoelectric effect 의 영역인 가시광선 visible light 과 자외선 ultraviolet light 뿐만 아니라 X-선에도 적용됨을 알게 되었다.

Compton wavelength 콤프턴 파장

빛입자의 에너지와 운동량을 각각

$$E = mc^2 = \frac{hc}{\lambda} \qquad p = mc = \frac{E}{c} = \frac{h}{\lambda}$$

라 하고, 여기에 에너지보존법칙 conservation of energy 과 운동량보존법칙 conservation of linear momentum 을 적용하면 파장의 변화는

$$\Delta\lambda = \frac{h}{m_e c}(1-\cos\theta)$$

이다. 여기서 m_e는 전자의 정지질량 rest mass 이며, θ는 쪼여준 X-선 incident X-ray beam 과 산란된 X-선 scattered beam 사이의 각이다. θ 이외의 다른 값들은 상수이므로 파장은 산란된 각 scattered angle 에 따라서만 변한다. 상수 $h/m_e c$를 전자의 콤프턴 파장 Compton wavelength 이라고 하며, 그 값은 2.43×10^{-12} m이다.

characteristic X-rays 특성 X-선

X-선은 파장 wavelength 이 원자 하나의 지름 diameter 과 비슷한 약 1억 분의 1mm(0.1nm)인 전자기파의 일종이다. 진공관 vacuum tube 속의 가열된 필라멘트 hot filament 에서 나온 강한 에너지를 가진 전자들의 다발 energetic stream of electrons 이 금속판 metal plate 에 충돌하면 bombard 금속판의 원자에서 X-선 빛입자 X-ray photon 가 방출된다. 이때 나

오는 X-선은 금속 원자 안에 있는 전자의 에너지 준위 energy level 차이에 의존하는 특정 파장을 가지므로 특성 X-선 characteristic X-rays 이라고 부른다.

bremsstrahlung 제동복사

특성 X-선 characteristic X-rays 외에 X-선을 얻는 또 다른 방법은 제동복사 Bremsstrahlung(breaking radiation의 독일어)이다. 전하 charge 가 가속되면 accelerated 전자기 복사선을 방출하는 원리에 따라, 표적 target 을 때리는 bombard 전자는 급격하게 속도가 줄면서 (제동 break 이 걸리면서) 스스로 spontaneously 전자기파를 내놓는다(복사 radiation). 이때 감속(물리학에서는 감속 deceler-ation 도 가속의 일종 negative acceleration 으로 다룬다)의 비율 rate 이 매우 급격하기 때문에, 방출된 복사는 높은 에너지를 갖는 X-선 영역에 있게 되며, 이렇게 방출된 X-선을 제동복사라고 한다. 특정 파장의 X-선만 나오는 특성 X-선 charactcristic X-ray 과는 달리 제동복사에서는 연속적인 파장 continuous range of wavelengths 이 나온다.

(4) Quantum Physics 양자물리학 (量子物理學)

quantum mechanics 양자역학 (量子力學)

양자역학은 플랑크 복사법칙 Planck's law of radiation 에서 출발한 수리물리학적 이론 mathematical physical theory 으로, 양자화된 quantized 물리량을 다루는 분야이다. 양자역학은 Schrödinger의 파동역학 wave mechanics 과 Heisenberg와 Born이 개발한 행렬역학 matrix mechanics 으로 따로 연구되었으나, 나중에 이 둘은 수학적 형태가 다를 뿐 완전히 동등한 결과가 됨이 밝혀졌다.

quantum
양자 (量子)

quantum(복수형은 quanta)은 양, 덩어리를 뜻하는 quantity에서 온 말로 물리학에서는 계 system 가 변화할 수 있는 최소량 minimum amount 을 양자 quantum 라고 한다. 일상생활에서는 느낄 수 없으나, 원자를 비롯한 미시적인 microscopic 세계에서는 전하 charge 나, 에너지, 각운동량 angular momentum 같은 물리량이 연속적으로 변하지 않고, 띄엄띄엄한 값 discrete value 으로 나타나 그 최소량 minimum amount 을 하나의 덩어리 quantum 로 다룰 수 있다. 이렇게 어떤 물리량을 최소량의 정수배 integer multiples 로 나타낼 수 있을 때 양자화 되었다고 quantized 말한다.

전자기상호작용 electromagnetic interaction 을 매개하는 mediating 양자 quantum 는 빛입자 photon 이며, 중력장 gravitational field 의 양자는 중력자 graviton 이다.

orbital
전자 궤도

orbital은 원자나 분자에서 전자가 발견되는 영역이다. 원래 Bohr 이론에서는 전자가 핵 주위의 원궤도 circular orbit 를 돈다고 생각했기 때문에 orbital이라는 이름이 붙었으나, 실제로는 불확정성원리 uncertainty principle 에 의해 전자의 정확한 위치를 아는 것은 불가능하다.

energy level
에너지 준위

원자 atom 나 분자 molecule, 전자 electron, 핵 nucleus 등의 양자 역학 quantum mechanics 상 상태에 연관되어 특정한 값으로 나타나는 에너지가 에너지 준위 energy level 이다. 가령 수소원자 hydrogen atom 의 양자화된 quantized 에너지 $E=-(13.6/n^2)\mathrm{eV}$

를 보면, 하나의 n에 대해서 하나의 정상상태 stationary state 가 대응하여 correspond 각각의 에너지 준위가 존재한다.

따라서 수소원자 hydrogen atom 핵 nucleus 주위에 있는 전자는 각 궤도들 orbitals 마다 해당하는 특정한 에너지 상태(에너지 준위)를 가진다.

ground state 바닥상태

수소원자의 에너지 준위에서 최소에너지 $E_1=-13.6\text{eV}$ 에 대응하는 $n=1$인 경우, 이때의 상태를 바닥상태 ground state 라고 하며, 바닥상태의 전자는 핵에서 가능한한 가장 가까운 궤도 smallest possible orbit 를 돌려고 orbit 한다. 일반적으로 E_n은 E_1과 양자수 n에 따라

$$E_n = E_1/n^2$$

을 만족하므로, 양자수 quantum number n의 값이 커지면 에너지 준위 energy level 는 사이 간격 gap 이 촘촘해져서 쉽사리 다른 준위 level 로 옮겨갈 transition 수 있다.

excited states 들뜬 상태

특정 에너지 준위 energy level 상태에 있는 전자가 외부에서 에너지 덩어리 quantum 를 받으면 그만큼 에너지 준위가 높은 상태 즉 들뜬 상태 excited state 로 올라갈 수 있으며, 반대로 에너지 덩어리를 내놓고 낮은 상태로 떨어질 수도 있다.

이 말을 좀 더 쉬운 말로 바꾸면 어떤 궤도 orbit 에 있는 전자가 다른 궤도로 옮겨가려면 궤도의 에너지 차이 gap 에 해당하는 만큼을 외부에서 에너지를 받거나, 아니면 내놓아야 한다. 만일 외부에서 받은 에너지가 충분치 못하면 다른 궤도로 갈 수 없다.

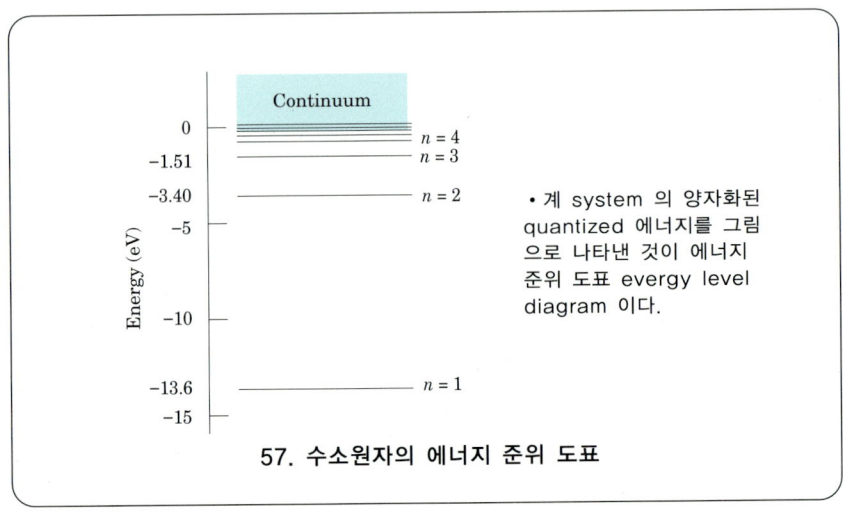

• 계 system 의 양자화된 quantized 에너지를 그림으로 나타낸 것이 에너지 준위 도표 evergy level diagram 이다.

57. 수소원자의 에너지 준위 도표

핵이 충분한 에너지를 얻어서 양자수 n이 커지면 전자의 궤도 반지름 orbit radius 은 급속히 커진다. $n = \infty$이 되면 $E = 0$ 이 되어 전자가 풀려나, 원자는 이온화된다. 총에너지가 양의 값이 되면 궤도 orbital 에서 풀려난 전자는 병진운동 translation 을 하게 되므로, 더 이상 양자화 되지 않는다.(양자화 되는 각운동량 angular momentum 과는 달리 선운동량 linear momentum 은 양자화 되지 않는다.) 따라서 $E > 0$인 영역은 양자화 되지 않고, 모든 값이 허용되어 연속적 continuum 이 된다.

quantum numbers 양자수

정상상태(안정된 상태) stationary (stable) state 에 있는 수소원자 hydrogen atom 의 에너지는 다음과 같이 나타난다:

$$E = -\frac{13.6\text{eV}}{n^2}, \quad n = 1, 2, 3, \ldots$$

따라서 수소원자의 최소에너지 ($n=1$)는 -13.6eV이며, 에너지 E는 자연수 n에 따른 불연속적인 값을 갖게 되어 양자화 되어있음 quantized 을 알 수 있다. 여기서 n을 양자수 quantum numbers 라고 한다.

총에너지 total energy 가 음의 값 negative value 을 갖는 것은 전자 electron 가 핵 nucleus 에 묶여있음 bound 을 뜻한다. 외부 external source 에서 충분한 에너지를 얻어서 전자의 총에너지가 양의 값이 되면 전자는 더 이상 핵에 묶이지 않고 풀려난다.

정상상태 steady state 의 수소원자 hydrogen atom 는 파동함수 wavefunction 가 양자화 되어 4가지의 양자수를 가진다.

principal quantum number   주양자수

수소원자의 에너지 준위 energy level 에서 n을 주양자수라고 한다. 주양자수 n이 불연속적이므로 수소원자의 에너지는 띄엄띄엄한 discrete 값을 가지고 양자화 되어 있다.

주양자수는 에너지 준위 energy level 를 결정한다. 즉 $n=1$일 때 전자는 핵 necleus 에서 가장 가까운 궤도 orbital 또는 준위 level 에 있고, n이 클수록 그 전자는 핵에서 멀리 떨어진 궤도를 돈다. 이때 E는 0에 가깝게 되어 약간의 에너지만 투입해도 그 전자를 핵에서 떼어낼 수 있다.

전통적으로 n의 값에 따른 궤도는 껍질 shell 이라고 하며, $n=1$일 때 K-껍질 K-shell, 이어서 n이 커지는 순서에 따라 L, M, N... 순으로 구분한다.

orbital quantum number   궤도양자수

수소원자의 궤도 각운동량 orbital angular momentum 은 양자화 되어

$$L=\sqrt{l(l+1)}\hbar$$

로 나타난다. 여기서 l을 궤도양자수 orbital quantum number 라고 하며, $\bar{h}$(h-bar)는 $h/2\pi$ 를 줄여서 쓴 것이다. 궤도양자수는 주양자수 principal quantum number n의 값에 따라 제한되어

$$l = 0, 1, 2, \ldots, (n-1)$$

의 값을 가진다. 가령 $n=1$일 때는 궤도양자수는 $l=0$ 만 허용이 되어 궤도 각운동량도 0인 한 가지 값을 보인다. 주양자수 $n=2$라면 궤도 양자수는 $l=0$ 또는 1이 허용되므로 L-shell은 약간의 에너지 차를 보이는 두 개의 부껍질 subshell 로 갈라진다. 부껍질 역시 문자로 표시하여 $l=0$부터 s-부껍질 s-subshell, 이어서 p, d, f 순으로 나타낸다.

magnetic quantum number 자기양자수

벡터량인 각운동량 angular momentum L은 크기 magnitude 와 방향 direction 을 가지므로 같은 주양자수 principal quantum number 와 궤도양자수 orbital quantum number 라고 해도 각운동량 벡터 L의 방향에 따라 다른 상태가 된다. 수소원자를 약하고 균일한 자기장 weak and uniform magnetic field 에 넣으면(자기장의 방향은 관례적으로 z-축 z-axis 에 맞춘다 align.) L의 방향은

$$L_z = m_l \bar{h}$$

이다. 자기양자수 magnetic quantum number m_l은 궤도양자수 l에 따라

$$m_l = 0, \pm 1, \pm 2, \ldots, \pm l$$

이 되어, 하나의 궤도양자수에 대해 $(2l+1)$개의 자기양자수 상태로 갈라진다.

spin quantum number   스핀양자수

수소원자핵에서 양자화 되는 물리량은 핵에 묶여있는 bound 전자의 에너지(주양자수), 궤도 각운동량의 크기 (궤도양자수)와 방향(자기양자수) 외에 전자 자체의 각 운동량인 스핀 각운동량 spin angular momentum S 가 있다:

$$S = m_s \bar{h} \, (m_s = \pm 1/2)$$

스핀양자수 spin quantum number m_s는 +1/2 (spin-up), -1/2(spin-down)의 두 가지만 허용된다. 고전적으로는 태양계 모델과 비슷하게 궤도 각운동량은 공전 revolution 에, 스핀 각운동량은 자전 rotation 에 비유할 수 있다.

Pauli exclusion principle   파울리의 배타원리

원자 내 전자 electron 의 양자역학적 quantum mechanical 상태는 주양자수 principal quantum number, 궤도양자수 orbital quantum number, 자기양자수 magnetic quantum number 및 스핀양자수 spin quantum number 에 의해 결정되며, 두 개의 전자가 동시에 같은 양자 상태 same quantum state 에 있을 수 없다는 원리가 파울리의 배타원리이다.
따라서 하나의 양자궤도에는 반대의 스핀을 가지는 2개의 전자만 허용되며, 다른 전자는 다른 양자궤도에 들어가, 전체적으로 껍질구조 shell structure 를 형성한다. 전자 이외에도 양성자 proton, 중성자 neutron, 중성미자 neutrino 같은 반정수(1/2, 3/2, 5/2...) 스핀 half-odd integer spin 의 입자들은 모두 파울리의 배타원리에 따르며, 이들을 통칭 **페르미입자** fermion 라고 부른다. 그러나 정수 스핀 integer spin 의 입자들은 파울리의 배타원리를 따르지 않으며, 이들은 **보즈입자** boson 라고 한다.

uncertainty principle   불확정성 원리

하이젠베르크 Heisenberg 의 이름을 따서 Heisenberg uncertainty principle이라고도 한다. 입자 particle 의 위치 position 와 운동량 momentum 을 동시에 simultaneously 어느 한도 limit 이상으로는 정확하게 측정할 수 없다는 원리이다. 같은 원리가 에너지와 시간에 대해서도 성립한다.

Werner Heisenberg가 1927년에 발견한 불확정성 원리 uncertainty principle 는 어떤 계 system 에서 측정하는 행위 자체가 계에 영향을 주어 교란을 하게 disturb 되므로 측정의 정밀도에 한계가 존재하는 것으로 이해할 수 있으며, 불확정성 원리는 양자역학 quantum mechanics 에서 정확히 유도가 가능하다.

만일 입자의 위치 position of a particle 를 측정하기 위하여 정밀도를 높이면 측정 행위 자체에 의하여 운동량의 불확정도 uncertainty of momentum 가 높아지고, 반대로 운동량을 정밀하게 측정하면 위치가 교란된다. 다만 그 한계는 플랑크상수 Planck constant h를 포함하는 극히 작은 값이므로 보통의 세계에서 불확정성 원리의 효과는 나타나지 않으나, 원자의 영역에서는 큰 영향을 미친다. 시간에 대해서는 에너지의, 위치에 대해서는 운동량의 불확정성 uncertainty 이 있기 때문에 어떤 입자나 물체에 관한 모든 것을 정확히 안다는 것은 원리적으로 불가능하다.

13 Nucleus 핵

(1) Atom 원자

atom   원자

원자는 원자핵 atomic nucleus 과 원자핵을 둘러 싸고 있는 전자 electron 로 구성된다. 원자는 대부분 텅 빈 공간 empty space 이며, 질량 mass 의 대부분은 중심부의 작은 영역(원자핵)에 뭉쳐있다. 원자핵은 양전기 positive charge 를 띤 **양성자** proton 와 전기를 띠지 않는 중성자 neutron 로 되어 있고, 주위를 도는 orbiting 전자는 음의 전기 negative charge 를 띠고 있다.

중성원자 neutral atom 에서는 양성자의 수와 궤도를 도는 전자의 개수 number of orbiting electrons 가 일치한다. 전자의 수가 양성자의 수와 같지 않으면 원자는 전기를 띠는 이온 ion 이 된다.

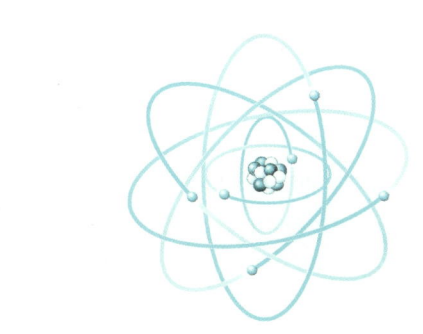

• 전자들이 작은 원자핵 주위를 도는 고전적인 원자모델. 실제로는 전자들이 날카로운 궤도를 그리지 못하고 핵 둘레에 퍼져있는 전자구름 electron cloud 을 형성한다.

58. 고전적 원자 모형

atomic number   원자번호

원자핵 atomic nucleus 내부의 양성자 수 proton

number 를 Z, 중성자 수 neutron number 를 N으로 표기하며, 양성자의 수 Z를 원자번호 atomic number 라고 한다. 원자 X는 양성자 수와 중성자 수를 써서 $^A_Z X$ 로 나타낸다.

nucleus

원자핵

nucleus의 복수형은 nuclei 이다. 원자의 대부분의 질량을 가진 중심부분 core 이 핵이다. 양으로 대전되어 positively charged 있으며, 하나 또는 그 이상의 핵자 nucleon 로 구성되어 있다. 핵자는 집단적으로 핵을 이루는 양성자 proton 와 중성자 neutron 를 이르는 말이다.

원자핵의 반지름 nuclear radius 은 질량수 mass number A에 관련되어 있다:

$$r = r_o A^{1/3}$$

실험적으로 결정된 r_o는 약 1.2fm이다. 원자핵 정도의 크기에서 거리를 나타내는데 편리한 단위인 fm은 펨토미터 femtometer 의 약자로

$$1\text{fm} = 10^{-15}\text{m}$$

이다. 15를 뜻하는 접두사 펨토는 덴마크어에 뿌리를 두나, 보통은 핵물리학 nuclear physics 의 발전에 큰 공헌을 한 페르미 Enrico Fermi 의 이름을 따 길이의 단위 fm을 페르미라고 읽는다.

핵의 질량은 양성자 proton 수 Z와 중성자 neutron 수 N을 더한 질량수 $A = Z + N$으로 나타낸다. 질량수의 단위는 원자질량단위 atomic mass unit amu(u)이며,

$$1\text{u} = 1.661 \times 10^{-27}\text{kg}$$

이다. 예를 들면 ^{1}H의 질량은 1u, ^{238}Ur의 질량은 238u 등으로 나타낸다.

Nucleus

nucleon 핵자
여러 개가 뭉쳐서 collectively 원자핵을 이루는 입자들을 핵자 nucleon 라고 한다. 핵자는 양성자 proton 와 중성자 neutron 로 나뉜다. 중성자와 양성자 사이에는 매우 강력한 인력 attractive force 인 **강력(강한상호작용)** strong force(strong interaction) 이 작용하여 양성자들의 쿨롱힘 Coulomb's law 의 반발력 repelling force 을 이기고 핵을 형성한다. → meson p.223

neutron 중성자
핵 안에 들어있는 전하를 가지지 않은 중성 neutral 입자. 질량 mass 은 전자 질량의 약 1800배 정도로 양성자 proton 질량 보다 약간 크다.

meson 중간자
중간자는 질량 mass 이 핵자 nucleon 보다는 가볍고, 전자 electron 보다는 무거운 중간 입자 mediating particle 이다. 핵자들은 중간자의 일종인 파이온 pion 을 지속적으로 내놓고 emit, 다시 흡수함 reabsorb 으로써 핵자들을 한데 묶는 **강력** strong force 을 만들어 낸다. 파이온은 **파이중간자** pi(π) meson 를 줄인 말이다. 파이온에는 전하를 띤 π^+, π^-와 중성인 π^0의 세 종류가 있다.

neutrino 중성미자
방사능 붕괴 radioactive decay 의 한 형태인 베타붕괴 beta decay 과정에서 전자와 함께 나오는 질량이 없는 중성입자 massless neutral particle 이다. 중성미자를 표시하는 기호는 ν(nu)이다. 중성미자는 물질 matter 과 상호작용 interaction 을 거의 하지 않아 관측하기가 극히 어렵다. 중성미자는 빛입자 photon 와 같이 정지질량 rest mass 이 없기 때문에 자유공간(진공 vacuum) 에서의 속력 speed in free space 은 빛의 속력 speed of light 과 같다.
중성미자의 질량 mass 이 아주 작지만 존재한다는 주장도 있으나 아직 확실하지는 않으며, 만약 중성미자가 질량을 가진다면 암흑물질 dark matter 을 설명할 수 있는 강력한 후보이다.

antiparticle

반입자

반입자는 입자 particle 와 질량 mass 과 스핀 spin 은 같으나, 전하가 반대 opposite charge 인 입자이다. 모든 기본입자 elementary particles 에는 반드시 짝 pair 이 되는 반입자가 존재하며, 입자의 기호 위에 −(bar)를 붙여 구분한다. 예를 들어보면, 전자 electron e의 반입자는 양전자 positron rm bar $\bar{e}$(e-bar), 양성자 proton p의 반입자는 반양성자 antiproton rmbar $\bar{p}$ 등이다.

양성자를 핵 nucleus 으로 전자가 주위를 도는 orbiting electron 수소 hydrogen 와 반대로 반양성자 핵과 양전자는 반수소 antihydrogen 를 만든다. 또한 전자 electron 와 그 반입자인 양전자 positron 는 질량이 같으므로 질량중심 center of mass 을 중심으로 도는 포지트로늄 positronium 을 형성한다. → pair production p.132, pair annihilation p.133

isotope

동위원소

양성자 proton 수가 같고(따라서 원자번호가 같음 same atomic number), 중성자 neutron 의 개수가 다른(질량이 다름 different mass) 핵들 nuclei 을 그 원소의 동위원소 isotope 라 한다. 그리스어 접두사 *iso* 에는 '같다' 는 뜻이, *topos*에는 '위치' 의 뜻이 있다. 원자번호 atomic number 가 같아 주기율표 periodic table of elements 의 같은 위치에 있는 원소라는 뜻이다.

가령 양성자 1개로 된 수소(H) hydrogenrm ^{1}H의 동위원소에는 핵이 양성자 1개와 중성자 1개로 된 중수소(D) deuteriumrm ^{2}H와 양성자 1개와 중성자 2개로 이루어진 삼중수소(T) tritiumrm ^{3}H 가 있다. 지구상의 대부분의 원소는 동위원소를 가지고 있다. 금에는 ^{175}Au부터 ^{204}Au까지 30개의 동위원소가 있으나, ^{197}Au만 안정한 stable 핵이고, 나머지는 방사성 radioactivity 을 띤다.

반대로 중성자 수가 같고, 양성자 수가 다른 원소들을 **동중성자원소** isotone 라고 하며, 원자번호에는 관계없이 질량수(양성자 수+중성자 수) 가 같은 핵종 nuclide 을 **동중핵** isobar 이라고 한다.

(2) Atomic Mass Unit 원자질량단위

atomic mass unit 원자질량단위

원소의 주기율표 periodic table of elements 에 기재된 원자질량 atomic mass 은 자연계에 존재하는 동위원소들 isotopes 질량의 평균값이다. 모든 원자의 질량은 대체로 가장 가벼운 원소인 수소원자의 정수배에 가까운 값을 가지므로 SI단위인 kg을 사용하는 것 보다 환산 단위를 만들어 사용하는 것이 편리하다. 원자질량단위 atomic mass unit (amu) u는 탄소-12 carbon-12($^{12}_{6}$C) 원자 한 개의 질량의 정확히 1/12로 정의된다:

$$1u = 1.660566 \times 10^{-27} kg$$

여기에는 핵과 함께 원자를 구성하는 전자들의 질량이 더해져있다.

atomic mass number 원자질량수

양성자와 중성자가 핵의 대부분의 질량을 차지하므로 그들의 합 또는 핵자 nucleon 의 수

$A=Z+N$ 원자질량수 atomic mass number

을 원자질량수 atomic mass number 라고 한다. 줄여서 **질량수** mass number 라고도 한다. 전자의 질량은 아주 작기 때문에 원자의 질량에 거의 기여하지 못한다.

relative atomic mass 상대원자질량

원자질량 atomic mass 을 SI단위인 kg 대신 원자질량단위 atomic mass unit 로 나타낸 것을 상대원자질량 relative atomic mass 또는 **원자량** atomic weight 이라고 한다. '상대' relative 라는 말은 원자질량을 탄소-12 원자질량과의 상대적인 비 fraction 로 나타내기 때문이다.

^{12}C의 질량은 원자질량단위로 12 또는 12u이므로, 양성자 proton 와 중성자 neutron 의 질량은 각각 약 1u이다. 핵의 질량은 핵을 구성하는 양성자들과 중성자들의 질량의 합과 같다(꼭 같지는 않음).

따라서 ^{18}O의 질량은 약 18u, ^{238}U의 질량은 약 238u이다.

(3) Radioactive Decay 방사성 붕괴

radioactive decay 방사성 붕괴

핵 내부의 핵자들 nuclei 에는 핵력 nuclear force 과 양성자들 protons 사이의 쿨롱 반발력 repulsive coulomb force 이 동시에 존재하여 균형을 이루고 있으나, 중성자 neutron 수에 비해 양성자의 수가 너무 많으면 반발력이 우세해져 불안정해진다. 이러한 불안정한 핵들이 깨지면서 더 안정한 stable 에너지 상태의 핵으로 자발적으로 spontaneously 변환되는 transform 과정이 방사성 붕괴이다.

parent nucleus 어미핵

핵이 붕괴 decay(disintegration) 되어 다른 핵으로 변환될 transform 때, 붕괴가 일어나기 전의 원래 핵 original nucleus 을 어미핵 parent nucleus, 방사성 핵이 붕괴하여 최종적으로 변환된 핵 final nucleus 을 딸핵 daughter nucleus 이라고 한다.

activity 활성도

활성도 activity 란 특정 방사성 핵 radioactive nucleus 이 활발히 붕괴하는 disintegrate 정도를 나타낸다. 방사성 핵의 개수를 N 이라 하면 활성도는 $-dN/dt$ 이 되어 초당 붕괴하는 핵의 개수로 정의된다. 식에서 음의 부호 minus sign 는 어미핵 parent nucleus 의 개수가 줄어듦을 뜻한다.

bq 베커럴

방사선원 활성도 activity of radioactive source 의 SI 단위는 베커럴(Bq) becquercl 이며, 방사능 핵의 초당 1개의 붕괴를 1 Bq로 정한다:

$$1\,Bq = 1\,event/s$$

예전에 사용하던 방사능의 단위에는 퀴리(Ci) curie 가 있으며, 1 Ci는 초당 3.70×10^{10} 개의 핵이 붕괴하는 양이다.

radioactivity 방사능

질량이 너무 무거워서 불안정한 unstable 핵이 저절로 spontaneously 붕괴하여 decay 더 안정한 stable 상태의 핵으로 변환되면서 transform 내놓는 에너지가 방사능 radioactivity 이다. 방사능에는 α-입자 방출 alpha-particle emission, β-입자 방출 beta-particle emission, γ-선 복사 gamma radiation 의 세 종류가 있다.

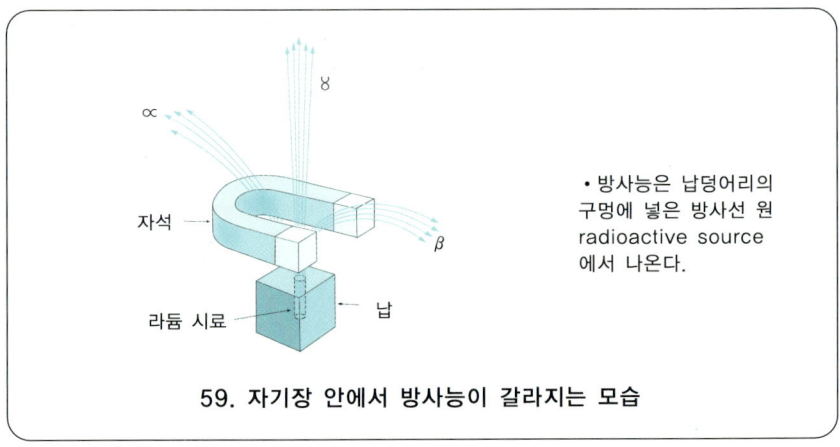

59. 자기장 안에서 방사능이 갈라지는 모습

alpha-particle **알파입자 (α입자)**
원자핵이 붕괴할 때 나오는 emit 가장 무거운 입자를 알파입자 alpha-particle 라고 한다. 알파입자는 헬륨 helium 의 원자핵 nucleus 과 같음이 밝혀져서

$$^4_2\alpha \text{ 또는 } ^4_2He$$

로 나타낸다. 1911년 러더포드(E. Rutherford)가 다발 beam 을 이룬 알파입자를 얇은 금박 thin film of gold 에 쏘아 project 현대적 개념의 원자모델을 알아내었다.

beta-particle **베타입자 (β입자)**
방사성 원소 radioactive element 의 핵 내부에서 중성자 neutron 가 양성자 proton 로 변환하는 과정에서 나오는 전자 electron 를 베타입자라고 한다. 핵 내부에는 궤도 전자 orbital electron 가 존재하지 않으므로, 분명 베타입자는 중성자에서 온 것으로 볼 수 있다.

Nucleus

gamma ray 감마선 (γ-선)
알파붕괴 alpha decay 의 과정에서 나오는 파장 wavelength 이 가장 짧은 영역의 고에너지 high-energy 빛(전자기파 electromagnetic wave)을 γ-선 이라고 한다. γ-선은 주로 방사능 radioactivity 이나 우주선 cosmic ray 에서 온다. γ-선은 X-선과 비슷하나, 일반적으로 원자의 들뜬 전자 excited electron 가 바닥상태 ground state 로 떨어지면서 나오는 빛입자 photon 를 X-선, 주로 핵에서 방출되는 빛입자를 γ-선 으로 구분한다.

(4) Radioactive Decay Processes 방사성 붕괴 과정

alpha-particle decay 알파입자붕괴
불안정한 핵 unstable nucleus 이 알파입자를 방출 emission 하면서 붕괴하는 과정 decaying process 을 알파입자붕괴 alpha-particle decay 라고 한다. 전형적인 typical 알파입자 붕괴는 반감기 half-life 1600년인 라듐핵 radium nuclei 의 경우를 들 수 있다:

$$^{226}_{88}\text{Ra} \rightarrow {}^{226}_{88}\text{Rn} + {}^{4}_{2}\text{He} + \gamma$$

어미 핵 parent nucleus 인 라듐은 알파입자를 내놓고 딸 핵 daughter nucleus 인 비활성 라돈 기체 unreactive gas radon 로 변환된다. 알파 붕괴 과정에서 나오는 γ-선 γ-ray 은 전자기파 중에서 파장이 가장 짧은 파동 wave 이다.

beta-decay 베타붕괴
방사성 핵 내부의 중성자가 전자를 방출하고 emit 양성자로 변환하는 과정 transforming process 이 베타붕괴 beta-decay 이다. 음전하 negative charge 를 띤

전자가 나온다는 뜻에서 **음베타붕괴** negative beta-decay 라고도 한다:

$$^A_Z X \rightarrow \, ^A_{Z+1}Y + e + \bar{\nu}$$

이 과정에서 양성자가 한 개 더 생기므로 원자질량수 atomic mass number 는 유지되면서 원자번호는 1 증가한다. 이 때 전자 e와 더불어 반중성미자 antineutrino $\bar{\nu}$가 같이 방출된다. 여기서 반중성미자는 중성미자의 반입자 antiparticle 이다.
→ antiparticle 반입자 p.224, 132, 133

positive beta-decay   양베타붕괴

베타붕괴의 과정과는 달리 전자의 반입자 antiparticle 인 양전자 positron e^+와 중성미자 neutrino ν가 방출되는 과정이 양베타붕괴 positive beta decay 이다. 이 때 양성자가 중성자로 바뀌면서 원자번호는 1 감소한다.

$$^A_Z X \rightarrow \, ^A_{Z-1}Y + e^+ + \nu$$

이 반응은 수명이 짧은 short-lived 탄소의 동위원소 isotopes of carbon 와 산소의 동위원소 isotopes of oxygen 에서 일어난다.

electron capture   전자포획

베타붕괴의 일종으로 핵이 궤도 전자들 orbital electrons 중 하나를 흡수하고 capture 붕괴하면서 중성미자를 방출하는 emit 과정이다. 양성자는 중성자로 변환되며 convert, 역시 중성미자가 나온다.

$$^A_Z X + e \rightarrow \, ^A_{Z-1}Y + \nu$$

양성자수가 1 줄어들었기 때문에 원자번호는 1 낮아진다.

half-life 반감기

시료 sample 안에 충분히 많은 방사성 핵 radioactive nuclei 이 있을 때 그 핵의 일부가 붕괴하여 decay 절반이 남을 때까지의 시간을 말하며, $T^{1/2}$ 또는 $t^{1/2}$로 표기한다.

There is absolutely no way to predict whether any given nucleus in the sample will be among the small number of nuclei that decay during the next second. (시료 내의 어느 핵이 다음 순간에 붕괴하는 소수의 핵들에 속할 지 미리 아는 방법은 절대로 있을 수 없다.)

특정 라듐 핵이 붕괴하는데 1억 년이 걸릴 수도 있지만, 그 옆의 핵은 바로 다음 순간에 붕괴할 수도 있다. 다만 우리가 다루는 시료 sample 안에 통계적으로 statistically 충분히 많은 핵이 들어있으면 라듐(^{226}Ra)은 약 1600년 만에 정확히 절반 one-half 으로 줄어든다. 어느 순간에 1g의 ^{226}Ra이 있다고 하면, 1600년 후에는 0.5g, 3200년 후에는 0.25g, 4800년 후에는 0.125g이 남아있게 된다.

방사성 붕괴는 통계의 법칙 statistics 을 따르며 obey, 특정 원자핵에 대한 반감기 half-life 는 항상 일정하다. 굳이 반감기가 아니고 임의의 시간간격 arbitrary time interval, 가령 $T^{1/3}$나 $T^{1/4}$ 등을 택하여도 상관없으나, 표준적으로 반감기를 사용한다.

exponential decay 지수형 붕괴

반감기 half-life 와 같은 일정 시간간격 time interval 동안 일정한 비율로 방사성 붕괴 radioactive decay 를 하는 원소의 개수는 지수함수 꼴로 exponentially 줄어들며, 이를 지수형 붕괴라고 한다.

처음에 N_0개의 방사성 핵들 nuclei 이 있다고 하자. 일정 시간이 지난 뒤 남아 있는 방사성 핵의 개수를 N이라

하면, 단위시간 당 붕괴하는 개수는 N에 비례할 것이므로,

$$-\frac{dN}{dt} = \lambda N$$

을 만족한다. 비례상수 λ는 **붕괴상수** decay constant(disintegration constant) 로서 방사성핵종 radionuclide 에 따라 다른 값 characteristic value 을 가지며, 앞의 음의 부호 minus sign 는 어미핵 parent nuclei 의 개수가 시간에 따라 감소함을 의미한다.

이 식의 풀이 solution 는

$$N = N_o\, e^{-\lambda t}$$

이 되어 지수 함수 exponential function $e^{-\lambda t}$의 꼴로 붕괴한다.

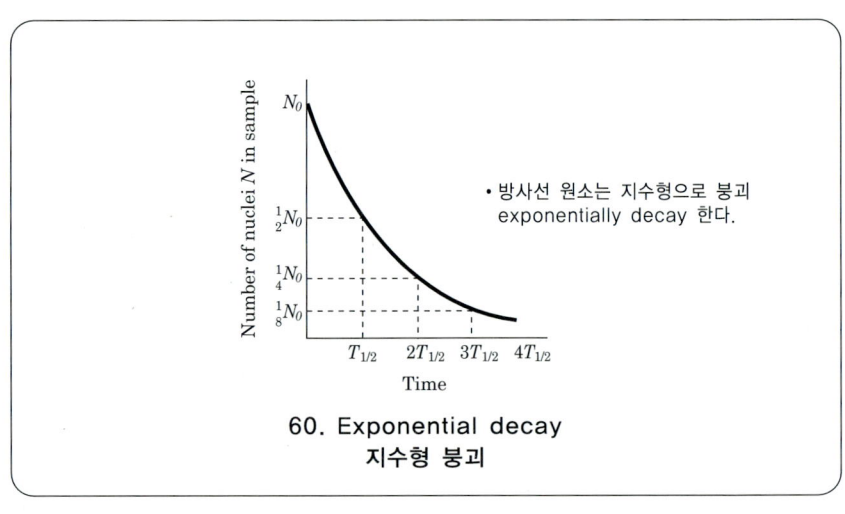

60. Exponential decay
지수형 붕괴

(5) Particle Accelerators 입자가속기

particle accelerator 입자가속기

입자가속기는 양성자 proton 나 전자 electron 같은 하전입자 charged particle 에 높은 운동에너지 kinetic energy 를 주어서 가속시켜 accelerate 빠른 속력을 얻는 장치이다. 빠르게 운동하는 입자 particle 를 다른 입자에 정면충돌 head-on collision 시켜 물질의 내부 구조 internal structure 를 알아내는 데 쓰인다. 가속방법에 따라 선형가속기와 원형가속기로 나뉜다.

cyclotron 사이클로트론

A cyclotron is a particle accelerator that uses a magnetic field to hold a charged particle in a circular orbit so that a modest accelerating potential may act on the particle repeatedly, providing it with high energy. (사이클로트론은 자기장을 사용하여 하전입자가 원 궤도를 유지하도록 만들어놓고, 적당한 가속 퍼텐셜을 반복 작용하여 그 입자에 높은 에너지를 공급하는 입자가속기이다.)
사이클로트론은 1930년 로렌스 E. O. Lawrence 가 개발하였다. 그러나 운동하는 입자의 속력이 커지면 상대론적 효과 relativistic effect 에 의해 효율이 떨어지며, 이러한 어려움을 극복하기 위해 양성자 싱크로트론 proton synchrotron 이 개발되었다.

proton synchrotron 양성자 싱크로트론

양성자의 속력이 빛속도 speed of light 에 크게 미치지 못하는 사이클로트론 cyclotron 대신 상대론적인 효과 relativistic effect 를 고려하여 양성자의 속력을 크게 만든 입자가속기이다. 사이클로트론 cyclotron 의 단점을 개선하였으나, 여전히 양성자가 회전하는 원형고리

ring 는 엄청나게 크다. 자기장 magnetic field 과 진동자 oscillator 의 진동수 frequency 는 입자의 에너지가 높아져도 일정한 원궤도 circular path 를 유지하도록 주기적으로 변하게 되어있다.

DICTIONARY OF PHYSICS & CHEMISTRY FOR STUDYING ABROAD

MAIN PART

Chemistry

화학편

☞ Refer to INDEX for an alphabetical search.

1. 화학의 기초	236
2. 열화학	256
3. 기체	261
4. 원자구조	275
5. 화학결합	282
6. 액체와 고체	298
7. 용액	313
8. 산화-환원과 전기화학	329
9. 산과 염기	345
10. 화학평형과 반응속도	358
11. 탄소와 유기화합물	366
12. 물	370
13. 환경오염	380
14. 핵화학	390

1 Basis of Chemistry
화학(化學)의 기초

(1) Branches of Chemistry 화학의 갈래

chemistry 화학 (化學)

화학은 원소 element 나 그 화합물 compound 의 성질 property, 성분 component, 구조 structure, 반응 reaction 과 변환 transformation 을 연구하고, 그런 과정 process 중 흡수하거나 absorb 방출하는 evolve 에너지를 다루는 과학으로 그 연구범위는 원자 atom 에서부터 모든 물질 matter 과 궁극적으로는 생명 life 에까지 이른다.

chemistry 라는 말은 alchemy (연금술) (아랍어의 *al-kimiya*에서 유래)에서 온 것으로서 고대 이집트에서 중세에 이르기까지 연금술사들이 금을 만들거나, 불로장생술을 연구하는 과정에서 여러 가지의 화학적 기술이 탄생했기 때문에 이런 이름이 붙게 되었다.

inorganic chemistry 무기 화학 (無機化學)

탄소 carbon 를 제외한 모든 원소를 다루는 화학의 분야이다. 이산화탄소 carbon dioxide 나 탄산염 carbonate 같은 간단한 탄소화합물 carbon compound 도 관습적으로 무기화합물 inorganic compound 로 분류한다.

organic chemistry 유기 화학 (有機化學)

대부분의 탄소화합물(유기화합물) carbon compounds (organic compounds) 을 다룬다. 유기 organic 란 말이 사용된 이유는 한때 식물이나 동물과 같은 생체 organism 나 생체에서 나온 화합물에서만 유기화합물 organic compound 을 얻을 수 있다고 생각하였기 때문이다.

Basis of Chemistry

physical chemistry   물리화학 (物理化學)
물리학 physics 의 이론 theory 및 물리적 실험 experiment 방법으로 물질의 구조 structure of matter 및 화학적 성질 chemical properties 을 연구하는 화학의 한 분야를 이른다.

analytical chemistry   분석화학 (分析化學)
물질의 성분과 구성 비율을 분석하는 analyze 기술이나 이론 등을 연구하는 분야이다.

biochemistry   생화학 (生化學)
생체 즉 동물과 식물에 관한 화학으로, 생물체 living organism 의 물질 조성 composition, 생물체 내에서의 물질의 화학반응 chemical reaction 등을 화학적 방법으로 연구한다.

(2) Structure of Matter – Element, Atom and Molecule
물질의 구조 – 원소, 원자, 분자

mixture   혼합물 (混合物)
자연계에서 가장 흔히 볼 수 있는 것으로, 순수한 물질들이 섞여서 이루어진 물질을 혼합물이라 한다. 예컨데, 공기(산소+질소 등) air 나 설탕물(설탕+물)은 두 가지 이상의 순수한 물질이 섞여 있는 혼합물이다.
설탕물을 여러 가지 농도 concentration 로 만들 수 있는 것처럼 혼합비 mixed proportion 도 임의로 할 수 있다. 따라서 혼합물의 성질은 구성 원소(또는 화합물) 각각의 성질뿐만 아니라 혼합 비율에 따라서도 달라진다. 혼합물은 다시 콘크리트나 잡곡밥과 같이 성분 components 이 녹아서 dissolved 고루 섞이지 않는 **불균일혼합물** heterogeneous mixture 과 소금물처럼 고르게 섞인 **균일혼합물** homogeneous mixture 로 나뉜다. 혼합물은 화합물 compound 과는 달리 증류 distillation, 결정화 crystallization 등의 물리적인 방법 physical ways 으로 분리가 가능 separable 하다.

compound

화합물 (化合物)

혼합물 mixture 을 분리하였을 때 생기는 순물질 중 화학 변화를 통해 다시 두가지 이상의 물질로 분해되는 것을 말한다. 바꿔 말해, 둘 이상의 원소 element 가 일정한 비율로 in fixed proportions 결합한 물질을 화합물 compound 이라고 한다. 예컨데, 순물질인 소금은 나트륨(Na)과 염소(Cl)의 화합물이며, 물은 수소(H)와 산소(O)의 화합물이다. 화합물의 성질은 원래의 구성 원소의 성질과는 다르며, 물리적인 방법 physical ways 으로는 다시 원소 element 로 분리되지 separate 않는다. 화합물 compound 중 특히 두 가지 원소 element 가 결합한 화합물, 가령 물(H_2O)이나 암모니아(NH_3) ammonia 등을 이성분(二成分)화합물 binary compound 이라고 한다.

element

원소 (元素)

물질 중에서 더 이상 '다른' 물질로는 분해되지 않는 가장 기초적 물질을 원소 element 라 한다. 원소 element 와 원자 atom 는 유사한 개념이나, 자연의 상태에서 하나의 원자로만은 존재하지 않고, 항시 결합하여 원소를 이루는 경우도 있다. (O_2의 경우가 그 대표적 일례이다.) 모든 물질은 몇가지 기본 물질 elementary substances 의 조합 combination 으로 구성되었다는 생각에서 출발한 원소 element 의 개념은 한 때 플로지스톤 (열의 원소 phlogiston)이나, 심지어 빛 light 까지도 원소로 생각했던 것처럼 잘못된 이해도 있었으나, 현재까지 106개의 원소가 확인되고, 주기율표 periodic table of elements 가 만들어짐으로써 이들 원소들을 체계적으로 분류할 classify 수 있게 되었다.
각 원소의 기호 symbol of element 는 알파벳 문자 한 개나 두 개로 표기하여 구분한다. 주로 영어를 바탕으로, 라틴어나 독일어 등에서 온 원소이름의 약자를 사용한다. 가령 탄소 carbon 의 원소기호 C는 영어에서, 철 iron 의 원소기호 Fe는 라틴어의 ferrum에서, 텅스텐 tungsten 의 기호 W는 독일어의 wolfram에서 왔다.

atom

원자 (原子)
화학변화를 일으켜 물질을 구성하는 궁극적인 알갱이 (입자)를 말하며, 어원적으로는 그리스어 *atomos* (더 쪼갤 수 없는 것)에서 유래하였다. 원자핵 nucleus 주위를 전자 electron 가 회전하거나 구름처럼 퍼져 있는 구조로 파악되어 왔으며, 원자의 질량 mass 은 원자핵에 집중되어 있는 반면, 화학변화는 주로 전자의 구성 내지 구조에 좌우된다.
현재 원자 내부에 원자핵과 전자외에 양성자, 중성자, 양전자, 중간자 등 수 많은 구성입자가 발견됨으로써, atom의 어원적 의미는 이미 상실되었으며, 이들 **소립자 (素粒子)** elementary particle 가 물질의 궁극 입자로 연구되고 있다. → element 원소 p.238, molecule 분자 p.244, 그 외 p.221 이하 항목

atomic weight

원자량 (原子量)
대부분의 원소는 여러 **동위원소** isotope 의 혼합물 mixture 로 존재하며, 대부분 일정한 비율 rate 을 가지므로 동위원소들의 비율을 고려하여 계산한 평균 average 원자질량을 **상대원자질량** relative atomic mass 또는 원자량 atomic weight 이라고 한다.
가령 자연계에 존재하는 naturally occurring 염소 (Cl) chlorine 의 75.53%는 원자질량 34.97u인 $^{35}_{17}Cl$ 이며, 나머지 24.47%는 원자질량 36.95u인 동위원소 $^{37}_{17}Cl$ 이다. 동위원소들의 존재 비율을 고려하여 계산한

염소원소의 원자량 atomic weight 은 이들의 평균 average 원자질량이다:

$^{35}_{17}$Cl　(0.7553)·(34.97u) = 26.41u
$^{37}_{17}$Cl　(0.2447)·(36.95u) = 9.04u
원자량　atomic weight = 35.45u

가중평균 weighted average 으로 구한 염소의 원자량은 35.45u 이다. 평균값에 해당하는 원자량을 가진 원자가 실제로 존재하는 것은 아니지만, 대부분의 계산에서 특정 원소의 시료 sample 를 원자량으로 다루어도 괜찮은 이유는 시료 안에는 수많은 개수의 원자들이 들어 있어서 평균값으로 구한 값이 잘 들어맞기 때문이다.

atomic theory before Dalton　돌턴 이전의 원자론 (原子論)

고대 그리스인들은 아리스토텔레스 Aristotle 의 사원소설 four-element theory 을 믿었다. 이 이론은 만물은 흙 earth, 물 water, 공기 air, 불 fire 의 네 가지 기본적인 원소 elements 로 되어 있어서 이들의 적절한 조합 combination 으로 모든 다른 물질이 생겨난다고 본 것이다. 그러나 이 이론은 물질 substance 은 연속적이며 무한히 쪼개질 수 있다고 간주하기 때문에 데모크리토스 Demokritos 의 원자론 atomic theory 과는 차이를 보인다.

고대의 철학자 philosopher 들이나 중세의 연금술사 alchemist 들은 추상적 추리 abstract reasoning 만을 이용하여 원소를 다루어 왔으나, 보일 Boyle 은 더 이상 추상적인 방법이 아닌 실험 experiment 을 통하여 원소 element 를 정해야 한다고 했다. 그는 화합물 compound 이나 혼합물 mixture 을 포함한 모든 물질 substance 은 분석해 가면, 가장 기본적인 단위 물질에 도달한다고 주장했으며, 이를 원소라고 했다.

→ element 원소 p.238

현대적인 원자론의 개념은 보일 Boyle 의 원소에 대한 개념과 라부아지에 Lavoisier 의 **질량보존의 법칙** law of conservation of mass, 그리고 프루스트 Proust 가 제안한 **일정성분비의 법칙** law of definite proportions 에서 출발하였다. 이들 원리와 함께 돌턴 Dalton 은 **배수비례의 법칙** law of multiple proportions 을 찾아내어 원자론을 만들어내었다.

Law of conservation of mass   질량 보존의 법칙

라부아지에 Lavoisier 는 더 이상 단순한 물질로 분해할 수 없는 undecomposable 물질을 원소 element 로 보았으며, 화학반응 chemical react 에 사용된 반응물 reactant 의 총 질량 total mass 과 반응결과로 나온 생성물 product 의 총 질량이 같다는 질량보존의 법칙을 확립하였다.

Law of definite proportions   일정 성분비의 법칙

일정성분비의 법칙은 순수한 화합물 pure compound 은 다른 방법으로 만들더라도 항상 일정한 원소가 일정한 질량비 fraction of mass 로 존재한다는 원리로, Law of constant proportions 라고도 한다. 가령 물은 언제나 수소 11.19%와 산소 88.81%의 질량비로 되어있다. 이 이론은 프루스트 Proust 가 1799년에 제안하였다.

Law of multiple proportions   배수비례 (倍數比例)의 법칙

돌턴 Dalton 이 발견한 배수비례의 법칙은 두 원소 A, B가 두 가지 이상의 화합물을 만들 때 A의 고정된 질량 fixed mass 과 B의 질량 사이에는 간단한 정수비 integral ratio 가 성립한다는 것이다.

예를 들면, 탄소 carbon 는 두 가지의 산화물 oxides CO와 CO_2를 만든다. 주어진 given 탄소의 질량과 결합하는 산소 oxygen 의 질량비 fraction of mass 는 1:2가 된다. 이 법칙은 물질의 불연속성 discontinuity 을 나타내며, 이에 따라 돌턴은 원자설을 만들게 되었다.

Dalton's atomic theory 돌턴의 원자론 (原子論)

1803년에 발표한 Dalton의 이론으로 원자에 대한 현대적 개념의 뿌리가 되며 그 내용은 다음과 같다:

① 원소 element 는 원자 atom 라고 하는 작은 입자 particle 로 구성된다. 주어진 원소 given element 의 모든 원자는 화학적, 물리적 성질이 같으나, 다른 원소의 원자와는 성질이 다르다.

② 화학반응 chemical reaction 은 원자들의 분리 dissociation 와 결합 combination 이 일어나는 현상 phenomenon 이다. 이 반응에서 새로운 원자들이 만들어지거나(창조 creation), 원자들이 없어지거나(소멸 annihilation), 다른 원자로 모양이 바뀌는(변환 transformation) 일은 일어나지 않는다.(질량보존의 법칙 law of conservation of mass)

③ 화합물 compound 은 둘 또는 그 이상의 원자들이 간단한 정수비로 결합한 것이다.(일정성분비의 법칙 law of definite proportions)

돌턴 Dalton 은 원자들의 질량 mass 을 표시하기 위해 수소원자 hydrogen atom 를 상대원자질량(원자량) relative atomic mass(atomic weight) 의 기준 reference 으로 삼았다. 그 후 화학자들은 산소를 기준으로 상대원자질량(원자량)을 16으로 정하였으나, 최근에는 탄소-12 (^{12}C)carbon-12 를 질량의 척도 unit of mass 로 한 원자질량단위(amu; u) atomic mass unit 를 사용하여 탄소-12의 원자질량을 12u로 표시한다. 자연적으로 존재하는 naturally occurring 탄소에는 동위원소 ^{12}C, ^{13}C, ^{14}C가 섞여 있기 때문에 이들을 평균하여 구한 탄소의 상대원자질량은 12.011u이다.

Thomson's atomic model 톰슨의 원자모델

1906년 톰슨은 원자에서 전자 electron 가 방출되는 emit 사실로부터 양전하 positive charge 를 띤 양성자 proton 들이 푸딩 pudding 반죽처럼 넓게 퍼져 있고, 푸딩의 여기저기에 음전하 negative charge 를 띤 전자들이 건포도 plum 처럼 박혀있는 모델을 제안하였다. 이를 푸딩모델 plumpudding model 이라고 한다.

그러나 러더포드의 실험 Rutherford's experiment 에 의해 양전하가 퍼져있지 않고, 원자의 작은 영역(원자핵 atomic nucleus)에 집중되어 concentrated 있음이 밝혀져서 톰슨의 원자모델은 부정되었다.

Rutherford's atomic model 러더포드의 원자모델

원자의 중심에 양전하 positive charge 를 띤 작은 원자핵 atomic nucleus 이 있고, 그 둘레에 음전하 negative charge 를 띤 전자 electron 들이 분포한다는 러더퍼드가 제안한 원자모델을 이른다.

러더포드 Rutherford 는 1908~1911년에 실시한 실험에서 금으로 된 얇은 판 thin gold foil 에 알파입자 alpha particle 를 쪼여 산란각도 scattering angle 를 조사하였다. 톰슨 모델 Thomson's atomic model 에 의하면 원자의 대부분의 공간은 양전하를 띤 반죽처럼 되어 있으므로, 이에 대고 쏜 알파입자들은 반대 방향으로 튕겨 나올 reflect 것으로 생각되었다.

그러나 결과는 반대로 대부분의 알파입자들은 빈 공간을 지나가듯이 금으로 된 판을 거의 그냥 빠져 나왔다. 이 실험 결과로부터 러더포드는 중심부에 양전하를 띠면서 대부분의 질량 mass 이 집중되어 있는 작은 원자핵이 있고, 그 둘레에 전자가 운동하고 있는 원자모델을 만들게 된 것이다.
이 모델에서 원자는 작은 태양계 small solar system 에 비유되어, 행성들이 planets 태양 주위를 공전하는 revolve around the sun 것처럼 전자들이 핵 주위를 도는 것으로 묘사된다. 우리가 보통 가지고 있는 원자의 구조 structure 에 대한 개념은 러더포드의 원자모델에 바탕 basis 을 둔 것이다.

Bohr's theory of atomic structure 보어의 원자이론

1913년 보어 Bohr 가 제안한 원자의 구조 structure 와 원자스펙트럼 spectrum 에 관한 이론이다.
러더포드의 원자모델에 따르면 원운동 circular motion 을 하는 전자들은 전자기파 electromagnetic wave 를 발산하고 핵 nucleus 과 충돌하게 collide 된다. 보어는 핵 주위를 도는 궤도전자 orbital electron 들이 어떻게 안정하게 stable 존재할 수 있는가 하는 문제를 초기의 양자론 quantum theory 을 써서 처음으로 설명하는 데 성공하여 고전물리학 classical physics 에서 **양자물리학** quantum physics 으로 넘어가는 데에 결정적인 역할을 하였다. → quantum physics   p.200

molecule 분자 (分子)

어떤 물질을 더 나눌 때 그 물질이 가지고 있는 고유한 성격을 잃어 버리는 최소 단위의 입자를 분자라고 한다. 예컨데, 물방울을 계속 나누면 점점 크기는 작아지지만 물(H_2O)이 가진 성질은 유지된다. 그러나 분할을 계속하면, 마침내 물의 성질을 잃어 버리고 산소 원자(O)와 수소 원자(H)로 분해될 것이다. 바로 그 직전, 물의 성질을 유지하고 있는 최소 입자를 물의 분자(分子) molecule 라고 한다.
분자(分子)의 개념이 정립된 것은 사실 원자(原子)의 개념이 성립된 이후의 일이다. 1811년 이탈리아의 화학자 아보가드로 Avogadro 는 그 때까지 물질의 근원이라

생각되던 원자 atom 들로는 기체의 성격을 제대로 설명하지 못하는 것을 알아내고, 이를 해결하기 위하여 분자라는 개념 concept 을 화학에 도입하였다. 당시에는 이를 인정받지 못하여 가설 hypothesis 로만 머물렀으나, 후일 타당함이 밝혀져 오늘날에는 아보가드로의 법칙 Avogadro's law 이라고 불린다. → Avogadro law 아보가드로의 법칙 p.245

분자에는 헬륨(He) helium 이나 네온(Ne) neon 처럼 원자 하나로 존재하여 원자 자체가 분자인 **단원자 분자** monoatomic molecule, 산소(O_2) oxygen 나 질소(N_2) nitrogen 와 같이 원자 두 개가 결합한 **이원자 분자** diatomic molecule, 오존(O_3) ozone 과 같이 여러 개의 원자로 이루어진 **다원자 분자** polyatomic molecule 등이 있다.

Avogadro's law 아보가드로의 법칙

기체 반응의 법칙을 설명하기 위해 이탈리아의 과학자 아보가드로가 1811년 발표한 이론으로, 분자의 존재를 최초로 가정한 법칙으로 유명하다. 그는 '같은 온도와 압력에서는 기체의 종류에 관계없이 같은 부피속에 같은 수의 입자가 들어 있다'는 가설을 세웠는데, 이를 위해 그는 원자가 결합되어 이루어진 새로운 입자(분자)를 가정하였다.

즉, 예컨데 수소와 산소가 반응하여 수증기가 생길 때 그 부피의 비는 2:1:2 이다. 만약 한 단위의 부피에 입자 한 개가 들어 있다고 치면, 다음 페이지의 그림과 같이 되어 산소 원자가 쪼개져야만 한다.

만약 이 때, 산소 원자 두 개가 결합한 산소 입자와 수소 원자 두개가 결합한 수소 입자, 그리고 산소 원자 하나와 수소 원자 두 개로 이루어진 물 입자를 가정한다면, 원자를 쪼개어야 한다는 모순을 피할 수 있다.

이와 같이 아보가드로는 돌턴의 원자설로 잘 설명될 수

없는 사례로부터 분자의 존재를 가정하여, 분자의 실재를 밝히는 선구적 역할을 하였다. → molecule p.244

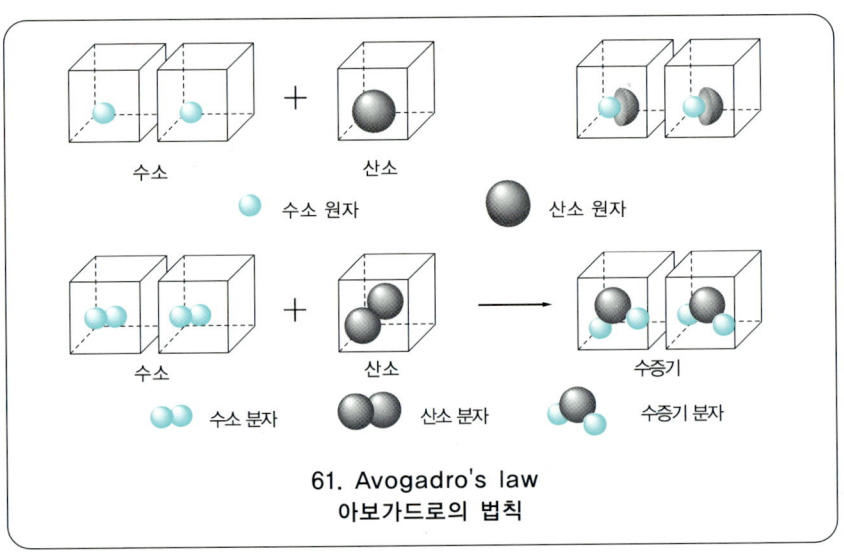

61. Avogadro's law
아보가드로의 법칙

(3) Fundamental Concepts 기본 개념

phase   상 (相)

어떤 물질의 모든 부분이 물리적, 화학적으로 같은 성질을 보일 때 homogeneous part of the system, 그 물질은 하나의 상 phase 을 이룬다고 말한다. 하나의 상 전체는 같은 성분 component 으로 구성되어, 같은 성질 property 을 가진다.

예를 들면, 공기 air 는 질소 nitrogen 와 산소 oxygen 및 기타 기체들이 고르게 섞인 균일혼합물 homogeneous mixture 이므로 하나의 상을 이룬다. 얼음물이 플라스크 flask 에 반쯤 채워져 있으면 얼음과 물, 수증기가 공존하므로 얼음-고(체)상 ice-solid phase, 물-

액상 water-liquid phase, 공기-기(체)상 air-gaseous phase 의 세 개의 상으로 되어 있다. 소금물 salt water 은 하나의 상 phase 인 반면, 물과 기름을 섞어서 두면, 2개의 층 layer 으로 나누어져 기름이 약간 섞인 물과, 물이 약간 섞인 기름의 2개의 상을 이룬다.

component 성분 (成分)

화학에서 성분이라고 하면 경우에 따라 component 또는 constituent를 가리키며, 이 둘은 서로 다른 개념이다. 어떤 계 system 의 성분 component 은 그 계를 이루는 물질 substance 을 뜻하는 반면, constituent는 계를 이루는 상 phase 과 관련된 용어이다. 가령 얼음물이 플라스크 안에 반쯤 차 있는 계를 이루는 성분 component 은 물과 공기이며, 또 다른 예로 설탕물은 설탕과 물의 두 가지 성분 component 으로 이루어져 있다. → constituent 성분 p.247

constituent 성분 (成分)

어떤 계 system 를 이루는 constitute 여러 개의 상 phase 을 그 계 system 의 성분 constituents 이라고 한다. 예를 들면 플라스크 flask 안에 반쯤 찬 얼음물은 얼음, 물, 공기의 세 가지 상 phase 으로 되어 있으므로, 성분 constituents 은 얼음과 물, 공기의 세 가지이다. 설탕물은 용액 solution 이라는 하나의 상을 이루므로 하나의 constituent 이다. → component p.247

qualitative analysis 정성분석 (定性分析)

시료 sample 속 성분 components 의 종류를 알기 위한 화학분석 chemical analysis 이 정성분석이다. 정성분석은 일반적으로 분자 molecule 나 원자 atom, 이온 ion, 동위원소 isotope 등의 물리적, 화학적 특성을 이용한다.

quantitative analysis 정량분석 (定量分析)

시료 sample 에 들어있는 각 성분 each component 의 구체적인 양 amount 을 구하는 과정 process 을 정량분석 quantitative analysis 이라고 한다. 시료를 먼저 정성분석 qualitative analysis 하여 물질의 구성 성분을 파악하고 나서 정량분석으로 각 성분의 비율 fraction 을 알아낸다.

standard state 표준상태

열화학 thermochemistry 에서 정의하는 define 표준상태 standard state 는 다음과 같은 표준조건 standard condition 을 기준값 reference value 으로 해서 화학반응 chemical reaction 이 이루어짐을 뜻한다:

① 순수한 결정성 물질이나 액체일 것. To be in the pure state if they are crystalline substances or liquids
② 만일 기체라면 1 기압(atm)일 것. To be at one atmosphere pressure if they are gases
③ 용매에 녹아있다면 농도가 1 F일 것. To be at a concentration of 1 F if they are dissolved in a solvent
④ 온도는 298.15 K(25℃)가 표준이다 (반드시 지켜야 하는 것은 아니다). Usually, but not necessarily, to be at a specified temperature 298.15 K(25℃)

여기서 1 기압(atm) 즉 760.0mmHg는 반응물 reactants 이 들어있는 용기 container 를 대기 atmosphere 중에 열어 놓은 상태에서 화학반응이 일어나게 한다는 뜻이며, 농도 F는 용액 solution 에 녹아 있는 화학식량 formula weight 이다.

표준상태는 $\Delta H°$ 나 $\Delta G°$ 처럼 위첨자 superscript (°)를 붙여서 구분한다. 만일 다른 온도 temperature

에서 일어난 반응이라면 온도 T를 아래첨자 subscript 로 붙여서 ΔH_T° 나 ΔG_T° 로 표시한다.

standard temperature and pressure 표준상태

표준온도 및 압력 STP(s.t.p.) 라고도 한다. 전에는 **정상상태** NTP (normal temperature and pressure) 라고 했었다.

표준상태 STP 는 273.15 kelvin(K), 101325 pascal(Pa) 곧 0℃, 760.0 mmHg의 상태를 나타내며, 온도 temperature 와 압력 pressure 에 따라 변화하는 물리량을 정의하는 기준 reference value 이된다.

density 밀도

어떤 물질 substance 의 밀도 density 는 단위부피당의 질량 mass per unit volume 으로 정의되며 defined, SI단위는 kg/m³ 이다. 액체나 고체 물질의 밀도는 보통 20℃(**실온** room temperature)에서 측정한 값 measured value 을 사용한다.

relative density 비중 (比重)

물질의 비중 relative density 은 기준물질 reference substance 과의 밀도 비 fraction 이다

$$\text{비중 relative density} = \frac{\text{물질의 밀도}}{\text{기준물질의 밀도}}$$

$$= \frac{\text{density of substance}}{\text{density of reference substance}}$$

비중은 밀도의 비율이기 때문에 단위는 없다. specific gravity(**비중**)은 비중 relative density 의 옛 이름이다.

비중을 측정할 때의 기준물질은 일반적으로 밀도가 최대

가 되는 maximum density 4℃의 물을 사용한다. 물의 밀도가 1이므로 보통 비중 relative density 이라고 하면 밀도 density 를 가리키는 경우가 많이 있다. 기체의 비중을 재는 경우에는 기준물질을 건조한 공기 dry air 로 하며, 두 기체의 밀도는 STP(standard temperature and pressure) 상태일 때의 값을 사용한다.

(4) Chemical Reaction 화학반응

chemical reaction 화학반응
화학반응은 물질(반응물 reactant) 들이 반응을 일으켜 react 원자들이 재배치되어 rearrange 새로운 화합물 compound 이 만들어지는 현상이다. 주어진 조건 given condition 에서 일정한 반응물에 대해 일어나는 화학반응에서는 항상 같은 생성물 product 이 나오며, 양도 일정하다.

reactant 반응물
화학반응이 일어나기 전에 원래 있던 물질 substance 을 반응물이라고 한다.

product 생성물
화학반응의 결과로 만들어진 물질을 생성물이라고 한다.

stoichiometry 화학양론 (化學量論)
화학양론은 화학반응 chemical reaction 에서 원소 element 와 화합물 compound 간의 양적(정량적 quantitative)인 관계 relations 를 다루는 분야이다. 영어의 stoichiometry 는 그리스어 *stoicheon*(원소 element)과 *metron*(측정하다 measure)의 합성어로 화학반응 전의 물질(반응물 reactant)과 반응 후에 만들어진 생성물 product 의 상대적인 양 relative

amount 을 결정한다는 뜻이다.

화학양론에서는 질량보존법칙 conservation of mass, 원자의 상대적 질량 relative atomic mass 및 몰 mole(mol) 의 개념을 바탕으로 생성물을 만드는 데 필요한 반응물의 양 required amount of reactants 을 예측하고 predict, 화학분석의 결과를 평가한다 evaluate.

limiting reactant 제한반응물 (制限反應物)

화학양론 stoichiometry 으로 계산된 꼭 필요한 양의 반응물이 제한반응물 limiting reactant 이다.
화학반응에서 만들어질 생성물 product 의 양을 정확히 예측하려면 어느 반응물이 제한반응물인지를 먼저 계산하여야 한다. 가령 2 몰 mole 의 H_2와 2 몰의 O_2를 반응시킬때 화학반응식 chemical equation 은

$$2H_2 + O_2 \rightarrow 2H_2O$$

이다. 수소 hydrogen 2 몰은 다 반응하여 2 몰의 물이 생성되나 produced, 반응이 끝날 때까지 산소 oxygen 는 1 몰만 반응하고 1 몰은 남게 된다. 공급된 수소가 반응을 제한하여 limit 생성물 product 인 물의 양을 결정하므로 수소는 제한반응물 limiting reactant, 산소는 과잉반응물 excess reactant 이다.

excess reactant 과잉반응물 (過剩反應物)

화학반응을 일으킬 때 계산된 양보다 많이 투입된 반응물을 과잉반응물 excess reactant 이라고 한다. 실제의 화학반응에서는 외부 environment 의 조건에 따라 반응이 덜 일어나는 경우가 많으므로 원하는 만큼의 생성물 product 을 얻기 위하여서는 계산된 양보다 반응물들을 많이 사용하게 된다. 과잉반응물의 과량 excess quantity 은 반응하지 않고 남게 된다.

yield 수득량 (收得量)

제한반응물 limiting reactant 이 완전히 반응하여 얻을 수 있는 생성물의 양이 수득량 yield 이다. 그러나 이론과는 달리 실제 화학반응에서는 반응물 reactant 의 일부가 반응을 하지 않거나, 원하던 반응과 다른 반응 side reaction 을 일으킬 수도 있고, 생성물 product 이 100% 회수되지 collected 않을 가능성도 있기 때문에 실제 반응으로 나온 생성물의 양은 계산된 양보다 적다.

이론적인 수득량 yield 에 비해 실제로 얻는 수득량의 퍼센트 비를 퍼센트 수득률(收得率) percent yield 라고 한다:

$$\text{퍼센트 수득률} = \frac{\text{실제수득량}}{\text{이론수득량}} \times 100$$

yield는 때에 따라 수득량, 또는 수득률로 번역되어 사용된다.

chemical formula 화학식

화학식은 어떤 물질(화합물 compound) 의 성분 component 을 원소기호 symbol of element 로 나타낸 것이다. 화합물의 구성 성분은 시료 sample 의 무게를 달아 각 성분원소로 분해시키거나 decompose, 산소 oxygen 와 반응시켜 react 특정 물질을 만든 다음 질량비 fraction of mass 를 측정하여 을 알아낸다.

molecular formula 분자식

분자의 형태로 존재하는 화합물의 화학식 chemical formula 을 분자식이라고 하며, 화합물을 만든 원자의 종류와 개수를 알려준다. 가령 H_2O(물)나 H_2O_2(과산화수소 hydrogen peroxide)는 수소 hydrogen 와 산소 oxygen 로 이루어진 화합물의 분자식이다.

empirical formula　실험식

과산화수소 H_2O_2의 분자식 molecular formula 에서 우리는 수소와 산소 원자가 각각 2개씩 있음을 알 수 있다. 이를 약분하여 가장 간단한 정수비로 쓰면 reduce to its lowest terms HO가 되며, 이를 실험식 empirical formula(simplest formula) 라고 한다.

일반적으로 실험식과 분자식이 일치하지 않는 경우에는

분자식 = x(실험식)

molecular formula = x(empirical formula)

이 성립하므로 화합물의 분자량 molecular weight (relative molecular mass) 에서 자연수 x를 알아낼 수 있다.

chemical equation　화학반응식

화학반응 chemical reaction 을 간단히 기호 symbol 로 표시해서 반응물 reactant 은 왼쪽에, 생성물 product 은 오른쪽에 쓰고 화살표로 연결하면 화학반응식(화학방정식)이 만들어진다:

$$\alpha A + \beta B \rightarrow \gamma C + \delta D$$

비가역반응 irreversible reaction 에는 화살표 $\rightarrow$ 를, 가역반응 reversible reaction 에는 화살표 $\rightleftarrows$(또는 $\Leftrightarrow$)를 사용한다. → reversible reaction 가역반응 p.359, irreversible reaction 비가역반응 p.359

여러 가지의 상 phase 이 섞인 화학반응은 화학기호 뒤의 괄호 parentheses 에 기호 symbol 를 넣어 표시한다. 가령 Cu(c)는 결정화된 구리 crystalline copper 를, Cu(l)은 액체 상태의 구리 liquid copper 를 의미한다. 또한 용액 solution 은 사용된 용매 solvent 를 괄호 안에 적는다:

상 Phase	결정 crystal	고체 solid	액체 liquid	기체 gas	수용액 aqueous solution
기호 Symbol	c	s	l	g	aq

homogeneous reaction 균일반응 (均一反應)

화학반응 chemical reaction 이 하나의 상 phase 에서만 일어나면 균일반응, 둘 이상의 상에서 일어나면 **불균일반응** heterogeneous reaction 이라고 한다:

$2NO(g) + O_2(g) \rightarrow 2NO_2(g)$
균일반응 homogeneous reaction
$2Mg(s) + O_2(g) \rightarrow 2MgO(s)$
불균일반응 heterogeneous reaction

stoichiometric coefficient 화학양론 계수 (化學量論 係數)

화학반응에서 반응물 reactant 과 생성물 product 을 원자로 나타냈을 때 각 원자의 개수를 화학양론 계수라고 한다.

반응물 분자의 결합 chemical bond 이 깨지고, 새로운 결합이 형성되어 화학반응이 일어나더라도 원자들은 새로 만들어지거나 사라지지 않으므로(질량보존의 법칙 law of conservation of mass), 반응물에 포함된 원자의 종류와 수는 생성물 product 에도 그대로 나타나야 한다. 반응물 계수 coefficient 의 합에서 생성물 계수의 합을 뺀 값이 화학양론 합 stoichiometric sum 이며, 이 값이 0일 때 화학반응식의 균형이 맞는다 equation is balanced 고 말한다.

예를 들어 뜨거운 쇠에 수증기를 통과시킬 passing steam over hot iron 때의 화학반응식은

$3Fe + 4H_2O \rightarrow Fe_3O_4 + 4H_2$

이다. 원자 단위에서 반응물과 생성물의 화학양론 합이 15-15=0 이 되어 균형이 맞아 balanced 올바른 식이 되었다.

화학반응식의 계수 α, β, γ, δ 는 분자의 질량 mass 이 아니라 개수임에 주의해야 한다. 실험실이나 공장에서는 직접 분자의 개수를 셀 수 없으므로 무게의 비(몰 mole 비)로 결정한다.

2 Thermochemistry
열화학

thermochemistry 열화학 (熱化學)

거의 모든 화학반응 chemical reaction 이나 상 phase 의 변화에서는 에너지의 흡수 absorption 나 방출 evolution 이 일어난다. 여기에 수반되는 열의 양 quantity of heat 을 실험적으로 측정하거나, 이론적으로 계산하는 분야가 열화학이다.

enthalpy 엔탈피

압력이 일정할 때 at constant pressure 계 system 에서 방출되거나 evolve 흡수되는 absorb 열량 amount of heat 을 **열함량** heat content, 또는 엔탈피 enthalpy 라고 한다. enthalpy라는 말은 그리스어의 *enthalpein*(= to warm)에서 왔다.

밀폐된 용기 container 안에서 기체가 생성되는 화학반응 chemical reaction 이 일어나면 용기 안의 압력 pressure P는 증가한다. 그러나 용기의 부피 volume V는 변하지 않으므로 용기에 들어오거나, 나간 열은 기체의 내부에너지 internal energy U에 영향을 준다.
→ internal energy 내부에너지 p.120

대부분의 실제적인 화학반응은 대기 atmosphere 중에 닫혀 있지 않은 용기에서 일어난다. 가령 플라스크 flask 를 열고 반응을 일으키면 기체의 생성 여부에는 관계없이 압력은 늘 대기압 atm 과 같을 것이다. 압력 pressure 이 일정한 constant 상태에서의 일 work W는 부피의 팽창 expansion 에 의한 $W=P\Delta V$이므로 반응하는 계 system 에 들어오거나 나간 열 heat 은 내부에너지의 변화 ΔU와 $P\Delta V$로만 주어진다:

$$\Delta U + P\Delta V = \Delta(U+PV)$$

따라서 열역학적인 thermodynamic 성질 H를

$H=U+PV$ 엔탈피 enthalpy

로 정의하면 H값의 변화 ΔH는 바로 일정한 압력에서 계 system 에 흡수되거나 absorb 방출되는 evolve 열량과 같다. 이와 같은 새로운 함수 H를 엔탈피 enthalpy 라고 한다.

enthalpy of formation   생성 (生成) 엔탈피

일정압력 상태에서 일어난 화학반응의 생성물들 products 의 총 엔탈피 total enthalpy $H_{products}$에서 반응물들 reactants 의 총 엔탈피 $H_{reactants}$을 뺀 값이 생성엔탈피이다:

$\Delta H = H_{products} - H_{reactants}$
생성엔탈피 enthalpy of formation

따라서 생성엔탈피 ΔH는 화학반응이 일어나는 동안의 반응열 heat of reaction 이다.
일반적으로 화학자들은 표준상태 standard state 인 298.15 K(25℃)와 1기압(atm)에서의 열화학적인 thermochemical 양을 결정한다. 표준상태에서 화학반응이 일어날 때 엔탈피의 변화 즉 생성엔탈피를 $\Delta H°$로 표시한다.

standard enthalpy of formation   표준 생성엔탈피

생성물 products 과 반응 원소들 reacting elements 이 모두 표준상태 standard state 일 때, 즉 표준상태에 있는 화합물 compound 1 몰 mole 이 표준상태의 원소들로부터 생성될 때의 엔탈피 변화 $\Delta H°$를 표준생성엔탈피라고 하며, $\Delta H°_f$로 표시한다.

exothermic reaction   발열반응 (發熱反應)

열을 방출하는 liberate 화학반응. 발열반응에서는 생성물의 엔탈피 enthalpy 가 반응물의 엔탈피 보다 낮아서 생성엔탈피 enthalpy of formation ΔH가 음의 값이 되며, 그 만큼의 열을 외부에 방출한다.

endothermic reaction 흡열반응 (吸熱反應)

열을 외부 environment 에서 흡수하는 absorb 화학반응. 흡열반응에서 생성물 product 은 반응물 reactant 보다 더 큰 엔탈피를 가지므로 생성엔탈피 ΔH는 양의 값이 되며, 엔탈피를 증가시키기 위하여 열을 공급해야 한다.

Hess's law 헤스의 법칙

반응 reaction 이 여러 중간 단계 several intermediate processes 를 거쳐 일어날 때의 총 반응열은 같은 반응이 직접 한 단계로 일어날 때의 반응열 heat of reaction 과 같으며, 이를 헤스의 법칙 Hess's law 또는 **일정열 더함법칙** law of constant heat summation 이라고 한다.

가령 흑연 graphite 이 연소 combustion 하는 발열반응은 다음과 같다:

$$C(흑연) + O_2(g) \rightarrow CO_2(g) \quad \Delta H° = -393.5 \text{ kJ/mol}$$

$$C(흑연) + \frac{1}{2}O_2(g) \rightarrow CO(g) \quad \Delta H° = -110.5 \text{kJ/mol}$$

괄호 안의 g는 기체상 gaseous phase 을 의미한다. 두 식을 결합하면(빼면) 엔탈피의 변화를 직접 구할 수 있다:

$$CO(g) + \frac{1}{2}O_2(g) \rightarrow CO_2(g) \quad \Delta H° = -283.0 \text{kJ/mol}$$

반응열이 헤스의 법칙을 만족하여 obey 반응의 경로에 무관 independent of a reaction path 한 이유는 엔탈피 enthalpy 가 상태함수 state function 이기 때문이다.

bond energy 결합에너지

원자들이 화학결합 chemical bonding 을 하여 분자를 이루는데 필요한 에너지 required energy 가 결합에너지이다. 단위는 1 몰 mole 당 kJ 또는 kJ/mol이다. 원자 두 개가 결합한 이원자분자 diatomic molecule 에서 결합을 끊는 데 break a bond 필요한 에너지는 **결합해리(結合解離)에너지** bond dissociation energy 라고 하며, 결합에너지와 같은 값을 가진다.
가령 수소분자 (H_2) hydrogen molecule 와 염소분자 (Cl_2) chlorine molecule 의 결합해리에너지는

$$H_2(g) \rightarrow 2H(g) \quad \Delta H° = +435 kJ/mol$$
$$Cl_2(g) \rightarrow 2Cl(g) \quad \Delta H° = +243 kJ/mol$$

여기서 $\Delta H°$는 표준상태 standard state 인 298.15 K(25℃), 1 기압 atm 에서의 엔탈피 enthalpy 이다. 결합해리에너지가 양의 값 positive value 이므로 결합을 끊는 데 dissociation 에너지가 흡수되어야 absorbed 한다. 반대로 결합이 이루어질 때는 결합을 끊는 데 필요한 양과 똑같은 에너지를 방출한다 evolve.

heat of combustion 연소열 (燃燒熱)

주어진 온도에서 at a given temperature 1 몰 mole 의 화합물 compound 이 완전히 타서(산소와 완전히 반응하여) $CO_2(g)$, $H_2O(l)$ 등의 산화물 oxide 이 생성될 때의 엔탈피 enthalpy 변화를 연소열 heat of combustion 이라고 하며, ΔH_{comb}으로 나타낸다.
연소열 heat of combustion 은 표준생성엔탈피 standard enthalpy of formation $\Delta H_f°$ 와 함께 열화학 thermochemistry 에서 널리 사용되는 개념으로 직

접적인 실험에 의해 쉽게 결정할 수 있다. 복잡한 구조를 한 화합물의 엔탈피를 직접 측정하는 것은 불가능하나, 연소열은 비교적 쉽게 알아낼 수 있으므로, 측정된 연소열과 연소생성물 product of combustion 의 표준생성엔탈피에서 직접적인 측정이 불가능한 화합물의 생성엔탈피 enthalpy of formation 를 계산할 수 있다.

standard heat of combustion 표준연소열

표준상태 standard state 에서 측정한 연소열을 표준연소열이라고 하며, $\Delta H°_{comb}$ 로 표시한다.

3 Gas
기체

gas   기체
기체는 담고있는 용기 container 의 용량 quantity 에는 관계없이 전체를 꽉 채우는 물질의 상태를 이른다.

(1) Several Laws on Gases   기체에 관한 몇 가지 법칙

Boyle's law   보일의 법칙

At constant temperature T the volume V of a given mass of gas is inversely proportional to the pressure P. (일정한 온도에서 일정 질량의 기체의 부피는 압력에 반비례한다) 이를 보일의 법칙이라고 한다:

$$V \propto \frac{1}{P} \quad \text{또는} \quad PV = k$$

(T가 일정할 constant 때)   Boyle's law

특정 기체에 따른 상수 k 는 압력과 부피가 변해도 일정한 값을 가지나, 기체의 양이 달라지면 k는 다른 값을 갖게 된다. 기체의 부피 volume 는 관습적으로 customarily 리터(l)liter 또는 dm^3를 사용한다.
보일 Boyle 의 법칙은 낮은 압력에서는 at low pressure 잘 들어맞지만, 기체 사이의 거리가 가까워지는 높은 압력 high pressure 에서는 기체분자의 크기와 분자 사이에 미치는 힘 때문에 잘 맞지 않는다.

Charles and Gay-Lussac's law   샤를르와 게이-뤼삭의 법칙

샤를르 Charles 와 게이-뤼삭 Guy-Lussac 은 서로 독립적으로 압력이 일정할 때 at constant pressure 기체의 부피 volume 와 온도 temperature 의 관계를 연구하여 보일의 법칙 Boyle's law 를 확장하였다.

$$V=kT, \text{ 또는 } \frac{V}{T}=k, \quad P \text{ 가 일정할 때}$$

이 관계를 샤를르와 게이-뤼삭의 법칙이라고 한다. 이 식은 온도 T를 절대온도 absolute temperature 로 쓸 때에만 성립하며, k는 상수이다.

일정량의 기체 fixed mass of gas 를 실린더 안에 밀폐시켜 airtight 놓고, 온도 temperature 를 0℃, 부피 V를 273㎤가 되도록 주위 환경 environment 을 조정한다. 이어지는 모든 실험에서 압력을 변하지 않도록 유지한다.

이제 온도를 -1℃로 낮추면 lower, 부피는 272㎤로 감소한다. 마찬가지로 온도가 1℃씩 낮아짐에 따라 부피는 원래 부피의 1/273 씩 일정한 비율 constant fraction 로 감소한다. 만일 기체가 계속 이 같은 관계를 만족한다면, -273℃에서 기체의 부피는 0이 될 것이다. 그러나 실제의 기체 real gas 는 -273℃ 보다 높은 온도에서 액화되며 liquified, 또한 -273℃까지 온도를 낮출 수도 없기 때문에 실제로 이런 일은 일어나지 않는다.

이 결과는 온도가 1℃씩 낮아지거나 올라가면 lowered or raised 이에 따라 부피는 1/273씩 변화하는 관계를 보인다. 따라서 부피 대 온도 volume vs temperature 의 그래프는 직선이 되며, 온도를 -273℃까지 연장해 보면 $V=0$에 해당한다.

-273℃(정확히는 -273.15℃)는 절대영도 absolute zero 가 되어, 이를 기준으로 한 온도(0K) 단위가 절대눈금 absolute scale 또는 켈빈눈금 Kelvin scale 이다. 따라서 0℃는 273 K에 해당하며, T_c를 섭씨온도 centigrade scale (Ceisius scale) 라고 하면, 일반적으로 절대온도 absolute temperature T는

$$T_c = T + 273.15$$

이다.

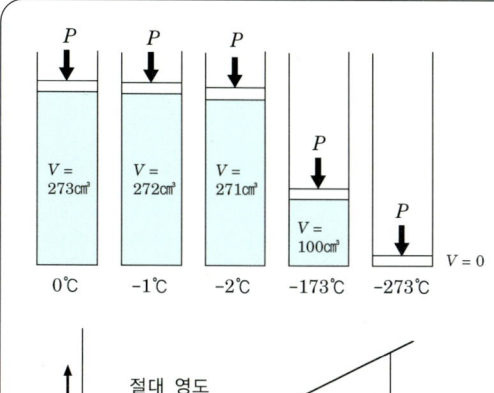

- 일정 압력에서 기체의 부피는 온도가 낮아지는 비율과 같은 비율로 줄어든다.

- 일정 압력에서 온도의 변화에 따른 부피의 변화는 직선으로 나타난다. T=-273℃ 인 점은 절대온도 0이다.

62. Charles and Gay-Lussac's law
샤를르와 게이-뤼삭의 법칙

Dalton's law of partial pressures 돌턴의 분압법칙 (分壓法則)

서로 반응하지 않는 기체나 증기 혼합물 mixture of gases or vapors 의 총압력 total pressure 은 기체 혼합물을 이루고 있는 성분들 components 각각의 압력 (분압 partial pressures)을 전부 더한 것과 같으며, 이를 돌턴의 분압법칙이라고 한다.
→ partial pressure 분압 p.268

여러 성분이 섞인 기체에서 각 성분들의 분압 partial pressures 을 P_A, P_B, … 라고 하면, 총압력 total pressure P_{total} 은 다음과 같다:

$$P_{total} = P_A + P_B + P_C + \cdots$$
분압법칙 law of partial pressures

Graham's law
그래함의 법칙

두 기체가 퍼져나가는(확산 diffusion) 속력의 비율 rate 은 밀도 density 의 제곱근 square root 에 반비례한다 inversely proportional 는 원리를 말한다. 즉 상대적으로 가벼운 기체분자의 평균속력 average speed 이 더 빠르기 때문에 퍼져나가는 속력도 더 빠르다. 우라늄 uranium 원소의 동위원소 isotope ^{238}U과 ^{235}U를 분리하여 separate 농축우라늄 enriched uranium 을 만드는 데 이 원리를 이용한다.

두 기체 A와 B가 크기가 같은 두 개의 용기 container 에 각각 들어있을 때 조건 condition 을 같이 하기 위하여 온도와 압력이 같아지도록 조정한다. 기체분자는 마구잡이 운동 random motion 을 하면서 충돌을 거듭하고 collide repeatedly 있어서 각 분자의 속력은 모두 다르다. 기체분자의 평균속력 average speed 을 각각 v_A와 v_B라고 하면, 기체운동론 kinetic theory of gases 에 따라 두 기체의 평균운동에너지 average kinetic energy 는 같아야 하므로 속력의 비 fraction of the speeds 를 구할 수 있다:

$$\frac{v_A}{v_B} = \sqrt{\frac{M_B}{M_A}}$$

여기서 M_A와 M_B는 두 기체의 분자량 molecular weight 이다. → kinetic theory of gases p.265

이제 두 용기에 크기가 똑같은 구멍을 각각 뚫으면, 기체분자는 이 구멍으로 조금씩 새나갈 것이다(확산 diffusion). 분자의 확산 속력 speed of diffusion r은 분자가 구멍을 때리는 bombard 회수, 곧 기체분자의 평균속력에 비례할 것이므로, 속력이 빠른 쪽이 더 빨리 확산된다. 따라서 $v_A/v_B = r_A/r_B$가 되어

$$\frac{r_A}{r_B} = \sqrt{\frac{M_B}{M_A}}$$

이 관계식을 그래함의 법칙 Graham's law 이라고 한다. 가령 산소분자 O_2와 수소분자 H_2의 분자량 molecular weight 은 각각 32와 2이므로 수소가 산소보다 4배 더 빠르게 퍼져나간다.

(2) Kinetic Theory of Gases 기체운동론

kinetic theory of gases 기체 운동론 (氣體 運動論)

기체운동론은 기체가 일정한 운동을 하는 수많은 작은 입자들 tiny particles 로 이루어졌다고 가정한 모델 model 이다. 이 이론은 분자 개개의 역학적 운동 mechanical motion 에서 출발하여 기체의 열적(熱的) 성질 thermal property 등을 설명한다. **기체분자운동론** kinetic molecular theory 이라고도 한다.
1738년 스위스의 베르누이 D. Bernoulli 는 보일의 법칙 Boyle's law 을 기체 분자들의 미시적인 microscopic 운동으로 설명하였다. 19세기에 이르러 이 개념이 확장되어 기체의 성질을 완벽하게 설명하는 기체운동론 kinetic theory of gases 으로 발전하였다. 이때 그릇의 벽과 분자사이의 충돌 collision 은 뉴턴의 운동법칙 Newton's laws of motion 으로 풀이가 가능하다. 기체운동론은 다음과 같은 가정들 hypotheses 에 기초를 둔다:

① 기체분자들은 서로 멀리 떨어져 far apart 있으며, 개개 분자 each molecule 가 차지하는 공간 space 은 기체 전체의 부피에 비하면 무시할 수 있을 정도

로 negligible 작다.

② 기체분자는 일정하고 빠른 직선운동 linear motion 을 하면서 분자들끼리 충돌하거나 또는 벽면과 충돌한다. 이 때의 충돌은 완전탄성충돌 perfectly elastic collision 이기 때문에 운동에너지의 교환은 kinetic energy exchange 있어도 손실 loss 은 없다.

③ 기체분자의 평균운동에너지 average kinetic energy 는 온도의 함수 function 이며, 온도가 올라가면 운동에너지도 커진다. 온도가 같으면 모든 기체는 똑같은 평균운동에너지를 갖는다.

④ 기체분자들 사이의 인력 intermolecular attractive forces 은 무시할 정도로 작다.

equation of state for an ideal gas 이상기체 상태방정식

이상기체 ideal gas 가 따르는 이상기체 상태방정식은

$$PV = nRT$$

이며, **이상기체법칙** ideal gas law 이라고도 한다. 여기서 기체의 몰수 number of moles n은 질량 mass g를 분자량 molecular weight (relative molecular mass) M으로 나눈 $n = g/M$ 이다. 따라서 이상기체 상태방정식은

$$PV = \frac{g}{M} RT$$

이 되며, 이 형태는 많은 문제에서 사용된다. 극단적인 경우가 아닌 한, 보통의 온도와 압력 at ordinary temperature and pressure 에서의 실제 기체 real gas 는 이상기체 상태방정식을 만족한다.

화학에서는 표준상태(STP) standard temperature and pressure 인 0℃(273.15 K), 1 atm에서의 기체상수 gas constant R의 값

$$R = 0.082 \ l \cdot atm/K \cdot mol$$

을 주로 사용한다. 이 때 반드시 부피의 단위는 liter (l), 압력의 단위는 atm을 사용한다:

$$1 atm = 1.01 \times 10^5 Pa$$

한편, 물리학에서는 압력 P는 절대압력 absolute pressure 으로 나타내며, SI단위인 파스칼 pascal ($1 Pa = 1 N/m^3$)을 사용한다. 부피 V의 단위는 세제곱미터 (m^3) cubic meter 를, 온도 T는 절대온도 absolute temperature 를 사용한다:

$$R = 8.314 \ J/mol \cdot K = 8314 \ J/kmol \cdot K$$

van der Waals' equation 반데왈스 식

네덜란드의 물리학자 반데왈스 van der Waals 는 실제기체 real gases 의 효과를 고려하여 이상기체 상태방정식 equation of state for an ideal gas 을 수정하였다:

$$\left(P + \frac{n^2 a}{V^2}\right)(V - nb) = nRT$$

반데왈스 식 van der Waals' equation

보통의 온도와 압력에서는 at ordinary temperature and pressure 실제기체들 real gases 도 이상기체 상태방정식 $PV = nRT$을 따르나, 저온 low temperature 이나 고압 high pressure 등의 극단적인 경우에는 이상기체에서 상당히 벗어난 모습을 보인다. 그 이유는 고온에서는 기체분자의 속력이 빠르기 때문에 분자 사이의

인력 intermolecular attractive forces 을 무시할 수 negligible 있으나, 저온에서는 속력이 떨어져 상대적으로 인력의 영향이 커지기 때문이다.

또한 기체운동론 kinetic theory of gases 에서는 기체 분자의 부피 volume 를 고려하지 않았으나, 실제 기체는 0 켈빈(K)에서도 없어지지 않는 명확한 부피 definite volume 를 차지하고 있으며, 압력이 높아지면 좁아지는 분자 사이의 공간 space 에 비해 분자 자체의 부피의 영향이 커진다. 기체분자가 실제로 움직일 수 있는 부피는 전체부피에서 기체분자가 차지하고 있는 부피 occupying volume, 즉 **배제부피** excluded volume 를 제외한 나머지이다.

실제 기체에 적용이 가능한 반데왈스 식에서 a와 b는 각각의 기체의 특성 characteristic of the gas 에 따라 달라지는 상수 constant 이다. 실제기체의 압력 P는 분자간의 인력 intermolecular attraction 때문에 이상기체의 압력보다 줄게 되므로 n^2a/V^2 항을 넣어 이상기체에 가깝게 만든다. 상수 b는 기체 1 몰 mole 당의 배제부피 excluded volume 로서, n 몰의 기체가 실제로 움직일 수 있는 부피는 $(V-nb)$가 된다.

partial pressure 분압 (分壓)

여러 성분 component 이 섞인 기체 혼합물 mixture 이 있다고 할 때, 각 성분들이 용기 container 안에 따로 있으면서 미치는 exert 압력을 각 성분 기체의 분압 partial pressure 이라고 한다.

가령 어떤 주어진 온도 given temperature 에서 압력(분압)이 0.3 기압(atm)인 기체A 1 l 와 0.4 atm인 기체B 1 l 를 섞어 mix 혼합된 기체 1 l 를 만들면 전체의 압력은 0.7 atm이 된다.

n_A 몰 mole 의 기체A와 n_B 몰인 기체B를 혼합하면, 기체 전체의 양은 $n_{total} = (n_A + n_B)$ 몰이 된다. 기체A의 몰수 number of moles 와 전체 기체(혼합물)의 몰수의

비 ratio 를 몰분율 mole fraction 이라고 하며, X_A로 나타낸다:

$$X_A = \frac{n_A}{n_A + n_B} = \frac{n_A}{n_{total}}$$ 몰분율 mole fraction

기체A와 기체B의 분압은 각각

$$P_A = \frac{n_A}{n_A + n_B} P_{total} = X_A\, P_{total},$$

$$P_B = \frac{n_B}{n_A + n_B} P_{total} = X_B\, P_{total},$$

이 되며, 성분 기체의 몰분율을 전부 더하면 항상 1이 된다.
가령 기체A 1 몰 mole 과 기체B 9 몰이 섞이면 전체의 몰수는 10 몰이 되며, 두 기체의 몰분율 mole fraction 은 각각 1/10와 9/10이다. 따라서 분압 partial pressure 은 각각 총압력 total pressure 의 1/10과 9/10이다.

(3) Critical State 임계상태

critical state   임계 (臨界) 상태
상 phase 의 변화가 일어나는 경계에 있는 물질의 상태를 임계상태라고 한다. 임계상태의 예로는 얼음이 녹아 고체상 solid phase 에서 액체상 liquid phase 으로 상의 변화가 나타나는 온도와 압력, 강자성 ferromagnetism 에서 상자성 paramagnetism 으로 상변화 phase change 가 나타나는 퀴리온도 Curie temperature 등이 있다.
유체 fluid 에서의 임계상태는 액체상 liquid phase 과 기체상 gaseous phase 의 밀도 density 가 같아지는 유체의 상태 state of a fluid 를 말한다. 이때 유체는 임

계온도 critical temperature, 임계압력 critical pressure 및 임계부피 critical volume 상태에 있게 된다.

critical temperature 임계 온도

기체의 온도가 높아질수록 분자의 운동이 활발해져서 액화 liquefaction 가 어려워지기 때문에 압력을 높여서 액체로 만들게 된다. 그러나 어느 온도 certain temperature 이상에서는 아무리 압력을 높여도 액화가 일어나지 않으며, 이 온도를 임계온도 critical temperature 라고 한다.

critical pressure 임계 압력

임계온도 및 임계부피에서 기체를 액화하는 liquefy 데 필요한 최소 압력을 말한다.

critical volume 임계 부피

일정한 질량 fixed mass 의 유체 fluid 가 임계상태 critical state 에 있을 때의 부피를 말한다.

critical specific volume 임계 비용 (臨界 比容)

임계상태에 있는 물질의 단위 질량당의 부피 volume per unit mass 를 임계비용이라고 한다. 전에는 이를 임계부피 critical volume 라고도 했었다.

liquefaction of gases 기체의 액화 (液化)

압력이 높아지면 기체분자 사이의 거리가 가까워져서 분자 사이의 인력 intermolecular attractive forces 이 충분히 커지므로 액(체)화 liquefaction 가 일어날 수 있다. 또한 분자의 평균운동에너지 average kinetic energy 가 작은 저온에서는 분자의 운동이 활발하지 않아 인력이 크게 작용하여 액화가 일어난다.

기체의 온도가 높아질수록 액화가 어려워지므로 따라서 압력을 높여서 액화한다. 그러나 모든 기체는 어느 온도 이상에서는 아무리 압력을 높여도 액화가 일어나지 않는다. 분자 사이의 인력이 약한 헬륨 helium 은 5.3 K 이하에서 액화가 일어나지만, 인력이 큰 물은 647.2 K 까지 액화가 가능하다.

(4) Earth's Atmosphere   대기

earth's atmosphere   대기 (大氣)

중력 gravitation 에 의해 붙잡혀 지구 둘레를 둘러싸고 있는 기체를 대기(줄여서 atmosphere)라고 한다. 대기는 여러 가지 기체의 혼합물 mixture 로서, 비교적 지표면에 가까운 쪽에서는 공기의 운동 motion 에 의하여 공기가 아래위로 vertically 잘 섞여 조성 composition 이 일정하게 유지된다.

마른 공기 dry air 의 대부분(99.94% 이상)은 지구 어디에서나 구성 성분 component 이 동일하며, 주요 성분으로 질소 nitrogen 가 78.08%, 그리고 산소 oxygen 가 20.95%를 차지한다. 그밖에 아르곤(Ar) argon, 이산화탄소(CO_2) carbon dioxide, 네온(Ne) neon, 헬륨(He) helium 과 기타 기체 등이 약간 섞여 있다. 공기에는 지역에 따라 수증기 water vapor 와 황화합물 sulfur compound, 과산화수소 hydrogen peroxide, 탄화수소 hydrocarbon, 먼지 dust particles 등이 첨가된다.

nitrogen   질소

질소는 대기 부피의 78.08%에 달하는 주요 성분 major component 으로 생명체 living organism 의 단백질 protein 과 핵산 nucleic acid 을 구성하는 필수 성분 essential constituent 이다.

질소분자는 여섯 개의 전자를 공유하는 share 삼중결합 triple bond 을 하여 N_2로 존재한다:

:N≡N: 질소분자의 루이스구조

따라서 질소분자는 반응성 reactivity 이 아주 약하여 아주 높은 온도나 강력한 촉매 catalyst 가 있을 때에만 반응한다.

질소는 450℃, 200~600 atm의 압력 pressure 과 촉매 하에서 수소와 반응하여 암모니아 ammonia 를 만든다.

$$N_2(g) + 3H_2(g) \rightleftarrows 2NH_3(g)$$

이 반응을 **하버과정** Haber process 이라고 한다. 생산된 암모니아는 주로 질소비료 nitrogenous fertilizer 를 만드는데 사용된다.

oxygen

산소

대기 atmosphere 의 약 20%(부피비율)를 차지하는 무색 colorless, 무취 odorless 의 기체이다. 보통은 이원자분자 diatomic molecule 인 O_2로, 일부는 오존 (O_3) ozone 으로 존재한다.

산소는 반응성 reactivity 이 커서 대부분의 화합물 compound 의 원소 element 와 산화물 oxide 을 만든다. 특히 중요한 반응 reaction 은 유기화합물 organic compound 과의 반응으로서, 석유, 알코올 같은 탄화수소 hydrocarbon 에 충분한 에너지(가령 성냥)를 공급하면 산소와 반응하여 탄소 산화물 oxide of carbon 인 이산화탄소 carbon dioxide 와 수소 산화물인 물이 만들어진다. 산소와의 반응이 급속히 일어나면 많은 에너지가 방출되며 release, 이를 연소(燃燒) combustion 라고 한다.

Gas

ozone

오존

오존은 무색 colorless 의 기체로서 O_3로 표시한다. 지표면 earth's surface 에서 15~50km의 영역 region 에 있는 성층권 stratosphere 의 산소 중 일부가 태양광선의 고에너지 high energy 자외선 ultraviolet radiation 에 의하여 오존으로 전환된다:

$O_2 \rightarrow 2O$
$O + O_2 \rightarrow O_3$

오존은 산소보다 반응성 reactivity 이 훨씬 더 커서 더 강력한 산화제 oxidizing agent 이다. 오존층 ozone layer 에 있는 오존은 태양광선의 자외선 ultraviolet radiation 의 대부분을 흡수해서 absorb 차단한다. 이로써 생물은 유해한 harmful 자외선으로부터 보호받을 수 있다. 한편 오존은 온실효과 greenhouse effect 를 일으키는 온실가스 greenhouse gas 의 하나이기도 하다. → ozone layer 오존층 p.387, greenhouse effect 온실효과 p.387

noble gas

18족(族) 기체

희유기체 rare gas, 또는 불활성기체 inert gas 라고도 한다. 주기율표 periodic table 의 가장 오른쪽의 18족 group 18 에 속하는 기체이다. 영족(零族) 원소 group 0 element 라는 말은 18족 원소의 예전 이름이다. 헬륨 (He) helium, 네온(Ne) neon, 아르곤(Ar) argon, 크립톤(Kr) krypton, 크세논(Xe) xenon(영어로는 제논) 라돈(Rn) radon 등이 여기 속한다.

All the noble gases are colorless, odorless, and nonflammable and occur in tiny amounts in the atmosphere, though helium is the most plentiful element in the universe. (18족기체는 모두 색과 냄새가 없고, 불붙지 않으며, 우주에서 가장 풍부한 원소

가 헬륨임에도 불구하고 대기 중에는 아주 조금 들어있다.)

헬륨의 전자배치 electronic configuration 는 $1s^2$이며, 다른 18족 원소들의 최외각 전자 outermost electrons 배치는 ns^2np^6이고, 안쪽껍질들 inner shells 은 꽉 차 있다. 따라서 다른 원소와 공유할 수 있는 짝짓지 않은 전자들이 없다. 이는 매우 안정된 전자배치로 화학적으로 거의 반응을 하지 않아 '고귀하다' noble 는 이름을 얻게 된 것이다. 껍질에 꽉 들어찬 전자배치에 따라 주기는 18족 원소에서 끝난다.

→ **periodic table** 주기율표 p.275

4 Atomic Structure
원자구조

(1) Periodic Table 주기율표

periodic table 주기율표 (週期律標)

원소들 elements 을 원자번호 순으로 in order of atomic numbers 정리한 arrange 표를 원소의 주기율표 periodic table of elements 라고 한다. 주기율표는 원소들의 전자 배치 electronic configurations 에서 비롯한 화학적 관계 chemical relationship 를 고려하여 배열되었다.

원자량 atomic weight 을 이용한 현대적인 개념의 주기율표는 멘델레예프 Mendeleev 가 1869년에 제안하였다. 멘델레예프는 주기율표에서 화학적으로 비슷한 원소들을 세로로 배열하고 이 줄을 족 group 이라고 했다. 모즐리 Moseley 는 원소에 음극선 cathode ray 을 쪼여서 나온 X-선 X-ray 의 파장 wavelength 을 연구하여 멘델레예프의 주기율표에서 보이던 문제점-무리하게 원자량 순으로 늘어놓은 점-을 해결하였다. 모즐리는 원자번호 atomic number 를 Z로 표기하고, 원자번호가 원자핵 안의 양전하의 수 number of positive charges 와 같음을 보였다.

주기율표의 주기성 periodicity 에 대한 근본적인 의미는 양자론에서 나오는 네 가지 양자수 quantum numbers 와 함께 파울리의 배타원리 Pauli exclusion principle 가 나옴으로써 비로소 이해가 가능하게 되었다. 한 원자에 있는 전자들의 배열 configuration 은 다음과 같은 규칙을 따른다:

① 중성 원자 neutral atom 에 들어있는 전자의 개수는 원자의 원자번호 atomic number Z와 같다.

② 들뜨지 않은 unexcited 원자에서 모든 전자는 가장 낮은 에너지 상태 the lowest possible energy states

즉 바닥상태 ground state 에 있으려고 한다.

③ 한 원자에 존재하는 두 개의 전자는 같은 양자수 quantum numbers 를 가질 수 없다. 이를 파울리의 배타원리라 한다.

group

족 (族)
원소의 주기율표 periodic table of elements 에서는 화학적으로 비슷한 성질을 갖는 with similar chemical charateristic 원소들이 세로줄 vertical column 에 놓이게 되고, 이 세로줄을 족 group(또는 family) 이라 부른다.
하나의 족 group 에 속하는 원소들은 원자의 바깥껍질 outer shell 의 전자배치 electronic configuration 는 동일하지만, 세로줄 vertical column 의 아래로 내려가면서 going down 안쪽껍질 inner shell 의 수는 증가한다.

period

주기 (週期)
주기율표에서 원자번호 순 in order of atomic number 으로 나열한 가로줄 horizontal row 을 주기 period 라고 하며, 양성자 protons 의 수가 증가하는 순 increasing order 으로 배열된다.
주기율표의 처음 3줄의 주기는 **단주기** short periods 라고 하며, 전이원소 transition element 를 포함하는 그 다음 4줄의 주기는 **장주기** long periods 이다. 같은 주기에 있는 원자들의 껍질 shell 수는 모두 같으며, 주기율표의 오른쪽으로 가면서 바깥껍질 outer shell 에 전자들이 차곡차곡 채워져 간다.

periodicity

주기성 (週期性)
원소의 화학적 성질은 바깥껍질 outer shell 에 있는 전자들의 배치 configuration of electrons 에 따라 달라지며, 여기서 주기율표 periodic table 의 주기성이 나타난다.
주기율표의 가로줄(주기) horizontal row (period) 에 들어가는 원소의 개수는 2, 8, 8, 18, 18, 32 로 전자궤도 orbital 가 채워지는 개수와 일치한다.

주기 Period Number	전자궤도의 수 Orbitals	주기별 원소의 개수 Elements in Period
1	2	2
2,3	2 + 6	8
4,5	2 + 6 + 10	18
6	2 + 6 + 10 + 14	32

첫째 주기는 수소 hydrogen 와 헬륨 helium 두 원소만으로 구성된다. 둘째 주기부터는 각 주기에 공통적 주기성이 나타난다. 같은 주기 내에서 왼쪽으로 갈수록 전자를 쉽게 잃고 easily lose 따라서 유동전자들 mobile electrons 이 많아져서 금속 metallic (electropositive) 에 가까운 행동 behavior 을 한다. 반면에 오른쪽으로 갈수록 전자들을 쉽게 받아들일 easily gain 수 있으므로 비금속 nonmetallic (electronegative) 에 가까워진다. 같은 족 group 에 속한 원소들은 아래로 내려가면서 원자의 크기 size 가 커지므로 금속성 metallic character 이 증가한다.
각 주기는 반응성이 가장 크고 highly reactive, 가벼운 은색금속인 알칼리금속 alkali metal 으로 시작되어 반응성 reactivity 이 가장 적은 무색의 18족기체에서 끝난다. 알칼리금속은 1족 group 1 으로, 불활성기체 inert gas (noble gas, rare gas) 는 18족 group 18 으로 분류한다. 전에는 1족을 1A족으로, 18족을 0족으로 불렀다.

(2) Shell 껍질

shell

껍질
주 양자수 principal quantum number 에 따라 전자가 존재하는 궤도 orbital 를 껍질 shell 이라고 한다.
→ quantum numbers 양자수 p.216, principal quantum number 주양자수 p.217

subshell

부 (附) 껍질
주양자수로 구분되는 껍질 shell 은 궤도 양자수 orbital quantum number 에 따라 몇 개의 부껍질(전자궤도) subshell (orbital) 로 다시 나누어진다. 이들을 궤도 양자수 l에 따라 문자로 나타내기도 한다:

$$l = 0, 1, 2, 3, 4, 5, \cdots$$
$$= s, p, d, f, g, h, \cdots$$

주 양자수의 숫자와 궤도 양자수의 문자를 써서 특정 부껍질을 표시한다. 가령 $n=2$이고 $l=0$이면, 2s 전자궤도 orbital 이라고 하며, $n=2$, $l=1$ 인 전자는 2p로 나타낸다. 처음 4개의 주 양자수 n에 대한 가능한 양자수를 써 보면 다음과 같다:

n	l		m_l	전자궤도의 수 Period Number
1	0	1s	0	2
2	0	2s	0	2
	1	2p	+1, 0, −1	6
3	0	3s	0	2
	1	3p	+1, 0, −1	6
	2	3d	+2, +1, 0, −1, −2	10
4	0	4s	0	2
	1	4p	+1, 0, −1	6
	2	4d	+2, +1, 0, −1, −2	10
	3	4f	+3, +2, +1, 0, −1, −2, −3	14

각각의 자기 양자수 magnetic quantum number m_l 은 다시 +1/2(spin-up:↑)과 −1/2 (spin-down:↓) 의 스핀 양자수 spin quantum number m_s로 갈라지므로 가능한 전자궤도의 수는 2배가 된다. 따라서 주양자수 $n(=1,2,3,4…)$ 에 따라 전자궤도 orbital 의 개수는 2, 8, 18, 32… 로 증가하여, 일반적으로 주양자수 n에 대한 껍질 shell 에 들어갈 수 있는 전자의 최대 개수는 $2n^2$개가 된다.

valence shell — 원자가 (原子價) 껍질

원자의 바깥껍질을 원자가껍질이라고 한다. 최외각에 있는 전자 outermost electron 들은 상대적으로 느슨하게 결합되어 relatively loosely bound 있어 원자의 화학결합 chemical bond 을 쉽게 일으킨다.

valence electron — 원자가 (原子價) 전자

원자의 원자가껍질(바깥껍질) valence shell 에 있는 전자들을 원자가전자 valence electron 이라고 한다. 같은 족 group 에 속하는 원자들의 화학적 성질이 비슷한 이유는 원자가전자의 전자배치 electron configuration 가 비슷하기 때문이다.

Hund's rule — 훈트의 규칙

훈트 Hund 의 규칙은 전자가 여러 개 있는 원자 many-electron atom 에서 두 개의 동등한(n과 l이 같은) equivalent 전자의 배치 electron configuration 에 관한 경험적인 empirical 규칙이다. 가령 3개의 전자가 p-orbital 에 들어 있다고 하면, 전자는 최대한 짝짓지 않은 unpaired 상태로 배치하려 한다. 즉 최대한 스핀 양자수 spin quantum number 가 다른 상태를 유지한다. 따라서 짝지은 상태를

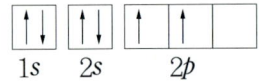

로 표시하면

의 배치가 이루어진다. 단 훈트의 규칙 Hund's rule 은 원자가 바닥상태 ground state 에 있을 때에만 적용된다.

가령 원자번호 atomic number $Z=6$인 탄소 carbon 의 6개의 전자 중 4개는 $1s$와 $2s$ 궤도 orbital 에 2개씩 배치된다. 나머지 2개는 훈트의 법칙에 따라 $2p$의 세 궤도 중 2개에 각각 1개씩 들어간다.

paramagnetic

상자성 (常磁性)

자기장 magnetic field 안에 공기 air 나 알루미늄 aluminium, 마그네슘 magnesium 등의 물질을 놓아두면, 이들은 자기장을 약간 증가시키는 성질이 있으며, 이런 물질을 상자성 물질 paramagnetic substance 이라고 한다.

원자의 자기모멘트 magnetic moment 는 전자의 스핀 spin 에 의존하므로, 짝을 짓지 않고 있는 전자의 수에 비례하게 proportional 된다. 파울리의 배타원리 Pauli exclusion principle 에 따라 반드시 spin-up(↑)인 전자와 spin-down(↓)인 전자가 같이 들어가기 때문에 짝지은 전자들의 자기모멘트는 상쇄된다. 따라서 짝을 짓지 않은 전자들 unpaired electrons 이 있는 물질은 외부자기장 external magnetic field 을 약간 증가시키는 상자성을 갖는다. 이에 반해 철이나 니켈 등 **강자성**(强磁性) ferromagnetic 물질은 자기장을 크게 증가시키는 성질이 있다.

diamagnetic **반자성 (反磁性)**
외부 자기장 external magnetic field 안에 들어가면 자기장에 약하게 반발하는 repel 물질을 반자성 diamagnetic 이라고 한다. 반자성 물질인 은 silver, 구리 copper, 물 등을 자기장 안에 두면 자기장이 약간 약해진다. 반자성은 짝을 이룬 전자 paired electrons 가 있는 모든 물질의 성질이다.

5 Chemical bond
화학결합

(1) Ion 이온

ion   이온
전기적으로 중성 neutral 인 원자 atom 나 분자 molecule 가 전자 electron 를 몇 개 잃거나 lose, 받아들여서 gain 전하 charge 의 균형 balance 이 깨진 상태를 이온 ion(영어로는 아이온에 가깝게 읽음)이라고 한다.

anion   음이온
원자가 전자를 받아서 gain 생긴 음이온 negative ion 은 **양극** anode (positive electrode)에 끌리기 때문에 anion 이라고 하며, X^-, X^{2-}와 같이 표시한다. 여기서 첨자 superscript 에 표시된 숫자는 중성인 neutral 원자가 얻은 전자의 개수이다.

cation   양이온
원자가 전자를 잃은 lose 상태인 양이온 positive ion 은 **음극** cathode (negative electrode)에 끌리기 때문에 cation 이라고 한다. 양이온은 전하량 amount of charge 과 함께 X^+, X^{2+} 등과 같이 표시한다.

ionization   이온화
중성 neutral 인 원자 atom 나 분자 molecule 에 전자를 주거나, 떼어 내서 전하 charge 를 띤 상태로 만드는 것을 이른다.

ionization energy   이온화에너지
기체상태 gaseous state 의 고립된 free 원자나 분자에서 전자 하나를 떼어내는 데 remove 필요한 최소한의 에너지 minimum required energy 이다. **이온화퍼텐**

셜 ionization potential 이라고도 한다.
이온화에너지의 단위는 원자 1개에 대해서는 전자볼트 (eV) electron volt 를, 또는 1 몰 mole 의 원자에 대해서는 kilojoule/mole(kJ/mol)을 사용한다. 떼어내는 전자의 개수에 따라 다음과 같이 제1, 제2이온화에너지 등으로 구분된다.

first ionization energy 제1이온화에너지

중성의 neutral 고립된 원자 free atom 에서 전자 하나를 떼어내는 데 필요한 에너지가 제1이온화에너지 first ionization energy 이다:

$$X(g) \rightarrow X^+(g) + e$$

기호 g는 기체상태를 나타낸다.
1족(또는 IA족) group 1 에 속하는 알칼리금속 alkali metal 은 바깥껍질 outer shell 에 1개의 전자를 가지고 있다. 따라서 1개의 전자를 쉽게 잃고서 18족(또는 0족)의 불활성기체 inert gas 와 전자배치 electron configuration 가 같아져 안정 stable 한 이온이 된다. 가령 나트륨원자 sodium atom 는 주기율표 periodic table 에서 불활성기체 inert gas 인 네온 $_{10}Ne$ 다음 자리에 있으므로 전자배치는

$$Na(1s^2\ 2s^2\ 2p^6\ 3s^1) = [Ne]3s^1$$

가 된다. Na의 제1이온화에너지 first ionization energy 는 496kJ/mol 로 어렵지 않게 이온화되어 ionized Na^+가 된다. 그러나 불활성기체인 네온과 같은 전자배치를 한 Na^+에서 전자를 하나 더 떼어내는 제2이온화에너지에는 9배가 넘는 막대한 에너지(563kJ/mol) 가 필요하게 되어 Na^{2+}은 만들어지지 않는다.

second ionization energy 제2이온화에너지

이미 전자를 하나 잃고 +1 이온 ion 상태인 원자에서

전자 하나를 더 떼어내는 에너지가 제2이온화에너지 second ionization energy 이다:

$$X^+(g) \rightarrow X^{2+}(g) + e$$

마찬가지로 제3, 제4이온화에너지도 정의할 수 있으며, 이미 양전하 positive charge 를 띠고 있는 이온에서 전자를 떼어내기는 점점 어려워진다.

electron affinity 전자친화도

이온화에너지 ionization energy 의 반대개념으로 고립된 원자 free atom 나 분자가 전자를 받아들여서 음이온 negative ion 을 형성할 때의 에너지변화를 말한다. 즉 전자친화도는 전자를 덧붙이는 반응 electron-attachment reaction 에서 방출되는 release 에너지이다:

$$X(g) + e \rightarrow X^-(g)$$

단위는 전자볼트(eV) electron volt 나, 엔탈피 enthalpy 변화 ΔH를 사용한다.
비금속 nonmetal 원자는 18족기체(불활성기체)와 전자배치가 같아질 때까지 전자를 받아들인다. 따라서 모든 단원자 음이온 monoatomic anion 의 전자배치는 18족기체와 같아진다.

lattice energy 격자 (格子) 에너지

양이온 cation 과 음이온 anion 이 이온결합 ionic bond 을 하여 결정격자 crystal lattice 가 형성되는 과정에서 나타나는 에너지 변화를 격자에너지 lattice energy, 또는 **결정에너지** crystal energy 라고 한다. 이 과정에서 에너지가 방출되므로 release 격자에너지는 음의 부호 minus sign 를 갖는다. 결정의 격자에너지는 반대 전하를 가진 이온들 사이의 인력 attractive force 과 같은 전하를 띤 이온들 사이의 반발력 repulsive force 에서 계산할 수 있다.

ionic radius **이온반지름**

결정성 고체 crystalline solid 상태인 이온의 반지름을 정의할 때는 이온들을 명확한 크기 definite size 를 가진 둥근 spherical 모양으로 가정한다. X-선 회절 X-ray diffraction 을 사용하여 측정한 measure 핵간의 거리 internuclear distance 에서 이온의 크기를 알아낼 수 있다.

일반적으로, 어떤 원자가 전자를 잃고 양이온 positive ion 이 되면 그 크기는 항상 작아진다. 원자가 전자를 잃으면 껍질 shell 을 잃는 것과 같으며, 양성자 proton 의 수가 전자의 수보다 많아지기 때문에 양이온의 전자들은 핵 nucleus 에 더 끌리게 된다. 따라서 +3의 이온은 +2의 이온 보다 더 작다. 반대로 전자를 받아들여 gain 음이온 negative ion 이 되면 전자들 사이의 반발력 repulsive force 때문에 원자껍질이 팽창하여 expand 크기가 커진다.

(2) Chemical Bond 화학결합

chemical bond **화학결합**

원자가(原子價)전자 valence electron 들의 인력 attractive force 에서 생기는 원소들의 결합 bond 을 통칭해서 화학결합 chemical bond 이라고 한다.

원자가전자들은 원자의 가장 바깥 껍질 outermost shell 에 배치되어 있기 때문에 핵 nucleus 에 상대적으로 느슨하게 묶여 loosely bound 있다. 따라서 원자가전자의 배치 configuration 에 따라 다른 원자와 화학결합이 결정된다.

화학결합에는 이온화된 ionized 원소들이 서로 전기적

인력 attractive force 에 의해 결합되는 이온결합 ionic bond 과 원소들이 원자가전자들을 공유함 sharing 으로써 생기는 공유결합 covalent bond (sharedelectron-pair bond), 그리고 이 둘의 중간적인 성격을 띤 중간결합 intermediate bond 등이 있다.

ionic bond 이온결합

이온들 사이에 생기는 정전기적인 인력 electrostatic attraction 에 의한 결합. 즉 양전하 positive charge 와 음전하 negative charge 가 서로 당기는 attracting 쿨롱힘 Coulomb's force 에 의한 결합이 이온결합이다. 이온결합은 electrovalent bond 라고도 한다.
→ Coulomb's force 쿨롱힘 p.141

양이온 cation 과 음이온 anion 이 이온결합을 이루면 규칙적으로 배열하여 이온결정 ionic crystal 을 만든다. → ionic crystal 이온결정 p.310

ionic compound 이온결합 화합물

금속 metal 이 비금속 nonmetal 과 이온결합을 하면 전자는 금속원자에서 비금속원자로 이동하여 transfer 이온결합 화합물 ionic compound (electrovalent compound) 을 만든다. 가령 나트륨원자 sodium atom 와 염소원자 chlorine atom 가 반응하면 react 나트륨원자는 전자 하나를 잃고 lose, 염소원자는 전자 하나를 얻는다 gain.

$$Na \cdot + \cdot \ddot{Cl} \colon \rightarrow Na^+ + \colon \ddot{Cl} \colon^-$$

화학기호 주위에 찍힌 점들은 최외각 전자들의 배치 outermost electronic configuration 를 의미한다.
염화나트륨(소금) sodium chloride 의 화학식 chemical formula 인 NaCl은 결정 중에 들어있는 이

온을 가장 간단한 비 fraction 로 나타낸 것이다. 염화나트륨의 완전한 전자배치 electron configuration 는 다음과 같다:

$$Na(1s^2 2s^2 2p^6 3s^1) \rightarrow Na^+(1s^2 2s^2 2p^6) + e$$
$$e + Cl(1s^2 2s^2 2p^6 3s^2 3p^5) \rightarrow Cl^-(1s^2 2s^2 2p^6 3s^2 3p^6)$$

여기서 나트륨원자 sodium atom 는 원자번호 atomic number 가 불활성기체 noble gas 인 네온(Ne) neon 다음에 있으므로 전자배치는 $[Ne]3s^1$ 이어서, 바깥껍질 outer shell 에 전자 1개가 있다. 염소원자 chlorine atom 는 $[Ne]3s^2 3p^5$ 이 되어, 7개의 전자가 바깥에 배치된다.

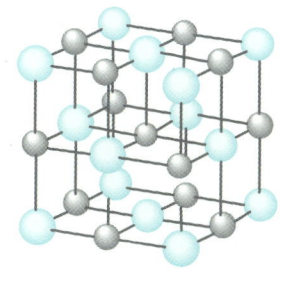

• 큰 공은 염소 원자를, 작은 공은 나트륨 원자를 나타낸다.

63. 염화나트륨 결정 격자의 모형

covalent bond

공유결합 (共有結合)

이온결합 ionic bond 이 금속 metal 과 비금속 nonmetal 사이에 전자들을 주고받아서 transfer 이루어진다면, 공유결합은 원자가전자들 valence electrons 을 공유함 sharing 으로써 생기는 원자들의 결합 방식이다.

분자를 형성하는 원자들이 전자를 당기는 힘 attractive force 이 비슷하거나, 분자가 같은 종류의 원자들로 이루어져 전자를 같은 힘으로 당길 경우에 한 쌍의 전자들은 어느 한 원자에 속하지 않고 공유된다.
가령 수소원자 hydrogen atom 는 하나의 외각전자 outer electron $1s^1$를 가지고 있다. 수소분자 hydrogen molecule H_2의 두 원자는 각각 1개씩 가진 전자를 공유하여 불활성기체 inert gas 헬륨(He)과 같은 전자배치 electron configuration $1s^2$가 된다. 이를

$$H:H \quad 또는 \quad H\text{-}H$$

로 표시한다. 파울리의 배타원리 Pauli exclusion principle 에 의하면 공유결합을 이루는 두 전자의 스핀 spin 은 서로 반대가 되어야 한다.
17족원소(7A족)들로 이루어진 이원자 분자 diatomic molecule 도 공유결합으로 형성된다. 가령 플루오르(불소:F) fluorine 는 일곱 개의 원자가전자 valence electron 가 있으므로 F_2분자는

$$:\ddot{F}\cdot + \cdot\ddot{F}: \rightarrow :\ddot{F}:\ddot{F}:$$

의 구조가 된다. 플루오르 원자 사이에 두 개의 전자들이 공유되어 공유결합을 이루고 있다. 분자 내의 각 원자는 18족기체와 같은 전자배치를 하는 것으로 볼 수 있다.

binary covalent compound 이성분 (二成分) 공유결합화합물
일산화탄소(CO) carbon monoxide 나 물 (H_2O)과 같이 두 가지의 다른 원소가 공유결합한 화합물을 이른다.

coordinate bond 배위결합 (配位結合)
배위결합은 공유결합의 특별한 형태 particular type 이다. 분자를 형성하는 두 원자가 전자를 하나씩 내놓고 공유하는 share 형식이 아니라 공유되는 두 전자 모두를 한쪽의 원자에서 내놓을 provide (donate) 때 배위결합

이 생긴다. 물건(전자)을 준다는 뜻에서 dative bond라고도 한다.

가령 수소 이온 hydrogen ion H^+와 암모니아분자 ammonia molecule NH_3가 반응하는 react 경우를 보자. 궤도전자 orbital electron 가 1개 뿐인 수소원자에서 전자를 제거한 remove 수소이온(양성자 proton)은 바깥전자 outer electron 를 가지고 있지 않다. 반면에 암모니아에는 8개의 바깥전자들이 있으며, 이 중 6개는 수소와 공유결합을 하고 있다. 암모니아의 질소원자 nitrogen atom 에 속하는 **비공유전자쌍** lone-pair (unshared electron pair) 이 수소이온과의 새로운 공유결합을 일으켜

$$\begin{array}{c} H \\ | \\ H-N\!:\!+H^+ \\ | \\ H \end{array} \longrightarrow \left[\begin{array}{c} H \\ | \\ H-N-H \\ | \\ H \end{array} \right]^+$$

암모늄이온 ammonium ion

암모늄이온 ammonium ion NH_4^+를 만든다. 이를 **배위공유결합** coordinate covalent bond 또는 배위결합이라고 한다.

암모늄이온의 질소(N) nitrogen 는 8개의 전자를 공유하며 18족기체 Ne의 전자배치와 같아진다. 각 수소원자는 2개씩의 전자를 공유하여 헬륨(He)의 구조를 닮으며, 4개의 수소원자는 전부 동등하여 equivalent 어느 것이 배위결합을 일으킨 원자인지 구분되지 않는다. 배위결합은 전자를 제공하는 donating 쪽에서 받는 accepting 쪽으로 화살표를 그려 A→B처럼 표시하기도 한다.

intermediate bond   중간결합 (中間結合)

대부분의 화합물 compound 은 순수한 이온결합 pure ionic bond 과 순수한 공유결합 pure covalent bond

의 중간적인 특성 intermediate character 을 가진 중간결합을 한다.
전자가 완전히 전달되는(complete transfer) 순수한 이온결합을 하는 예로는, 이온화에너지 ionization energy 가 매우 낮아서 쉽게 전자를 잃는 금속 metal 인 나트륨(Na) sodium 과 전자친화도 electron affinity 가 높아서 쉽게 전자를 받아들이는 비금속 nonmetal 인 염소(Cl) chlorine 가 결합하여 생성된 염화나트륨(NaCl) sodium chloride 을 들 수 있다.
이와는 반대로 수소분자 hydrogen molecule H-H에서 전자쌍 pair of electrons 은 두 수소원자에 당겨지는 힘이 같으므로 동등하게 공유된다.
이러한 양극단 two extremes 사이의 영역 range 에 이온결합과 공유결합의 특징을 고루 가지는 중간결합 intermediate bond 이 있다.
염화수소 hydrogen chloride H-Cl의 결합은 두 원자가 한 쌍의 전자를 공유하는 sharing 공유결합이 우세하다 predominant. 그러나 염소원자의 전기음성도(전기적으로 전자를 끌어당기는 정도 power of attraction for electrons) electronegativity 가 수소보다 더 강하기 때문에 HCl 분자에서 양전하 positive charge 는 수소 쪽으로, 음전하 negative charge 는 염소 쪽으로 몰려서 극성을 가지게 polarized 된다.
→ electronegativity 전기음성도 p.293

따라서 염화수소는 공유결합이 강하지만 부분적으로는 이온결합의 성격 partial ionic character 을 띤다. 이때 생기는 **부분전하** partial charge 를 이온전하 ionic charge 와 구분하기 위해 δ^+, δ^-로 나타낸다.

metallic bond

금속결합

고체금속 solid metal 이나 합금 alloy 의 원자들이 이온화되어 ionized 금속결정 metallic crystal 을 이루는 화학결합 chemical bond 이 금속결합이다.
금속 내부에서 양이온들 positive metal ions 은 격자점 lattice point 에 고정되어 있고, 금속원자의 원자가전자 valence electron 들은 특정 원자에 속하지 않은 자유전자 free electron 가 되어 주위를 자유롭게 움직인다. 따라서 금속은 고른 밀도 density 로 전자들이 퍼져있는 바다 electron sea 속에 원자가전자를 잃은 금속원자의 양이온이 떠 있는 것으로 볼 수 있다. 이들 모든 자유전자와 양이온 사이의 정전기적 인력 electrostatic attraction 이 전체를 결합시키는 힘(금속결합)이 된다. 또한 금속은 자유전자가 있기 때문에 전기적 electrical, 열적 thermal 도체 conductor 가 된다.
→ metallic crystal 금속결정 p.311

(3) Electron Configuration 전자배치

electron configuration 전자배치

원자 내에서 궤도전자 orbital electron 들이 양자수 quantum number 에 따라 껍질 shell 에 위치하는 상태를 전자배치라고 한다. 특히 원자가전자 valence electron 의 배치가 그 원소의 화학적 성질을 결정한다.

isoelectronic configuration 등전자성 (等電子性) 배치

원자들이 최외각 전자들 outermost electrons 을 잃거나 얻어서 이온화되어 ionized 다른 안정한 stable 원자와 전자 배치 configuration 가 같아지는 경우를 등전자성 isoelectronic 이라고 한다.
가령 Na 나 Cl 은 바깥껍질 outer shell 을 전자들이 꽉 채워서 안정한 stable 원소인 네온 neon 의 전자배치 [Ne]을 핵 core 으로 하고, 나머지 전자들이 주위에 있는 형식으로 생각할 수 있다. 따라서 나트륨 sodium atom 원자가 염소원자 chlorine atom 에 전자 1개를 주면 transfer, 나트륨이온 Na$^+$과 염소이온 Cl$^-$의 전자배치는 각각 불활성기체 inert gas 인 네온(Ne) 과 아르곤(Ar)의 안정한 stable 전자배치와 같아지는 등전자성이 된다.

마찬가지로 주기율표 periodic table 에서 4번째 가로줄 horizontal row 의 원소들은 전자배치가 $3s3p$인 아르곤을 핵 argon core 으로, 그 다음 주기 period 는 크립톤을 핵 krypton core 으로 하여 전자배치를 하는 것으로 생각할 수 있다.

Lewis structure 루이스구조

원소기호 주위에 점 dot 을 찍어 바깥껍질 outer shell 의 전자배치 electron configuration 를 나타내는 **전자-점표시** electron-dot symbol 를 **원자가결합구조** valence-bond structure 또는 루이스 Lewis 구조라고 한다.

화학식 chemical formula 에서 점을 찍는 대신 공유결합 covalent bond 을 선으로 나타내기도 한다. 공유 전자쌍 shared electron pair 하나는 단일결합 single bond 으로 보고 선 하나로 연결한다. 가령 수소분자 H$_2$의 루이스구조는

$$H:H \quad \text{또는} \quad H\text{-}H$$

이다. 공유결합이 이중결합 double bond, 또는 삼중결합 triple bond 으로 이루어진 경우에는 각각 두 줄 또는 세 줄로 연결한다:

$$:\!\ddot{O}\!:+:\!C\!:+:\!\ddot{O}\!: \rightarrow :\!\ddot{O}\!::\!C\!::\!\ddot{O}\!: \quad (\text{또는} \quad :\!\ddot{O}\!=\!C\!=\!\ddot{O}\!: \;)$$

(이산화탄소 carbon dioxide)

lone pair 고립쌍 (孤立雙)

공유결합 covalent bond 에서 결합에 관여하지 않는 전

자쌍 electron pair 을 고립쌍 lone pair 또는 **비공유 전자쌍** unshared electron pair 이라고 한다. 가령 암모니아 NH₃를 구성하는 질소에는 5개의 바깥껍질 전자가 있다. 이 중 세 개의 전자는 각각 수소의 전자와 단일결합 single bond 을 이루고, 나머지 두 개는 결합에 무관한 고립쌍이 된다:

$$H-\ddot{N}-H$$
$$|$$
$$H$$

octet

팔전자계 (八電子系)
공유결합을 하는 분자에 들어있는 원자는 8개의 전자가 불활성기체 inert gas 와 같은 전자배치 ns^2np^6를 하여 전자궤도 orbital 를 완전히 채우는 completely fill 것으로 생각된다. 이러한 배치 configuration 에서는 8개의 전자들이 모여 하나의 매우 안정된 상태 extremely stable state 를 만들게 되므로 팔전자계 octet 라고 한다. 다른 원자끼리의 공유결합도 같은 맥락에서 이해할 수 있다:

$$2H\cdot + \cdot\ddot{O}: \rightarrow H:\ddot{O}:$$ (또는 H-Ö:) 물

donor

주개
배위결합 coordinate bond 에서는 전자를 공유하는 share 대신 한쪽이 전자를 내놓게 되므로 donate 이러한 원자를 주개 donor (ligand) 또는 **공여체**라고 하며, 받는 쪽의 원자를 **받개(수용체)** accepter 라고 한다.

electronegativity

전기음성도 (電氣陰性度)
공유결합 covalent bond 을 하고 있는 분자 안에 있는 원자가 전자를 당기는 세기 power of attraction for electrons 를 전기음성도라고 한다. 보통 17족원소(7B

족)인 할로겐원소들 halogens 의 전자배치 electron configurations 는 최외각 outermost shell 에 전자가 하나 부족한 상태이므로 전기음성도가 매우 높아서 다른 원자로부터 전자를 받아들이는 강도가 크다.

이에 따라 전기적으로 중성 neutral 인 화합물 compound 분자에서도 전자가 전기음성도가 큰 원자에 쏠려서 −극이 되고 다른 쪽은 +극이 되는 극성 polarity 이 발생한다. 가령 염화수소 hydrogen chloride H−Cl 분자의 극성 polarity 은 염소(Cl)와 수소원자(H) 사이의 전기음성도 차이에서 생긴다.

화합물을 구성하는 원자들의 전기음성도 차가 클수록 결합에 관여하는 전자는 한쪽 원자에 쏠려서 결합의 이온성 ionic character 이 커진다. 반면에 전기음성도의 차가 적을수록 전자는 두 원자에 공유되는 share 정도가 커지고, 공유결합성 covalent character 이 강해진다.
→ intermediate bond 중간결합 p.290

전기음성도의 개념은 상당히 편리하기는 하지만, 명확히 정의되지는 않아서 그 값을 직접적으로 측정하는 방법은 없다. 폴링 Linus Pauling 이 제안한 전기음성도의 척도 electronegativity scale 는 결합에너지 bond energy 에 기초하고 있으며, 그 밖에도 여러 방법들이 있다.

resonance

공명 (共鳴)

하나의 분자 molecule 나 이온 ion 의 결합구조 bonding structure 를 2가지 이상의 화학식 formulae 으로 나타낼 수 있을 때 이 분자 또는 이온은 그 구조 structure 들 사이에서 공명 resonance 하고 있다고 말한다. 가령 염화수소(HCl) hydrogen chloride 의 결합구조는 공유결합 covalent bond 에 의한 H−Cl과 이온결합 ionic bond 에 의한 H^+Cl^-의 두 가지가 가능하다. 염화수소의 진짜 결합구조 true bonding structure 는 두 구조 중의 하나가 되거나, 혹은 두 가지의 구조가 적당히 섞여서 동시에 존재하는 것이 아니라, 이것도 저것도 아닌 중간쯤의 구조를 한다. 이러한 분자를 공명혼성(共鳴混成) resonance hybrid 상태에 있다고 말하며, 각각의 구조를 **공명형** resonance form (canonical form) 이라고 한다.

분자식 molecular formula 이 C_6H_6인 벤젠 benzene 은 공유결합을 하여

$$\text{H-C}\underset{\underset{\text{C-H}}{|}}{\overset{\overset{\text{H-C}}{|}}{=}}\text{C-H} \leftrightarrow \text{H-C}\underset{\underset{\text{C-H}}{|}}{\overset{\overset{\text{H-C}}{|}}{=}}\text{C-H}$$

의 구조를 하며, 동등한 두 개의 공명형 resonance form 이 존재한다. 단일결합 single bond 에 비해 이중결합 double bond 구조의 인력이 강하기 때문에 결합 길이가 더 짧아야 하므로, C-C인 부분의 결합 길이는 154 pm, C=C인 부분의 결합 길이는 133 pm가 되어야 한다. (1picometer=1pm=1×10^{-12}m) 사용된 화살표 ↔는 두 공명형이 같이 존재하여 평형상태 equilibrium state 라는 뜻이 아니라, 동등한 공명형이라는 의미이다.

따라서 벤젠의 모양은 찌그러진 육각형 hexagon 모양을 할 것으로 생각되나, 실제로 측정한 벤젠의 구조는 정육각형 regular hexagon 이고, C와 C의 결합 길이는 모두 139 pm로 이중결합과 단일결합의 구별이 없이 중간쯤의 intermediate 구조를 한다. 이는 두 구조 사이의 공명 resonance 에 의해서 이들의 중간 상태를 가진 것으로 설명된다.

(4) Chemistry of Complex 배위화학

chemistry of complex 배위화학 (配位化學)

배위화학은 루이스 산과 염기 Lewis acid and base 의 반응에서 생성되는 배위화합물(착물) coordination compound 의 생성과 특성을 다루는 분야이다.
→ Lewis theory 루이스 이론 p.352

complex 착물 (錯物)

몇 개의 원자나, 이온, 분자 등이 금속 원자나 이온을 중심으로 입체적으로 배위결합 coordinate bond 을 한 화합물 compound 을 이룬다. 착물은 각괄호 square brackets〔〕로 묶어서 나타낸다.

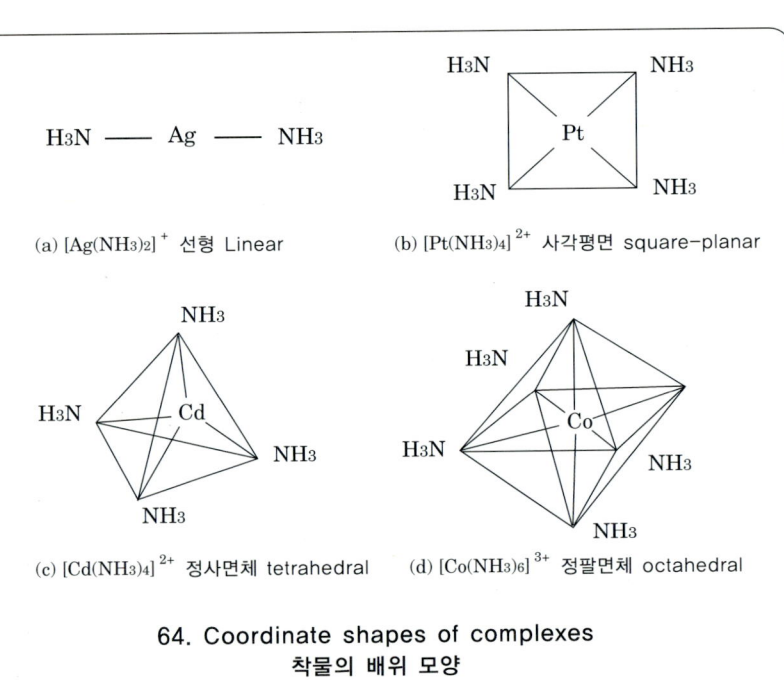

64. Coordinate shapes of complexes
착물의 배위 모양

coordination compound 배위 (配位) 화합물

배위결합 coordinate bond 을 한 화합물. 특히 무기착물(無機錯物) inorganic complex 을 배위화합물이라고 한다.

ligand

리간드

중심이 되는 금속원자 metal atom 나 이온에 전자쌍 pair of electrons 을 내놓고 donate (이를 배위 coordinate 라고 한다) 결합되어 있거나, 접촉해서 배위착물 coordination complex 을 형성하는 원자나 이온, 분자, 원자집단 group 등을 리간드라고 한다.
→ coordinate bond 배위결합 p.288, complex 착물 p.296

리간드가 되는 분자는 루이스 염기 Lewis base 로, 금속이온은 루이스 산 Lewis acid 으로 작용한다.

ligancy

배위수 (配位數)

금속원자나 이온과 결합하고 있거나 접촉하는 리간드의 수 number of ligands 를 뜻한다. 즉 착물 complex 이나 결정 crystal 에서 중심이 되는 원자나 이온을 둘러싸고 있는 원자나 이온, 분자, 원자집단 group 등의 개수가 배위수이다. 전에는 ligancy를 coordination number 라고 했다.

6 Liquid and Solid
액체와 고체

(1) Liquid 액체

liquid 액체
결정성 고체 crystalline solid 와 기체 gas 사이에 있는 물질의 상 phase 을 액체라고 한다.
액체는 분자 사이의 힘이 먼 거리까지 질서 long range order 를 미치지 않기 때문에 액체의 규칙적인 구조 regularity of structure 는 분자 지름 몇 개 정도의 several molecular diameters 짧은 영역 short-range 에서 끝난다.
액체나 고체는 기체에 비하여 밀도 density 가 크고, 분자들이 밀집되어 condense 있기 때문에 기체운동론 kinetic theory of gases 에서처럼 분자들의 부피 volume 를 무시할 수 없다. 따라서 기체와 달리 분자의 운동에너지 kinetic energy 가 분자 사이의 인력 intermolecular attractive force 보다 크지 않다. 물은 예외로 할 때, 고체가 녹아서 액체가 되면 보통 부피가 10~20% 증가한다. 그러나 이 정도의 차이로는 분자 사이의 인력에 큰 영향을 주지 못하여 액체나 고체에서 분자 사이의 상호작용 interaction 은 비슷하다.
→ kinetic theory of gases 기체운동론 p.265

intermolecular force 분자간 힘
분자간 힘은 분자 사이에 작용하는 약한 힘으로 반데왈스 힘 van der Waals' force 와 수소결합 hydrogen bond 이 있다. 이러한 분자간에 작용하는 힘에 의해 기체가 응축 condensation 을 하여 액체가 되거나, 액체가 응고 solidification 를 하여 고체가 되는 현상이 일어난다.

van der Waals' force 반데왈스 힘

반데왈스 힘은 전기적으로 중성 neutral 인 원자나 분자들 사이에 아주 가까운 거리 short distance 에서만 작용하는 약한 인력 weak attractive force 이다. 반데왈스가 이상기체 상태방정식 equation of state for an ideal gas 을 수정하여 modify 실제기체 real gas 를 설명한 식

$$\left(P + \frac{n^2 a}{V^2}\right)(V-nb) = nRT$$

반데왈스 식 van der Waals' equation

에서 a/V^2 항이 반데왈스 힘 van der Waals force 에 해당한다.
전기적인 힘의 일종인 van der Waals 힘은 쿨롱힘 Coulomb's force 과는 달리 원자나 분자 사이 거리의 7제곱에 반비례하는 inversely proportional to the seventh power of the distance 힘이므로 거리가 크게 되면 급속히 약해진다. 따라서 이 힘은 원자가전자들 valence electrons 의 결합에서 오는 화학결합 chemical bond 에 비해 훨씬 약한 힘 much weaker force 이다.
물을 제외한 액체의 분자간에 작용하는 힘은 대부분이 반데왈스 힘에 의한 것으로 생각되며, 실제기체 real gas 의 움직임이나 분자 결정 molecular crystal 의 격자에너지 lattice energy 도 여기서 온다. 이러한 힘이 생기는 데에는 3가지 원인을 꼽을 수 있다.

① Dipole-dipole interaction: 쌍극자-쌍극자 상호작용
쌍극자를 만드는 극성분자들 polar molecules 사이에 미치는 정전기적 인력 electrostatic attraction 이다.

② Dipole-induced dipole interaction: 쌍극자-유도

된 쌍극자 상호작용
쌍극자를 이룬 분자의 전기력 electrostatic force 이 인접 분자 neighbouring molecule 를 극성화하여 polarize 생긴 인력. 이때에 극성화된 분자 polarized molecule 를 **유도된 쌍극자** induced dipole 라고 한다.

③ Dispersion force: 분산력

dispersion force 분산력 (分散力)
분자의 전자구름 electron cloud 이 순간적으로 일그러져 한쪽으로 전자가 몰리면 극성 polarity 이 생기면서 순간 쌍극자 instantaneous dipole 가 만들어진다. 순간 쌍극자에 의한 정전기적인 인력 electrostatic attraction 을 분산력이라고 한다. 모든 분자에는 전자가 있기 때문에 분산력은 극성분자 polar molecule 에도 존재하지만, 무극성분자 nonpolar molecule 인 경우에는 분산력이 유일한 분자간의 인력 intermolecular attraction 으로 작용한다.

hydrogen bond 수소결합
수소원자를 가진 분자들에서 볼 수 있는 분자 사이의 비교적 강한 정전기적 인력 electrostatic attraction 의 일종이다. 수소결합은 크기가 작고, 전기음성도가 높은 electronegative 플루오르(F) fluorine, 질소(N) nitrogen, 산소(O) oxygen 원자가 수소와 공유결합 covalent bond 을 하고 있을 때 나타난다. 전기음성도가 높은 원소는 전자를 강하게 끌어당겨 −전하 negative charge 를 띠는 극성 polarity 이 생긴다. 이에 따라 수소는 매우 큰 +전하 positive charge 를 띠고 인접 분자 neighboring molecule 를 끌어당겨서 수소결합을 하여 큰 구조 large scale of structure 를 이룬다. → association 회합 p.301

수소결합의 강도 strength 는 정상적인 공유결합 normal covalent bond 의 1/10 정도이다. 이는 화합물 compound 의 물리적 성질들 physical properties 에 큰 영향을 미쳐서 수소결합을 한 HF와 H_2O, NH_3는 끓는점 boiling point 이 상대적으로 높다. (수소가 각각 한 주기 period 높은 원소와 결합한(그러나 수소결합은 아닌) HCl, H_2S, PH_3와 비교했을 때) DNA 사슬 chain 의 염기들 bases 사이에도 수소결합이 있어서 살아있는 생명체 living organism 에 중요한 역할을 한다. 수소결합이 일어날 수 있는 조건은,

① 수소가 결합할 원자의 전기음성도 electronegativity 가 커야하며,

② 수소결합에 전자쌍 electron pair 을 공급할 원자의 크기가 상대적으로 작아야 한다.
따라서 실질적인 수소결합은 플루오르(F), 산소(O), 질소(N) 화합물에서 형성된다. 염소(Cl) chlorine 는 질소와 전기음성도 electronegativity 가 거의 비슷하지만, 염소원자는 질소보다 크기 때문에 전자구름 electron cloud 이 더 넓게 퍼져서 수소결합을 할 수 없다.

association

회합 (會合)

한 물질 substance 의 분자가 정상적인 화학결합 normal chemical bond 이 아닌, 보다 약한 분자 사이의 힘으로 다른 분자와 결합하여 복잡한 complex 분자처럼 행동하는 일을 회합이라고 한다.

가령 물분자들은 수소결합 hydrogen bond 에 의하여 서로 엉켜서(회합하여) associate 여러 개의 물분자가 결합한 구조를 이룬다. 육각수는 물분자 6개가 회합한 예이다. 플루오르화수소(HF) hydrogen fluoride 와 물 (H_2O), 암모니아(NH_3) ammonia 의 수소결합에 의한 회합 association 은 각각 다음과 같이 나타낼 수

있다:

$$H-F\cdots H-F\cdots H-F\cdots \qquad H-\overset{..}{O}\cdots H-\overset{..}{O}\cdots H-\overset{..}{O}\cdots$$
$$\qquad\quad H \quad\ \ H \qquad\qquad\qquad\ \ H \qquad H \qquad H$$
$$H-N\cdots H-N\cdots$$
$$\quad\ H \qquad\ H$$

여기서 점선 dotted line 은 수소결합을 나타낸다. 수소결합은 강력한 쌍극자-쌍극자 인력 dipole-dipole attraction 에 의해 생기므로 물분자의 산소원자는 O-H 결합의 전자를 당겨서 수소결합을 이루어 회합 association 한다. → hydrogen bond p.300

(2) Several Properties of Liquids 액체의 몇 가지 성질

viscosity 점성

유체(액체나 기체) fluid 의 흐름에 대한 저항 resistance to flow 이 점성이다. 점성은 운동하는 액체나 기체 내부에서 나타나는 마찰력 friction 이므로 유체 분자 사이의 인력 intermolecular attraction 의 크기에 따라 달라진다. 온도 temperature 가 높아지면 분자의 평균 운동에너지 average kinetic energy 가 높아지기 때문에 분자 사이의 인력의 영향이 비교적 줄어든다. 따라서 액체의 점성은 온도가 높아지면 줄어들지만, 반대로 기체에서는 분자들의 충돌회수가 증가하므로 점성이 커진다.

coefficient of viscosity 점성도

유체 fluid 의 물질에 따른 점성상수 coefficient of viscosity 를 점성도라고 한다. 때에 따라서 이를 줄여서 단순히 viscosity(점성도) 라고 쓴다. 점성도의 SI단위는 $N \cdot s/m^2 (= pascal \cdot s)$이며, CGS 단위인 푸아즈

(P) poise 나 millipoise 를 사용하기도 한다:

1poise=0.1pascal·s

surface tension 표면장력 (表面張力)

액체의 표면이 탄성을 가진 막 elastic skin 으로 덮인 enclosed 것처럼 행동하는 behave 성질 property 이 표면장력이며, γ로 표시한다.

액체의 표면에 있는 분자들은 분자 사이의 인력에 intermolecular attraction 의해서 내부로 당겨진다. 따라서 액체는 가장 작은 표면적 surface area 을 가지려고 하게되어 빗방울이 구형 spherical shape 이 되거나, 유리 위의 물방울 water drop 이 볼록한 모양 meniscus (복수형은 menisci) 이 된다. 또한 표면장력은 모세관 capillary tube 에서 모세관 현상 capillarity 을 일으킨다.

액체의 온도 temperature 가 높아지면 분자간의 힘 intermolecular force 도 줄어들어 표면장력이 감소한다. 수소결합 hydrogen bond 때문에 분자 사이의 인력이 특히 높은 물은 비슷한 분자량 relative molecular mass (molecular weight) 의 물질과 비교하여 점성도 viscosity 와 표면장력이 크다.

supercooling 과냉각 (過冷却)

과냉각은 액체를 **어는점** freezing point 이하로 냉각 cooling 시켜도 액체에서 고체상태로 얼지 않는 현상 phenomenon 이다. 이러한 현상은 결정 crystal 이 만들어질 씨앗 seed 이 없기 때문에 일어나므로, 여기에 결정을 만들 씨앗 crystallization seed 을 넣어 주면 급속히 결정화되기 시작하면서 액체의 온도는 정상적인 어는점 normal freezing point 으로 돌아간다. 과냉각된 액체는 먼지알갱이 particles of dust 를 넣어주거나, 흔들어주기 mechanical vibration 만 해도 결정화를 일으킬 induce 수 있다.

evaporation 증발

액체의 끓는점 이하 below the boiling point 에서 액체에서 기체로 상태 state 가 바뀌는 현상을 말한다.
온도가 높아지면 액체 상태에 있는 분자의 운동에너지 kinetic energy 가 증가하므로 분자 사이의 인력 intermolecular attractive force 에서 벗어나는데 escape 충분한 에너지를 가지는 분자의 수도 많아진다. 이러한 운동에너지가 가장 큰 분자들이 액체의 표면 surface of a liquid 에 있을 때 증발이 일어난다. 액체가 증발하면 남아있는 액체 분자의 평균운동에너지가 작아지기 때문에 온도가 떨어진다. 증발은 승화 sublimation 와 비슷하지만 증발은 액체 표면에서, 승화는 고체 표면에서 일어나는 현상이다.

vapor pressure 증기압력

모든 고체나 액체에서는 원자나 분자로 된 증기를 발생하며 give off, 이 증기가 미치는 exert 압력이 증기압력이다.
일정한 온도에서 at constant temperature 실린더 cylinder 에 액체를 넣고, 액체의 표면 surface of the liquid 에서 피스톤 piston 까지의 공간을 진공 vacuum 상태로 두면, 액체는 급속히 증발하여 rapidly evaporated 진공을 채우면서 증기압력이 증가한다.

촛불의 끝에 손대지 마세요

불꽃의 옆에서 불을 쬘 수는 있지만 바로 위로 손을 가져가지 못하는 이유는 열이 대류에 의해 위로 전달되기 때문이다. 불꽃의 옆으로는 공기에 의한 절연으로 열이 쉽게 전달되지 않는다.

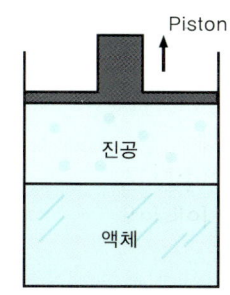

• 액체가 든 밀폐된 용기에서 진공 상태를 만들면 액체는 급속히 증발하여 증기압력이 높아진다.

65. Vapor pressure
증기 압력

기체상 gaseous phase 에 있는 분자가 어느 정도 늘어나면 액체의 표면에 부딪쳐 collide 다시 액체로 돌아가는 기체분자가 생기기 시작하여 결국 분자가 기체상으로 가는 비율과 액체상 liquid phase 으로 되돌아가는 비율이 같아지게 된다. 기체상에 있는 개개의 분자는 계속 움직이면서 전체의 개수가 일정하게 유지되는 maintain 이 상태를 동적평형 dynamic equilibrium 이라고 한다.

계 system 가 평형을 이룬 다음에 피스톤을 압축하면 compress 증기압력이 순간적으로 커진다. 하지만 동시에 기체분자가 액체로 돌아가는 비율이 증발하는 것 보다 커져서 증기압력은 다시 원래 상태로 되돌아간다. 반대로 피스톤을 올려서 팽창을 시켜도 expand 잠시 후에는 다시 같은 압력 pressure 으로 돌아간다. 따라서 액체의 증기압력은 온도 temperature 만의 함수 function 가 된다.

normal boiling point   정상 (正常) 끓는점

정상 끓는점 normal boiling point 은 액체의 증기압력 vapor pressure 이 1 기압(atm) 이 될 때의 온도를 말한다. 액체의 **끓는점(b.p.)** boiling point 은 액체의 증기압력 vapor pressure 이 액체표면에 작용하는 대기의 압력 external atmospheric pressure 과 같아지는 온도이므로, 압력이 1 기압보다 낮아지거나 높아지면 이에 따라 끓는점도 낮아지거나 높아진다.

(3) Solid 고체

solid
고체
일반적으로 고체 true solid 라 하면 내부의 배열 internal arrangement 이 규칙성 regularity 이 있는 결정성 고체 crystalline solid 를 이른다.

crystalline solid 결정성 (結晶性) 고체
분자나 원자(금속 metal 인 경우), 이온(염 salt 인 경우) 들이 3차원적인 규칙성 three-dimensional regularity 을 가지고 반복되는 배열 repeated arrangement 을 하고 있으며, 표면 face 이 매끈하고 잘 발달된 물질이 결정성 고체이다. 결정성 고체는 녹는점 melting point 이 일정하고 fixed, 격자구조 lattice structure 를 하는 특징이 있다.
반면에 결정을 이루지 못하여 내부 배열 internal arrangement 이 무질서하고 irregular, 반복성이 없는 물질을 비정질 고체 amorphous solid 라고 한다.
→ amorphous solid 비정질(非晶質) 고체 p.88

결정성 물질 crystalline material 이라고 해서 반드시 결정 crystal 을 이루지는 않는다. 가령 금속은 결정성이지만 규칙적인 기하구조 regular geometric structure 를 가지는 결정은 아니다.

network covalent compound 망상 공유화합물 (網狀 共有化合物)
커다란 이산화규소(SiO_2) silicon dioxide 의 결정격자 crystal lattice 하나에는 수조 개의 규소(Si) silicon

원자와 그 두 배의 산소원자들이 그물모양 network 으로 촘촘히 공유결합을 하고 있다. 이러한 화합물을 망상 공유화합물이라고 한다. 망상 공유화합물은 경도 hardness 가 대단히 크고, 녹는점 melting point 과 끓는점 boiling point 이 아주 높다.

metalloid   준금속 (準金屬)

금속 metal 과 비금속 nonmetal 의 중간성질 intermediate in properties 을 보이는 물질(semimetal 이라고도 한다)을 준금속이라고 하나, 그 경계는 명확하지 않다. 붕소(B) boron, 실리콘(규소 Si) silicon, 게르마늄(Ge) germanium 등이 준금속에 속하는 전형적인 typical 물질이다. 준금속은 전기적으로는 반도체 semiconductor 이고, 산화되면 oxidize 양쪽성산화물 amphoteric oxide 을 만든다.

→ amphoteric oxide 양쪽성산화물 p.353

transition element   전이 (轉移) 원소

천이원소라고도 한다. 원자의 궤도전자 orbital electron 들이 d-궤도 d-orbital 를 부분적으로 채우는 partially fill 원소들을 일컫는다. 여기서 d-궤도는 주양자수 principal quantum number $n=3$ 이상에서 궤도양자수 orbital quantum number 가 $l=2$인 부껍질 subshell 을 의미한다. → subshell 부껍질 p.278

전이원소는 전형적인 금속 typical metal 으로서 단단하고 hard, 열 heat 과 전기 electricity 잘 통하는 도체 good conductor 이다. 전이원소의 화학적 성질은 d-궤도가 비어있는 정도에 따라 나타난다. 전이원소의 대부분은 짝짓지 않은 전자들 unpaired electrons 의 영향으로 상자성 paramagnetic 이며, 색이 있는 화합물 colored compound 을 형성한다.

→ paramagnetic 상자성 p.280

alloy   합금

둘 이상의 금속 metal 이나, 또는 금속과 비금속 nonmetal 이 잘 섞여 금속의 성질을 가지는 물질이 합금이다. 가령 강철 steel 은 금속인 철 iron 에 비금속인 탄소 carbon 를 섞은 합금이다.

합금이 만들어지는 방법에는 단순히 서로 다른 금속이 섞인 불균일혼합물 heterogeneous mixture, 한 성분 component 의 결정 crystal 속에 다른 성분이 녹아 들어간 균일 혼합물 homogeneous mixture 및 금속간 화합물 intermetallic compound 이 있다. 균일 혼합물인 합금은 고체 solid 이면서 동시에 용액 solution 의 성질을 가지므로 **고용체** solid solution 라고 한다.

(4) Properties of Solids 고체의 성질

sublimation   승화 (昇華)

승화는 고체 상태 solid state 물질이 액체를 거치지 않고 곧바로 기체상태 gaseous state 로 변하는 현상 phenomenon 이다.

고체분자들은 격자구조 lattice structure 를 하고 각자의 평형위치 equilibrium point 에서 진동하면서 vibrate 운동에너지 kinetic energy 를 가진다. 이에 따라 고체 표면에 있는 분자들 중 일부는 주위 분자들 neighboring molecules 의 인력에서 벗어날 수 있을 정도로 강한 운동에너지를 갖게되어 곧바로 기체상태 gaseous state 로 변할 수 있어서 승화된다.

melting point   녹는점

고체상태에서 액체로 변하는 최저의 온도 temperature 를 말하며, **용융점**이라고도 한다. 고체에 열을 가하면 분자가 진동하는 vibrate 운동에너지가 증가한다. 온도가 녹는점 melting point 에 가까워지면, 운동에너지

kinetic energy 가 충분히 커져서 분자들을 결정구조 crystal structure 내에 잡아둘 수 없게 되어 여기 저기에서 격자 lattice 가 깨지기 시작한다. 온도가 녹는점에 이르면 격자 전체가 깨져서 break down 액체로 변한다. 순수한 물질 pure substance 은 표준조건의 압력(보통 1 기압 atmosphere 으로 택한다) under standard conditions of pressure 에서 녹는점이 하나 밖에 없으며, 항상 같은 온도에서 녹는다.

crystallization 결정화 (結晶化)
녹음 melting 의 반대 과정인 결정화는 에너지가 적은 분자들이 여러 개 모여서 하나의 결정핵 crystal nucleus 을 형성할 때 일어난다. 일단 결정핵이 만들어지면 그 표면 surface 에서 결정이 커지면서(이를 성장한다 grow 고 말한다) 고체화 solidification 가 계속된다.

(5) Crystals 결정

crystal 결정 (結晶)
수정 quartz 즉 이산화규소 (SiO_2) silicon dioxide (crystalline silica) 나 다이아몬드 diamond 처럼 규칙성이 있는 regular 다면체 모양 polyhedral shape 을 한 고체를 결정이라고 한다. 모든 결정은 같은 물질 substance 이 성장하여 grow 만들어지므로 면 face 과 면사이의 각 angle 이 일정하다. → network covalent compound 망상 공유화합물 p.306

molecular crystal 분자결정
결정 crystal 을 만드는 구성단위가 분자로 이루어진 것이 분자결정이다. 응축된 불활성기체 inert gas 와 산소, 질소, 할로겐원소 halogens, 탄화수소 hydrocarbon 및 각종 유기화합물 organic compound 등이 여기에 포함된다.

분자결정 물질은 분자들이 화학결합 chemical bond 이 아닌 반데왈스 힘 van der Waals' force 으로 결합되어 있어서, 그 힘은 매우 약하다. 따라서 분자 사이의 배열이 쉽게 끊어지고, 녹는점 melting point 이나 승화점 sublimation point 도 낮다.

분자결정의 분자간 힘 intermolecular force 이 약하고, 어느 방향으로나 똑 같은 등방성 isotropic 이기 때문에 분자결정은 대개 연하고, 압축성이 있다. 또한 분자결정은 좋은 전기적 절연체 good electric insulator 이다. → van der Waals' force 반데왈스 힘 p.298

ionic crystal 이온결정

전기음성도 electronegativity 의 차이가 큰 원자들 사이에 이온결합 ionic bond 을 한 물질을 말한다. 이온결정 물질의 격자 lattice 를 이루는 양이온과 음이온은 정전기적 인력 electrostatic attraction 에 의해서 안정한 배열 stable arrangement 을 한다. **이온성 결정체** ionic crystalline solid 라고도 한다. 흔한 예로 염화나트륨(NaCl) sodium chloride 을 들 수 있다.

이온결정 물질은 결합에너지 bond energy 가 매우 크기 때문에 녹는점 melting point 과 끓는점 boiling point 이 높다. 대부분 상온 room temperature 에서는 전기적으로 절연체 insulator 이나, 녹은(용융) 상태 melting state 에서는 이온의 배열이 불규칙적 irregular 이고, 사이 거리 distance 가 멀어지기 때문에 이온이 움직이기 쉬워서 훌륭한 도체 conductor 가 된다.
→ ionic compound 이온결합 화합물 p.286

covalent crystal 공유결합결정 (共有結合結晶)

원자들이 공유결합 covalent bond 을 하는 결정성 고체 crystalline solid 를 이른다. 공유결합결정은 그 자체가 하나의 거대한 분자를 이루기 때문에 **거대분자결정** macromolecular crystal(giant-molecular crystal) 이라고도 한다. → covalent bond p.287

대표적인 예로는 다이아몬드 diamond, 질소화붕소 (BN) boron nitride, 탄화규소 SiC silicon carbide 등이 있으며, 단단하고 녹는점이 높은 물질 hard high-melting substance 이다. 완전한 공유결합결정을 하는 물질은 거의 없으며, 이온결합 ionic bond 과 공유결합 covalent bond 이 혼합된 결합을 하는 경우가 많다.
→ intermediate bond 중간결합 p.290, network covalent compound 망상 공유화합물 p.306

metallic crystal 금속결정
금속원자들이 금속결합 metallic bond 을 한 결정성 고체 crystalline solid 를 말한다. 금속결정의 결합은 다른 결정과는 달리 원자가전자 valence electron 가 특정 원자에 묶여있지 않고 결정 전체에 퍼져 있다. 이를 **전자가스** electron gas 라고 한다.
금속에는 광택 gloss 과 반사도 reflectivity, 높은 전기전도도 electrical conductivity 와 열전도도 thermal conductivity, 연성(잡아늘이기 쉬운 성질) ductility, 전성(넓게 퍼지기 쉬운 성질) malleability 등의 특성이 있다. → metallic bond 금속결합 p.291

crystal defect 결정 결함 (缺陷)
규칙적인 격자구조 regular lattice structure 를 가져야 할 결정에서 몇몇 원자들이 정확하게 제자리에 exactly the right place 있지 못해서 생기는 결함 defect 을 말한다. 특별한 조건 하에서 성장한 grow 단결정 single crystal 을 제외하고 실제 결정은 대부분 결함을 가지고 있다.

liquid crystal 액정 (液晶)
특정 온도에서 녹아서 액체처럼 흐르는 성질 fluidity 이 있으면서도 분자 배열 arrangement 에 어느 정도의 질서가 있는 물질을 **액체 결정** 또는 액정이라고 한다.

7 Solution
용액

(1) Solution, Solvent and Solute 용액, 용매, 용질

solution 　**용액**

두 가지 이상의 물질이 혼합하여 고르게 섞인 **균일혼합물** homogeneous mixture 을 보통 용액 solution 이라고 한다. 예를 들어보면 설탕이 물에 녹은 dissolved 설탕물, 메틸알코올(메타놀) methyl alcohol (methanol), 에틸알코올(에타놀) ethyl alcohol (ethanol), 알코올의 혼합물 mixture of alcohols 등이 있다.

일반적으로 용액이라 하면 단순히 액체 liquid 에 고체나 액체 또는 기체 등을 녹인 것을 뜻하지만, 공기 air 나 합금 alloy 과 같은 기체용액 gaseous solution 과 고체용액(고용체) solid solution 도 존재한다.

solvent 　**용매 (溶媒)**

용액 solution 의 바탕이 되어 물질을 녹이는 것을 용매(용제) solvent 라고 한다.

액체와 액체가 섞인 용액에서는 편의상 양이 많은 쪽 major component 을 용매 solvent, 양이 적은 성분 minor component 을 용질 solute 로 구분한다. 물, 알코올 alcohol, 벤젠 benzene, 아세톤 acetone 등이 흔히 사용되는 용매이다.

solute 　**용질 (溶質)**

물이나 알코올 같은 용매 solvent 에 녹아있는 물질을 용질이라고 한다. 그러나 용매와 용질의 구분은 편의상 정해진 것이며, 그 경계는 명확하지 않을 때가 많다.

aqueous solution 　**수용액 (水溶液)**

만일 물질이 녹아 있는 용매 solvent 가 물이면 수용액이라고 부르며, aq로 표시한다. 물은 큰 유전상수 dielectric constant 와 높은 극성 polarity 을 가지기 때문에 이온결합 화합물 electrovalent compound 이나 극성이 큰 용질 solute 을 잘 녹일 수 있다.

이온결합 화합물의 수용액 aqueous solution 은 높은 전기전도도 electric conductivity 를 나타낸다. 이는 수용액에는 물에 녹은(수화된 hydrated) 이온결합 화합물이 이온 ion 으로 존재하여 전기를 통하는 전하 운반체 charge carrier 역할을 하기 때문이다. 지구상의 생명체 내에서 각종 수용액은 매우 중요한 역할을 하고 있다.

polar solvent 극성용매 (極性溶媒)

각각의 분자가 전체적으로는 전기적 중성 neutral 이지만, 전자들이 한 쪽으로 쏠려서 극성 polarity 을 띠고 쌍극자모멘트 dipole moment 를 형성하는 물이나 액체 암모니아 liquid ammonia 같은 화합물이 극성용매이다. 극성용매는 이온결합 화합물 ionic compound 이나 공유결합 화합물 covalent compound 을 잘 녹일 dissolve 수 있다.

극성분자로 이루어진 메틸알코올 (CH_3OH) methyl alcohol 이나 물은 분자들이 서로 수소결합 hydrogen bond 을 하여 하나의 거대한 분자처럼 행동한다(회합 association).

$$\begin{array}{ccc} H\text{-}\overset{..}{O}\cdots & H\text{-}\overset{..}{O}\cdots & H\text{-}\overset{..}{O}\text{---} \\ H\text{-}C\text{-}H & H\text{-}C\text{-}H & H\text{-}C\text{-}H \\ H & H & H \end{array}$$ 메틸알코올

점선 dotted line 은 수소결합을 뜻한다. 메틸알코올과 물은 어떠한 비율 rate 로도 잘 섞여서 수용액 aqueous solution 을 만든다. 이때 CH_3OH 분자와 H_2O 분자는 서로 수소결합으로 회합한다.

$$\text{H-O} \cdots \text{H-O} \cdots \text{H-O} \cdots$$
$$\quad \text{H} \quad\quad \text{H-C-H} \quad\quad \text{H}$$
$$\quad\quad\quad\quad\quad\ \text{H}$$

일반적으로 같은 형태의 물질은 서로 잘 녹이는 성질을 가지고 있기 때문에 극성물질 polar substance 은 극성용매 polar solvent 에, 비극성물질 nonpolar substance 은 비극성용매 nonpolar solvent 에 잘 녹는다. 탄소 carbon 가 공유결합 covalent bond 으로 결정형태 crystalline form 를 하고 있는 다이아몬드 diamond 와 같은 망상(그물조직) 결정체 network crystals 는 너무 안정해서 stable 모든 액체에 녹지 않는다 infusible. → network covalent compound 망상 공유화합물 p.306

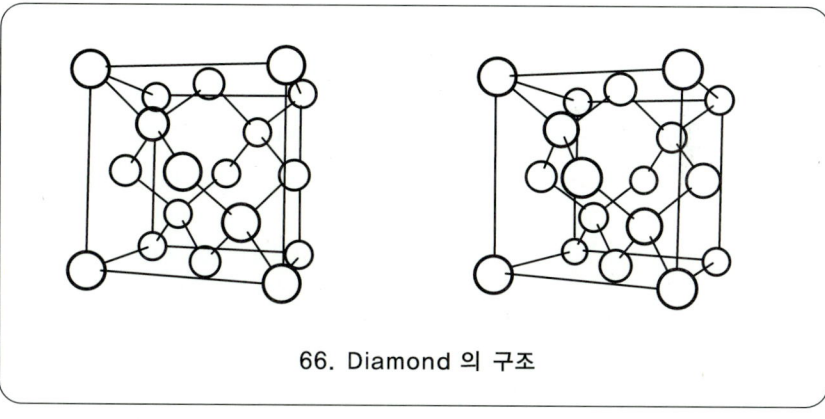

66. Diamond 의 구조

물과 같은 극성액체는 많은 이온결합 화합물 ionic compound 을 녹이는 dissolve 용매 solvent 로 사용된다. 용질 solute 의 양이온 positive ion (cation) 은 용매의 −극에서, 용질의 음이온 negative ion (anion) 은 용매의 +극에서 정전기적 인력 electrostatic attraction 을 받는다.

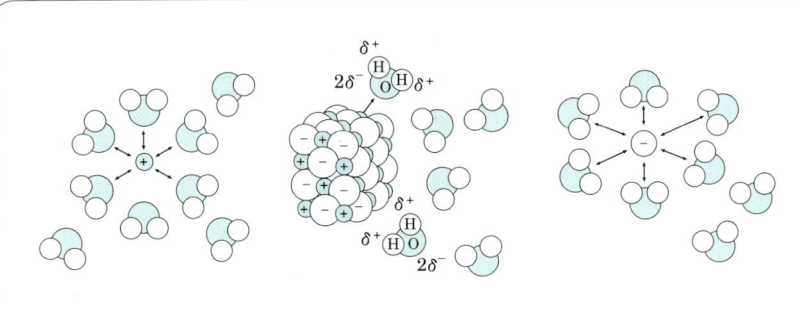

• 극성인 물분자는 양이온 및 음이온과 상호작용을 한다.

**67. Polar solvent
극성 용매**

nonpolar solvent 비극성용매 (非極性溶媒)

비극성용매는 영구적인 쌍극자모멘트 permanent dipole moment 가 없는 벤젠 (C_6H_6) benzene 이나 메탄 (CH_4) methane 같은 공유결합 화합물이다. 비극성용매는 이온결합 화합물 ionic compound 은 녹이지 못하나, 비극성공유결합 화합물 nonpolar covalent compound 은 녹일 수 있다.

가령 극성물질인 물과 비극성물질인 사염화탄소(CCl_4) carbon tetrachloride (tetrachloromethane) 를 섞으면 H_2O-H_2O 분자 사이의 수소결합 hydrogen bond 에 의한 인력 intermolecular attractive force 이 H_2O-CCl_4 사이의 인력 보다 훨씬 크기 때문에 잘 섞이지 않고 분리되어 두 개의 액상층 liquid phase layers 을 형성한다.

그러나 비극성물질 nonpolar substance 인 요오드(I_2) iodine 분자들 사이의 힘은 같은 비극성물질인 순수한 사염화탄소 분자들 사이의 인력과 거의 비슷하기 때문에 이들은 잘 혼합되어 무질서한 분자혼합물 random molecular mixture 을 만든다.

solvation 　 용매화 (溶媒化)

용매 solvent 에 녹아있는 여러 가지 분자나 이온 등을 용매분자가 끌어당겨 분자 집단 group 을 이루는 현상 phenomenon 이 용매화 solvation 이다. 용매화는 정전기적 인력 electrostatic attraction 을 가지는 극성 용매 polar solvent 에서만 일어나며, 이 과정을 통하여 이온성 고체 ionic solid 를 녹일 수 있다.

물이 용매화를 일으키면 수화(水和) hydration 라고 한다. 수화는 용매인 물 즉 수용액 aqueous solution 속에 녹아있는 용질 solute 의 분자나 이온이 그 둘레에 물분자 몇 개를 끌어당겨 분자집단을 이루는 현상이다.
→ hydration 수화　p.371

heat of solution 　 용해열 (溶解熱)

1 몰 mole 의 물질(용질) substance(solute) 이 용매 solvent 에 완전히 녹을 completely dissolved 때 방출되거나 liberated, 흡수하는 absorbed 열(엔탈피 enthalpy 의 변화)을 용해열이라고 한다. 단위는 kJ/mol이다.

기체가 녹을 때는 일반적으로 열을 내놓지만 release, 액체나 고체가 녹을 때는 열을 방출하는 경우뿐만 아니라 열을 흡수하는 경우도 있다. 가령 설탕을 물에 녹일 때 순가락으로 저어주는 이유는 설탕은 열을 흡수해야 잘 녹기 때문이다.

용해열은 사용하는 용매의 양 volume 에 따라서도 차이를 보일 것이므로 용액 solution 의 최종 농도 concentration 에 따라 달라지게 된다. 달리 표시가 없으면 용매를 대량으로 사용하여 희석했을 dilute (이를 무한희석 infinite dilution 이라고 한다) 경우의 용해열이다.

(2) Solubility 용해도

solubility

용해도 (溶解度)
대부분의 물질들은 특정 용매 solvent 에 녹일 수 있는 양에 한계 limit 가 있다. 어떤 온도에서 at a given temperature 일정한 양 quantity 의 용매에 녹여서 dissolve 포화용액 saturated solution 을 만들 수 있는 용질 solute 의 양을 용해도 solubility 라고 한다. 용해도의 단위는 용매의 세제곱미터당 meter cubed 용질의 질량 mass (kg/m³) 또는 용매의 질량당 용질의 몰 mole (mol/kg)등을 사용한다.
일정한 양의 용매에 녹아있는 용질의 양은 농도 concentration 로 나타낸다. 농도가 비교적 낮은 용액을 묽은 용액 dilute solution(weak solution), 농도가 높으면 진한 용액 concentrated solution(strong solution) 이라고 부른다.

soluble

가용성 (可溶性)
화합물 compound 이 물에 녹는 정도에 대한 기준 reference 으로, 용해도 solubility 가 적어도 10g/ l 정도이면 가용성 화합물 soluble compound 이라고 한다. 대부분의 산 acid 은 물에 가용성이다.

insoluble

불용성 (不溶性)
화합물 compound 이 물에 녹는 dissolve 정도가 1g/ l 이하이면 불용성 insoluble 으로 구분한다. 녹는 정도가 가용성 soluble 과 불용성 insoluble 의 중간 정도이면 **난용성(難溶性)** slightly soluble 이라고 한다. 이 구분은 상당히 임의적으로 arbitrarily 정해졌기는 하나, 관습적으로 customarily 사용된다.

saturated solution   포화용액

만약 액체용매 liquid solvent 에 정상적으로 녹는 양 normally soluble amount 보다 많은 양 excess of quantity 의 용질 solute 을 넣으면 녹아있는 물질 dissolved substance 과 아직 녹지 않고 남아있는 물질 undissolved substance 이 서로 균형 balance 을 이루면서 농도 concentration 가 일정하게 유지된다. 이러한 용액을 포화용액 saturated solution 이라고 한다.

포화용액에서는 순수 용질 pure solute 이 녹아 들어가는 비율 rate 과 녹아있는(용해된) 용질 dissolved solute 이 용액에서 빠져나오는 leave the solution 비율이 정확하게 같아지는 exactly balanced 동적인 평형 상태 state of dynamic equilibrium 에 있게 된다.
→ equilibrium 평형 p.88

supersaturated solution   과포화 (過飽和)용액

포화용액 saturated solution 에서 평형을 이루는 양 equilibrium amount 보다 용질 solute 의 농도 concentration 가 적으면 **불포화용액** unsaturated solution, 많으면 과포화용액 supersaturated solution 이라고 한다. 포화용액을 천천히 식히면 slowly cooling 과포화 상태가 된다.

deposition   석출 (析出)

과포화용액 supersaturated solution 은 불안정 unstable 하므로 작은 결정씨앗 crystal seed 을 넣어주면 정상보다 더 많이 녹아있는 용질 excess solute 은 결정이 되어 crystallize 즉시 용액에서 빠져나온다 leave the solution. 이 과정 process 을 석출 deposition 이라고 한다. 용액에 녹아있는 물질은 미세한 분자나 원자, 이온 등의 상태에 있기 때문에 비교적 자유롭게 움직일 수 있어서 용액에서의 반응 reaction 은 일반적으로 빠르게 일어난다.

agitation 교반 (攪拌)

물리적으로나 화학적으로 성질이 다른 여러 물질을 외부에서 기계적인 에너지를 사용하여 흔들거나 잘 저어서 균일한 혼합 homogeneous mixture 상태로 만드는 과정 process 이 교반이다. 화학반응 chemical reaction 을 일으킬 때 적절히 교반하여 agitate 반응물 reactant 들을 균일한 상 homogeneous phase 으로 만들면 반응속도 reaction rate 가 빨라질 수 있다.

교반에는 서로 녹아서 dissolve 섞이는 액체나 기체 또는 고체를 각각 섞어서 균일화하는 homogenize 경우와 콘크리트와 같이 고체와 액체 또는 액체와 기체 등 서로 다른 상(相) phase 의 물질을 혼합하는 경우가 있다. 또한 물과 기름처럼 서로 섞이지 않는 액체들을 교반하여 에멀션 emulsion 을 만들기도 한다.

교반을 하는 기계를 **교반기** agitator 라고 하며, 점도 viscosity 가 아주 높은 유체 fluid 를 혼합하는 기계는 **반죽기** kneader 라고 한다.

(3) Concentration 농도

concentration 농도

농도는 용액 solution 1리터 liter 에 녹아있는 물질(용질) substance 의 양으로 정의된다. 기호는 c 이며, 단위는 mole/liter (mol/l)이다.

농도는 용매가 아닌 용액의 전체 부피 total volume of the solution 를 기준 reference 으로 한다. 용액으로 혼합되기 전의 각 순수한 물질들 pure substances 의 부피를 전부 더한 값과 그들이 녹은 용액의 부피가 일치하는 경우는 드물다. 따라서 일정량의 용액을 만드는데 필요한 용매 solvent 의 양을 예측하기는 쉽지 않으므로 메스플라스크 measuring flask 를 이용하여 농도를 조절한다. 정확하게 측정한 용질 solute 을 먼저 플라스크에 넣고 일정한 속도로 흔들면서(이를 교반 agitation 이라고 한다) 용매를 플라스크의 원하는 눈금까지 채우면 원하는 농도의 용액을 만들 수 있다.

molarity 몰농도

농도 concentration 를 뜻하는 예전 이름으로, 일반적으로 농도라고 하면 몰농도를 가리킨다.

molar fraction 몰분율 (分率)

어떤 성분 component 의 몰수 number of moles 와 전체 성분의 몰수 total number of moles 와의 비 fraction 를 말한다.

normality 노르말농도

노르말농도는 용액 solution 1 리터에 들어있는 용질 solute 의 그램당량 gram equivalent 으로 나타낸 농도로서 기호는 N으로 나타낸다. 노르말농도의 개념은 산 acid 과 알칼리 alkali 의 중화반응 neutralization 등에 널리 이용된다. 노르말농도는 농도 concentration 와 마찬가지로 전체부피 entire volume 를 기준으로 하기 때문에 메스플라스크 measuring flask 를 이용하여 조절한다. → concentration 농도 p.320

mass concentration 질량농도

용매 solvent 의 부피당 녹는 물질(용질) substance 의 질량 mass 으로 정의된다. 기호는 ρ(rho)로 표시하며, 단위는 kg/l 또는 g/cm^3 등을 사용한다.

molal concentration 몰랄농도

몰랄농도는 용매 1kg에 unit mass of solvent 녹아있는 물질의 양 amount of dissolved substance 을 의미한다. 몰랄농도는 molality 라고도 하며 기호는 m,

많이 사용하는 단위는 mol/kg 이다.
몰랄농도는 용액의 전체부피를 기준으로 하지 않는 점에서 농도 concentration 와 차이가 있다. 가령 요소 $(CO(NH_2)_2)$ urea 수용액 aqueous solution $1m$은 물 1kg에 요소 1 몰 mole 인 60.06g을 녹여서 만든다. 용매 solvent 가 같고, 몰랄농도 molality 가 같아도 녹인 물질(용질 solute)이 다르면 용액의 부피는 달라진다.

Raoult's law 라울의 법칙

어떤 용액 안의 용매 solvent 의 몰분율 mole fraction 을 X, 용매에 다른 물질이 섞여있지 않은 순수한 상태에서의 증기압 vapor pressure 을 p^o라고 하면, 용매의 분압 partial vapour pressure p는

$$p = Xp^o$$

이다. 이를 라울 Raoult 의 법칙이라고 한다.
라울의 법칙을 따르는 obey 용액을 이상용액 ideal solution 이라고 한다. 어떤 액체의 혼합물 mixture 은 임의의 농도 concentration 에서도 라울의 법칙을 따르지만, 일반적으로 이 법칙은 희석용액 dilute solution 에서만 만족된다.

(4) Colligative Properties of Solution 용액의 총괄성질

colligative properties 총괄(總括) 성질

용질 solute 의 종류에는 관계없이 녹아있는 물질의 농도 concentration 에만 의존하는 용액의 성질을 총괄성질이라고 한다. 이는 용액의 성질은 녹아있는 물질(용질)의 성질보다는 용질 입자의 개수에 의존하기 때문이다.
잘 알려진 총괄성질로는 삼투압 osmotic pressure, 증기압 내림 lowering of vapor pressure, 끓는점 오름

elevation of boiling point, 어는점 내림 depression of freezing point 등의 4가지가 있다.

semipermeable membrane 반투막 (半透膜)

셀로판 cellophane 이나 양피지 parchment 와 같은 얇은 막 membrane 은 분자들이나 이온 등의 입자 particle 를 선택적으로 selectively 통과시키므로 반투막이라고 한다. 용매 solvent 의 분자는 반투막을 통과할 pass 수 있지만 대부분의 용질 most solutes 은 통과하지 못한다.

osmotic pressure 삼투압 (滲透壓)

농도가 묽은 용액 weaker solution 안의 용매 solvent 는 반투막 semipermeable membrane 을 통해서 농도가 진한 stronger solution 쪽으로 흘러서 두 용액의 농도가 같아질 equal in concentration 때까지 이동한다. 이때 농도가 진한 쪽 stronger solution side 에서 반투막에 압력을 가하면 apply a pressure 용매의 흐름이 멈추게 될 것이며, 이 압력의 크기를 삼투압 osmotic pressure 이라고 한다.

삼투압은 Π(Pi)로 표시하며, 다른 성질에는 관계없이 농도에만 의존하므로 총괄성질 colligative property 의 하나이다.

뜨거운 물이 빨리 언다?

냉장고에서 얼음을 얼릴 때 뜨거운 물을 넣으면 미지근한 물 보다 빨리 어는 경우가 있다. 이는 물이 많은 열을 빼앗기면서 급속히 증발하여 얼릴 물의 양이 적어지기 때문이다. 같은 이유로 추운 날 세차할 때 뜨거운 물을 사용하면 차의 표면에 빠르게 얼어붙는다.

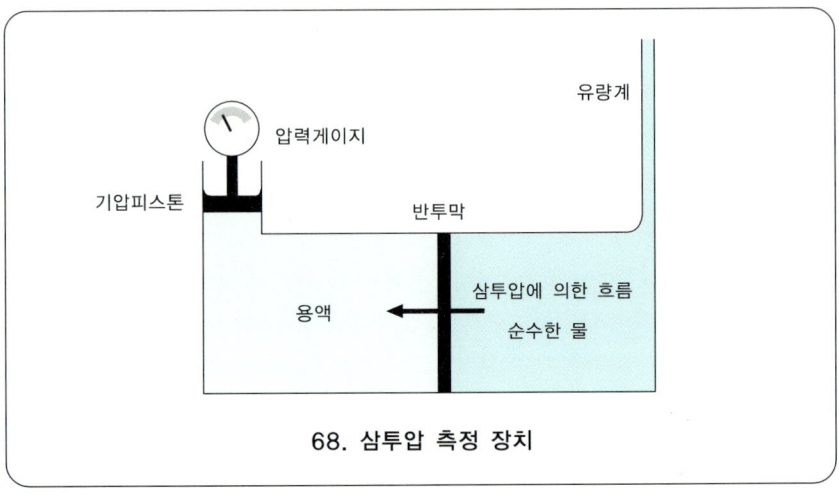

68. 삼투압 측정 장치

osmosis

삼투현상

농도가 다른 두 용액을 반투막 semipermeable membrane 으로 갈라놓았을 때, 그 막을 통한 용액의 통과 passage 현상 phenomenon 을 삼투현상 osmosis 이라고 한다.

다음 그림은 물분자는 통과가 가능하나 permeable, 설탕 sucrose 분자는 통과하지 못하는 반투막을 장치한 삼투압 장치 device 이다. 막 membrane 의 왼쪽에는 순수한 물을, 오른쪽에는 설탕물을 담으면, 물분자는 어느 방향으로나 막을 통해 이동이 가능하다. 그러나 장치의 오른쪽 보다 순수한 pure 물이 들어있는 왼쪽에 물분자가 더 많이 있으므로 왼쪽에서 오른쪽으로 옮겨가는 물분자의 개수가 더 많이 있게 된다. 따라서 오른쪽의 설탕 수용액 aqueous solution 에 물분자수가 증가하여 설탕물의 농도는 묽게 되고, 장치의 오른쪽 용액의 높이는 올라간다. 양쪽 액체의 높이 차이가 삼투압 osmotic pressure 의 크기에 해당한다.

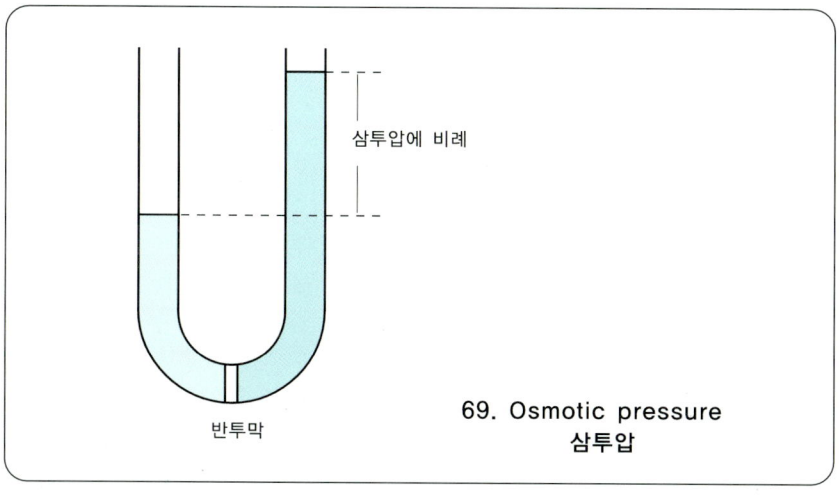

69. Osmotic pressure
삼투압

reverse osmosis 역삼투 (逆滲透) 현상

자연적인 삼투압 osmotic pressure 의 반대 방향으로 삼투압보다 더 큰 압력을 가하면 역삼투현상이 일어난다. 가령 설탕물과 물을 삼투압 장치에 넣으면 삼투압은 농도가 연한 물에서 농도가 진한 설탕물 쪽으로 작용한다. 그러나 설탕물 쪽에서 삼투압보다 더 큰 압력을 가하면 설탕 수용액 aqueous solution 의 물분자가 순수한 물 pure water 쪽으로 밀려들어간다. 따라서 용액의 농도 concentration 는 더 진해지는 반면에 순수한 물이 증가한다.
역삼투현상은 열을 가하지 않고도 용액을 농축하는 방법이기도 하며, 또한 가정에서 깨끗한 물을 얻고자 할 때 실제적인 방법으로 사용된다.

lowering of vapor pressure 증기압 내림

용액의 농도 concentration 가 진해지면 증발 evaporation 이 억제되고, 끓는점 boiling point 이 올라가 잘 끓지 않게 된다. 이는 증기압이 낮아져서 생기는 현상으로 증기압 내림이라고 한다. 가령 설탕물 sugared water 의 증기압은 같은 온도의 순수한 물 pure water 에 비해서 낮기 때문에 덜 증발한다.

elevation of boiling point   끓는점 오름

용액의 농도가 진해지면 더 높은 온도에서 끓는 현상을 말하며, boiling point elevation 이라고도 한다. 끓는점 boiling point 의 변화 ΔT는 녹아있는 입자의 개수 number of particles, 즉 용액의 농도(몰랄농도 molality) m에 비례한다:

$$\Delta T = k_B \times m$$

비례상수 k_B는 **끓는점 오름상수** ebullioscopic constant 라고 하며, 용매 solvent 의 종류에 따라 다른 값을 가진다. 가령 물의 끓는점 오름상수는 $0.512℃/m$ 이다.

depression of freezing point   어는점 내림

용액 solution 에 녹아있는 물질(용질 solute)은 끓는점 boiling point 을 올리기도 하지만, 어는 온도를 낮추기도 reduce 한다. 이를 어는점 내림이라고 하며, 용액의 농도에 의존한다:

$$\Delta T = k_f \times m$$

비례상수 k_f는 용매에 따른 **어는점 내림상수** cryoscopic constant 이다. 겨울철에 자동차의 냉각수가 어는 것을 막기 위해 부동액 antifreezing liquid 을 넣는 것은 어는점 내림 현상을 이용한 것이다.

(5) Various Colloids   여러 가지 콜로이드

colloid   콜로이드

원래는 녹말 starch 을 물에 풀어 가열해서 heat 생긴

Solution

혼합물 mixture 이나 젤라틴 gelatin 같이 막을 통해서 through a membrane 퍼져나가지 diffuse 못하는 물질을 콜로이드라고 했었으나, 현재는 물에 풀러서 떠있는 suspend 녹말풀과 같이 둘 또는 그 이상의 상 phase 이 섞여있는 계 system 를 콜로이드로 정의한다.

콜로이드를 이루는 상 phase 중에 풀려서 떠 있는 (분산된 dispersed) 쪽을 **분산상** dispersed phase, 다른 쪽의 상을 **연속상** continuous phase 또는 **분산매** dispersion medium 라고 한다.

콜로이드 입자 particle 는 분자들이 여러 개 뭉친 덩어리 cluster 인 경우도 있고, 바이러스 virus 나 고분자 macromolecule 과 같은 하나의 커다란 분자일 수도 있다. 기체, 액체, 고체가 서로 분산상 dispersed phase 과 연속상 continuous phase 을 형성하여 다양한 콜로이드를 만들 수 있으나, 기체와 기체가 섞인 경우는 분자 덩어리를 이루지 못하고, 분자 단위로 혼합되므로 mixed 콜로이드가 되지 못한다.

suspension   현탁액

작은 고체나 액체 입자들 particles 이 액체나 기체 안에서 밑으로 가라앉지 않고 떠 있는 suspend 혼합물 mixture 이 현탁액이다. 가령 녹말을 물에 풀어서 가열하면 현탁액을 이룬다.

smoke   연기

기체에 섞인 미세한 고체입자 fine solid particle 들의 현탁액 suspension 을 말한다.

sol   졸

액체 안에 작은 고체 입자들 small solid particles 이 떠있는 계 system 가 콜로이드 colloid 의 일종인 졸 sol 이다. 물에 풀린 풀이나 페인트 등이 졸의 예이다.

aerosol

에어로졸

안개 mist 나 연기 smoke, 먼지 dust 와 같이 기체에 액체나 고체가 분산되어 콜로이드를 이룬 것이 에어로졸 aerosol 이다.

gel

겔

졸 sol 상태의 콜로이드용액이 일정한 농도 concentration 이상으로 진해져서 튼튼한 그물조직 network 이 형성되어 굳어진 것이 겔이다. 겔은 젤리와 같은 덩어리 jelly-like mass 를 이룬다. 젤라틴 gelatine 이 흔히 볼 수 있는 예이다.

emulsion

에멀션

서로 섞이지 않는 액체와 액체를 흔들어서 콜로이드로 만든 계 colloidal system 가 에멀션이다.

물과 기름을 같이 넣고 고루 휘저으면 stir 한 액체는 콜로이드 크기의 방울로 부서져서 다른 쪽 액체에 섞이게 된다. 그러나 잠시 뒤에는 퍼진 입자들 dispersed particles 이 다시 합쳐져서 액체는 두 층 layer 으로 분리되기 때문에 유화제 emulsifying agent 를 넣어서 콜로이드를 안정화한다. 가령 우유는 물과 유지방 butterfat 에 카제인 caseine 이 **유화제**로 작용한 에멀션이다. 가끔 선박에서 누출되어 바다를 오염시키는 pollute 기름은 물과 에멀션 상태로 섞이기 때문에 제거하기가 쉽지 않다.

8 Oxidation-Reduction/Electrochemistry
산화-환원과 전기화학

(1) Oxidation-reduction 산화-환원

oxidation-reduction 산화-환원

화학반응에서 산화 oxidation 는 원소가 전자를 잃는 lose of electrons 반응을, 환원 reduction 은 전자를 얻는 gain of electrons 반응을 말한다.

원래는 단순히 산화는 산소 oxygen 와 결합하는 반응 reaction 으로, 환원은 그 역 과정 reverse process 으로만 생각했으나, 점차 수소와의 반응 reaction with hydrogen 도 환원으로, 반대로 물질에서 수소를 떼어내는 것도 산화로 보게되었다.

오늘날에는 더 넓은 의미에서 산화수 oxidation number 의 변화를 근거로 산화는 산화수가 증가하는 (전자를 잃는) 과정으로, 환원은 산화수가 감소하는(전자를 얻는) 과정으로 받아들인다. 다음 반응

$$S + O_2 \rightarrow SO_2$$

에서 산소와 공유결합(배위결합) covalent (coordinate) bond 을 하는 유황(S) sulfur (sulphur) 은 전자를 잃고 산화수가 0에서 +4로 증가하였으므로 산화되었다고 oxidized 하며, 반대로 전자를 얻은 산소원자 O 는 산화수가 0에서 -2로 변하여 환원되었다고 reduced 말한다. 산화수를 결정하는 과정 process 에서 산화나 환원이 단독으로 일어날 수는 없다. 위의 반응 reaction 에서 유황의 산화수가 4 증가한 대신 동시에 simultaneously 산소원자 각각은 2씩 감소하여 전체적으로 4만큼 감소하였다.

redox 산화-환원반응

환원 reduction 과 산화 oxidation 의 합성어. 산화-환원 oxidation-reduction 을 줄인 말로 사용된다.

oxidation number 산화수 (酸化數)

산화수란 원소 element 가 지배하는 controling 전자의 개수 변화를 의미한다. 따라서 산화 oxidation 는 산화수가 증가하는(전자를 잃는 loss of electrons) 과정이며, 환원 reduction 은 산화수가 감소하는(전자를 얻는 gain of electrons) 과정으로 이해할 수 있다. 산화수는 oxidation state 라고도 한다.

순수한 원소들 pure elements 의 산화수를 0으로 잡고 산화수는 다음의 두 가지로 정한다:

① 화합물을 구성하는 원소가 전자를 받아들였으면 gain of electrons 산화수는 음의 값을 negative value, 반대로 전자를 잃으면 loss of electrons 양의 값 positive value 을 갖는다.

② 원소가 지배하는 전자 개수의 변화가 산화수의 값이다.

원소가 지배하는 전자는 이온결합 화합물 ionic compound 에서처럼 전체적일 complete 수도 있고, 또는 공유결합 화합물 covalent compound 에서처럼 부분적이 partial 될 수도 있다. 가령 이온결합을 하는 NaCl의 나트륨의 산화수는 +1, 염소의 산화수는 -1이다. 그러나 염화수소 hydrogen chloride 는 공유결합을 하여

$$H\cdot + \cdot\ddot{C}\underset{..}{l}: \rightarrow H-Cl$$

이 된다. 염소는 수소보다 전기음성도 electronegativity 가 크므로 공유하는 sharing 두 전자는 염소 쪽으로 부분적으로 partially 쏠려서 수소원자와 염소원자의 산화수는 각각 +1과 -1이다. 같은 원자로 만들어진 Cl-Cl에서 두 염소원자의 전기음성도는 같을 것이므로 공유전자는 부분적으로 쏠리지 않고, 동등하게 지배된

다. 따라서 산화수는 0이다.

oxidizing agent   산화제

산화와 환원과정은 반드시 동시에 simultaneously 일어나므로 자기 자신은 환원되면서 reduce 다른 물질 other substance 을 산화시키는 oxidize 물질이 산화제이다. 산화제는 oxidant 라고도 한다.

따라서 산소를 주는 물질 doner 또는 수소를 받아들이는 물질 accepter 이나, 전자를 받는 gain 물질이 산화제가 되어 다른 물질의 산화수 oxidation number 를 증가시키는 작용을 한다. 산화제에는 산화수가 높은 high oxidation number 원자가 포함되어 있기 때문에 다른 물질이 전자를 잃게 된다.

reducing agent   환원제

다른 물질 other substance 에 환원 reduction 을 일으킬 수 있는 물질로서 환원제 자체는 산화된다. 환원제는 reductant 라고도 한다. 환원제는 산화수가 낮은 low oxidation number 원자를 포함하고 있어서, 쉽게 전자를 잃고 lose 다른 물질에 전자를 공급하여 환원시킨다.

disproportionation   불균등화 (不均等化) 반응

같은 물질이 동시에 simultaneously 산화 oxidation 와 환원 reduction 을 일으키는 화학반응 chemical reaction 을 이른다. **자동산화-환원반응**이라고도 한다.

가령 할로겐원소 halogens 들은 알칼리용액 alkali solution 에서 수산이온 hydroxide ion 과 반응하여 불균등화반응 disproportionation reaction 을 한다:

$$3Br_2(l) + 6OH^-(aq) \rightleftarrows BrO_3^-(aq) + 5Br^-(aq) + 3H_2O(l)$$

여기서 브롬(Br) bromine 은 하나의 반응 reaction 에서 산화되어 oxidized BrO_3^- 을 만들며, 동시에 환원을 일으켜 reduced Br^-이 생성되므로 불균등화 disproportion 를 일으킴을 알 수 있다.

radical

기 (基)

화학반응 chemical reaction 에서 자신은 변화하지 않은 원래의 형태로 어떤 화합물 compound 에서 다른 화합물로 이동하는 원자들의 집단 group of atoms 을 기 또는 **라디칼** radical 이라고 한다. 이들은 이온으로는 존재할 수 있으나, 독립된 물질이 될 수는 없다.
가령,

$$Zn + H_2SO_4 \rightarrow ZnSO_4 + H_2$$

에서 SO^4 이온은 분해되지 않고 1개의 원자처럼 전체가 그대로 이동하는 라디칼이다.

metathesis

상호교환

원자들의 무리 group of atoms 를 뜻하는 라디칼(기) radical 을 서로 교환하는 exchange 화학반응을 이르며, **상호교환반응** metathetical reaction 또는 **복분해반응** double decomposition 이라고도 한다. 상호교환반응의 일반적 형태는

$$AB + CD \rightarrow AD + CB$$

이며, 물질 substance 의 양이온 positive ion (cation) 과 음이온 negative ion (anion) 을 서로 맞바꾸는 exchanging 방식으로 일어난다. 이때 반응에 관여하는 원자들의 산화수 oxidation number 는 전혀 변하지 않으므로 산화-환원반응 oxidation-reduction 은 아니다.
상호교환반응은 수용액 aqueous solution 에서 흔히

나타난다:

$$AgNO_3 + NaCl \rightarrow AgCl(s) + NaNo_3$$

이러한 반응은 대부분 수용액 aqueous solution 에서 일어나기 때문에 (aq)는 생략된다. 수용액 내에서 이온결합 화합물 ionic compound 들은 물에 녹아 dissolve 수화된 이온 hydrated ion 으로 존재하므로 식을 이온 방정식 ionic equation 으로 나타내면

$$Ag^+ + NO_3^- + Na^+ + Cl^- \rightarrow AgCl(s) + Na^+ + NO_3^-$$

이다. 은이온 Ag^+와 염소이온 chlorine ion Cl^- 이 결합하여 물에 거의 녹지 않는(불용성) insoluble 염화은 (AgCl) silver chloride 입자 particle 를 만들고, 이 입자들은 아래로 가라앉아 침전물 precipitate 이 된다. 상호교환반응은 용액 내에서 침전물 precipitate 이나 물에 녹지 않는 기체 insoluble gas, 약전해질 weak electrolyte 이 생성될 때 일어난다.

(2) Electrochemistry 전기화학

electrochemistry 전기화학

전기화학은 용액 solution 안의 이온 ion 의 반응 및 전기분해 electrolysis, 전지 electric cell 등의 성질을 연구하는 분야이다. 모든 화학결합 chemical bond 에는 전자 electron 들이 관여하기 때문에 화학반응 chemical reaction 은 근본적으로 전기적 성질을 띤다. 특히 산화-환원 oxidation-reduction 반응은 전자를 주고받는 현상으로 정의되므로 전기화학에서 주로 다룬다.

metallic conduction 금속전도 (傳導)

금속 내에서 전류 electric current 가 흐르는 현상을 금속전도라 한다.

금속 결정 crystal 에서 격자구조 lattice structure 를 하고 있는 양이온 positive ion(cation) 의 주위를 전자구름 electron cloud 이 둘러싸고 움직이고 있다. 도선 conducting wire 의 한 끝에 전자를 밀어 넣으면, 이 전자는 전자구름에 있는 다른 전자를 밀어낸다. 밀려난 전자들은 차례로 이웃에 있는 전자들을 밀고, 이 효과가 도선을 따라 전달되어 도선의 반대쪽 끝에서 전자가 나올 때까지 계속된다.

이 과정을 통하여 전도 conduction 가 이루어진다. 전자가 도선의 한 끝에서 들어오는 속도 rate 와 다른 끝으로 나가는 속도가 같기 때문에 도선의 각 지점은 전기적으로 중성을 유지한다.

electrolyte 전해질

이온결합 화합물 ionic compound 이 녹은 액체 liquid, 또는 이온을 포함하고 있는 용액 solution 이 전해질 electrolyte 이다. 순수한 물 pure water 은 거의 이온화되지 않아서 전기가 거의 통하지 않으나, 이온(전해질)이 녹아있는 수용액 aqueous solution 은 전기에 대한 도체 conductor 가 된다:

$$2H_2O \rightleftarrows H_3O^+(aq) + OH^-(aq)$$

전해질은 다시 강전해질 strong electrolyte 과 약전해질 weak electrolyte 로 나뉜다.

strong electrolyte 강전해질

강전해질은 수용액 aqueous solution 에서 완전히 이온화하는 fully ionized 물질 substance 을 이른다. 센 산 strong acid 과 센 염기 strong base 는 수용액에서 완전히 이온화하므로 강전해질이다. 이온결합 화합물 ionic compound 에 속하는 대부분의 염 salt 은 물에 녹으면 강전해질이 된다.

weak electrolyte **약전해질**
수용액에서 부분적으로 이온화하는 partially ionized 물질이 약전해질이다. 암모니아 (NH_3) ammonia 나 알코올 alcohol 같은 극성공유결합 화합물 polar covalent compound 이 약전해질에 속한다.

nonelectrolyte **비전해질**
설탕과 같이 물에 녹아도 전기전도도 conductivity 를 증가시키지 못하는 공유결합화합물 covalent compound 을 비전해질 nonelectrolyte 이라고 한다. 이들은 용액 속에서 이온화되지 못하고 분자 상태로만 존재한다.

electrolytic conduction **전해질 전도**
전해질 electrolyte 에 들어있는 음이온 anion 이나 양이온 cation 이 전하를 charges 을 가지고 carry 움직여 전류 electric current 가 흐르는 conduct 현상을 전해질 전도라고 한다.
전해질의 이온이 자유로이 움직일 수 없으면 전해질 전도는 일어나지 않는다. 따라서 전해질 전도는 주로 녹은 염 molten salt 과 전해질의 수용액 aqueous solution of electrolyte 에서 나타난다. 전해질 전도가 계속 이어지기 위해서는 이온이 이동하는 만큼 화학변화가 일어나 이온이 계속 공급되어야 한다.

(3) Electrolysis 전기분해

electrolysis **전기분해**
전해질 electrolyte 에 전류 electric current 를 통과시킬 때 일어나는 화학반응 chemical reaction 이 전기분해이다.

전해전지 electrolytic cell 의 전극 electrode 에 외부 전원 external source 을 연결하여 전기분해를 하면 양이온 positive ion(cation) 들은 음극 cathode 으로, 음이온 negative ion(anion) 들은 양극 anode 으로 몰리는 전기분해가 일어난다.

전기분해는 전극에 전자가 전달되는 과정이므로 산화-환원 반응 oxidation-reduction 에 해당한다. 양이온은 음극에서 전자를 받아 gain electrons 환원되고, 음이온은 양극에서 전자를 잃고 lose electrons 산화되어 중성물질 neutral species 이 된다.

electrolytic cell 전해전지 (電解電池)

전기에너지를 이용하여 내부에서 화학반응(전기분해 electrolysis)을 일으키는 장치 device 를 전해전지 electrolytic cell 라고 한다. 전해전지에 외부전원 external source 을 연결하면 안에 있는 전해질 electrolyte 을 통하여 전기가 흐르면서 전기분해가 일어난다:

원소 발견에 큰 도움이 된 전기 분해

세상에서 발견되는 물질을 분해하여 이를 구성하는 근본 단위 물질(원소)에 도달하는 방법에는 '가열'이나 '촉매의 사용' 외에 또 한가지 중요한 수단이 있으니 그것이 바로 '전기 분해'이다.

가장 고전적인 전기분해의 사례라 할 물의 전기분해는 볼타에 의해 전지가 발명된 후 (1800년) 불과 몇 달만에 이루어진 일이다.

그 후 영국의 데이비는 수백쌍의 전지를 사용하여 칼륨, 나트륨, 마그네슘, 칼슘 등 혼자서 무려 7종의 신원소를 발견하였다.

이처럼 자연은 자신의 비밀로 가는 좁은 문을 조금씩 열어 놓고 있으며, 과학적 수단의 발견은 이의 획기적 계기(Breakthrough)가 되기도 한다.

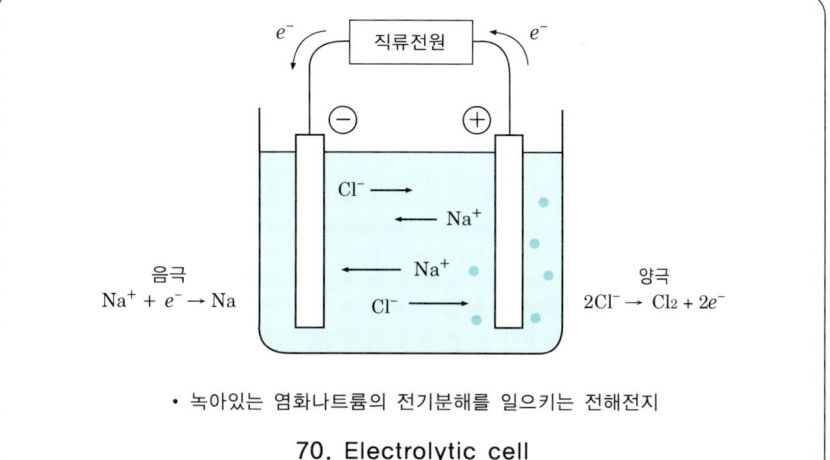

- 녹아있는 염화나트륨의 전기분해를 일으키는 전해전지

**70. Electrolytic cell
전해 전지**

나트륨이온 sodium ion 은 전지 cell 의 음극 cathode 에서 전자를 얻고 gain electrons 환원되어 금속나트륨 metallic sodium 이 된다:

$$Na^+ + e^- \rightarrow Na$$

염소이온 chlorine ion 은 전지의 양극 anode 에서 산화 oxidation 되어 염소가스 chlorine gas 가 발생한다:

$$2Cl^- \rightarrow Cl_2 + 2e^-$$

양극과 음극에서의 반쪽전지 half cell 반응을 합하면 염화나트륨 sodium chloride 을 전기분해하여 나트륨을 얻는 완전한 반응이 나온다:

$$NaCl(l) \xrightarrow{전기분해} 2Na(l) + Cl_2(g)$$

half cell 반쪽전지

전해전지 electrolytic cell 에서 각각 산화 oxidation 와 환원반응 reduction 이 일어나는 부분을 반쪽전지라고 한다. 두 개의 반쪽전지들을 염다리 salt bridge 나 다공성 칸막이 porous barrier 로 분리하여 용액의 기계적 혼합을 막고, 이온만 통과하게 하여 전해전지 electrolytic cell 를 만든다.

salt bridge 염(鹽) 다리

전해전지에서 산화반응 oxidation 이 일어나는 반쪽전지 half cell 와 환원반응 reduction 이 일어나는 반쪽전지를 연결시켜 회로 circuit 를 구성하는 장치 device. 흔히 진득진득한 한천 agar jelly 을 녹인 따뜻한 수용액에 염화칼륨(KCl) potassium chloride 과 같은 염 salt 을 넣고, 이 용액을 유리 U자관 glass U-tube 에 넣어 filled 냉각시켜서 염다리를 만든다.

Faraday constant 패러데이 상수

전자 1몰 mole 이 가지는 전하량 electric charge 을 1 패러데이 Faraday 로 정의하고, 이를 패러데이 상수라고 한다. 패러데이 상수의 기호는 F로 표시한다. 따라서 $1F$의 전하량은 전자의 전하량에 아보가드로 상수 Avogadro constant 를 곱한 값이다:

$$1F = 9.6485 \times 10^4 쿨롱/몰 = 9.6485 \times 10^4 C/mol$$

Faraday's laws 패러데이 법칙

전기분해 electrolysis 에 관한 패러데이의 두 가지 법칙은 다음과 같다.

① 전극 electrode 에서 일어나는 화학적 변화의 양 amount of chemical change 은 전해질 electrolyte 용액을 통과한 전하량에 비례 proportional

한다.

② 전기분해를 통해서 용액에서 질량 mass m 만큼의 물질을 뽑아 내거나(석출 deposition) 분리하는(유리 liberation) 데 필요한 전하량 required charge 은

$$Q = \frac{Fmz}{M}$$

이다. 여기서 F는 패러데이 상수 Faraday constant, z는 이온의 전하, M은 상대이온질량 relative ionic mass 이다.

(4) Various Cells 여러 가지 전지

cell diagram 전지 도표

볼타전지 voltaic cell 의 구성을 기호 symbol 로 간단하게 나타낸 것이 전지도표이다. 편의상 왼쪽에는 산화가 일어나는 양극 anode 을, 오른쪽에는 환원이 되는 음극 cathode 을 배치한다. 여기에 각 물질의 물리적 상태와 농도 concentration 를 표시하고, 전극 electrode 과 용액 solution 은 수직선 | 로 분리하여 나타낸다. 염다리 salt bridge 는 ||로, 다공성 칸막이 porous barrier 는 ⫴ 로 표시한다.

가령 아연 zinc 과 구리 copper 전극을 각각의 염 salt 에 넣고 염다리로 연결해 만든 다니엘전지 Daniell cell 의 도표 diagram 는 다음과 같다.

$$\text{Zn}(s)|\text{Zn}^{2+}(aq,1\text{M})||\text{Cu}^{2+}(aq,1\text{M})|\text{Cu}(s)$$

standard emf 표준 기전력 (起電力)

온도 25℃에서 모든 반응물 reactants 과 생성물 products 이 표준상태 standard state 에 있을 때 전지의 기전력(emf) electromotive force 즉 전위차

voltage 가 표준기전력이다. SI단위는 볼트(V) volt 이다. → electromotive force 기전력 p.164

standard hydrogen electrode 표준수소전극

온도 25℃에서 수소 $H_2(g)$의 압력 pressure 이 1 atm 이고, 수소이온 H^+의 농도 concentration 가 1 몰 mole 일 때의 **수소반쪽전지** hydrogen half cell 를 표준수소전극 또는 **표준전극** standard electrode 이라고 한다.

전지의 기전력 emf 은 두 개의 반쪽전지 half cell 가 합해져서 생긴 전위차 electric potential difference 로 나타나기 때문에 반쪽전지 만의 전위 electric potential 를 아는 것은 불가능하다. 따라서 표준수소전극의 전압 voltage 을 0 볼트 volt 로 정의하고, 다른 모든 반쪽전지의 전위 electric potential 에 대한 기준 reference 으로 삼는다.

voltaic cell 볼타전지

내부에서 일어나는 화학반응 chemical reaction 으로 기전력 electromotive force (emf) 을 만들어 전기에너지원으로 사용되는 장치 device 를 말한다. **갈바니 전지 galvanic cell** 라고도 한다. 볼타전지의 기전력을 만드는 반응은 전해질 electrolyte 에 잠겨있는 두 전극의 표면 surfaces of two electrodes 에서 발생한다.

primary cell 일차전지

재충전 recharging 이 불가능한 전지를 일차전지라고 한다. 기전력 emf 을 만드는 화학반응의 가역과정 reversible process 이 제대로 일어나지 않는 볼타전지 voltaic cell 가 일차전지이다.
→ irreversible reaction 비가역반응 p.359

secondary cell **이차전지**
이차전지는 재충전 recharging 이 가능한 전지를 말한다. 기전력 emf 을 만드는 화학반응이 가역적 reversible 이어서 전류 electric current 를 통하면 충전 charge 이 되는 볼타전지 voltaic cell 가 이차전지이다.
→ reversible reaction 가역반응 p.359

Daniell cell **다니엘전지**
다니엘이 1836년 발명한 일차 볼타전지 primary voltaic cell 이다. 두 금속전극 metal electrode 을 각각의 염 salt 에 잠기게 한 반쪽전지 half cell 를 다공성 칸막이 porous barrier 로 분리한 separate 전지를 다니엘전지라고 한다.
예를 들면, 황산아연 ($ZnSO_4$) 용액 zinc sulfate solution 에 아연 zinc 막대를 넣은 반쪽전지 half cell 와 황산구리 ($CuSO_4$) 용액 copper sulfate solution 에 구리 copper 막대를 넣은 반쪽전지를 도선 wire 으로 연결하고, 다공성 칸막이로 분리하면 다니엘전지가 구성된다.
이 때 칸막이는 용액의 혼합을 막아 이들이 직접 전자를 주고받지 못하게 하며, 칸막이를 통해 이온이 이동함으로써 두 용액 사이에 전류가 흐르게 하는 역할을 한다. 비교적 오래 쓸 수 있고, 전압이 자주 변하거나 냄새나는 기체가 발생하지 않아 전원으로 많이 이용되었으나, 현재는 사용되지 않고 있다.

수소자동차

수소는 산소와 결합하여 물이 되면서 에너지를 방출하기 때문에, 환경적 측면에서도 수소자동차 실용화는 각광을 받는다. 그러나, 수소의 '인화 폭발성'으로 저장방법의 연구가 과제로 남아 있다.

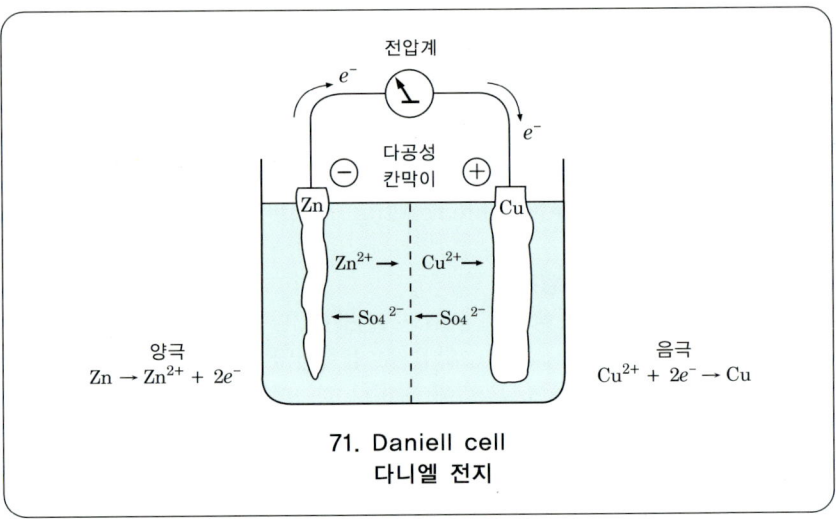

71. Daniell cell
다니엘 전지

battery
배터리
전지 electric cell 를 여러 개 직렬 in series 이나 병렬 in parallel 로 연결한 장치가 배터리이다. 가령 일반적인 자동차 배터리(**축전지** storage battery, accumulator)는 6개의 이차전지 secondary cell 를 직렬로 연결하여 12 볼트 volt 의 기전력 emf 을 낸다.

dry cell
건전지
전해질 electrolyte 용액을 흡수체에 흡수시켜 축축한 반죽 moist paste 모양으로 만들어 용액이 흐르지 않게 한 일차 또는 이차 전지 primary or secondary cell 를 말한다.

concentration cell
농도차전지
두 반쪽전지 half cell 를 같은 물질로 만들고 전해질의 농도 concentrations of electrolyte 만 달리하여 연결한 전지를 농도차전지라고 한다.

두 용액의 농도가 같아질 때까지 전자 electrons 가 이동하게 transfer 되므로 농도차 difference of concentration 에서 기전력 emf 이 발생한다. 가령

$$Cu|Cu^{2+}(0.010\ M)||Cu^{2+}(0.10M)|Cu$$

의 농도차전지를 만들면, 농도가 진한 용액의 전극 electrode 에서 구리이온 Cu^{2+}가 전자를 얻고 gain 환원되어 금속 구리 metal copper 가 석출되고 deposit, 농도가 묽은 쪽에서는 Cu가 전자를 잃고 산화되면서 용액 속으로 녹아들어 간다. 이 반응은 양쪽의 농도가 같아질 때까지 진행된다.

농도차전지는 분석화학 analytical chemistry 에서 미지 이온 unknown ion 의 농도를 측정하는 데 사용된다.

fuel cell

연료전지

수소 hydrogen 나 일산화탄소 carbon monoxide, 메탄 methane 등의 연료의 산화 oxidation of fuel 에서 생기는 화학에너지 chemical energy 를 직접 전기에너지 electrical energy 로 변환시키는 convert 전지로서, 일종의 발전장치 generator 라고 할 수 있다.

기본적으로는 산화-환원반응 oxidation-reduction (redox) 에서 기전력을 얻는 보통의 볼타전지 voltaic cell 와 같지만, 외부에서 연료가 계속 공급되고, 반응에서 나온 생성물은 계속 제거된다. 따라서 연료전지는 연속적으로 사용이 가능하다.

대표적인 수소-산소 연료전지의 전지도표 cell diagram 는 다음과 같다:

$$C|H_2(g)|OH^-|O_2(g)|C$$

진한 수산화나트륨(NaOH) sodium hydroxide 용액이나 수산화칼륨(KOH) potassium hydroxide 용액에 수소와 산소를 다공성 탄소 전극 porous carbon electrode 을 통하여 넣는다. 전극 electrode 에서의 반응은

$$H_2(g) + 2OH^-(aq) \rightarrow 2H_2O(l) + 2e \quad \text{음극 cathod}$$
$$\frac{1}{2}O_2(g) + H_2O(l) + 2e \rightarrow 2OH^-(aq) \quad \text{양극 anode}$$

이므로 전체 전지반응은 다음과 같다:

$$H_2(g) + \frac{1}{2}O_2(g) \rightarrow H_2O(l)$$

전지가 고온으로 유지되므로 생성된 물은 증발한다. 연료전지의 열효율 thermal efficiency 은 자동차 엔진 같은 내연기관 internal combustion engine 의 효율 efficiency 보다 훨씬 높으며, 일반적으로 연료전지에서 나오는 생성물 products 은 환경 environment 에 영향을 미치지 않는다.

9 Acid and Base
산과 염기

(1) Arrhenius Theory 아레니우스 이론

Arrhenius theory 아레니우스 이론

아레니우스 Arrhenius 가 정의한 산 acid 과 염기 base 에 관한 이론을 말한다. 물을 이온화 용매 ionizing solvent 로 하여 물질이 물에 녹아 만드는 수소이온 hydrogen ion 을 기준으로 산을 정의한다.

Arrhenius acid 아레니우스 산 (酸)

아레니우스 이론에 의하면 산 acid 은 수소를 포함하고 contain 있어서 물 속에서 분리되어(해리하여) dissociate 수소이온 hydrogen ion H^+(실제로는 하이드로늄이온 hydronium ion H_3O^+)를 만드는 화합물 compound 로 정의된다. 염화수소 hydrogen chloride 의 반응은 보통

$$HCl \rightleftarrows H^+ + Cl^-$$

로 쓰나, 사실상 수소이온 H^+ 가 녹아서 생기는 완전한 반응은 다음과 같다:

$$HCl(g) + H_2O \rightleftarrows H_3O + (aq) + Cl^-(aq)$$

이온식 ionic equation 의 기호 (aq)는 이온이 수용액 aqueous(water) solution 안에서 수화이온 hydrate ion 으로 존재함을 뜻한다.

Arrhenius base 아레니우스 염기 (鹽基)

아레니우스가 정의한 염기 base 는 수산화이온 hydroxide ion OH^- 를 가지고 있으면서 물에 녹아서 dissolve 수화된 hydrated 수산화이온 $OH^-(aq)$를 만드는 화합물 compound 이다. 예를 들자면 수산화나트륨 (가성소다) sodium hydroxide 의 반응은 다음과 같다:

$$NaOH(s) \rightarrow Na+(aq) + OH^-(aq)$$

neutralization **중화**

중화는 산 acid 과 염기 base 가 반응하여 react 염 salt 과 물이 생기는 과정 process 이다. 전형적인 중화반응은 다음과 같다:

$$HCl(aq) + NaOH(aq) \rightarrow NaCl(aq) + H_2O$$

HCl 과 NaOH, NaCl 이 수용액 aqueous solution 에서 이온화되는 ionized 반응에 관한 이온방정식 ionic equation 은

$$H^+(aq) + Cl^-(aq) + Na^+(aq) + OH^-(aq) \rightarrow Na^+(aq) + Cl^-(aq) + H_2O$$

이다. 반응과 관계없는 이온 $Na^+(aq)$와 $Cl^-(aq)$를 방정식에서 뺀 중화반응의 **알짜이온방정식** net ionic equation 은

$$H^+(aq) + OH^-(aq) \rightarrow H_2O$$

이다. 실제로는 수소이온 대신에 하이드로늄이온 hydronium ion H_3O^+가 관계한 알짜이온방정식은 다음과 같다:

$$H_3O^+(aq) + OH^-(aq) \rightarrow 2H_2O$$

hydronium ion **하이드로늄이온**

물에 녹은 산 acid 이 만드는 H_3O^+를 말한다. oxonium ion 또는 hydroxonium ion 이라고도 한다. 수소이온 H^+는 독립적으로 존재하지 못하고 물분자의 비공유전자쌍 lone-pair 에 끌려서 하이드로늄이온이 된다:

Acid and Base

$$H^+ + :\overset{H}{\underset{H}{\ddot{O}}}-H \rightarrow \left[H-\overset{H}{\underset{H}{\ddot{O}}}-H\right]^+$$

하이드로늄이온 hydronium ion

protonic acid

양성자산

아레니우스 Arrhenius 이론에서 산 acid 은 해리하여 dissociate 수소이온 hydrogen ion H^+곧 양성자 proton 를 내놓는 화합물 compound 로 정의되기 때문에 이러한 물질을 양성자산 protonic acid 라고 한다.

alkali

알칼리

물에 녹아서 수산화이온 hydroxide ion OH^-를 내놓는 염기 base 를 알칼리 alkali 라고 한다. 원래는 재(kali) 에서 얻은 물질(al)이라는 뜻이 일반화되어 재로부터 추출된 물질과 비슷한 성질, 즉 강한 염기성 basic 을 나타내는 물질을 모두 알칼리라고 부르게 되었다. 수산화나트륨(NaOH) sodium hydroxide 이나 암모니아 (NH_3) ammonia 가 잘 알려진 알칼리의 예이다.

salt

염 (鹽)

산과 염기의 중화 반응 neutralization of an acid with a base 에서 나오는 화합물 compound 이 염이다. 이때 중화하는 산의 수소 hydrogen 가 금속이온 metal ion 이나 그 밖의 양이온 positive ion 으로 대치된다. → neutralization 중화 p.346

binary salt

이성분염 (二成分鹽)

두 가지 원소 element 로 만들어진 염을 말한다. 이성분염은 양이온 cation 과 음이온 anion 의 물질로 형성된 이온결합 화합물 ionic compound 이다. 염화나트륨(NaCl) sodium chloride 이나 플루오르화 칼슘

(CaF_2) calcium fluoride 등이 이성분염의 예이다. 화합물의 기호 symbol 에서 앞의 원소가 양이온, 뒤에 나오는 원소가 음이온을 나타낸다.

spectator ion
구경꾼 이온
화학반응 chemical reaction 에 직접 관여하지는 않으나, 용액 solution 에 존재하는 이온을 구경꾼 이온이라고 한다. 가령 염화수소 hydrogen chloride 와 수산화나트륨 sodium hydroxide 의 중화반응 neutralization 을 이온방정식 ionic equation 으로 쓴

$$H^+(aq) + Cl^-(aq) + Na^+(aq) + OH^-(aq) \rightarrow Na^+(aq) + Cl^-(aq) + H_2O$$

에서 반응 전과 후에 모두 나오는 Na^+와 Cl^-이 구경꾼 이온이다.

strong acid
센 산
물 속에서 거의 완전하게 해리(분해)하는 dissociate 산을 센 산이라고 한다. 센 산의 예로는 황산 sulfuric (sulphuric) acid 이나 염산(염화수소산) hydrochloric acid 을 들 수 있다. HCl 1 몰 mole 이 H_2O 1 l 에 용해되면 disolve $H_3O^+(aq)$ 1 몰과 $Cl^-(aq)$ 1 몰이 생성된다. HCl은 물에서 100% 해리하여 하이드로늄이온 H_3O^+ hydronium ion 1 몰이 만들어지기 때문에 HCl은 센 산 strong acid 이다.

weak acid
약한 산
센 산 strong acid 과는 달리 물 속에서 일부만 해리 dissociate 하면 약한 산으로 분류한다. 식초 vinegar 의 신맛을 내는 **아세트산(초산)** acetic acid $HC_2H_3O_2$ 은 1 몰 mole 이 물 1 l 에 녹으면 0.4%만 해리(분해)하여 하이드로늄이온과 아세트산 이온이 각각 0.004

mol 생성되므로 약한 산이다 (acetic은 라틴어의 식초에서 온 말):

$$HC_2H_3O_2(l) + H_2O \rightleftarrows H_3O^+(aq) + C_2H_3O_2^-(aq)$$

약한 산은 전부 이온으로 분해되지 않으므로 중화반응에서 분자방정식 molecular equation 으로 표시한다:

$$HC_2H_3O_2(aq) + OH^-(aq) \rightleftarrows C_2H_3O_2^-(aq) + H_2O$$

sulfuric acid 황산

황산은 H_2SO_4인 물질 substance 또는 그 물질이 물에 녹은 수용액 aqueous solution 을 말한다. sulfuric은 sulphuric으로도 쓴다.

hydrochloric acid 염산

염화수소 hydrogen chloride HCl이 물에 녹은 수용액을 염산 또는 **염화수소산**이라고 한다.

chemical equivalent 화학당량 (當量)

화학당량이란 화학반응 chemical reaction 의 성질에 따라 정해지는 원소 element 또는 화합물 compound 의 일정량(가령 질량 mass 이나 몰 mole)을 말하며, 그 물질의 결합할 수 있는 능력 combining ability 에 해당한다. 화학당량 chemical equivalent 은 보통 줄여서 **당량** equivalent 이라고 한다. 원소의 당량, 산 acid 과 염기 base 의 당량, 산화-환원 oxidation-reduction 의 당량으로 구분된다.

산의 1당량 one equivalent of an acid 은 $H^+(aq)$이온 1 몰 mole 을 공급하는 산의 양 quantity 이며, 염기의 1당량 one equivalent of a base 은 $OH^-(aq)$이온 1 몰을 공급하는 염기의 양이다. $H^+(aq)$이온 1 몰은 $OH^-(aq)$이온 1 몰과 반응하므로, 산 1당량은 정확하게 염기 1당량과 반응한다.

acid anhydride 산무수물 (酸無水物)
물과 작용하여 산 acid 을 만드는 화합물 compound 이 산무수물이다.
이산화탄소 carbon dioxide 와 같은 비금속 산화물 oxides of nonmetals 은 수소원자를 가지고 있지 않지만 물에 용해되어 dissolved 산을 만들기 때문에 산으로 분류된다. 이러한 산화물들은 대부분 기체이며, 물이 없는 데서 산이기 때문에 산무수물이라고 한다. 산무수물 anhydride 은 그리스어로 an(없는)과 hydro(물)의 합성어이다.
이산화탄소가 물과 반응하여 탄산 (H_2CO_3) carbonic acid 을 만드는 과정은

$$CO_2(g) + H_2O(aq) \rightleftarrows H_2CO_3(aq)$$

이다. 공기 속의 이산화탄소가 자연적으로 녹아있는 물은 pH 5~6의 산성을 띤다. → **pH scale p.355**

(2) Extended Concepts on Acids and Bases
산과 염기에 관한 확장된 개념들

solvent system 용매계 (溶媒系)
아레니우스 Arrhenius 의 산-염기 개념이 물을 용매 solvent 로 하여 성립한 것처럼 이를 확장하여 extend 다른 용매에도 산-염기 이론을 적용할 수 있으며, 이를 용매계라고 한다. 어느 용매계 solvent system 에서 산 acid 과 염기 base 는 각각 그 용매의 양이온 positive ion 과 음이온 negative ion 에 해당한다. 이때 산과 염기가 반응하여 react 중화되면 neutralize 생성물 product 은 용매 자체가 된다. 몇 가지 용매의 산-염기 반응을 들어보면

$$2H_2O \rightleftarrows H_3O^+ + OH^-$$ 물 water

$$2NH_3 \rightleftarrows NH_4^+ + NH_2^-$$ 암모니아 ammonia
$$2SO_2 \rightleftarrows SO_2^+ + SO_3^{2-}$$ 이산화황 sulfur dioxide

등이 있다.

액체 암모니아 liquid ammonia 는 물과 유사한 특성을 가진 용매 solvent 로서 액체 암모니아가 만드는 암모늄이온 ammonium ion NH_4^+는 물에서의 하이드로늄이온 hydronium ion H_3O^+과 비슷한 반응을 한다. 가령 NH_4^+는 나트륨 sodium 같은 금속과 반응하여 수소 hydrogen 를 만든다:

$$2Na(s) + 2NH_4^+ \rightarrow 2Na^+ + H_2(g) + 2NH_3(l)$$

한편 아미드이온 ionic amide(amide ion) NH_2^-은 물에서의 수산화이온 hydroxide ion OH^-와 비슷한 반응을 한다:

$$Zn(OH)_2(s) + 2OH^- \rightarrow Zn(OH)_4^{2-}$$
$$Zn(NH_2)_2(s) + 2NH_2^- \rightarrow Zn(NH_2)_4^{2-}$$

Lowry-Brønsted theory 로우리-브뢴스테드 이론

로우리 Thomas Lowry 와 브뢴스테드 Johannes Brønsted 는 산과 염기의 정의 definition 를 좀 더 넓은 의미 extended meaning 로 파악하여 산 acid 은 양성자를 주는 물질 proton donor(Brønsted acid) 로, 염기 acid 는 양성자를 받는 물질 proton accepter (Brønsted base) 로 보았다.

산과 염기의 반응은 양성자 H^+가 산에서 염기로 전달되는 transfer 반응으로 볼 수 있다. 하나의 예를 들어보면,

$$H_2O + NH_3 \rightleftarrows NH_4^+ + OH^-$$

에서 H_2O는 산으로 작용하여 염기인 NH_3에 양성자를 준다. 이 반응은 가역반응 reversible reaction 으로서,

역반응에서 in the reverse reaction NH_4^+는 산으로 작용하여 양성자를 염기인 OH^-에 준다. 따라서 H_2O(산)는 양성자를 잃고 lose of a proton OH^-(염기)가 되고, OH^-(염기)는 양성자를 얻어 gain of a proton H_2O(산)가 된다. 이러한 산-염기 쌍 pair 을 **짝쌍** conjugate pair 이라고 한다. H_2O는 염기인 OH^-의 **짝산** conjugate acid 이고, OH^-는 산인 H_2O의 **짝염기** conjugate base 이다. 비슷한 관계가 $NH_4^+ - NH_3$쌍에도 성립한다.

로우리-브뢴스테드 Lowry-Brønsted 이론은 산보다는 염기의 정의를 확장하여, 양성자를 끌거나 받아들일 수 있는 비공유전자쌍 unshared electron pair 을 가진 분자나 이온을 염기로 정의하였다. 이에 따라 염기에 양성자를 제공하는 donate 물질을 산으로 보았다.

Lewis theory

루이스 이론

루이스 Gilbert Lewis 는 양성자 proton를 기준으로 한 산-염기 이론(Lowry-Brønsted theory) 보다 더 넓은 further extension 개념의 이론을 제시하여, 원자나 분자 또는 이온과 공유결합 covalent bond 을 할 수 있는 비공유전자쌍을 가진 물질을 염기 base 로 정의하였다.

즉 루이스 이론은 산-염기의 기준을 양성자에서 전자쌍 electron pair 과의 공유결합으로 넓힌 것이다. 루이스산 Lewis acid 은 전자쌍을 받아들일 수 있는 원자나 화합물이며, 루이스염기 Lewis base 는 전자쌍을 줄 donate 수 있는 물질이다.

이 정의는 앞에서 언급한 전통적인 산-염기반응을 포함한다:

$$HCl + NaOH \rightarrow NaCl + H_2O$$

반응의 핵심부분을 전자쌍으로 나타내면

$$H^+ + :OH^- \rightarrow H:OH$$

이 되어, 수산화이온 hydroxide ion OH^-가 전자쌍 electron pair 을 내놓은 것으로 해석할 수 있다.
다른 산-염기 이론으로는 다룰 수 없는 반응의 예를 들면

$$:\ddot{F}-\underset{\underset{:\ddot{F}:}{|}}{\overset{\overset{:\ddot{F}:}{|}}{B}} + :\underset{\underset{H}{|}}{\overset{\overset{H}{|}}{N}}-H \rightarrow :\ddot{F}-\underset{\underset{:\ddot{F}:}{|}}{\overset{\overset{:\ddot{F}:}{|}}{B}}-\underset{\underset{H}{|}}{\overset{\overset{H}{|}}{N}}-H$$

acid   base

가 있으며, 팔전자계 octet 의 ns^2np^6가 채워지지 않은 원자나 분자도 루이스 산-염기의 입장에서 다룰 수 있다. → octet 팔전자계   p.293

amphoteric oxide   양쪽성산화물

양쪽성산화물이란 산성 acidic 과 염기성 basic 이 모두 약하고, 염기 base 에 대해서는 산성을, 산 acid 에 대해서는 염기성을 나타내는 산화물 oxide 을 말한다.

amphiprotic   양쪽성

로우리-브뢴스테드 Lowry-Brønsted 이론에 따라 양성자 proton 를 기준으로 염기 base 에 대해서는 산으로, 산 acid 에 대해서는 염기로 작용하는 화합물 compound 을 가리키는 양쪽성은 amphiprotic 이라고 한다.

amphiprotic solvent   양쪽성용매

물과 같이 스스로 이온화하여 self-ionize 양성자를 주는 물질 proton-donator 이 되기도 하고, 받는 물질 proton-acceptor 이 되기도 하는 용매가 양쪽성용매이다:

$$2H_2O \rightleftarrows H_3O^+ + OH^-$$

반대로 양성자를 주지도 않고, 받지도 않는 용매는 **비양성자성 용매** aprotic solvent 라고 한다.

hydrolysis
가수분해
브뢴스테드 Brønsted 산-염기 반응과 같이 이온이 물과 반응하여 react 하이드로늄이온 hydronium ion H_3O^+이나, 수산화이온 hydroxide ion OH^-을 만드는 반응을 가수분해 hydrolysis (복수형은 hydrolyses) 라고 한다. 가령

$$H_2O + H^- \rightarrow H_2 + OH^-$$

의 반응에서 음이온 H^-는 가수분해하여 hydrolize OH^-를 만든다. 여기서 물은 산으로 작용하여 act as a acid 음이온에 양성자를 준다.

buffer solution
완충용액
산 acid 이나 알칼리 alkali 를 가하거나, 또는 희석을 해도 pH가 변하지 않고 거의 일정하게 유지되는 용액이 완충용액이다.
일반적으로 용액이 공기와 접촉하면 contact 이산화탄소 carbon dioxide 를 흡수하여 산성 acidity 이 강해지게 되며, 유리병에 넣어두어도 유리에서 녹아 나오는 알칼리성 불순물 alkaline impurities 이 섞여 pH가 달라지게 된다. 따라서 일정한 pH를 띤 용액을 만들어 놓아도 저장해서 사용하기는 쉽지 않다.
완충용액은 약한 산 weak acid 이나, 약한 염기 weak base, 또는 약전해질 weak electrolyte 의 염 salt 으로부터 만들 수 있다. 그러나 많은 양의 산이나 알칼리를 첨가하면 완충용액도 견디지 못한다. 완충용액이 pH의 변화에 저항하는 최대량 maximum amount 은 수소이온 (H^+) hydrogen ion 이나 수산화이온 (OH^-)

hydroxide ion 의 농도 concentration 를 기준으로 0.01mol/l 정도이다.

(3) pH Scale pH 척도

pH scale

pH 척도

pH척도 scale 는 용액의 산성도 acidity 나 알칼리도 alkalinity 를 나타내는 대수적인 척도 logarithmic scale 이다. pH라는 말은 전통적 산의 개념 concept of acid 인 수소이온농도 concentration of hydrogen ion 를 의미하는 수소퍼텐셜 potential of hydrogen 의 약자에서 왔다. → Arrhenius theory   p.345

용액의 pH는

$$pH = \log \frac{1}{[H^+]} = -\log[H^+]$$

로 정의된다. 여기서 $[H^+]$는 용액 내의 수소이온(실제로는 하이드로늄이온 hydronium ion H_3O^+이지만 간단히 H^+로 쓴다) 농도로서 단위는 mol/l 이다. 가령 $[H^+] = 10^{-3}$mol/l 이면

$$pH = -\log[H^+] = -\log 10^{-3} = 3$$

이다. 25℃에서 중성용액 neutral solution 의 수소이온 농도는 $[H^+] = 10^{-7}$mol/l 이므로

$$pH = -\log[H^+] = -\log 10^{-7} = 7$$

가 되어 중성용액의 pH는 7이다. → ionic product of water 물의 이온곱 p.373

pH는 10의 지수 exponent 와 관계가 있으므로, pH=3인 용액은 중성용액(pH=7) 에 비해 수소이온

농도가 10,000배에 달한다. pH는 음의 지수값을 갖기 때문에 pH가 낮은 값을 가질수록 수소이온의 농도는 진해진다. pH=7에서 용액은 중성이며, pH가 7보다 낮으면 below 7 산성 용액 acid solution, 7보다 높으면 above 7 알칼리성 용액 alkaline solution 이다.

pOH scale

pOH 척도

용액 solution 의 pH와 같은 방식으로 수산화이온 hydroxide ion OH^-의 농도에 대한 pOH도 정의할 수 있다:

$$pOH = \log \frac{1}{[OH^-]} = -\log[OH^-]$$

25℃에서 중성용액 neutral solution 의 수산화이온 농도는 $[OH^-] = 10^{-7}$ mol/l 이 되어 pOH=7이다. 순수한 물 pure water 의 이온곱 ionic product 은 25℃에서

$$K_w = [H^+][OH^-]$$
$$= 1.0 \times 10^{-14} \text{mol}^2/l^2$$

ionic product of water at 25℃

이므로 pH와 pOH를 합하면 14가 되어야 한다. 가령 강염기 strong base 인 0.01 mol/l의 NaOH 용액에서 OH^-의 농도는 10^{-2}mol/l이므로

$$pOH = -\log[OH^-] = 2$$

이다. pH+pOH=14 가 되어야 하기 때문에 이 용액의 pH는 12이다.

indicator

지시약

일반적으로 지시약은 화학물질 chemical substance 이나 이온의 존재 presence 를 알리는 물질 substance

이나 과정 process 을 말한다. 지시약은 색깔이나 전류의 변화 또는 액체에서 고체로의 상 phase 의 변화 등을 통해서 화학변화가 일어났음을 알린다.

acid-base indicator   산-염기 지시약

용액의 pH를 알아내는 산-염기 지시약은 용액의 산성 acidic, 염기성 basic 에 따라 색을 변화시키는 복잡한 구조 complex structure 를 가진 유기화합물 organic compound 이다.

흔히 쓰이는 리트머스 litmus 는 물에 잘 녹는 water-soluble 염료 dye 의 일종으로서 산성 용액에 대해서는 붉은 색으로, 알칼리성 alkaline 용액에 대해서는 파란 색으로 색이 바뀐다. 리트머스는 용액 solution 으로 쓰이거나, 혹은 그 용액을 흡수지 absorbent paper 에 푹 적셔서 soak 만든 리트머스종이 litmus paper 의 형태로 사용된다. 다만 반응하는 산-염기의 pH 범위 range 가 너무 넓어 대충 알아보는 지시약 rough indicator 으로만 쓰인다.

실제 지시약으로 이용되는 메틸오렌지 methyl orange 는 pH가 3.1이하인 용액에 대해서 붉은 색을 띠고, pH가 4.5 이상이면 노란색을 보인다. 서로 다른 범위 range 에서 사용할 수 있는 다양한 various 지시약이 알려져 있으므로 이들을 적절히 appropriately 사용하면 소수점 아래 첫 번째 자리까지 to the first decimal place 정확한 pH값을 알아낼 수 있다.

지시약 indicator 자체는 약한 산 또는 약한 염기를 띠며, 색이 진하기 때문에 묽은 dilute 지시약 몇 방울만 떨어뜨려도 용액 자체의 농도 concentration 에는 영향을 주지 않고 측정이 가능 measurable 하다.

10 Chemical Equilibrium / Kinetics
화학평형과 반응속도

(1) Chemical Equilibrium 화학평형

chemical equilibrium 화학평형 (平衡)

화학반응 chemical reaction 에서의 평형 equilibrium 은 반응 reaction 과 그 역반응 reverse reaction 이 같은 비율 equal rate 로 일어나 균형이 잡힌 상태를 말한다.

반응물이 거의 모두 다시 생성물로 변화할 수 있는 비가역반응 irreversible reaction 과는 달리 가역반응 reversible reaction 에서는 온도 temperature 와 압력 pressure 이 일정하게 유지되면, 어느 정도 반응이 진행되고서 proceed 더 이상 반응이 일어나지 않고 안정한 화학평형 steady chemical equilibrium 에 도달하게 된다.

일단 평형상태 equilibrium state 에 이른 반응물과 생성물 사이에서는 정반응의 속도 rate of the forward reaction 와 역반응의 속도 rate of the backward reaction 가 같아진다. 입자 particle 하나하나는 반응물과 생성물 사이에서 변화를 계속하지만 입자들 전체의 상태는 안정한 일정한 값 steady state values 에 도달하여 반응물과 생성물의 농도 concentration 는 시간이 지나도 더 이상 변하지 않는다.

forward reaction 정반응 (正反應)

반응물 reactants 에서 생성물 products 이 만들어지는 반응 reaction 을 정반응 forward reaction 이라고 한다. 다음과 같은 화학반응식 chemical equation 에서

$$A + B \rightleftarrows C + D$$

오른쪽(→)으로 진행되는 proceed 반응이 정반응이다.

반대 방향(←)으로의 반응은 **역반응** backward reaction 이라고 한다.

reversible reaction   가역반응 (可逆反應)

어떤 화학반응 후에 이전 상태로 정확하게 되돌아갈 수 있는 reversible 반응을 말한다. 가역반응에서는 반응물 reactants 로부터 만들어진 생성물 products 이 분해하여 decompose 다시 반응물 reactants 로 돌아간다. 가령 질소 nitrogen 와 수소 hydrogen 는 적당한 조건 하에서 under a suitable condition 반응하여 암모니아 ammonia 를 생성하며, 암모니아는 다시 질소와 수소로 분해된다. 따라서 이 반응식은 양쪽 화살표를 이용하여 다음과 같이 쓴다:

$$N_2(g) + 3H_2(g) \rightleftarrows 2NH_3(g)$$

가역반응 reversible reaction

irreversible reaction   비가역반응 (非可逆反應)

가역반응과는 달리 특별한 조건이 아니라면 역반응 backward reaction 이 일어나기 힘든 hard to occur 반응이 비가역반응 irreversible reaction 이다. 비가역반응에서는 역반응의 속도 rate of backward reaction 가 정반응의 속도 rate of forward reaction 에 비하여 무한히 느리다고 infinitely slow 볼 수 있다. 엄밀하게는 어떠한 과정 process 도 가역적이 될 수는 없다.

equilibrium constant   평형상수 (平衡常數)

가역과정 reversible process 에서 생성물 product 과 반응물 reactant 의 농도의 비 fraction of concentrations 를 평형상수 equilibrium constant 라고 하며 Kc로 표시한다.

가역반응 reversible reaction

$$aA+bB \rightleftarrows xX+yY$$

에서 평형상수 K_c는

$$K_c = \frac{[X]^x[Y]^y}{[A]^a[B]^b}$$ 평형상수 equilibrium constant

이다. 여기서 [X]는 해당 물질의 농도 concentration of the substance 를 나타낸다.

기체의 화학반응에서는 농도 concentrations 보다는 분압 partial pressures 을 사용하며, 기체의 분압으로 나타낸 평형상수를 K_p로 표시한다. 위의 화학반응식 chemical equation 이 평형상태에 이르면

$$K_p = \frac{(P_X)^x(P_Y)^y}{(P_A)^a(P_B)^b}$$

이 된다. 각 기체가 이상기체법칙 ideal gas law $PV=nRT$를 따른다고 하면, K_p와 K_c의 관계는

$$K_p = \frac{[X]^x[Y]^y}{[A]^a[B]^b}(RT)^{\Delta n} = K_c(RT)^{\Delta n}$$

이 된다. 여기서 R과 T는 각각 기체상수 gas constant 와 절대온도로 나타낸 평형의 온도 equilibrium temperature in absolute scale 이다. Δn은

$$\Delta n = (x+y)-(a+b)$$
$$= (기체생성물의 몰수 - 기체반응물의 몰수)$$

이다.

평형상수는 화학반응에서 평형의 위치 position of equilibrium 를 나타낸다. 만일 평형상수 K_c의 값이 낮다면 low 생성물의 농도가 반응물의 농도에 비해 낮다는 뜻이므로 역반응이 우세함 predomination 을 의미한다. 또한 만일 한 물질을 첨가하여 농도를 변화시키면

다른 물질들의 농도도 바뀌는 방향으로 평형이 이동하여 shift 평형상수의 값을 일정하게 유지한다.

equilibrium law 화학평형의 법칙

화학평형상태 chemical equilibrium state 에서는 평형상수 equilibrium constant K_c의 값이 상수가 된다는 원리 principle 를 화학평형의 법칙 equilibrium law (law of chemical equilibrium) 이라고 한다.

le Chatelier's principle 르 샤틀리에의 원리

만일 평형 equilibrium 에 이른 계 system 에 어떤 변화를 주면 impose any change 반응 reaction 은 가해진 변화의 효과 effect of the applied change 를 없애는 nullify 방향으로 진행되어 proceed 새로운 평형에 도달하게 된다는 원리를 말한다.
일반적으로 과량의 고체물질(용질) excess amount of solid solute 과 녹아있는 물질 dissolved solute 사이에는 다음과 같은 평형을 이룬다.

$$\text{energy} + \text{solute} + \text{H}_2\text{O} \rightleftarrows \text{saturated solution}$$

흡열반응 endothermic reaction

만일 용액의 온도를 올리면 계 system 는 온도를 다시 내리는 쪽으로 움직인다. 따라서 반응 reaction 은 식의 오른쪽 forward reaction, 즉 열이 흡수되는 absorb 방향으로 진행되어 고체용질이 더 많이 녹아서 온도는 다시 내려간다. 즉 수용액의 온도를 올려주면 농도 concentration 가 증가한다.
반대로 온도를 내리면 반응은 왼쪽으로 backward reaction 진행하는 발열반응 exothermic reaction 이 된다. 녹아있던 물질은 다시 고체로 변하여 용해도 solubility 가 감소하면서(이를 석출 eduction 이라고 한다) 온도는 올라간다.

르샤틀리에 Le Chatelier 의 원리는 온도가 변하는 경우뿐만 아니라 농도 및 압력의 변화에도 마찬가지로 성립한다.

(2) Chemical Kinetics 화학반응속도

reaction rate 반응속도

반응속도는 화학반응을 일으키는 반응물 reactant 중 한 물질 substance 의 농도 concentration 가 단위시간당 감소하는 비율 decreasing rate, 또는 생성물 product 중 하나의 농도가 증가하는 비율 increasing rate 로 정의된다. 농도(몰농도 molarity)의 단위가 mole/liter (mol/l)이므로 반응속도의 단위는 mol/l·s이다.

반응속도는 반응물의 성질 properties of reactants 에 따라 달라지며, 일반적으로 다음과 같은 영향 influence 을 받는다.

① 온도 temperature

② 촉매 catalyst

③ 반응물의 농도 concentration of a reactant

④ 불균일 반응에서 고체의 표면적 surface areas of solids at a heterogeneous reaction

반응이 여러 단계를 거쳐 일어날때는 각 단계마다 이 인자들이 작용한다.

activation energy 활성화 (活性化) 에너지

화학반응 chemical reaction 을 일으키는 데 필요한 최소한의 에너지 minimum required energy 를 활성화에너지 activation energy 라고 한다. 활성화에너지는 분자들이 활발하게 운동을 하는 정도를 나타낸다.

Chemical Kinetics

화학반응은 반응물 reactant 분자들 사이의 충돌 intermolecular collision 에 의해서 일어난다. 그러나 분자들의 거리 distance 가 가까워짐에 따라 전자구름 electron cloud 에 의한 정전기적 반발력 electrostatic repulsive force 도 커지므로, 모든 충돌이 다 반응을 일으키지는 못하고 튕겨 나오기도 한다. 따라서 분자들이 정전기적 반발력을 이겨낼 수 있을 정도로 충분한 에너지(충분히 빠른 속력)를 가지고 충돌하여야 collide 반응이 일어난다.

order

반응차수 (反應次數)

반응차수 order 는 order of reaction 의 줄인 말이다. 반응의 속도 reaction rate 는 일반적으로 반응물 농도 concentration 의 n-제곱 power 에 비례한다. 다음의 반응

$$A + B \to C$$

에서 **반응속도식** rate equation 은

$$R = k[A]^m[B]^n$$

으로 나타난다. 여기서 [A]와 [B]는 반응물의 농도이며, 지수 exponent m과 n은 각각 A와 B에 대한 **반응차수** order of reaction 이다. 지수의 합 $m+n$을 전체 반응차수 overall order of the reaction 또는 줄여서 반응차수라고 한다. 속도상수 rate constant k와 반응차수는 실험적으로 결정된다.

reaction half-life

반응반감기 (半減期)

어떤 반응에서 반응물 reactant 의 농도 concentration 가 반으로 줄어드는 데에 걸리는 시간 간격 required time interval 이다.

catalyst

촉매

자신에게는 화학적 변화가 일어나지 않고, 화학반응의 속도 rate of a chemical reaction 를 빠르게 해주는 물질 substance 이 촉매이다. 촉매는 반응이 끝난 후에 손실 없이 without any loss 전부 회수 recovery 가 가능하다. 촉매는 반응의 전체 화학양론 stoichiometry 에는 영향을 주지 않으므로 반응식 chemical equation 의 왼쪽이나 오른쪽에 쓰지 않고 화살표 위에 표시한다. 촉매는 화학반응이 진행되는 proceed 반응경로 pathway 를 바꾸어서 반응속도가 변화하도록 한다. 촉매의 작용 없이 일어나는 반응을

$$X+Y \to XY$$

이라고 하자. 여기에 촉매 C를 넣어주면

$$X+Y \xrightarrow{c} XY$$

로 쓸 수 있다. 촉매는 새로운 반응경로 alternative pathway 를 열어주는 역할을 하여, 반응은 두 단계로 진행한다:

i) $X+C \to XC$
ii) $XC+Y \to XY+C$

촉매는 첫 단계에서 소모되는 dissipate 듯이 보이지만, 두 번째 단계에서 다시 재생되어 매우 적은 양 small quantity 만으로도 여러 번 반복해서 반응에 관여한다. 촉매가 반응의 경로를 바꾸면 활성화에너지 activation energy 가 감소하여 반응속도 reaction rate 가 증가한다. 그러나 어떤 물질은 오히려 활성화에너지를 증가시켜 반응을 느리게 만들며 slow down, 이를 **역촉매** negative catalyst 라고 한다.

enzyme

효소

단백질 protein 분자들로 만들어진 효소는 천연적인 생물학적 촉매 natural biological catalyst 이다. 효소는 우리 몸 속에서 작용하여 특정한 화학작용 chemical reaction 의 반응속도 reaction rate 를 증가시킨다. 가령 소화효소 digestive enzymes 는 음식의 소화작용 digestive process 을 가속시킨다.

11 Carbon and Organic Compound
탄소와 유기화합물

(1) Organic Compound 유기화합물

organic compound 유기화합물 (有機化合物)

유기화합물은 탄소원자 carbon atom 로 이루어진 화합물을 의미하며, **탄소화합물** carbon compound 이라고도 한다. 생물체 living organisms 내의 화합물 compound 은 대부분 탄소원자 carbon atom 의 사슬 chain 로 된 유기화합물이다. 유기적 organic 이라는 말은 원래 생물체 living organisms 에서 얻은 것임을 뜻한다. → organic chemistry 유기화학 p.236

오늘날에는 플라스틱 plastic 이나 합성섬유 synthetic fiber 같은 넓은 의미의 합성 탄소화합물 synthetic carbon compound 도 유기화합물로 분류한다.

hydrocarbon 탄화수소

탄소 carbon 와 수소 hydrogen 로만 이루어져 있는 탄소화합물(유기화합물) carbon compound 을 이른다. **탄화수소 화합물** hydrocarbon compound 이라고도 하며 수많은 종류의 탄화수소 화합물이 알려져 있다. 탄화수소는 분자 내에 있는 탄소원자 carbon atom 가 배열된 arrange 모양에 따라 사슬모양 탄화수소 aliphatic hydrocarbon 와 고리모양 탄화수소 cyclic hydrocarbon 로 나뉜다. 사슬모양 탄화수소는 다시 분자 내의 이중결합 double bond 의 수에 따라 파라핀 paraffin, 알켄 alkene(olefin) 등으로 나뉜다. 고리모양 탄화수소는 방향족 탄화수소 aromatic hydrocarbon 와 시클로파라핀 cycloparaffin 으로 분류한다.

methane 메탄

메탄 (CH_4)은 가장 간단한 탄화수소 화합물 hydro-

Organic Compound

carbon compound 이며, 천연가스 natural gas 의 주성분(약 99%) main constituent 을 이룬다.

메탄분자 methane molecule 의 중심 원자인 탄소는 주기율표 periodic table 에서 14족(4A족)에 속하므로 4개의 원자가전자 valence electrons 가 있다. 따라서 탄소는 4개의 수소원자와 공유결합 covalent bond 을 하여 불활성기체 inert gas 인 네온 neon 과 같은 전자배치 electron configuration 가 되고, 수소원자는 헬륨 helium 의 전자배치와 같아진다. 메탄의 루이스 구조 Lewis structure 는 다음과 같이

```
    H
    |
H - C - H     메탄의 루이스 구조
    |
    H
```

나타낼 수 있지만, 실제의 메탄은 평평한 2차원적 two-dimensional 물질이 아닌 3차원 구조 three-dimensional structure 를 가진다.

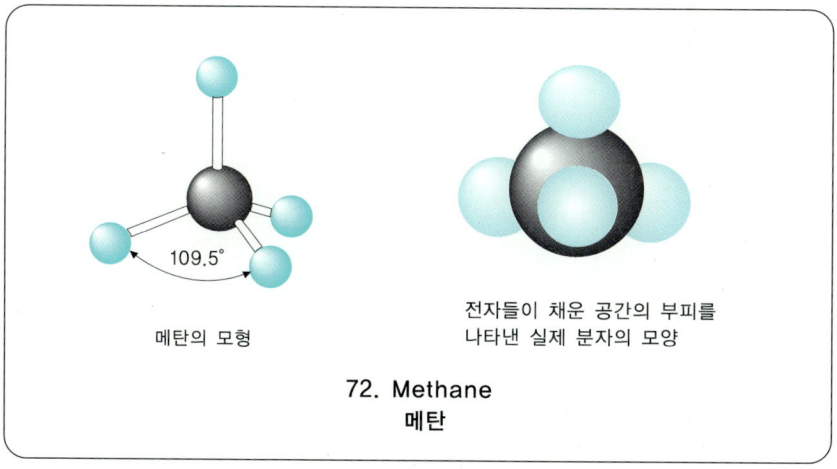

메탄의 모형

전자들이 채운 공간의 부피를 나타낸 실제 분자의 모양

72. Methane
메탄

메탄은 이산화탄소 다음으로 지구온난화 global warming 를 일으키는 온실가스 greenhouse gas 이다. → greenhouse effect 온실효과 p.387

메탄은 늪지 swamp 에서 산소가 없이 식물이 썩을 때 발생하므로 **늪지기체** swamp gas 라고 한다. 또한 가축의 소화과정이나 흰개미의 활동, 산불 등에서도 대량으로 발생한다.

ammonia

암모니아
분자식 molecular formula 은 NH_3이다. 암모니아는 가벼운 무색 colorless 기체로 강하고 자극적인 냄새 strong pungent odor 가 나며, 녹는점 melting point 이 -77.7 ℃, 끓는점 boiling point -33.4 ℃이다. 물에는 아주 잘 녹고 very soluble, 알코올에도 가용성 soluble 이다.
암모니아에는 탄소원자가 포함되어 있지 않으므로 무기화합물 inorganic compound 로 분류되지만 classified, 암모니아 분자가 유기시약 organic reagent 과 반응할 때에는 유기화합물에 포함된다. 액체 암모니아 liquid ammonia 는 물과 유사한 특성을 가진 용매 solvent 로 사용된다.

(2) Monomer and Polymer 단량체와 중합체

monomer

단량체 (單量體)
서로 연결되어 이합체 dimer 나 삼합체 trimer 또는 중합체 polymer 등을 형성하는 form 기본단위가 되는 분자나 화합물을 말한다. 모노머라고도 한다. 가령 천연고분자 natural polymers 인 셀룰로오스 cellulose 의 모노머는 D-글루코오스 glucose 이다.

Organic Compound

polymer 중합체 (重合體)

분자가 하나의 단위(단량체 monomer)로 반복해서 연결되어 거대 분자가 된 화합물로 **고분자** 또는 **폴리머**라고도 한다. 가령 PVC로 알려져 있는 염화비닐의 단량체와 중합체는 다음과 같다:

$$\begin{array}{c} H \quad\quad H \\ \diagdown \quad\quad \diagup \\ C = C \\ \diagup \quad\quad \diagdown \\ H \quad\quad Cl \end{array}$$ 염화비닐 vinyl chloride

$$\cdots - \underset{H}{\overset{H}{C}} - \underset{Cl}{\overset{H}{C}} - \underset{H}{\overset{H}{C}} - \underset{Cl}{\overset{H}{C}} - \underset{H}{\overset{H}{C}} - \underset{Cl}{\overset{H}{C}} - \cdots$$

폴리염화비닐(PVC) poly vinyl chloride

한 종류의 단량체 monomer 로 구성된 중합체는 **단일 중합체** homopolymer, 두 종류의 단량체로 구성되면 **공중합체** copolymer라고 한다.

polymerization 중합 (重合)

같은 분자를 2개 이상 결합하여 분자량 molecular weight 이 큰 화합물을 생성하는 반응을 말한다. 만일 중합체 polymer 를 만드는 과정 process 에서 작은 분자들을 첨가하여 add 연결하면 **첨가 중합반응** addition polymerization, 압축해서 작은 분자를 제거하는 eliminate 방식으로 중합체가 만들어지면 **축합반응** condensation polymerization 이라고 한다. 가령 단량체 monomer 인 글루코오스 glucose 는 식물체의 축합반응을 거치면서 중합되어 polymerized 녹말 starch 로 바뀐다.

12 Water
물

(1) Water 물

water

물

물분자 water molecule 의 많은 성질들은 기체상 gaseous phase 의 물분자에서 방출되거나 emitted 흡수되는 absorbed 띠스펙트럼 band spectrum 에 대한 분석 analysis 에서 알아낸다. → emission spectrum p.200, absorption spectrum p.201

물분자의 O-H 결합 bond 은 수소 hydrogen 와 산소 oxygen 원자 사이에 전자를 공유 share 하는 공유결합 covalent bond 이다:

H-Ö-H   물의 루이스 구조

물분자를 루이스 구조로 보면 직선처럼 그려지나, 산소원자의 비공유전자쌍 unshared electron pair(lone pair) 이 공유전자쌍을 밀어내어 물분자의 H-O-H의 **결합각** bond angle 이 104.54°인 모양을 한다.

H   H
 \ /
  O   water molecule

물분자는 전기적으로 중성 neutral 이지만, 산소원자 oxygen atom 가 수소원자 보다 전자에 더 강한 인력을 미치므로 공유전자 shared electron 들은 산소원자 쪽으로 쏠려서 산소원자는 약간의 음전하 negative charge 를, 수소원자는 약간의 양전하 positive charge 를 띤다. 이를 **부분전하** partial charge 라고 하며, 각각 δ_- 와 δ_+ 로 나타낸다.

물분자의 전하분포 charge distribution 가 전기쌍극자 electric dipole 를 형성하므로, 물은 극성분자 polar molecule 가 된다. 물분자의 전기 쌍극자모멘트 electric dipole moment 는 각 O-H 결합의 이온(결합)특성 ionic(bond) character 의 33%를 차지한다 (나머지 67%는 공유결합특성 covalent character 에서 온다). 물은 극성 polarity 이 있기 때문에 여러 화합물 compound 을 녹일 수 있는 유용한 용매 solvent 로서의 구실을 한다.

기체상 gaseous phase 의 물은 단일 H_2O분자로 되어 있으나, 액체상태의 물은 극성이 있기 때문에 분자들이 서로 잡아당겨(회합하여 associate) 수소결합 hydrogen bond 을 한다. 따라서 물은 분자들이 집단 group 으로 모여 하나의 거대한 분자처럼 행동한다:

$$H-\overset{..}{\underset{H}{O}}\cdots H-\overset{..}{\underset{H}{O}}\cdots H-\overset{..}{\underset{H}{O}}\cdots$$ 물분자의 회합

hydration

수화 (水化)

수용액 aqueous solution 속에 녹아있는 물질 substance 의 분자 또는 이온이 그 둘레에 몇 개의 물분자를 끌어당겨 attract 하나의 분자집단 group of molecules 을 이루는 현상이 수화이다. 모든 이온은 수용액에서 수화되어 hydrated 물분자 층 layer of water molecules 으로 둘러싸인 상태로 움직인다.

이온과 물분자 사이에 강력한 수화를 일으키는 요인 factors 은 다음과 같다:

① 이온의 전하량 amount of charge 이 높을수록 H_2O분자의 H 또는 O 원자를 강하게 당긴다.

② 전하량이 같더라도 이온의 크기 size 가 작으면 그만큼 전하가 밀집되어 있기 concentrated 때문에 더 효과적 effective 이다.

물 속에서는 이온성 물질의 이온들이 수화되기 때문에 떨어져 나와 녹아서 독립적인 양이온 cation 과 음이온 anion 으로 분해된다 decompose. 생성된 양이온의 크기에 따라 달라붙을 수 있는 물분자의 수가 달라지며, 이를 배위수 ligancy (coordination number) 라고 한다. → ligancy 배위수 p.297

맥주나 소주는 알코올 alcohol 이 물에 녹은 수용액 aqueous solution 이다. 에탄올 (C_2H_5OH) ethanol 이 비이온성 물질 nonionic substance 임에도 물에 잘 녹는 이유는 알코올 분자에 물분자와 같은 O–H 결합이 존재하기 때문이다. 일반적으로 극성 및 이온성 물질은 물에 잘 녹는 soluble 반면에, 참기름 같은 지방 fat 이 물에 녹지 않는 이유는 비극성인 nonpolar 지방분자가 극성인 물분자와 효과적인 상호작용 effective interaction 을 하지 못하기 때문이다.

hydrate

수화물 (水化物)

물이 다른 화합물에 결합하여 생긴 물질이 수화물이다. 이온성 물질 ionic substance 이 물에 녹으면 dissolve, 음이온 anion (negative ion) 은 근처에 있는 neighbouring 물분자 쌍극자들의 양전하 끝 end 을 당겨서 여러 개의 물분자를 붙인다 (association). 보통, 음이온보다 숫자가 적은 양이온 cation (positive ion) 은 더 강하게 물분자들의 음전하 끝을 당겨서 안정적인 수화물 hydrate 을 만든다.

가령 베릴륨(Be) beryllium 의 화합물 compound 들은 공유결합 covalent bond 을 하지만, 물 속에서는 안정한 수화물 stable hydrate 을 만든다:

$$BeCl_2(s) + 4H_2O \rightarrow Be(H_2O)_4^{2+}(aq) + 2Cl^-(aq)$$

이때 생기는 수화물은

$$\left[\begin{array}{c} \quad H \quad H \\ H-O \quad O-H \\ \quad \ddots \! Be \! \cdot \! \cdot \\ H-O \quad O-H \\ \quad H \quad H \end{array}\right]^{2+}$$

이 되며, 수화층 바깥에 outside the hydrated layer 물분자들이 느슨하게 loosely 한 겹 더 붙은 이차적인 수화구 secondary hydration sphere 를 이룬다.

ionic product of water   물의 이온곱

용액 solution 내에 존재하는 이온들의 농도의 곱 product of concentrations 을 **이온곱** ionic product 라고 하며, 특히 물에서의 이온곱을 물의 이온곱 ionic product of water 또는 **물 상수** water constant 라고 한다.

순수한 물 pure water 은 자체적으로 약간 이온화 small amount of self-ionization 하여 평형 equilibrium 을 이룬다:

$$H_2O + H_2O \rightleftarrows H_3O^+ + OH^-$$

하이드로늄이온 hydronium ion H_3O^+를 간단히 H^+로 쓰면

$$H_2O \rightleftarrows H^+ + OH^-$$

이 된다. 약전해질 weak electrolyte 이 된 상태로 평형을 이룬 물의 평형상수는

$$K_c = \frac{[H^+][OH^-]}{[H_2O]}$$

물의 평형상수 equilibrium constant of water

이다. 여기서 각괄호 square brackets 로 표시한 [x]는 해당 물질의 농도 concentration 를 나타낸다. 순수한 물이나 묽은 용액 dilute solution 에서 물의 농도 [H_2O]는 거의 일정할 것이므로 [H_2O]를 상수에 포함시킬 수 있다:

$$K_w = K_c[H_2O] = [H^+][OH^-]$$
물의 이온곱 ionic product of water

물의 평형상수 K_c와 농도의 곱을 물의 이온곱 ionic product of water 이라고 한다. 순수한 물의 이온곱은 25℃에서

$$K_w = 1.0 \times 10^{-14} mol^2/l^2 \quad at\ 25℃$$

의 값을 가진다. 순수한 물의 수소이온 hydrogen ion 의 농도는 수산화이온 hydroxide ion 의 농도와 같을 것이므로

$$[H^+] = [OH^-] = 1.0 \times 10^{-7} mol/l$$

이 된다. 따라서 물의 pH 척도 scale 는 pH=7 이다.
→ pH scale pH 척도 p.355

(2) Light Water and Heavy Water 경수와 중수

light water 경수 (輕水)
수소 hydrogen 와 산소 oxygen 의 동위원소 isotope 중 가장 가벼운 보통의 normal 수소 ^1H와 보통의 산소 ^{16}O가 결합하여 이루어진 물(보통의 물 normal water)이 가장 작은 분자량 molecular weight 18을 가지며 이 물을 경수라 한다.

heavy water 중수 (重水)
보통의 물보다 분자량 molecular weight 이 큰(무거운

heavy) 물이 중수이다.

수소의 동위원소 isotope 에는 ^1H, 중수소(D) deuterium, 삼중수소(T) tritium 가 있으며, 산소에는 ^{16}O, ^{17}O, ^{18}O의 안정된 stable 동위원소가 있다. 이들 분자들은 질량 mass 을 제외하면 거의 같은 성질을 보인다. ^1H와 ^{16}O로 이루어진 보통의 물(경수 light water) 외의 조합 combination 으로 이루어져 있는 물은 보통의 물 normal water 보다 분자량이 크므로 중수 heavy water 가 된다.

만일 보통의 산소가 중수소 D와 결합하면 분자량이 20이 되어 보통의 물보다 밀도 density 가 10% 더 큰 D_2O가 되며, 이를 **산화중수소** deuterium oxide 라고 한다. 일반적으로 중수라 하면 D_2O를 가리킨다. 그 밖의 다른 조합 combination 도 가능하여, 가령 중수소 D와 ^{18}O가 결합하면 분자량 22의 중수가 만들어진다. 방사성 물질 radioactive substance 인 삼중수소 T도 중수를 만들 수 있다.

통상적 물 ordinary water 에는 분자량 18인 경수 light water 99.74 %와 기타 여러 가지 조합의 중수가 섞여 있다. 무색 colorless, 무취 odorless 의 액체인 중수는 화학적으로 정성적인 성질 qualitative property 에서 보통의 물(경수)과 거의 비슷하다. 반면 정량적 quantitative 으로는 상당한 차이를 보여서, 일반적으로 반응성 reactivity 과 염 salt 의 용해도 solubility 가 보통의 물보다 작다. D_2O는 중성자 neutron 를 흡수하므로 absorb 원자로 nuclear reactor 의 중성자 감속재 moderator of neutrons 나 냉각재 coolant 로 사용된다.

deuterium

중수소 (重水素)

질량수 mass number 가 2인 수소의 동위원소 isotope ^2H를 중수소 deuterium (heavy hydrogen) 라고 하며, D로 표시한다. 보통의 수소 ^1H는 양성자 proton

하나만으로 되어있는 원자핵 atomic nucleus 의 주위를 하나의 전자가 돌고있는 orbit 데 반하여, 중수소 D의 원자핵은 양성자 하나와 중성자 neutron 하나로 되어있다.
중수소는 산소와 결합해서(산화해서 oxidize) 중수(HDO) heavy water 의 형태로 보통의 물 H_2O에 섞여 있으며, 자연에 존재하는 수소 natural hydrogen 의 약 0.015%를 차지한다. 중수소의 물리적 성질 physical property 은 보통의 수소와 거의 비슷하다.
→ heavy water 중수 p.374

tritium

삼중수소 (三重水素)

삼중수소는 질량수 mass number 가 3인 수소의 동위원소 isotope ^3H를 말하며, T로 표시한다. 삼중수소 T의 핵 nucleus 은 양성자 하나와 중성자 두 개로 되어있으며, 불안정해서 unstable 반감기 half-life 12.3년으로 방사성붕괴 radioactive decay 를 한다.
→ radioactive decay p.226, half-life p.231

(3) Hard Water and Soft Water 센물과 단물

hard water

센물

칼슘(Ca) calcium 이나 마그네슘(Mg) magnesium 또는 철(Fe) 등의 광물질 mineral 이 비교적 많이 녹아 있는 물을 센물 또는 **경수(硬水)** hard water 라고 한다. 센물에 있는 물질은 씻어내기 어렵고, 가열하면 딱딱한 물질(관석) scale)이 침전되기 precipitate 때문에 hard라고 한다.

센물은 주전자나 보일러에 찌꺼기인 관석이 끼게 하여 열효율 thermal efficiency 을 저하시킬 뿐 아니라, 폭발의 위험이 있기 때문에 공업용수로는 부적당하다. 또한, 센물에는 비누의 거품 lather 이 잘 일지 않아 세척 효과가 줄어든다. 지하수는 보통 경도(세기) hardness 가 커서 센물에 가깝고, 빗물은 경도가 작아 단물 soft water 인 경우가 많다.

soft water 단물

센물에 비해 칼슘이온이나 마그네슘이온의 함유량이 적은 물이 단물로서, 연수(軟水)라고도 한다. 단물의 예로는 빗물이나 수돗물이 있으며, 증류수 distilled water 는 경도 hardness 가 전혀 없는 순수한 단물이다.

hardness of water 물의 경도 (硬度)

센물 hard water 의 정도를 나타내는 물의 경도는 주로 중탄산칼슘 calcium hydrogencarbonate (bicarbonate) 때문에 생긴다.

중탄산칼슘 $Ca(HCO_3)_2$ 이 물에 녹으면 dissolve 칼슘이온 Ca^{2+} 과 탄산수소이온 HCO_3^- 으로 분리되어 센물이 된다. 센물에 탄산수소이온 hydrogencarbonate ion 이 있는 경우에는 끓이면 칼슘이온이 제거되기 때문에 **일시적 센물** temporary hard water 이라고 한다. 그러나 황산칼슘 ($CaSO_4$) calcium sulfate 이 녹아있는 경우에는 끓여도 없어지지 않으므로 **영구적 센물** permanent hard water 이다.

water softening 단물화

물에 녹아있는 칼슘 calcium 이나, 마그네슘 magnesium, 철 iron 이온을 제거하여 eliminate 센물을 단물 soft water 로 만드는 과정. 일시적 센물 temporary hard water 인 경우에는 단순히 끓여서 단물로 만들고, 그밖에 증류 distillation 나 이온교환 ion exchange 등의 방법을 사용한다.

distillation 증류 (蒸溜)

증류는 액체를 끓여서 나오는 증기 vapor 를 응축하여 condensate 순수한 액체 pure liquid 로 만드는 과정 process 이다. 증류한 증기를 모아서 식힌 액체를 **증류액** distillate 이라고 한다.

distilled water 증류수

증류하여 distill 녹아있는 염 dissolved salt 이나 기타 화합물 compound 을 없앤 eliminate 순수한 물 pure water 이 증류수이다. 물을 증류하면 칼슘이나, 마그네슘, 철 등의 경도이온 hardness ion 뿐만 아니라 경도와는 관계없는 나트륨 sodium 같은 이온들도 제거된다. 지표면에서 증발한 evaporate 물이 응축해서 condensate 다시 액체가 되어 떨어지는 과정이 증류와 비슷하므로 빗물은 일종의 증류수라고 할 수 있다.

ion exchange 이온교환

수용액 aqueous solution 을 고체 solid 에 통과시켜 같은 전하를 가진 이온을 교환하는 과정이 이온교환이다. 센물 hard water 을 증류하여 distill 단물 soft water 로 만드는 과정은 비용이 많이 들기 때문에 보통 가정에서는 정수기 water purifier 로 이온교환을 해서 단물로 만든다.

센물을 나트륨이온 sodium ion 과 플라스틱 구슬로 채운 실린더(이온교환수지 ion-exchange resin)에 접촉시키면 contact 센물의 칼슘이온 Ca^{2+}이 이온교환수지의 나트륨이온 Na^+ 2개와 치환된다. 물에 들어있던 칼슘 대신 나트륨으로 바뀌었을 뿐이나, 나트륨이온은 경도 hardness 를 보이지 않으므로 단물이 된다.

saponification 비누화

동물이나 식물의 지방 fat 을 수산화나트륨(NaOH)

sodium hydroxide 이나 수산화칼륨(KOH) potassium hydroxide, 또는 이 둘의 혼합물 mixture 과 반응시켜 비누 soap 를 만드는 과정 process 이 비누화이다.

13 Environmental Pollution
환경오염

environmental pollution 환경오염
인간의 활동으로 자연환경 natural environment 에 물리적 physical, 화학적 chemical, 생물학적 biological 으로 바람직하지 못한 영향을 끼치는 현상을 말한다.

(1) Acid Rain 산성비

acid rain 산성비 (酸性雨)
오염되어 산성 acidity 이 강한 비가 내리는 현상 또는 그 비. 산성비를 통하여 대기 atmosphere 중의 산 acid 이나 산무수물 acid anhydride 이 지표면으로 떨어져 내린다. 이 과정을 **산침전** acid deposition 이라고 한다. → acid anhydride 산무수물 p.350

보통의 비에는 자연적으로 대기 atmosphere 중의 이산화탄소 carbon dioxide 가 녹아서 dissolved 탄산 (H_2CO_3) carbonic acid 의 형태로 존재한다. 따라서 자연적인 빗물은 약한 산성을 띠고 pH 척도 scale 가 5.6이 된다. 그러나 오늘날에는 석탄 coal 이나 석유 oil(petroleum), 천연가스 natural gas 등의 화석연료 fossil fuel 를 태움으로써 여러 가지 오염물질 pollutant 이 섞인 기체 gas 가 늘어나 정상보다 산성이 훨씬 강한 비, 즉 산성비가 전 세계적으로 관측되고 있다. 산성비의 주된 원인이 되는 기체는 다음의 황산화물 sulfur oxide 과 질소산화물 nitrogen oxide 이다.

sulfur oxide 황산화물 (黃酸化物)
황(S) sulfur 의 산화물 oxide 은 모두 6가지가 알려져 있으며 이들은 보통 SO_x 로 나타낸다. 황과 같은 비금속 원소의 산화물 oxides of nonmetals 은 물과 반응하여

react 산을 형성한다. → acid anhydride p.350

산성비 acid rain 를 일으키는 황산화물은 이산화황 (SO_2) sulfur dioxide 과 삼산화황 (SO_3) sulfur trioxide 이다. 이산화황(아황산가스)이 물에 녹으면 dissolved 아황산 (H_2SO_3) sulfurous acid 이 되어 산성 acidity 을 보인다:

$$SO_2(g) + H_2O(l) \rightarrow H_2SO_3(aq)$$
아황산 sulfurous acid

또한 이산화황은 대기 atmosphere 중에서 산소 oxygen 와 화학반응 chemical reaction 을 일으켜 삼산화황이 된다. 이때 대기 중의 먼지 dust 가 촉매 catalyst 구실을 하여 반응을 촉진시킨다 speed up. 삼산화황은 다시 물과 반응하여 황산 sulfuric acid 이 생성되고, 비에 섞여 내리면 산성비가 된다:

$$2SO_2(g) + O_2(g) \rightarrow 2SO_3(g)$$
삼산화황 sulfur trioxide
$$SO_3(g) + H_2O(l) \rightarrow H_2SO_4(aq)$$
황산 sulfuric acid

이 과정은 공업적으로 황산을 제조하는 것과 같은 원리이다.

nitrogen oxide 질소산화물

질소 nitrogen 산화물은 모두 7가지가 알려져 있으며, 이들은 NO_x로 나타낸다. 환경오염 environmental pollution 의 원인이 되는 질소산화물은 주로 일산화질소(NO) nitrogen monoxide(nitric oxide) 와 이산화질소(NO_2) nitrogen dioxide 이다.
질소분자 N_2는 반응성이 약하고 안정한 stable 기체이지만, 자동차 엔진 내부의 열에 의하여 공기 중의 산소와 결합하여 bond 일산화질소가 된다. 자동차의 배기가스 car exhaust fumes 에 섞여 나오는 일산화질소는 산소와 천천히 반응하여 이산화질소를 만든다. 이산화질소는 물에 녹아서 아질산 (HNO₂) nitrous acid 과 질산 (HNO₃) nitric acid 을 만들어 산성비가 된다:

$$N_2(g) + O_2(g) \rightarrow 2NO(g) \quad \text{일산화질소}$$
$$2NO(g) + O_2(g) \rightarrow 2NO_2(g) \quad \text{이산화질소}$$
$$2NO_2(g) + H_2O(l) \rightarrow HNO_2(aq) + HNO_3(aq)$$
아질산 + 질산

leaching

침출 (浸出)

고체 혼합물 solid mixture 을 산 acid 이나 알칼리 alkali 등의 용매 solvent 에 녹여서 여과하여 percolate 특정한 성분 component 을 뽑아내는 extract 과정이 침출이다. **우려냄**이라고도 한다.

산성비는 호수나 강물을 산성화하여 acidify, 토양 soil 이나 바위에 정상적으로 들어있는 금속이온 metal ion 을 침출하여 2차적인 문제를 일으킨다. 이때 침출된 금속은 양이 아주 적기 때문에 **미량금속이온** trace metal ion 이라고 한다. 알루미늄 aluminium, 수은 mercury, 카드뮴 cadmium, 납 lead 이온 등이 일반적인 미량금속이온으로서 물 속의 동물상 fauna 과 식물상 flora 에 해 harmful effect 를 입힌다.

(2) Water Pollution 수질오염

water pollution 수질오염

인간이 만든 오염물질 pollutant 때문에, 또는 인간에 의해 비롯되어 생긴 물의 화학적, 물리적, 생물학적, 방사능적인 변화가 수질오염이다.

수질오염의 직접적인 원인은 농약 pesticide 과 화학비료 chemical fertilizer, 공장의 제조공정 manufacturing processes, 석유 수송시의 유출에 의한 해양오염 marine pollution 등이 있다.

pesticide 농약

농약은 농업 agriculture 에 해를 끼치는 해충(벌레) vermin 이나 잡초 weed, 곰팡이 fungi 등을 없애는 화학물질 chemical substance 을 말하며, pesticide는 pest-killer 라는 뜻에서 온 말이다.

농약은 다시 잡초 weed 나 식물 plant 을 없애는 제초제 herbicide(weed-killer), 해충 insect pest 을 없애는 살충제 insecticide(insect-killer), 설치류제거제(쥐약) rodenticide(rodent-killer), 곰팡이제거제(살균제) fungicide(fungi-killer) 등으로 나누어진다.

농약의 문제점은 해충 pest 만이 아닌 불특정의 유기체 nonspecific organism 에게도 독성 toxic 을 보이며, 일부는 생물학적으로 분해성이 없는 nonbiodegradable 성분으로 되어 있다는 점이다. 따라서 이러한 성분은 없어지지 않고 생물체 living organism 에 축적되어 지속적인 해를 끼칠 수 있다.

natural insecticide 천연살충제

자연(식물 plant 이나 광물 mineral)에서 찾아낸 살충성분으로 해충 vermin 을 없애는 데 사용하는 약제를 뜻한다. 널리 사용되는 천연살충제에는 담배에서 얻은 니코틴 nicotine, 국화에서 얻을 수 있는 제충국 pyrethrum, 콩과식물에서 발견되는 로테논 rotenone 등이 있다. 광물성 기름 mineral oil 에서도 몇 가지 천연살충제를 만들 수 있으나, 대부분은 식물에서 얻는다. 일반적으로 어떤 물질이 천연적으로 추출되었다 extract 고 하면 안전하다고 여기는 경향이 있으나, 이는 어떤 화학물질 certain chemical substance 의 유해성 여부를 판단하는 데에 대단히 부정확한 방법이다. 천연살충제도 수질오염 water pollution 의 원인이 될 수 있다.

(3) Air Pollution 대기오염

air pollution 대기오염

인간의 활동으로 배출된 오염물질 pollutant 이 생물 living organism 에 해로운 영향 harmful effect 을 줄 정도로 많이 대기 atmosphere 중에 섞여 있는 상태를 대기오염이라고 한다.

대기오염은 공장이나 자동차의 배기가스 exhaust fumes, 가정의 연료소비 등 인간의 활동에 의한 것과 화산 volcano 의 연기 smoke 나 화산재 volcanic ash 등 자연적인 것이 있다.

thermal inversion 열역전 (熱逆轉)

고도 altitude 가 높아질수록 대기 atmosphere 의 온도가 낮아지는 것이 정상이나, 오히려 높아지는 현상이 열역전이다.

일반적으로 대기의 온도는 100m 높아짐에 따라 0.6~2.0℃ 씩 떨어진다. 그러나 분지에 인근의 차가운 공기가 들어오면 공기는 주위의 지형에 가로막혀 옆으로의 이동은 불가능하다. 또한 상공은 따뜻한 공기가 뚜껑처럼 덮고 있어서 빠져나가지 못하고 차가운 공기가 상당 기간 지표면 earth's surface 근처에 머무르는 열역전 현상이 일어난다.

inversion layer 역전층 (逆轉層)

기온 temperature 이 고도 altitude 에 따라 낮아지지 않고 오히려 높아지는 열역전 thermal inversion 현상이 일어나는 층 layer 을 말한다. 역전층에서는 대기

atmosphere 가 안정된 상태 stable state 에 있어서 상하로 vertically 뒤섞임(난류 turbulence)이 적다. 도시 인근의 역전층 아래에서는 상하층의 대기가 잘 혼합되지 않기 때문에 자동차 매연 automobile exhaust fumes 등이 가라앉아 스모그 smog 현상이 발생한다.

smog

스모그

도시의 매연 soot 과 대기 중의 오염물질 pollutant 이 안개 fog 모양의 기체가 되어 나타나는 현상이 스모그로, 영어의 smoke(연기)와 fog(안개)의 합성어이다. 스모그라는 용어는 14세기 초 유럽에서 산업발전과 인구증가로 석탄소비량이 늘어났을 때부터 생겼다. 도시나 공업지대에서 스모그가 발생하면 공기가 탁해지고, 인체에 해를 준다. 스모그는 다시 발생 원인에 따라 환원형 스모그 reducing smog 와 광화학스모그 photochemical smog 로 나누어진다.

reducing smog

환원형 (還元形) 스모그

환원제 reducing agent(reductant) 인 이산화황(SO_2) sulfur dioxide 과 일산화탄소(CO) carbon monoxide 가 원인이 되어 생기는 스모그. 1952년 4000여명의 사망자를 낸 런던의 스모그가 대표적인 환원형 스모그이다. 런던형 스모그 London type smog 라고도 한다.

환원형 스모그는 겨울철 밤에 석탄 coal 을 가정의 난방에 사용하면서 많이 발생한다. 연료 fuel 속의 황 sulfur 성분이 타면서 만들어지는 이산화황이 다음의 반응을 하여 황산 sulfuric acid 이 만들어진다:

$$2SO_2 + O_2 \rightarrow 2SO_3 \quad \text{삼산화황 sulfur trioxide}$$
$$SO_3 + H_2O \rightarrow H_2SO_4 \quad \text{황산 sulfuric acid}$$

이에 따라 공기 중에 떠있는 석탄 그을음 soot 에 황산막이 덮이는 스모그가 발생한다.

photochemical smog 광화학 (光化學) 스모그

현대의 대도시에서 자동차의 배기가스 automobile exhaust fumes 에 태양 빛이 작용하여 발생하는 스모그로, 환원형 스모그 reducing smog 와는 원인물질이 다르다. 오염된 대기 polluted air 중의 탄화수소 hydrocarbon 와 오존 (O_3) ozone, 질소산화물(NO_x) nitrogen oxide 등의 화학물질에 태양광선이 작용하여 만들어지므로 광화학 photochemical 이라는 이름이 붙었다. → nitrogen oxide 질소산화물 p.381

환원형 스모그 reducing smog 가 겨울철 밤에 주로 발생하는 데 비하여 광화학 스모그 photochemical smog 는 태양 빛이 강렬한 여름의 러시아워에 발생한다.

catalytic converter 촉매변환기 (觸媒變換機)

자동차의 배기가스 exhaust fumes 에서 주 오염물질 major pollutant 인 산화질소 NO와 일산화탄소 CO의 배출을 감소시키는 장치 device 를 말한다.

자동차 엔진의 뜨거운 열에 의하여 질소는 산소와 반응하여 react 산화질소 nitric oxide 가 된다. 촉매변환기 내의 로듐촉매 rhodium catalyst 는 산화질소를 무해한 harmless 질소와 산소로 바꾼다:

$$2NO(g) \rightarrow N_2(g) + O_2(g)$$

일산화탄소 carbon monoxide 는 변환기 내의 백금 platinum 이나 팔라듐촉매 palladium catalyst 를 거치면서 산화되어 oxidized 이산화탄소가 된다:

$$2CO(g) + O_2(g) \rightarrow 2CO_2(g)$$

배기가스가 촉매변환기를 거치는 잠깐 동안에 모든 반응이 일어나야 하기 때문에 반응은 촉매의 표면 surface 에서 일어난다.

Pollution

ozone holes   오존층 구멍

북극과 남극지방에서 주로 발생하는 현상으로, 오존층 ozone layer 의 오존 농도 concentration 가 평상시의 반 정도까지 급격히 감소되어 마치 구멍이 뚫린 것처럼 농도가 낮은 곳이 생기는 것을 말한다.
이러한 현상은 주로 **염화플루오르화탄소(CFC)** chlorofluorocarbon 라는 화합물 compound 들과 소화기 fire extinguisher 에 사용되는 할론가스 halon gas 에 의한 것으로 생각된다.
CFC는 주로 냉방이나 냉동장치의 냉매 refrigerant, 에어로졸용 고압가스 aerosol propellant, 용매 solvent 등으로 사용되며, 보통 프레온 Freon 이라는 상표명 commercial name 으로 알려져 있다.

ozone layer   오존층

지구의 대기권 earth's atmosphere 에서 오존 ozone 이 집중되어 있는 층 layer 을 오존층이라고 한다. 오존층의 영역은 지표면 earth's surface 에서 약 15~50km 상공의 성층권 stratosphere 이다.
오존층의 오존은 태양에서 오는 자외선 ultraviolet radiation 의 대부분을 흡수하여 absorb 생명체 living organism 를 유해한 harmful 자외선으로부터 보호하는 효과가 있다. 한편 오존이 자외선의 에너지를 흡수하면 성층권의 온도 temperature 가 올라간다. 성층권은 차례로 대기가 위아래로 뒤섞이지 vertically mix 못하게 하는 안정층 stable layer 이 되어 온실효과 greenhouse effect 를 일으킨다.

(4) Greenhouse Effect   온실효과

greenhouse effect   온실효과

지구의 대기 earth's atmosphere 에 포함된 어떤 기체(온실기체 greenhouse gas)들이 온실 greenhouse 의 유리와 비슷한 역할을 하여 태양의 빛에너지는 통과시키고, 열 heat 이 밖으로 빠져나가는 것은 차단시키는 screen 효과를 말한다.

지구에 도달한 태양 빛의 일부는 다시 우주로 반사되고 reflected, 나머지는 대기권을 투과하여 penetrate 지표면 earth's surface 의 온도를 올린다. 일단 지표면에 흡수된 에너지는 적외선 infrared radiation 으로 모양(파장)을 바꾸어 다시 지구에서 복사되어 radiated 나간다. 그러나 적외선의 파장 wavelength 은 이산화탄소 carbon dioxide 같은 물질 substance 에 흡수되는 성질이 있기 때문에 적외선의 일부는 빠져나가지 못하고 지구에 남게 된다.

온실효과는 지구의 온도를 따뜻하게 유지하는 maintain 중요한 기능을 하고 있으나, 인류가 배출하는 이산화탄소의 양이 증가함에 따라 필요 이상으로 온도가 올라가는 지구온난화 global warming 현상이 생겨서 문제가 되고 있다.

greenhouse gas   온실가스

지표면 earth's surface 에서 발산되는 적외선을 흡수하여 absorb 온실효과를 일으키는 기체들을 말한다. 대표적인 온실가스는 이산화탄소 carbon dioxide 와 메탄 methane 등이 있다. → methane 메탄 p.367

이산화탄소는 유기화합물 organic compound 이 탈 때, 그리고 생물들의 호흡작용 respiration 에서 지구대기 earth's atmosphere 에 자연적으로 들어온다. 그러나 현대의 인류 문명에서 화석연료 fossil fuel 의 사용과 산업 공정 industrial process 에서 발생한 대량의 이산화탄소가 대기 중으로 방출되어 released 지구온난화 global warming 를 일으킨다. 이산화탄소는 아주 효과적으로 적외선 infrared 을 흡수하지는 못하지만,

Pollution

대기 중에 양이 매우 많아서 문제가 된다.
이산화탄소 다음으로 온실효과를 일으키는 온실가스는 메탄이다. 메탄은 이산화탄소보다 더 효과적으로 적외선을 흡수한다. 메탄가스는 자연습지 natural swamp 와 산불 등에서 나오는 외에 대규모 목장에서 사육되는 소 떼에서도 많은 양이 발생한다.
그밖에 CFC 즉 **염화플루오르화탄소** chlorofluorocarbon 와 오존 ozone 도 온실효과를 일으킨다.

global warming 지구온난화
인간의 활동으로 배출된 온실가스 greenhouse gas 가 자연적으로 있어온 온실효과에 영향을 주어서 지구와 대기 atmosphere 의 평균온도 average temperature 가 올라가는 현상을 말한다. 지구온난화를 막기 위해서는 화석연료 fossil fuel 의 사용을 줄여서 온실가스 greenhouse gas 배출을 억제하고, 산림을 보호하며, 더 많은 나무를 심어야 한다.

14 Nuclear Chemistry
핵화학

(1) Nuclear Chemistry 핵화학

nuclear chemistry 핵화학

원자핵 atomic nucleus 의 방사성붕괴 radioactive decay 로 만들어지는 동위원소 isotope 등 방사성원소 radioactive element 의 화학적 성질을 연구하는 것을 비롯, 일반적으로 핵반응 nuclear reaction 을 다루는 분야로, 핵물리학 nuclear physics 과 거의 비슷한 분야이다.

free neutron 자유중성자 (自由中性子)

원자핵 atomic nucleus 에 묶여있지 bound 않은 중성자를 말한다.

핵분열의 연쇄반응 nuclear fission chain reaction 은 자유중성자의 수가 충분해야 일어날 수 있다. 만일 자유중성자의 수가 분열을 지속할 만큼 충분치 못하면 부임계조건 subcritical condition, 반대로 지나치게 많아서 통제할 control 수 없을 정도이면 초임계 supercritical 조건이라고 하며, 이때는 폭발(핵폭탄 nuclear bomb)이 일어난다. 조절이 가능하여 적절한 분열이 유지될 수 있을 정도의 자유중성자가 있으면 임계 critical 조건이라고 한다.

thermal neutron 열중성자 (熱中性子)

감속재 moderator 에 의하여 운동에너지 kinetic energy 를 잃고 속력 speed 이 약 2200m/s(=0.025eV) 정도로 줄어든 중성자를 열중성자라고 한다. 열화된 thermalized 중성자는 우라늄-235의 분열이 잘 일어나게 한다.

moderator 감속재 (減速材)

핵반응로 nuclear reactor 안에서 핵분열 연쇄반응 nuclear fission chain reaction 을 일으키기 위하여 자유중성자 free neutron 의 속력 speed 을 줄이는(감속) slow down 물질 substance 이 감속재이다.

우라늄 uranium 핵의 분열에 따라 방출되는 emit 중성자는 평균 2MeV의 높은 에너지를 가지고 있으므로, 속력이 지나치게 빨라서 핵분열을 하지 않는 우라늄-238에 흡수되기 쉽다. 따라서 감속재를 사용하여 중성자의 속력을 줄이면 reduce 우라늄-235 핵과의 충돌 collision 가능성이 높아져서 분열이 일어난다.

감속재로는 탄성충돌 elastic collision 로 중성자를 감속시키면서도 중성자를 잘 흡수하지 capture 않는 가벼운 원소들 light elements 즉 중수 heavy water, 흑연 graphite, 베릴륨 beryllium 등이 사용된다. 중수보다는 효율이 떨어지지만 농축우라늄 enriched uranium 에는 보통의 물(경수 light water)도 감속재로 사용된다.

critical mass 임계질량 (臨界質量)

핵분열 연쇄반응 nuclear fission chain reaction 을 유지할 수 있는 한계인 최소질량이 임계질량이다. 가령 우라늄 원자핵에서 연쇄반응이 차례로 일어나려면 발생한 중성자 neutron 가 다른 우라늄핵에 흡수되어야 한다. 그러나 우라늄의 질량이 충분하지 않으면 중성자는 우라늄과 충돌을 하지 못하고 밖으로 빠져나가 연쇄반응은 일어나지 못하고 꺼진다. 이는 마치 모닥불을 피울 때 불쏘시개가 충분치 않으면 불꽃이 피다가 식어버리는 것과 같다.

nuclear bomb 핵폭탄

만일 핵 물질을 임계질량 critical mass 이상으로 뭉치면, 조절할 control 수 없을 정도로 많은 자유중성자 free neutron 가 쏟아져 나온다. 이에 따라 연쇄반응

chain reaction 이 급격하게 일어나 폭발을 일으키며, 이를 핵폭탄이라고 한다. 원자폭탄 atomic bomb 이라고도 하나, 요즘은 쓰지 않는 용어이다.

nuclear binding energy 핵 결합에너지

핵 내부의 양성자 사이의 반발력 repulsive force 인 쿨롱힘 Coulomb's force 을 이기고 핵자(양성자 proton 와 중성자 neutron) nucleon 들을 결합시키는 에너지이다. 이때 작용하는 힘을 **핵력** nuclear force 또는 **강력** strong force 이라고 한다.

핵 결합에너지는 아인슈타인 Einstein 의 상대론적 에너지 relativistic energy 인 $E=mc^2$ 의 식에서 계산이 가능하다. 이때 약간의 질량 mass 이 결합에너지 binding energy 로 사용된다. 따라서 핵의 질량은 핵을 구성하는 양성자 proton 와 중성자 nucleon 의 질량을 전부 더한 것 보다 약간 적다. → bond energy 결합에너지 p.259

binding energy per nucleon 핵자당 결합에너지

핵 결합에너지 nuclear binding energy 를 질량수 mass number 즉 핵자수로 나눈 것이 핵자당 결합에너지이다.

핵자 1개에 대한 평균결합에너지 average binding energy 는 질량수가 중간 정도에 해당하는 철(Fe) iron 의 원자핵(질량수 $A=56$)에서 가장 크고, 이 보다 무거운 원자핵에서는 원자번호가 커질수록 평균결합에너지가 차차 작아지며, 가벼운 원자핵에서는 가벼워질수록 급격히 작아진다. 따라서 우라늄 uranium 핵 같은 무거운 원자핵은 중간 정도의 질량수를 갖는 두 개의 조각으로 분열할 수 있으며, 이를 핵분열 nuclear fission 이라고 한다.

수소(H) hydrogen 나 중수소(D) deuterium 핵 같이

Nuclear Chemistry

가벼운 원자핵은 서로 융합하여 무거운 원자핵으로 변환하며 transform, 이 현상 phenomenon 을 핵융합 nuclear fusion 이라고 한다. 핵분열이나 핵융합이 일어나면 질량의 차이 즉 질량결손 mass defect 에 해당하는 막대한 에너지가 방출된다.

(2) Nuclear Reaction   핵반응

nuclear fission   핵분열

질량이 커서 heavy mass 불안정한 핵 unstable nucleus 이 둘 이상의 비교적 큰 부분으로 쪼개져서 divide 가볍고 light 안정한 stable 핵이 되는 현상이 핵분열이다.

가령 우라늄-235 uranium-235 의 핵에 중성자 neutron 가 충돌하면 collide 우라늄이 몇 조각으로 쪼개지면서 연속적으로 반응이 일어나는 핵분열연쇄반응 fission chain reaction 을 일으킨다. 핵분열이 일어남에 따라 질량수 mass number 85~160 정도의 여러 가지 분열 생성물 fission product 이 만들어진다. 한 가지 분열의 예를 들어보면,

$$^{235}_{92}U + ^{1}_{0}n \rightarrow ^{87}_{35}Br + ^{146}_{57}La + 3^{1}_{0}n$$

여기서 $^{1}_{0}n$ 은 자유중성자 free neutron 를 나타낸다. 일단 우라늄-235가 반응을 시작하면 중성자 3개가 만들어지고, 이어서 이 중성자들에 의한 더 많은 분열이 시작되어 연쇄반응 chain reaction 을 일으킨다. 이때 질량결손 mass defect 이 생기면서 화학반응 chemical reaction 보다 훨씬 많은 막대한 양의 에너지가 나온다. 중성자들의 수를 적절히 조절 control 하는 데에 따라 분열의 속도를 늦추거나 빠르게 할 수 있다.

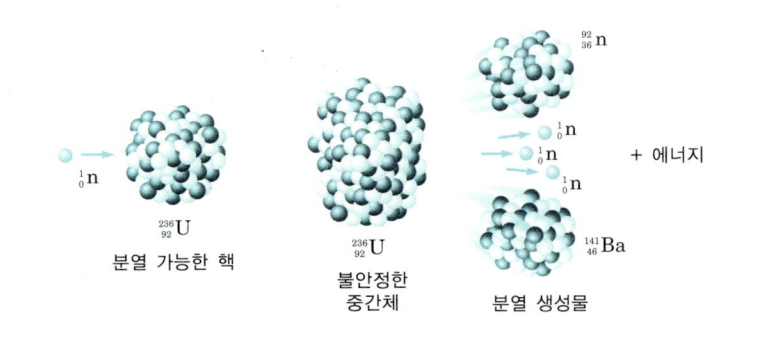

- 우라늄-235 핵에 중성자가 충돌하여 두 조각으로 갈라지면서 중성자를 3개 내놓는다.

73. Nuclear Fission
핵 분열

nuclear fusion 핵융합

원자번호 atomic number 가 낮은 원자핵 atomic nucleus 들이 융합하여 무거운 핵 heavy nucleus 으로 바뀌며 많은 에너지를 방출하는 핵반응. 융합 fusion 이란 두 개의 핵이 충돌한 collide 후 달라붙어서 더 큰 핵이 되는 것을 말한다.

양의 전하 positive charge 를 가지고 있는 핵들이 가까이 접근하면, 강한 쿨롱 반발력 Coulomb repulsion 을 보인다. 따라서 물질의 온도를 $10^8 K$(1억도) 정도로 하여 충분히 높은 운동에너지 kinetic energy 를 주어서 빠른 속력으로 이들을 충돌시켜야 collide 핵융합이 일어난다.

태양이나, 다른 별의 내부에서는 핵융합반응이 일어나기에 충분한 sufficient 높은 온도 temperature 와 압력 pressure 이 유지되고 있다. 태양과 같은 별 안에서 수소 핵들이 에너지를 방출하며 헬륨 helium 으로 융합되는 과정은 다음과 같다:

$$2(_1^1H + _1^1H \rightarrow \, _1^2H + e^+ + \nu)$$

$$2(^1_1H + ^2_1H \to ^3_2He + \gamma)$$
$$^3_2He + ^3_2He \to ^4_2He + 2^1_1H$$
$$\overline{4^1H \to {}^4He + 2e^+}$$

여기서 e^+ 와 ν 는 각각 양전자 positron 와 뉴트리노 neutrino 를 나타내며, γ는 고 에너지 high energy 의 빛이다.

질량결손 mass defect Δm 은 수소원자핵(양성자 proton) 네 개의 질량에서 헬륨핵(알파입자 alpha-particle) 하나의 질량을 뺀 양이므로 방출되는 총에너지 total energy 는

$$\Delta E = \Delta mc^2 = 24.7 \text{MeV}$$

이다.

지구상에서의 인공적인 artificial 핵융합반응은 현재까지는 지속적으로 제어하는 control 데까지 이르지 못하고 있다. 다만 핵분열폭탄을 방아쇠로 하는 **수소폭탄 hydrogen bomb** 에서만 핵융합이 가능했을 뿐으로 높은 온도가 필요하다는 의미에서 이를 열핵폭탄 thermonuclear bomb 이라고도 한다. 핵융합은 핵분열보다 핵자당 에너지가 더 크므로 수소폭탄은 핵분열 nuclear fission 에 의한 폭탄보다 100배의 에너지를 방출한다.

nuclear reactor 핵반응로 (核反應盧)

방사성동위원소 radioisotope 를 조절하여 control 핵분열 연쇄반응 nuclear fission chain reaction 을 지속시키는 sustain 장치 device 가 핵반응로이다. 보통의 핵반응로(원자로)는 **핵연료** nuclear fuel 로 ^{235}U 를 사용하여 열에너지 heat energy 를 얻는다. 이 열로 물을 수증기 water vapor 로 바꾸어 터빈 turbine 을 돌려서 전기에너지로 전환한다.

radioactive waste 방사성 폐기물 (放射性 廢棄物)
원자력 관련 시설이나 방사성 물질 radioactive substance 을 다루는 작업장이나 실험실 등에서 나오는 폐기물 waste 을 말한다.

DICTIONARY OF PHYSICS & CHEMISTRY FOR STUDYING ABROAD

INDEX I

알파벳순 찾아보기 (영-한)

A - Z

알파벳순 찾아보기

A

aberration	광행차	191
absolute scale	절대눈금	115
absolute temperature	절대온도	115
absolute zero	절대영도	116
absorption spectrum	흡수스펙트럼	201
acceleration	가속도 (加速度)	34
accepter	받개 (수용체)	293
accuracy	정확도	23
acetic acid	아세트산 (초산)	348
achromatic lens	색지움 렌즈	184
acid anhydride	산무수물 (酸無水物)	350
acid deposition	산침전	380
acid rain	산성비 (酸性雨)	380
acid-base indicator	산-염기 지시약	357
activation energy	활성화 (活性化) 에너지	362
activity	활성도	227
addition of vectors	벡터의 덧셈	26
addition polymerization	첨가 중합반응	369
adiabatic compression	단열압축	114
adiabatic expansion	단열팽창	114
adiabatic process	단열과정	114
aerosol	에어로졸	328
aether	에테르 (이써)	190
agitation	교반 (攪拌)	320
agitator	교반기	320
air pollution	대기오염	384
algebraic equation	대수식	30
alkali	알칼리	347
alloy	합금	308
alpha-particle	알파입자 (α입자)	228

English	Korean	Page
alpha-particle decay	알파입자붕괴	229
alternating current	교류	153
ammonia	암모니아	368
amorphous solid	비정질 (非晶質) 고체	88
Ampere	암페어	140
Ampere-Maxwell law	Ampere-Maxwell 의 법칙	179
Ampere's law	암페어의 법칙	164
amphiprotic	양쪽성	353
amphiprotic solvent	양쪽성용매	353
amphoteric oxide	양쪽성산화물	353
analytical chemistry	분석화학 (分析化學)	237
angle of incidence	입사각	187
angle of refraction	굴절각	187
angular acceleration	각가속도	39
angular displacement	각변위 (角變位)	38
angular frequency	각진동수	97
angular momentum	각 (角) 운동량	78
angular speed	각속력	78
angular velocity	각속도	38
angular wavenumber	파수	102
anion	음이온	282
anode (positive electrode)	양극	282
antimatter	반물질	134
antinode	배	104
antiparticle	반입자	224, 132, 133
apparent mass	겉보기 질량	194, 197
apparent weight	겉보기 무게	45
aprotic solvent	비양성자성 용매	354
aqueous solution	수용액 (水溶液)	313
Archimedes' principle	아르키메데스의 원리	61
Arrhenius acid	아레니우스 산 (酸)	345
Arrhenius base	아레니우스 염기	345
Arrhenius theory	아레니우스 이론	345
association	회합 (會合)	301
atmospheric pressure	대기압	119

atom	원자 (原子)	221, 239
atomic mass number	원자질량수	225
atomic mass unit	원자질량단위	225
atomic number	원자번호	221
atomic theory before Dalton	돌턴 이전의 원자론 (原子論)	240
atomic weight	원자량 (原子量)	239, 226
average acceleration	평균가속도	35
average power	평균일률	67
average speed	평균속력 (平均速力)	32
average velocity	평균속도 (平均速度)	33
Avogadro constant	아보가드로 상수	117
Avogadro's law	아보가드로의 법칙	245

B

back emf	역기전력	164
background radiation	배경복사	183
backward reaction	역반응	359
band spectrum	띠 스펙트럼	200
Basic SI units	SI 기본단위	23
battery	배터리	342
beats	맥놀이	108
becquerel	베커럴	227
beta-decay	베타붕괴	229
beta-particle	베타입자 (β 입자)	228
binary compound	이성분 (二成分) 화합물	238
binary covalent compound	이성분 (二成分) 공유결합화합물	288
binary salt	이성분염 (二成分鹽)	347
binding energy per nucleon	핵자당 결합에너지	392
biochemistry	생화학 (生化學)	237
black hole	블랙홀	198
blackbody	흑체	204
blackbody radiation	흑체복사	205
Bohr, Niels	보어	203
Bohr orbits	보어궤도	203

Bohr radius	보어반지름	203
Bohr's theory of atomic structure	보어의 원자이론	244
boiling point	끓는점 (b.p.)	305
bond dissociation energy	결합해리 (結合解離) 에너지	259
bond energy	결합에너지	259
boson	보즈입자	220
Boyle's law	보일의 법칙	261
bq	베커렐	227
bremsstrahlung	제동복사	213
British unit system	영국 단위계	65
Btu	영국 열의 단위	110
buffer solution	완충용액	354
bulk compressibility	부피 압축률	94
bulk modulus	부피 탄성률	94
buoyant force	부력 (浮力)	61

C

canonical form	공명형	295
capacitance	전기용량	150
capacitive reactance	용량성 리액턴스	154
capacitor	축전기 (蓄電器)	149
carbon compound	탄소화합물	366
carnot engine	카르노 기관	128
Cartesian coordinate system	직각좌표계	28
catalyst	촉매	364
catalytic converter	촉매변환기 (觸媒變換機)	386
cathode	음극	282
cation	양이온	282
cell diagram	전지도표	339
center of gravity	무게중심	86
center of mass	질량중심	85
centrifugal force	원심력 (遠心力)	59
centripetal force	구심력 (求心力)	58
CFC	염화플루오르화탄소	387

characteristic X-rays	특성 X-선	212
charge	전하	130
Charles and Gay-Lussac's law	샤를르와 게이-뤼삭의 법칙	261
chemical bond	화학결합	285
chemical equation	화학반응식	253
chemical equilibrium	화학평형 (平衡)	358
chemical equivalent	화학당량 (當量)	349
chemical formula	화학식	252
chemical reaction	화학반응	250
chemistry	화학 (化學)	236
chemistry of complex	배위화학 (配位化學)	296
chloro fluoro carbon	염화플루오르화탄소	387
chromatic aberration	색수차	183
coefficient of viscosity	점성도	303
coherent	결맞은	209
colligative properties	총괄 (總括) 성질	322
collision	충돌	83
colloid	콜로이드	326
completely inelastic collision	완전비탄성충돌	84
complex	착물 (錯物)	296
component	성분 (成分)	247
compound	화합물 (化合物)	238
Compton effect	콤프턴 효과	210
Compton wavelength	콤프턴 파장	212
concentration	농도	320
concentration cell	농도차전지	342
condensation polymerization	축합반응	369
conductivity	전도도	139
conductor	도체	134
conjugate acid	짝산	352
conjugate base	짝염기	352
conjugate pair	짝쌍	352
conservation of angular momentum	각운동량 보존법칙	79
conservation of charge	전하보존법칙	131
conservation of energy	에너지 보존법칙	75

conservation of linear momentum	선운동량 보존법칙	78
conservation of mechanical energy	역학적에너지 보존법칙	74
conservation of total energy	총에너지 보존법칙	198
conservative force	보존력	72
constant acceleration	일정가속도	36
constituent	성분 (成分)	247
constructive interference	보강간섭	185
continuous phase	연속상	327
continuous spectrum	연속스펙트럼	200
convection	대류	111
coordinate bond	배위결합 (配位結合)	288
coordinate covalent bond	배위공유결합	289
coordinates	좌표계	28
coordinate system	좌표계	28
coordination compound	배위 (配位) 화합물	297
copolymer	공중합체	369
Coriolis force	코리올리의 힘	60
correspondence principle	대응원리	204
Coulomb's force	쿨롱힘	141
Coulomb's law	쿨롱의 법칙	141
counter emf	역기전력	164
covalent bond	공유결합 (共有結合)	287
covalent crystal	공유결합결정 (共有結合結晶)	310
critical mass	임계질량 (臨界質量)	391
critical pressure	임계 (臨界) 압력	270
critical specific volume	임계비용 (臨界比容)	270
critical state	임계 (臨界) 상태	269
critical temperature (superconductor)	임계온도	136
critical temperature (gas)	임계온도	270
critical volume	임계부피	270
cryoscopic constant	어는점 내림상수	326
crystal	결정 (結晶)	309
crystal defect	결정 결함 (缺陷)	311
crystal energy	결정에너지	284
crystalline solid	결정성 (結晶性) 고체	306

crystallization	결정화 (結晶化)	309
current density	전류밀도	140
cyclotron	사이클로트론	233
cylindrical coordinates	원통좌표계	29

D

Dalton's atomic theory	돌턴의 원자론 (原子論)	242
Dalton's law of partial pressures	돌턴의 분압법칙 (分壓法則)	263
damped simple harmonic oscillation	감쇠단조화진동	100
Daniell cell	다니엘전지	341
daughter nucleus	딸핵	227
Davisson-Germer experiment	Davisson-Germer 실험	202
DC	직류	153
de Broglie wave	드브로이 파	202
de Broglie wavelength	드브로이 파장	202
de Broglie's hypothesis	드브로이 가설	201
decay constant	붕괴상수	232
decibel	데시벨	108
density	밀도	249
deposition	석출 (析出)	319
depression of freezing point	어는점 내림	326
destructive interference	상쇄간섭	186
deuterium	중수소 (重水素)	375
deuterium oxide	산화중수소	375
diamagnetic	반자성 (反磁性)	281
diatomic molecule	이원자 분자	245
dielectric	유전체	151
differential equation	미분방정식	34
diffraction	회절	185
dimension	차원 (次元)	25
dimensionless quantity	차원이 없는 양	25
diode	다이오드	153
direct current	직류	153
disintegration constant	붕괴상수	232

dispersed phase	분산상	327
dispersion force	분산력 (分散力)	300
dispersion medium	분산매	327
displacement current	변위전류	179
displacement vector	변위벡터	31
disproportionation	불균등화 (不均等化) 반응	331
distillate	증류액	378
distillation	증류 (蒸溜)	378
distilled water	증류수	378
donor	주개, 공여체	293
Doppler effect	도플러 효과	109
double decomposition	복분해반응	332
drag force	끌림 항력 (抗力)	55
driving angular frequency	구동 각진동수	177
dry cell	건전지	342
dynamics	동역학	31

E

earth's atmosphere	대기 (大氣)	271
ebullioscopic constant	끓는점 오름상수	326
elastic collision	탄성충돌	83
elastic modulus	탄성률	93
elastic potential energy	탄성 퍼텐셜에너지	70
elasticity	탄성	93
electric current	전류	140
electric dipole	전기쌍극자	146
electric dipole moment	전기쌍극자모멘트	147
electric field	전기장	142
electric field lines	전기력선	143
electric flux	전기선속 (電氣線束)	145
electric potential	전기퍼텐셜	147
electric power	전력	155
electrical potential energy	전기 퍼텐셜에너지	71
electrochemistry	전기화학	333

electrolysis	전기분해	335
electrolyte	전해질	334
electrolytic cell	전해전지 (電解電池)	336
electrolytic conduction	전해질 전도	335
electromagnetic force	전자기력	130-177, 20
electromagnetic induction	전자기유도	165
electromagnetic wave spectrum	전자기파 스펙트럼	180
electromagnetic waves	전자기파	179
electromotive force	기전력	164
electron affinity	전자친화도	284
electron capture	전자포획	230
electron configuration	전자배치	291
electron gas	전자가스	311
electron-dot symbol	전자-점표시	292
electron-volt	전자볼트	65
electronegativity	전기음성도 (電氣陰性度)	293
electrostatic force	정전기력	141
element	원소 (元素)	238
elementary charge	기본전하	22
elementary particle	소립자, 기본입자	239, 131
elevation of boiling point	끓는점 오름	326
emf device	기전력 장치	164
emission line spectrum	방출 선스펙트럼	200
emission spectrum	방출스펙트럼	200
empirical formula	실험식	253
emulsion	에멀션	328
endothermic reaction	흡열반응 (吸熱反應)	258
energy	에너지	64
energy level	에너지 준위	214
enthalpy	엔탈피	256
enthalpy of formation	생성 (生成) 엔탈피	257
entropy	엔트로피	126
environmental pollution	환경오염	380
enzyme	효소	365
equation of motion	운동방정식	49

English	Korean	Page
equation of state for an ideal gas	이상기체 상태방정식	266
equilibrium	평형	88
equilibrium constant	평형상수 (平衡常數)	359
equilibrium law	화학평형의 법칙	361
equipotential	등퍼텐셜의	147
equipotential line	등퍼텐셜선	149
equipotential surface	등퍼텐셜면	149
equivalent	당량	349
equivalent capacitance	전기용량	152
error	오차	23
ether	에테르 (이써)	190
evaporation	증발	304
excess reactant	과잉반응물 (過剩反應物)	251
excited states	들뜬 상태	215
excluded volume	배제부피	268
exothermic reaction	발열반응 (發熱反應)	258
exponential decay	지수형 붕괴	231

F

English	Korean	Page
far infrared	원적외선	181
farad	패럿	151
Faraday constant	패러데이 상수	338
Faraday's law of induction	패러데이의 유도법칙	165
Faraday's laws	패러데이 법칙	338
fermion	페르미 입자	219
ferromagnetic	강자성 (强磁性)	280
first ionization energy	제 1이온화에너지	283
First law of thermodynamics	열역학 제1법칙	125
flux	선속 (線束)	144
force	힘	41
forced oscillation	강제진동	177, 100
forced oscillator	강제진동자	177, 100
forward reaction	정반응 (正反應)	358
frame of reference	기준계	192

free fall	자유낙하	54
free neutron	자유중성자(自由中性子)	390
free oscillation	자유진동	100
freezing point	어는점	303
frequency	진동수	94
friction force	마찰력	56
fringe	줄무늬	187
fuel cell	연료전지	343
fundamental constants of physics	물리학의 기본상수들	21
fundamental forces	기본힘	20
fundamental interactions	기본상호작용	20

G

galvanic cell	갈바니 전지	340
gamma-ray	감마(γ) 선	182
gas	기체	261
gas constant	기체상수	120
gas law	기체법칙	120
Gauss'law	가우스 법칙	146
gel	겔	328
general theory of relativity	일반상대성이론	192
geometrical optics	기하광학	183
giant-molecular crystal	거대분자결정	311
global warming	지구온난화	389
Graham's law	그래함의 법칙	264
gravitational acceleration	중력가속도	52
gravitational constant	중력상수	22
gravitational force	중력(重力)	50, 20
gravitational mass	중력질량(重力質量)	43
gravitational potential energy	중력 퍼텐셜에너지	69
gravity	중력(重力)	52
greenhouse effect	온실효과	387
greenhouse gas	온실가스	388
ground state	바닥상태	215

group	족 (族)	276

H

Haber process	하버 과정	272
half cell	반쪽전지	338
half-life	반감기	231
Hall effect	홀 효과	139
hard water	경수 (硬水)	376
hard water	센물	376
hardness of water	물의 경도 (硬度)	377
head-on collision	정면충돌	83
heat	열	110
heat capacity	열용량	113
heat content	열함량	256
heat of combustion	연소열 (燃燒熱)	259
heat of fusion	용융열	111
heat of solution	용해열 (溶解熱)	317
heat of transformation	변환열	110
heat of vaporization	증발열	111
heavy water	중수 (重水)	374
Hess's law	헤스의 법칙	258
heterogeneous mixture	불균일혼합물	237
heterogeneous reaction	불균일반응	254
homogeneous mixture	균일혼합물	237, 313
homogeneous reaction	균일반응 (均一反應)	254
homopolymer	단일중합체	369
Hooke's law	훅의 법칙	91
horsepower	마력	67
Hund's rule	훈트의 규칙	279
Huygens' principle	호이겐스의 원리	188
hydrate	수화물 (水化物)	372
hydration	수화 (水化)	371
hydrocarbon	탄화수소	366
hydrocarbon compound	탄화수소 화합물	366

English	Korean	Page
hydrochloric acid	염산, 염화수소산	349
hydrogen bomb	수소폭탄	395
hydrogen bond	수소결합	300
hydrogen half cell	수소반쪽전지	340
hydrolysis	가수분해	354
hydronium ion	하이드로늄이온	346
ideal gas	이상기체	119
ideal gas law	이상기체의 법칙	119
ideal gas law	이상기체의 법칙	266
impedance	임피던스	54
impulse	충격량	84
incident wave	입사파	104
index of refraction	굴절률	184
indicator	지시약	356
induced current	유도전류	165
induced dipole	유도된 쌍극자	300
induced emf	유도 기전력	165
inductance	인덕턴스	167
inductive reactance	유도성 리액턴스	154
inductor	인덕터	166
inelastic collision	비탄성충돌	84
inertia	관성 (慣性)	46
inertial frame	관성계	195
inertial mass	관성질량 (慣性質量)	43
infrared wave	적외선	181
inorganic chemistry	무기화학 (無機化學)	236
insoluble	불용성 (不溶性)	318
instantaneous acceleration	순간가속도	35
instantaneous power	순간일률	67
instantaneous velocity	순간속도	33
insulator	절연체	134

English	Korean	Page
intensity of sound	소리의 세기	108
interference	간섭	185
interferometer	간섭계	186
intermediate bond	중간결합 (中間結合)	290
intermolecular force	분자간 힘	298
internal energy	내부에너지	120
inverse square law	역제곱의 법칙	141, 53
inversion layer	역전층 (逆轉層)	384
ion	이온	282
ion exchange	이온교환	378
ionic bond	이온결합	286
ionic compound	이온결합 화합물	286
ionic crystal	이온결정	310
ionic crystalline solid	이온성 결정체	310
ionic product	이온곱	373
ionic product of water	물의 이온곱	373
ionic radius	이온반지름	285
ionization	이온화	282
ionization energy	이온화에너지	282
ionization potential	이온화퍼텐셜	282
irreversible reaction	비가역반응 (非可逆反應)	359
isobar	동중핵	225
isobaric process	등압과정	123
isochoric process	등적과정	123
isoelectronic configuration	등전자성 (等電子性) 배치	291
isothermal process	등온과정	123
isotone	동중성자원소	225
isotope	동위원소	224, 239
isotropic	등방성 (等方性) 의	178

J

English	Korean	Page
J	줄	65
joule	줄	65

K

Kelvin scale	켈빈눈금	115
kinematics	운동학	31
kinetic energy	운동에너지	68
kinetic friction force	운동마찰력	57
kinetic molecular theory	기체분자 운동론	265
kinetic theory of gases	기체 운동론 (氣體運動論)	265
Kirchhoff's junction rule	키르히호프의 접합점 법칙	172
Kirchhoff's loop rule	키르히호프의 폐회로 법칙	172
Kirchhoff's rule	키르히호프의 법칙	172
kneader	반죽기	320

L

laser light	레이저 빛	209
lattice energy	격자 (格子) 에너지	284
Law of action and reaction	작용과 반작용의 법칙	49
Law of conservation of mass	질량보존의 법칙	241
Law of constant heat summation	일정열 더함법칙	258
Law of definite proportions	일정성분비의 법칙	241
Law of force	힘의 법칙	48
Law of inertia	관성의 법칙	47, 41
Law of multiple proportions	배수비례 (倍數比例) 의 법칙	241
Law of universal gravitation	만유인력의 법칙	50
LC oscillator	LC 진동자	175
Le Chatelier's principle	르 샤틀리에의 법칙	361
leaching	침출 (浸出), 우려냄	382
length contraction	길이수축	194
Lenz's law	렌즈의 법칙	166
Lewis structure	루이스 구조	292
Lewis theory	루이스 이론	352
ligancy	배위수 (配位數)	297
ligand	리간드	297
light quantum	빛입자	206

light water	경수 (輕水)	374
limiting reactant	제한반응물 (制限反應物)	251
linear momentum	선 (線) 운동량	77
liquefaction of gases	기체의 액화 (液化)	270
liquid	액체	298
liquid crystal	액정 (液晶)	312
lone pair	고립쌍 (孤立雙)	293
lone-pair	비공유전자쌍	289
long periods	장주기	276
longitudinal stress	세로 변형력	94
longitudinal wave	종파	102
lowering of vapor pressure	증기압 내림	325
Lowry-Bröansted theory	로우리-브뢴스테드 이론	351

M

macromolecular crystal	거대분자결정	311
magnetic dipole	자기쌍극자	162
magnetic dipole moment	자기쌍극자모멘트	162
magnetic field	자기장	160
magnetic field lines	자기력선	161
magnetic flux	자기선속 (磁氣線束)	164
magnetic force	자기력	159
magnetic moment	자기모멘트	162
magnetic monopole	자기홀극	162
magnetic quantum number	자기양자수	218
magnetism of earth	지구자기장 (지자기)	161
mass	질량 (質量)	42
mass concentration	질량농도	321
mass number	질량수	226
mass-energy equation	질량-에너지 관계식	76
matter(atom)	물질	133
matter wave	물질파	202
maximum static friction force	최대정지마찰력	57
Maxwell's equations	맥스웰 방정식	178

mean free path	평균자유행로	121
mechanical energy	역학적에너지	72
mechanical equivalent of heat	열의 역학적당량	65
mechanical wave	역학적 파동	101
mechanics	역학 (力學)	31
melting	녹음	309
melting point	녹는점, 융용점	308
meson	중간자	223
metallic bond	금속결합	291
metallic conduction	금속전도 (傳導)	333
metallic crystal	금속결정	311
metalloid	준금속 (準金屬)	307
metathesis	상호교환	332
metathetical reaction	상호교환반응	332
methane	메탄	367
Michelson-Morley experiment	마이켈슨-몰리 실험	190
microwaves	마이크로파	181
Millikan's oil drop experiment	밀리컨의 기름방울실험	134
mixture	혼합물 (混合物)	237
moderator	감속재 (減速材)	390
molal concentration	몰랄농도	321
molar fraction	몰분율 (分率)	321
molar specific heat	몰비열	114
molarity	몰농도	321
mole	몰	117
molecular (atomic) weight	분자 (원자) 량	118
molecular crystal	분자결정	309
molecular formula	분자식	252
molecular mass	분자질량	118
molecule	분자 (分子)	244
moment of inertia	회전관성	46
momentum	운동량 (運動量)	77
monoatomic molecule	단원자 분자	245
monomer	단량체 (單量體)	368
motion	운동	31

English	Korean	Page
mutual inductance	상호인덕턴스	168

N

English	Korean	Page
natural insecticide	천연살충제	383
near infrared	근적외선	181
negative beta-decay	음베타붕괴	229
negative catalyst	역촉매	365
net force	알짜힘	41
net ionic equation	알짜이온방정식	346
network covalent compound	망상 공유화합물 (網狀 共有化合物)	306
neutral equilibrium	중립평형	89
neutralization	중화	346
neutrino	중성미자	223
neutron	중성자	223
Newton's first law of motion	뉴턴의 제 1법칙	48
Newton's law of gravitation	뉴턴의 중력법칙	50
Newton's laws of motion	뉴턴의 운동 법칙	47
Newton's second law of motion	뉴턴의 제 2법칙	48
Newton's third law of motion	뉴턴의 제 3법칙	49
nitrogen	질소	271
nitrogen oxide	질소산화물	381
noble gas	18족 (族) 기체	273
node	마디	104
nonconductor	부도체	135
nonconservative force	비보존력	74
nonelectrolyte	비전해질	335
nonpolar solvent	비극성용매 (非極性溶媒)	316
normal boiling point	정상 (正常) 끓는점	305
normal force	수직힘, 수직항력	57
normality	노르말농도	321
nuclear binding energy	핵결합에너지	392
nuclear bomb	핵폭탄	391
nuclear chemistry	핵화학	390

nuclear fission	핵분열	393
nuclear force	핵력	392
nuclear fuel	핵연료	395
nuclear fusion	핵융합	394
nuclear reactor	핵반응로 (核反應盧)	395
nucleon	핵자	223
nucleus	원자핵	222

O

octet	팔전자계 (八電子系)	293
Ohm's law	옴의 법칙	136
optics	광학	183
orbital	전자 궤도	214
orbital magnetic moment	궤도 자기모멘트	161
orbital quantum number	궤도양자수	217
order	반응차수 (反應次數)	363
organic chemistry	유기화학 (有機化學)	236
organic compound	유기화합물 (有機化合物)	366
osmosis	삼투현상	324
osmotic pressure	삼투압 (滲透壓)	323
oxidation number	산화수 (酸化數)	330
oxidation-reduction	산화-환원	329
oxidizing agent	산화제	331
oxygen	산소	272
ozone	오존	273
ozone holes	오존층 구멍	387
ozone layer	오존층	387

P

pair annihilation	쌍소멸	133
pair production	쌍생성	132
parallel connections of capacitors	축전기의 병렬연결	152
parallel plate capacitor	평행판 축전기	149

paramagnetic	상자성 (常磁性)	………	280
parent nucleus	어미핵	………	227
partial charge	부분전하	………	290, 370
partial pressure	분압 (分壓)	………	268
particle accelerator	입자가속기	………	233
Pascal	파스칼	………	119
Pauli exclusion principle	파울리의 배타원리	………	219
pendulum	진자	………	97
perfect gas	완전기체	………	119
period (vibration)	주기 (週期)	………	95
period (atom)	주기 (週期)	………	276
periodic funcion	조화함수	………	96
periodic table	주기율표 (週期律標)	………	275
periodicity	주기성 (週期性)	………	276
permanent hard water	영구적 센물	………	377
permeability	자기투과율	………	162
permeability constant	투과상수	………	162
permittivity	유전율	………	139
pesticide	농약	………	383
pH scale	pH 척도	………	355
phase	상 (相)	………	246
phase	위상	………	97
phase constant	위상상수	………	97
photochemical smog	광화학 (光化學) 스모그	………	386
photoelectric effect	광전효과	………	206
photoelectric-threshold wavelength	광전문턱파장	………	207
photoelectron	광전자	………	206
photon	빛입자 (光子)	………	207
physical chemistry	물리화학 (物理化學)	………	237
physical pendulum	물리진자	………	97
physics	물리학 (物理學)	………	20
pi meson	파이중간자	………	223
Planck('s) constant	플랑크상수	………	205, 22
Planck's radiation law	플랑크 복사법칙	………	205
plane wave	평면파	………	105

English	Korean	Page
pOH scale	pOH 척도	356
point charge	점전하	130
polar solvent	극성용매 (極性溶媒)	314
polyatomic molecule	다원자 분자	245
polymer	중합체 (重合體)	369
polymerization	중합 (重合)	369
position vector	위치벡터	31
positive beta-decay	양베타붕괴	230
positron	양전자	133
potential difference	퍼텐셜차	147
potential energy	퍼텐셜에너지	69
power	일률	66
power factor	전력인자	156
primary cell	일차전지	340
principal quantum number	주양자수	217
Principle of superposition	중첩의 원리	54
product	생성물	250
products of vectors	벡터의 곱셈	27
projectile motion	포물체 운동, 투사체 운동	37
proper	고유한	193
proton	양성자	221
proton synchrotron	양성자 싱크로트론	233
protonic acid	양성자산	347

Q

English	Korean	Page
qualitative analysis	정성분석 (定性分析)	247
quantitative analysis	정량분석 (定量分析)	248
quantization of charge	전하의 양자화	131
quantum	양자 (量子)	214
quantum mechanics	양자역학	213
quantum numbers	양자수	216
quantum physics	양자 물리학	200-220, 244
quark	쿼크	21

R

radian	라디안	39
radiation	복사	112
radical	기 (基), 라디칼	332
radio waves	라디오파	180
radioactive decay	방사성 붕괴	226
radioactive waste	방사성 폐기물 (放射性 廢棄物)	396
radioactivity	방사능	227
rainbow	무지개	186
random error	우연오차	23
Raoult's law	라울의 법칙	322
RC circuit	RC회로	173
reactance	리액턴스	153
reactant	반응물	250
reaction half-life	반응반감기 (半減期)	363
reaction rate	반응속도	362
rectangular coordinate system	직각좌표계	28
redox	산화-환원반응	329
reducing agent	환원제	331
reducing smog	환원형 (還元形) 스모그	385
reflect	반사	184
reflected wave	반사파	104
refraction	굴절	184
relative atomic mass	상대원자질량	239, 226
relative density	비중 (比重)	249
relative molecular mass	상대분자질량	118
relativistic energy	상대론적 에너지	197
relativistic mass	상대론적 질량	196
relativistic momentum	상대론적 운동량	197
resistance	저항	137
resistivity	비저항 (比抵抗)	138
resistor	저항	137
resonance (vibration)	공명 (울림)	99
resonance (electron configuration)	공명 (共鳴)	294

resonance form	공명형	295
rest mass	정지질량	194
restoring force	복원력	89
reverse osmosis	역삼투 (逆滲透) 현상	325
reversible reaction	가역반응 (可逆反應)	359
rigid body	강체	88
RL circuit	RL회로	174
RLC circuit	RLC회로	176
room temperature	실온	249
root-mean-square	제곱평균제곱근	156
root-mean-square speed	제곱평균제곱근 속력	129
rotational motion	회전운동	81
Rutherford's atomic model	러더포드의 원자모델	243

S

salt	염 (鹽)	347
salt bridge	염 (鹽) 다리	338
saponification	비누화	379
saturated solution	포화용액	318
scalar product	스칼라곱	27
scalar quantity	스칼라량	26
scalars	스칼라	25
Schwarzchild radius	Schwarzchild 반지름	198
second ionization energy	제 2이온화에너지	284
Second law of thermodynamics	열역학 제 2법칙	125
secondary cell	이차전지	341
self-inductance	자체인덕턴스	167
semiconductor	반도체	135
semipermeable membrane	반투막 (半透膜)	323
series connections of capacitors	축전기의 직렬 연결	152
shear modulus	층밀리기 탄성률	94
shell	껍질	278
short periods	단주기	276
SI base units	SI 기본단위	23

SI supplementary units	SI 보조단위	24
simple harmonic motion	단조화운동	95
simple pendulum	단진자	98
slightly soluble	난용성 (難溶性)	318
smog	스모그	385
smoke	연기	327
Snell's law	스넬의 법칙	187
soft water	단물	377
sol	졸	327
solenoid	솔레노이드	170
solid	고체	306
solid solution	고용체	308
solidification	고체화	309
solubility	용해도 (溶解度)	318
soluble	가용성 (可溶性)	318
solute	용질 (溶質)	313
solution	용액	313
solvation	용매화 (溶媒化)	317
solvent	용제	313
solvent	용매 (溶媒)	313
solvent system	용매계 (溶媒系)	350
sound level	소리 준위	108
sound wave	음파	106
space-time	시공간	198
specific gravity	비중	249
specific heat	비열	113
spectator ion	구경꾼 이온	348
spectrum	스펙트럼	200
speed	속력	33
speed of light	빛의 속력	22
spherical coordinates	구좌표계	29
spherical wave	구면파	105
spin magnetic moment	스핀 자기모멘트	160
spin quantum number	스핀양자수	219
stable equilibrium	안정된 평형	89

standard electrode	표준전극	340
standard emf	표준 기전력 (起電力)	339
standard enthalpy of formation	표준 생성엔탈피	257
standard heat of combustion	표준 연소열	260
standard hydrogen electrode	표준 수소전극	340
standard state	표준상태	248
standard temperature and pressure	표준상태	249
standing wave	정상파	104
state function	상태함수	122
state variables	상태변수	123
static electricity	정전기	141
static equilibrium	정적 평형	89
statistical error	통계오차	23
stoichiometric coefficient	화학양론 계수 (化學量論係數)	254
stoichiometry	화학양론 (化學量論)	250
storage battery	축전지	342
SPT	표준상태, 표준온도 및 압력	249
strain	변형	92
stress	변형력	91
strong acid	센 산	348
strong electrolyte	강전해질	334
strong force	강력	20, 223, 392
sublimation	승화 (昇華)	308
subshell	부 (附) 껍질	278
sulfur oxide	황산화물 (黃酸化物)	380
sulfuric acid	황산	349
superconductor	초전도체	135
supercooling	과냉각 (過冷却)	303
superposition principle	중첩의 원리	54
supersaturated solution	과포화 (過飽和)용액	319
surface tension	표면장력	303
suspension	현탁액	327
swamp gas	늪지기체	368
systematic error	계통오차	23

T

temporary hard water	일시적 센물	377
terminal velocity	종단속도	55
theory of special relativity	특수상대성이론	192
thermal conduction	열전도	111
thermal conductivity	열전도도	112
thermal conductor	열도체	112
thermal expansion	열팽창	112
thermal insulator	열절연체	112
thermal inversion	열역전 (熱逆轉)	384
thermal neutron	열중성자 (熱中性子)	390
thermochemistry	열화학 (熱化學)	256
thermodynamics	열역학 (熱力學)	122
Thomson's atomic model	톰슨의 원자모델	243
time dilation	시간팽창 (시간지연)	195
toroid	토로이드	171
torque	토크 (돌림힘)	79
torsion pendulum	비틀림진자	97
trace metal ion	미량금속이온	382
transfer of heat	열전달	111
transition element	전이 (轉移) 원소	307
translational motion	병진운동	81
transverse wave	횡파	101
travelling wave	진행파	103
triple point	삼중점	116
tritium	삼중수소 (三重水素)	376

U

ultraviolet	자외선	182
uncertainty principle	불확정성 원리	220
unified theory of field	통일장이론	20
unit vectors	단위벡터	28
unsaturated solution	불포화용액	319

unshared electron pair	비공유전자쌍	………………	289
unstable equilibrium	불안정한 평형	………………	89

V

valence electron	원자가 (原子價) 전자	………………	279
valence shell	원자가 (原子價) 껍질	………………	279
valence-bond structure	원자가 결합구조	………………	292
van der Waals' equation	반데왈스 식	………………	267
van der Waals' force	반데왈스 힘	………………	298
vapor pressure	증기압력	………………	304
vector product	벡터곱	………………	28
vectors	벡터	………………	26
velocity	속도	………………	33
viscosity	점성	………………	302
visible light	가시광선	………………	181
voltaic cell	볼타전지	………………	340

W

water	물	………………	370
water constant	물 상수	………………	373
water pollution	수질오염	………………	382
water softening	단물화	………………	377
wave number kappa	파동사	………………	102
wavelength	파장	………………	102
waves	파동	………………	100
weak acid	약한 산	………………	348
weak electrolyte	약전해질	………………	335
weak force	약력	………………	20
weight	무게	………………	44
weightlessness	무중력 (無重力)	………………	45
white light	백색광	………………	181
work	일	………………	63
work function	일함수	………………	208

work-energy theorem	일-에너지 정리	66
work-kinetic energy theorem	일-운동에너지 정리	66

X

X-ray	X-선	182

Y

yield	수득량(收得量)	252
Young's double-slit interference	영의 이중 슬릿 간섭현상	187
Young's modulus	영률	94

Z

Zeroth law of thermodynamics	열역학 제 0법칙	124

DICTIONARY OF PHYSICS & CHEMISTRY FOR STUDYING ABROAD

INDEX II

자모순 찾아보기 (한-영)

ㄱ

한국어	영어	쪽
가속도 (加速度)	acceleration	34
가수분해	hydrolysis	354
가시광선	visible light	181
가역반응 (可逆反應)	reversible reaction	359
가용성 (可溶性)	soluble	318
가우스 법칙	Gauss' law	146
각 (角) 운동량	angular momentum	78
각가속도	angular acceleration	39
각변위 (角變位)	angular displacement	38
각속도	angular velocity	38
각속력	angular speed	78
각운동량 보존법칙	conservation of angular momentum	79
각진동수	angular frequency	97
간섭	interference	185
간섭계	interferometer	186
갈바니 전지	galvanic cell	340
감마(γ) 선	gamma-ray	182
감속재 (減速材)	moderator	390
감쇠단조화진동	damped simple harmonic oscillation	100
강력 (강한상호작용) (strong interaction)	strong force	20, 223, 392
강자성 (强磁性)	ferromagnetic	280
강전해질	strong electrolyte	334
강제진동	forced oscillation	177, 100
강제진동자	forced oscillato	177, 100
강체	rigid body	88
거대분자결정 (giant-molecular crystal)	macromolecular crystal	311
건전지	dry cell	342
겉보기 무게	apparent weight	45
겉보기 질량	apparent mass	194, 197
겔	gel	328
격자 (格子) 에너지	lattice energy	284
결맞은	coherent	209
결정 (結晶)	crystal	309
결정 결함 (缺陷)	crystal defect	311
결정성 (結晶性) 고체	crystalline solid	306
결정에너지	crystal energy	284
결정화 (結晶化)	crystallization	309
결합에너지	bond energy	259
결합해리 (結合解離) 에너지	bond dissociation energy	259
경수 (硬水)	hard water	376
경수 (輕水)	light water	374
계통오차	systematic error	23
고립쌍 (孤立雙)	lone pair	293
고분자	polymer	369
고용체	solid solution	308
고유한	proper	193
고체	solid	306
고체화	solidification	309
공명 (전자배열)	resonance	294
공명 (진동)	resonance	99
공명형	resonance form (canonical form)	295
공여체	donor	293
공유결합 (共有結合)	covalent bond	287
공유결합결정 (共有結合結晶)	covalent crystal	310
공중합체	copolymer	369
과냉각 (過冷却)	supercooling	303
과잉반응물 (過剩反應物)	excess reactant	251
과포화 (過飽和)용액	supersaturated solution	319
관성 (慣性)	inertia	46
관성계	inertial frame	195
관성의 법칙	Law of inertia	47, 41
관성질량 (慣性質量)	inertial mass	43
광자	photon	207
광전문턱파장	photoelectric-threshold wavelength	207

광전자	photoelectron	206
광전효과	photoelectric effect	206
광학	optics	183
광행차	aberration	191
광화학(光化學) 스모그	photochemical smog	386
교류	alternating current	153
교반(攪拌)	agitation	320
교반기	agitator	320
구경꾼 이온	spectator ion	348
구동 각진동수	driving angular frequency	177
구면파	spherical wave	105
구심력(求心力)	centripetal force	58
구좌표계	spherical coordinates	29
굴절	refraction	184
굴절각	angle of refraction	187
굴절률	index of refraction	184
궤도 자기모멘트	orbital magnetic moment	161
궤도양자수	orbital quantum number	217
균일반응(均一反應)	homogeneous reaction	254
균일혼합물	homogeneous mixture	237
그래햄의 법칙	Graham's law	264
극성용매(極性溶媒)	polar solvent	314
근적외선	near infrared	181
금속결정	metallic crystal	311
금속결합	metallic bond	291
금속전도(傳導)	metallic conduction	333
기(基)	radical	332
기본상호작용	fundamental interactions	20
기본입자	elementary particle	131
기본전하	elementary charge	22
기본힘	fundamental forces	20
기전력	electromotive force	164
기전력 장치	emf device	164
기준계	frame of reference	192
기체	gas	261
기체 운동론(氣體運動論)	kinetic theory of gases	265
기체법칙	gas law	120
기체분자 운동론	kinetic molecular theory	265
기체상수	gas constant	120
기체의 액화(液化)	liquefaction of gases	270
기하광학	geometrical optics	183
길이수축	length contraction	194
껍질	shell	278
끌림 항력(抗力)	drag force	55
끓는점(b.p.)	boiling point	305
끓는점 오름	elevation of boiling point	326
끓는점 오름상수	ebullioscopic constant	326

ㄴ

난용성(難溶性)	slightly soluble	318
내부에너지	internal energy	120
노르말농도	normality	321
녹는점	melting point	308
녹음	melting	309
농도	concentration	320
농도차전지	concentration cell	342
농약	pesticide	383
뉴턴의 운동 법칙	Newton's law of motion	47
뉴턴의 제 1법칙	Newton's first law of motion	48
뉴턴의 제 2법칙	Newton's second law of motion	48
뉴턴의 제 3법칙	Newton's third law of motion	49
뉴턴의 중력법칙	Newton's law of gravitation	50
늪지기체	swamp gas	368

ㄷ

| 다니엘전지 | Daniell cell | 341 |

한국어	영어	쪽
다원자 분자	polyatomic molecule	245
다이오드	diode	153
단량체(單量體)	monomer	368
단물	soft water	377
단물화(化)	water softening	377
단열과정	adiabatic process	114
단열압축	adiabatic compression	114
단열팽창	adiabatic expansion	114
단원자 분자	monoatomic molecule	245
단위벡터	unit vectors	28
단일중합체	homopolymer	369
단조화운동	simple harmonic motion	95
단주기	short periods	276
단진자	simple pendulum	98
당량	equivalent	349
대기(大氣)	earth's atmosphere	271
대기압	atmospheric pressure	119
대기오염	air pollution	384
대류	convection	111
대수식	algebraic equation	30
대응원리	correspondence principle	204
데시벨	decibel	108
도체	conductor	134
도플러 효과	Doppler effect	109
돌턴 이전의 원자론(原子論)	atomic theory before Dalton	240
돌턴의 분압법칙(分壓法則)	Dalton's law of partial pressures	263
돌턴의 원자론(原子論)	Dalton's atomic theory	242
동역학	dynamics	31
동위원소	isotope	224, 239
동중성자원소	isotone	225
동중핵	isobar	225
드브로이 가설	de Broglie's hypothesis	201
드브로이 파	de Broglie wave	202
드브로이 파장	de Broglie wavelength	202
들뜬 상태	excited states	215
등방성(等方性) 의	isotropic	178
등압과정	isobaric process	123
등온과정	isothermal process	123
등적과정	isochoric process	123
등전자성(等電子性) 배치	isoelectronic configuration	291
등퍼텐셜면	equipotential surface	149
등퍼텐셜선	equipotential line	149
등퍼텐셜의	equipotential	147
딸핵	daughter nucleus	227
띠 스펙트럼	band spectrum	200

ㄹ

한국어	영어	쪽
라디안	radian	39
라디오파	radio waves	180
라디칼	radical	332
라울의 법칙	Raoult's law	322
러더포드의 원자모델	Rutherford's atomic model	243
레이저 빛	laser light	209
렌즈의 법칙	Lenz's law	166
로우리-브뢴스테드 이론	Lowry-Brönsted theory	351
루이스 구조	Lewis structure	292
루이스 이론	Lewis theory	352
르 샤틀리에의 법칙	Le Chatelier's principle	361
리간드	ligand	297
리액턴스	reactance	153

ㅁ

한국어	영어	쪽
마디	node	104
마력	horsepower	67
마이켈슨-몰리 실험	Michelson-Morley experiment	190
마이크로파	microwaves	181

한국어	영어	쪽
마찰력	friction force	56
만유인력의 법칙	Law of universal gravitation	50
망상 공유화합물 (網狀 共有化合物) network covalent compound		306
맥놀이	beats	108
맥스웰 방정식	Maxwell's equations	178
메탄	methane	367
몰	mole	117
몰농도	molarity	321
몰랄농도	molal concentration	321
몰분율 (分率)	molar fraction	321
몰비열	molar specific heat	114
무게	weight	44
무게중심	center of gravity	86
무기화학 (無機化學)	inorganic chemistry	236
무중력 (無重力)	weightlessness	45
무지개	rainbow	186
물	water	370
물 상수	water constant	373
물리진자	physical pendulum	97
물리학 (物理學)	physics	20
물리학의 기본상수들	fundamental constants of physics	21
물리화학 (物理化學)	physical chemistry	237
물의 경도 (硬度)	hardness of water	377
물의 이온곱	ionic product of water	373
물질	matter	133
물질파	matter wave	202
미량금속이온	trace metal ion	382
미분방정식	differential equation	34
밀도	density	249
밀리컨의 기름방울실험	Millikan's oil drop experiment	134

ㅂ

한국어	영어	쪽
바닥상태	ground state	215
반감기	half-life	231
반데왈스 식	van der Waals' equation	267
반데왈스 힘	van der Waals' force	298
반도체	semiconductor	135
반물질	antimatter	134
반사	reflect	184
반사파	reflected wave	104
반응물	reactant	250
반응반감기 (半減期)	reaction half-life	363
반응속도	reaction rate	362
반응차수 (反應次數)	order	363
반입자	antiparticle	224, 132
반자성 (反磁性)	diamagnetic	281
반죽기	kneader	320
반쪽전지	half cell	338
반투막 (半透膜) semipermeable membrane		323
받개	accepter	293
발열반응 (發熱反應)	exothermic reaction	258
방사능	radioactivity	227
방사성 붕괴	radioactive decay	226
방사성 폐기물 (放射性 廢棄物) radioactive waste		396
방출 선스펙트럼	emission line spectrum	200
방출스펙트럼	emission spectrum	200
배	antinode	104
배경복사	background radiation	183
배수비례 (倍數比例) 의 법칙 Law of multiple proportions		241
배위 (配位) 화합물 coordination compound		297
배위결합 (配位結合)	coordinate bond	288
배위공유결합	coordinate covalent bond	289
배위수 (配位數)	ligancy	297
배위화학 (配位化學) chemistry of complex		296
배제부피	excluded volume	268
배터리	battery	342

백색광	white light	181
베커럴	bq (becquerel)	227
베타붕괴	beta-decay	229
베타입자 (β입자)	beta-particle	228
벡터	vectors	26
벡터곱	vector product	28
벡터의 곱셈	products of vectors	27
벡터의 덧셈	addition of vectors	26
변위벡터	displacement vector	31
변위전류	displacement current	179
변형	strain	92
변형력	stress	91
변환열	heat of transformation	110
병진운동	translational motion	81
보강간섭	constructive interference	185
보어	Bohr, Niels	203
보어궤도	Bohr orbits	203
보어반지름	Bohr radius	203
보어의 원자이론	Bohr's theory of atomic structure	244
보일의 법칙	Boyle's law	261
보존력	conservative force	72
보즈입자	boson	220
복분해반응	double decomposition	332
복사	radiation	112
복원력	restoring force	89
볼타전지	voltaic cell	340
부 (附) 껍질	subshell	278
부도체	nonconductor	135
부력 (浮力)	buoyant force	61
부분전하	partial charge	290, 370
부피 압축률	bulk compressibility	94
부피 탄성률	bulk modulus	94
분산력 (分散力)	dispersion force	300
분산매	dispersion medium	327
분산상	dispersed phase	327
분석화학 (分析化學)	analytical chemistry	237
분압 (分壓)	partial pressure	268

분자 (分子)	molecule	244
분자(원자)량	molecular (atomic) weigh	118
분자간 힘	intermolecular force	298
분자결정	molecular crystal	309
분자식	molecular formula	252
분자질량	molecular mass	118
불균등화 (不均等化) 반응	disproportionation	331
불균일반응	heterogeneous reaction	254
불균일혼합물	heterogeneous mixture	237
불안정한 평형	unstable equilibrium	89
불용성 (不溶性)	insoluble	318
불포화용액	unsaturated solution	319
불확정성 원리	uncertainty principle	220
붕괴상수	decay constant (disintegration constant)	232
블랙홀	black hole	198
비가역반응 (非可逆反應)	irreversible reaction	359
비공유전자쌍	unshared electron pair	293
비공유전자쌍	lone-pair (unshared electron pair)	289
비극성용매 (非極性溶媒)	nonpolar solvent	316
비누화 (化)	saponification	379
비보존력	nonconservative force	74
비양성자성 용매	aprotic solvent	354
비열	specific heat	113
비저항 (比抵抗)	resistivity	138
비전해질	nonelectrolyte	335
비정질 (非晶質) 고체	amorphous solid	88
비중	specific gravity	249
비중 (比重)	relative density	249
비탄성충돌	inelastic collision	84
비틀림진자	torsion pendulum	97
빛의 속력	speed of light	22
빛입자	light quantum	206
빛입자	photon	207

ㅅ

사이클로트론	cyclotron	233
산-염기 지시약	acid-base indicator	357
산무수물 (酸無水物)	acid anhydride	350
산성비 (酸性雨)	acid rain	380
산소	oxygen	272
산침전	acid deposition	380
산화-환원	oxidation-reduction	329
산화-환원반응	redox	329
산화수 (酸化數)	oxidation number	330
산화제	oxidizing agent	331
산화중수소	deuterium oxide	375
삼중수소 (三重水素)	tritium	376
삼중점	triple point	116
삼투압 (滲透壓)	osmotic pressure	323
삼투현상	osmosis	324
상 (相)	phase	246, 97
상대론적 에너지	relativistic energy	197
상대론적 운동량	relativistic momentum	197
상대론적 질량	relativistic mass	196
상대분자질량	relative molecular mass	118
상대원자질량	relative atomic mass	239
상대원자질량	relative atomic mass	226
상쇄간섭	destructive interference	186
상자성 (常磁性)	paramagnetic	280
상태변수	state variables	123
상태함수	state function	122
상호교환	metathesis	332
상호교환반응	metathetical reaction	332
상호인덕턴스	mutual inductance	168
색수차	chromatic aberration	183
색지움 렌즈	achromatic lens	184
생성 (生成) 엔탈피	enthalpy of formation	257
생성물	product	250
생화학 (生化學)	biochemistry	237
샤를르와 게이-뤼삭의 법칙	Charles and Gay-Lussac's law	261
석출 (析出)	deposition	319
선 (線) 운동량	linear momentum	77
선속 (線束)	flux	144
선운동량 보존법칙	conservation of linear momentum	78
성분 (成分)	component	247
성분 (成分)	constituent	247
세로 변형력	longitudinal stress	94
센 산	strong acid	348
센물	hard water	376
소리 준위	sound level	108
소리의 세기	intensity of sound	108
소립자 (素粒子)	elementary particle	239
속도	velocity	33
속력	speed	33
솔레노이드	solenoid	170
수득량 (收得量)	yield	252
수소결합	hydrogen bond	300
수소반쪽전지	hydrogen half cell	340
수소폭탄	hydrogen bomb	395
수용액 (水溶液)	aqueous solution	313
수용체	accepter	293
수직항력	normal force	58
수직힘	normal force	57
수질오염	water pollution	382
수화 (水化)	hydration	371
수화물 (水化物)	hydrate	372
순간가속도	instantaneous acceleration	35
순간속도	instantaneous velocity	33
순간일률	instantaneous power	67
스넬의 법칙	Snell's law	187
스모그	smog	385
스칼라	scalars	25
스칼라곱	scalar product	27
스칼라량	scalar quantity	26
스펙트럼	spectrum	200
스핀 자기모멘트	spin magnetic moment	160

한글	영문	쪽
스핀양자수	spin quantum number	219
승화 (昇華)	sublimation	308
시간지연	time dilation	195
시간팽창	time dilation	195
시공간	space-time	198
실온	room temperature	249
실험식	empirical formula	253
18족 기체	noble gas	273
쌍생성	pair production	132
쌍소멸	pair annihilation	133

ㅇ

한글	영문	쪽
아레니우스 산 (酸)	Arrhenius acid	345
아레니우스 염기	Arrhenius base	345
아레니우스 이론	Arrhenius theory	345
아르키메데스의 원리	Archimedes' principle	61
아보가드로 상수	Avogadro constant	117
아보가드로의 법칙	Avogadro's law	245
아세트산	acetic acid	348
안정된 평형	stable equilibrium	89
알짜이온방정식	net ionic equation	346
알짜힘	net force	41
알칼리	alkali	347
알파입자 (α입자)	alpha-particle	228
알파입자붕괴	alpha-particle decay	229
암모니아	ammonia	368
암페어	Ampere	140
암페어의 법칙	Ampere's law	164
액정 (液晶)	liquid crystal	312
액체	liquid	298
액체 결정	liquid crystal	312
약력	weak force	20
약전해질	weak electrolyte	335
약한 산	weak acid	348
양극	anode (positive electrode)	282
양베타붕괴	positive beta-decay	230
양성자	proton	221
양성자 싱크로트론	proton synchrotron	233
양성자산	protonic acid	347
양이온	cation	282
양자 (量子)	quantum	214
양자물리학	quantum physics	200-220, 244
양자수	quantum numbers	216
양자역학	quantum mechanics	213
양전자	positron	133
양쪽성	amphiprotic	353
양쪽성산화물	amphoteric oxide	353
양쪽성용매	amphiprotic solvent	353
어는점	freezing point	303
어는점 내림	depression of freezing point	326
어는점 내림상수	cryoscopic constant	326
어미핵	parent nucleus	227
에너지	energy	64
에너지 보존법칙	conservation of energy	75
에너지 준위	energy level	214
에멀션	emulsion	328
SI기본단위	SI base units	23
에어로졸	aerosol	328
에테르	ether (aether)	190
엔탈피	enthalpy	256
엔트로피	entropy	126
역기전력	back emf (counter emf)	164
역반응	backward reaction	359
역삼투 (逆滲透) 현상	reverse osmosis	325
역전층 (逆轉層)	inversion layer	384
역제곱의 법칙	inverse square law	141
역촉매	negative catalyst	365
역학 (力學)	mechanics	31
역학적 파동	mechanical wave	101
역학적에너지	mechanical energy	72
역학적에너지 보존법칙	conservation of mechanical energy	74
연기	smoke	327

연료전지	fuel cell	343
연소열 (燃燒熱)	heat of combustion	259
연속상	continuous phase	327
연속스펙트럼	continuous spectrum	200
열	heat	110
열도체	thermal conductor	112
열역전 (熱逆轉)	thermal inversion	384
열역학	thermodynamics	122
열역학 제 0법칙	zeroth law of thermodynamics	124
열역학 제 1법칙	first law of thermodynamics	125
열역학 제 2법칙	second law of thermodynamics	125
열용량	heat capacity	113
열의 역학적당량	mechanical equivalent of heat	65
열전달	transfer of heat	111
열전도	thermal conduction	111
열전도도	thermal conductivity	112
열절연체	thermal insulator	112
열중성자 (熱中性子)	thermal neutron	390
열팽창	thermal expansion	112
열함량	heat content	256
열화학 (熱化學)	thermochemistry	256
염 (鹽)	salt	347
염 (鹽) 다리	salt bridge	338
염산	hydrochloric acid	349
염화수소산	hydrochloric acid	349
염화플루오르탄소 (CFC)	chloro fluoro carbon	387
영구적 센물	permanent hard water	377
영국 단위계	British unit system	65
영국 열의 단위	Btu	110
영률	Young's modulus	94
영의 이중 슬릿 간섭현상	Young's double-slit interference	187
오존	ozone	273
오존층	ozone layer	387
오존층 구멍	ozone holes	387
오차	error	23
온실가스	greenhouse gas	388
온실효과	greenhouse effect	387
옴의 법칙	Ohm's law	136
완전기체	perfect gas	119
완전비탄성충돌	completely inelastic collision	84
완충용액	buffer solution	354
용량성 리액턴스	capacitive reactance	154
용매 (溶媒)	solvent	313
용매계 (溶媒系)	solvent system	350
용매화 (溶媒化)	solvation	317
용액	solution	313
용융열	heat of fusion	111
용융점	melting point	308
용제	solvent	313
용질 (溶質)	solute	313
용해도 (溶解度)	solubility	318
용해열 (溶解熱)	heat of solution	317
우려냄	leaching	382
우연오차	random error	23
운동	motion	31
운동량 (運動量)	momentum	77
운동마찰력	kinetic friction force	57
운동방정식	equation of motion	49
운동에너지	kinetic energy	68
운동학	kinematics	31
원소 (元素)	element	238
원심력 (遠心力)	centrifugal force	59
원자 (原子)	atom	221, 239
원자가 (原子價) 껍질	valence shell	279
원자가 (原子價) 전자	valence electron	279
원자가 결합구조	valence-bond structure	292
원자량 (原子量)	atomic weight	239, 226
원자번호	atomic number	221
원자질량단위	atomic mass unit	225

원자질량수	atomic mass number	225
원자핵	nucleus	222
원적외선	far infrared	181
원통좌표계	cylindrical coordinates	29
위상	phase	97
위상상수	phase constant	97
위치벡터	position vector	31
위치에너지		69
유기화학 (有機化學)	organic chemistry	236
유기화합물 (有機化合物)	organic compound	366
유도 기전력	induced emf	165
유도된 쌍극자	induced dipole	300
유도성 리액턴스	inductive reactance	154
유도전류	induced current	165
유전율	permittivity	139
유전체	dielectric	151
음극	cathode	282
음베타붕괴	negative beta-decay	229
음이온	anion	282
음파	sound wave	106
이상기체	ideal gas	119
이상기체 상태방정식	equation of state for an ideal gas	266
이상기체의 법칙	ideal gas law	119, 226
이성분 (二成分) 공유결합화합물	binary covalent compound	288
이성분 (二成分) 화합물	binary compound	238
이성분염 (二成分鹽)	binary salt	347
이온	ion	282
이온결정	ionic crystal	310
이온결합	ionic bond	286
이온결합 화합물	ionic compound	286
이온곱	ionic product	373
이온교환	ion exchange	378
이온반지름	ionic radius	285
이온성 결정체	ionic crystalline solid	310

이온화	ionization	282
이온화에너지	ionization energy	282
이온화퍼텐셜	ionization potential	282
이원자 분자	diatomic molecule	245
이차전지	secondary cell	341
인덕터	inductor	166
인덕턴스	inductance	167
일	work	63
일-에너지 정리	work-energy theorem	66
일-운동에너지 정리	work-kinetic energy theorem	66
일률	power	66
일반상대성이론	general theory of relativity	192
일시적 센물	temporary hard water	377
일정가속도	constant acceleration	36
일정성분비의 법칙	Law of definite proportions	241
일정열 더함법칙	Law of constant heat summation	258
일차전지	primary cell	340
일함수	work function	208
임계 (臨界) 상태	critical state	269
임계 (臨界) 압력	critical pressure	270
임계부피	critical volume	270
임계비용 (臨界比容)	critical specific volume	270
임계온도	critical temperature	136, 270
임계질량 (臨界質量)	critical mass	391
임피던스	impedance	54
입사각	angle of incidence	187
입사파	incident wave	104
입자가속기	particle accelerator	233

ㅈ

자기력	magnetic force	159
자기력선	magnetic field lines	161

한국어	English	쪽
자기모멘트	magnetic moment	162
자기선속 (磁氣線束)	magnetic flux	164
자기쌍극자	magnetic dipole	162
자기쌍극자모멘트	magnetic dipole moment	162
자기양자수	magnetic quantum number	218
자기유도용량	permeability	162
자기장	magnetic field	160
자기투과율	permeability	162
자기홀극	magnetic monopole	162
자동산화-환원반응	disproportionation	331
자외선	ultraviolet	182
자유낙하	free fall	54
자유중성자 (自由中性子)	free neutron	390
자유진동	free oscillation	100
자체인덕턴스	self-inductance	167
작용과 반작용의 법칙	Law of action and reaction	49
장주기	long periods	276
저항	resistance	137
저항	resistor	137
적외선	infrared wave	181
전기 퍼텐셜에너지	electrical potential energy	71
전기력선	electric field lines	143
전기분해	electrolysis	335
전기선속 (電氣線束)	electric flux	145
전기쌍극자	electric dipole	146
전기쌍극자모멘트	electric dipole moment	147
전기용량	capacitance	150
전기용량	equivalent capacitance	152
전기음성도 (電氣陰性度)	electronegativity	293
전기장	electric field	142
전기퍼텐셜	electric potential	147
전기화학	electrochemistry	333
전도도	conductivity	139
전력	electric power	155
전력인자	power factor	156
전류	electric current	140
전류밀도	current density	140
전이 (轉移) 원소	transition element	307
전자 궤도	orbital	214
전자-점표시	electron-dot symbol	292
전자가스	electron gas	311
전자기력	electromagnetic force	130-177, 20
전자기유도	electromagnetic induction	165
전자기파	electromagnetic waves	179
전자기파 스펙트럼	electromagnetic wave spectrum	180
전자배치	electron configuration	291
전자볼트	electron-volt	65
전자친화도	electron affinity	284
전자포획	electron capture	230
전지도표	cell diagram	339
전하	charge	130
전하보존법칙	conservation of charge	131
전하의 양자화	quantization of charge	131
전해전지 (電解電池)	electrolytic cell	336
전해질	electrolyte	334
전해질 전도	electrolytic conduction	335
절대눈금	absolute scale	115
절대영도	absolute zero	116
절대온도	absolute temperature	115
절연체	insulator	134
점성	viscosity	302
점성도	coefficient of viscosity	303
점전하	point charge	130
정량분석 (定量分析)	quantitative analysis	248
정면충돌	head-on collision	83
정반응 (正反應)	forward reaction	358
정상 (正常) 끓는점	normal boiling point	305
정상상태	normal temperature and pressure	249
정상파	standing wave	104
정성분석 (定性分析)	qualitative analysis	247

정적 평형	static equilibrium	89
정전기	static electricity	141
정전기력	electrostatic force	141
정지질량	rest mass	194
정확도	accuracy	23
제1이온화에너지	first ionization energy	283
제2이온화에너지	second ionization energy	284
제곱평균제곱근	root-mean-square	156
제곱평균제곱근 속력	root-mean-square speed	129
제동복사	bremsstrahlung	213
제한반응물 (制限反應物)	limiting reactant	251
조화함수	periodic funcion	96
족 (族)	group	276
졸	sol	327
종단속도	terminal velocity	55
종파	longitudinal wave	102
좌표계	coordinates (coordinate system)	28
주개	doner	293
주기 (진동)	period	95
주기 (원자)	period	276
주기성 (週期性)	periodicity	276
주기율표 (週期律標)	periodic table	275
주양자수	principal quantum number	217
준금속 (準金屬)	metalloid	307
줄	joule	65
줄무늬	fringe	187
중간결합 (中間結合)	intermediate bond	290
중간자	meson	223
중력 (重力)	gravitational force	50
중력 (重力)	gravity	52
중력 퍼텐셜에너지	gravitational potential energy	69
중력가속도	gravitational acceleration	52
중력상수	gravitational constant	22
중력질량 (重力質量)	gravitational mass	43

중립평형	neutral equilibrium	89
중성미자	neutrino	223
중성자	neutron	223
중수 (重水)	heavy water	374
중수소 (重水素)	deuterium	375
중첩의 원리	principle of superposition (superposition principle)	54
중합 (重合)	polymerization	369
중합체 (重合體)	polymer	369
중화	neutralization	346
증기압 내림	lowering of vapor pressure	325
증기압력	vapor pressure	304
증류 (蒸溜)	distillation	378
증류수	distilled water	378
증류액	distillate	378
증발	evaporation	304
증발열	heat of vaporization	111
지구온난화	global warming	389
지구자기장	magnetism of earth	161
지수형 붕괴	exponential decay	231
지시약	indicator	356
지자기	magnetism of earth	161
직각좌표계	rectangular coordinate system (cartesian coordinate system)	28
직류	direct current ; DC	153
진동수	frequency	94
진자	pendulum	97
진행파	travelling wave	103
질량 (質量)	mass	42
질량-에너지 관계식	mass-energy equation	76
질량농도	mass concentration	321
질량보존의 법칙	Law of conservation of mass	241
질량수	mass number	226
질량중심	center of mass	85
질소	nitrogen	271
질소산화물	nitrogen oxide	381

한국어	English	쪽
짝산	conjugate acid	352
짝쌍	conjugate pair	352
짝염기	conjugate base	352

ㅊ

한국어	English	쪽
차원 (次元)	dimension	25
차원이 없는 양	dimensionless quantity	25
착물 (錯物)	complex	296
천연살충제	natural insecticide	383
천이원소	transition element	307
첨가 중합반응	addition polymerization	369
초산	acetic acid	348
초전도체	superconductor	135
촉매	catalyst	364
촉매변환기 (觸媒變換機)	catalytic converter	386
총괄 (總括) 성질	colligative properties	322
총에너지 보존법칙	conservation of total energy	198
최대정지마찰력	maximum static friction force	57
축전기 (蓄電器)	capacitor	149
축전기의 병렬연결	parallel connections of capacitors	152
축전기의 직렬연결	series connections of capacitors	152
축전지	storage battery, accumulator	342
축합반응	condensation polymerization	369
충격량	impulse	84
충돌	collision	83
층밀리기 탄성률	shear modulus	94
침출 (浸出)	leaching	382

ㅋ

한국어	English	쪽
카르노 기관	carnot engine	128
켈빈눈금	Kelvin scale	115
코리올리의 힘	Coriolis force	60
콜로이드	colloid	326
콤프턴 파장	Compton wavelength	212
콤프턴 효과	Compton effect	210
쿨롱의 법칙	Coulomb's law	141
쿨롱힘	Coulomb's force	141
쿼크	quark	21
키르히호프의 법칙	Kirchhoff's rule	172
키르히호프의 접합점 법칙	Kirchhoff's junction rule	172
키르히호프의 폐회로 법칙	Kirchhoff's loop rule	172

ㅌ

한국어	English	쪽
탄성	elasticity	93
탄성 퍼텐셜에너지	elastic potential energy	70
탄성률	elastic modulus	93
탄성충돌	elastic collision	83
탄소화합물	carbon compound	366
탄화수소	hydrocarbon	366
탄화수소 화합물	hydrocarbon compound	366
토로이드	toroid	171
토크 (돌림힘)	torque	79
톰슨의 원자모델	Thomson's atomic model	243
통계오차	statistical error	23
통일장이론	unified theory of field	20
투과상수	permeability constant	162
특성 X-선	characteristic X-rays	212
특수상대성이론	theory of special relativity	192

ㅍ

한국어	English	쪽
파동	waves	100

파동사	wave number kappa	102
파수	angular wavenumber	102
파스칼	Pascal	119
파울리의 배타원리	Pauli exclusion principle	219
파이중간자	pi meson	223
파장	wavelength	102
팔전자계 (八電子系)	octet	293
패러데이 법칙	Faraday's laws	338
패러데이 상수	Faraday constant	338
패러데이의 유도법칙	Faraday's law of induction	165
패럿	farad	151
퍼텐셜에너지	potential energy	69
퍼텐셜차	potential difference	147
페르미 입자	fermion	219
평균가속도	average acceleration	35
평균속도 (平均速度)	average velocity	33
평균속력 (平均速力)	average speed	32
평균일률	average power	67
평균자유행로	mean free path	121
평면파	plane wave	105
평행판 축전기	parallel plate capacitor	149
평형	equilibrium	88
평형상수 (平衡常數)	equilibrium constant	359
포물체 운동, 투사체 운동	projectile motion	37
포화용액	saturated solution	318
폴리머	polymer	369
표면장력	surface tension	303
표준 기전력 (起電力)	standard emf	339
표준 생성엔탈피	standard enthalpy of formation	257
표준 수소전극	standard hydrogen electrode	340
표준 연소열	standard heat of combustion	260
표준상태	standard state, STP	248, 249
표준전극	standard electrode	340
플랑크 복사법칙	Planck's radiation law	205
플랑크상수	Planck('s) constant	205, 22

ㅎ

하버 과정	Haber process	272
하이드로늄이온	hydronium ion	346
합금	alloy	308
핵결합에너지	nuclear binding energy	392
핵력	nuclear force	392
핵반응로 (核反應盧)	nuclear reactor	395
핵분열	nuclear fission	393
핵연료	nuclear fuel	395
핵융합	nuclear fusion	394
핵자	nucleon	223
핵자당 결합에너지	binding energy per nucleon	392
핵폭탄	nuclear bomb	391
핵화학	nuclear chemistry	390
헤스의 법칙	Hess's law	258
현탁액	suspension	327
호이겐스의 원리	Huygens' principle	188
혼합물 (混合物)	mixture	237
홀 효과	Hall effect	139
화학 (化學)	chemistry	236
화학결합	chemical bond	285
화학당량 (當量)	chemical equivalent	349
화학반응	chemical reaction	250
화학반응식	chemical equation	253
화학식	chemical formula	252
화학양론 (化學量論)	stoichiometry	250
화학양론 계수 (化學量論 係數)	stoichiometric coefficient	254
화학평형 (平衡)	chemical equilibrium	358
화학평형의 법칙	equilibrium law	361
화합물 (化合物)	compound	238
환경오염	environmental pollution	380

환원제	reducing agent	331
환원형 (還元形) 스모그	reducing smog	385
활성도	activity	227
활성화 (活性化) 에너지	activation energy	362
황산	sulfuric acid	349
황산화물 (黃酸化物)	sulfur oxide	380
회전관성	moment of inertia	46
회전운동	rotational motion	81
회절	diffraction	185
회합 (會合)	association	301
횡파	transverse wave	101
효소	enzyme	365
훅의 법칙	Hooke's law	91
훈트의 규칙	Hund's rule	279
흑체	blackbody	204
흑체복사	blackbody radiation	205
흡수스펙트럼	absorption spectrum	201
흡열반응 (吸熱反應)	endothermic reaction	258
힘	force	41
힘의 법칙	Law of force	48

EXERCISES

• Put the suitable words in the blanks in Korean.

aberration   _____

absorb   _____

acceleration   _____

acid   _____

affinity   _____

anion   _____

aqueous solution   _____

atmospheric pressure   _____

attraction   _____

base   _____

capillarity   _____

catalyst   _____

centrifugal force   _____

centripetal force   _____

charge   _____

collide   _____

combustion   _____

component   _____

compound   _____

concentration   _____

conduction   _____

conductor   _____

configuration   _____

conservation   _____

constant   _____

convection   _____

coordinate bond   _____

covalent bond   _____

current   _____

density   _____

diffraction   _____

dilute   _____

discharge   _____

distill   _____

- drag force _____
- dry cell _____
- elastic _____
- electricity _____
- electrolysis _____
- electrolyte _____
- electromagnetic wave _____
- electron _____
- element _____
- elementary particle _____
- emit _____
- equilibrium _____
- equivalent _____
- exothermic reaction _____
- formula _____
- frequency _____
- gravitation _____
- hydrolysis _____
- impulse _____

indicator   _____

induction   _____

inertia   _____

infrared wave   _____

instantaneous   _____

insulator   _____

intensity   _____

interference   _____

isotope   _____

kinetic energy   _____

lattice   _____

liquid   _____

liquify   _____

magnitude   _____

mass   _____

matter   _____

mechanics   _____

medium   _____

metallic bond   _____

mixture _____

molecule _____

momentum _____

negligible _____

neutron _____

nuclear _____

nuclear fission _____

nuclear fusion _____

nucleus _____

opposite _____

orbital _____

oscillate _____

osmotic pressure _____

oxidation _____

pendulum _____

perpendicular _____

postulate _____

potential _____

power _____

projectile motion	_____
proper	_____
proportion	_____
proton	_____
radiation	_____
radioactivity	_____
ratio	_____
reactant	_____
reciprocal	_____
reduction	_____
reflection	_____
refraction	_____
relative density	_____
repulsion	_____
resistance	_____
resonance	_____
retain	_____
reversible reaction	_____
saturate	_____

semiconductor　　　　_____

simultaneous　　　　_____

solid　　　　_____

solute　　　　_____

solution　　　　_____

solvent　　　　_____

sublimation　　　　_____

tension　　　　_____

thermal　　　　_____

torque　　　　_____

transform　　　　_____

translational motion　　　　_____

transmit　　　　_____

ultraviolet　　　　_____

uniform　　　　_____

vaporization　　　　_____

velocity　　　　_____

wavelength　　　　_____